Hannes Hofbauer
VERORDNETE WAHRHEIT, BESTRAFTE GESINNUNG
Rechtsprechung als politisches Instrument

Bibliografische Information der Deutschen Bibliothek
Die Deutsche Bibliothek verzeichnet diese Publikation in der Deutschen
Nationalbibliografie; detaillierte bibliografische Daten sind im Internet über
http://dnb.ddb.de abrufbar.

© 2011 Promedia Druck- und Verlagsgesellschaft m. b. H., Wien
Alle Rechte vorbehalten
Lektorat und Satz: Gregor Kneussel
Umschlaggestaltung: Gisela Scheubmayr, © für das Coverbild: iStockphoto
Druck: AZ Druck und Datentechnik GmbH, Kempten
Printed in Germany
ISBN 978-3-85371-329-7

Fordern Sie einen Gesamtprospekt des Verlages an:
Promedia Verlag
Wickenburggasse 5/12
A-1080 Wien
E-Mail: promedia@mediashop.at
Internet: www.mediashop.at

Hannes Hofbauer
Verordnete Wahrheit, bestrafte Gesinnung
Rechtsprechung als politisches Instrument

PROMEDIA

Der Autor:

Hannes Hofbauer, Jahrgang 1955, ist Wirtschaftshistoriker und Publizist. Zuletzt sind von ihm im Promedia Verlag erschienen: *EU-Osterweiterung. Historische Basis – ökonomische Triebkräfte – soziale Folgen* (2007) und *Experiment Kosovo. Die Rückkehr des Kolonialismus* (2008).

Inhalt

Vorwort 9
Begrifflichkeiten 13
    Die »richtige« Meinung 16
    Die freie Meinung 17
    Meinungsfreiheit ist Menschenrecht 20
    Missachtetes Völkerrecht 23
    Was ist Völkermord? 26
    Völkermord im Völkerrecht 31
    Das Rom-Statut des Internationalen Strafgerichtshofes 35
Tatbestand Leugnung 39
    Brüssel wird konkret 42
Die Einzigartigkeit des Holocaust 45
    Bestrafte Leugnung 49
    Kritische Stimmen 53
Erinnerungsgesetze auf französisch 57
    Die »Loi Gayssot« 57
    Die »Loi Taubira« 59
    Die »Loi Mékachéra« 61
    Der Völkermord in der Vendée 63
    Aufschrei der Historiker 63
Die EU gibt den Rahmen vor: Leugnen ist strafbar 69
    Den bösen Gedanken verbieten 70
    Der Rahmenbeschluss vom 28. November 2008 74
    Polizeiexperten diskutieren die Auswirkungen 78
    Die Zweifler 83
Die armenische Frage und ihre Instrumentalisierung 85
    Die Armenier als Spielball der Geopolitik 87
    İttihat ve Terakki 91

Von Armenier-Pogromen über den Balkankrieg
zum westlichen »Reformplan« 93
Geplanter Völkermord? 97
Osmanische Aufarbeitung des Völkermordes 103
Wie das Ausland reagierte 106
Prozess gegen den Mörder Talât Paşas 108
Alles vergessen 109
Debatte unter Strafverdacht 111
Nochmals zur Quellenlage 113
Frankreich prescht vor 116
Die Schweiz klagt an 118
In Deutschland tobt der Meinungsstreit 119
Jerewan bestraft Leugnung und Verharmlosung 123
Strafbare »Schmähung des Türkentums« 123
Der türkisch-EU-europäische Wettlauf um Gesinnungskontrolle 124

Bosnischer Gründungsmythos:
Völkermord in Srebrenica 125
Zwei unterschiedliche Erzählungen über ein Ereignis 126
Wer regiert Bosnien? 128
Das Markale-Massaker in Sarajevo 129
»Bljesak« in Slawonien 133
Die Vorgeschichte des Massakers von Srebrenica 134
»Die Internationalen«: Blauhelme und Kriegspartei 138
Der Streit um die Opferzahlen 141
Historische Wahrheit durch Richterspruch 146
Der Kronzeuge Dražen Erdemović 148
Der Fall Krstić 162
Schweigen als Straftatbestand 165
Vom Bestrafen des Schweigens zur Verfolgung des Leugnens 169

Ein Verbrechen, »so alt wie die Menschheit«:
Chronologie der Völkermorde. Eine Auswahl 171
Lexikalisches 173
Kreuzzüge, Mongolensturm und Siedlervormärsche 176
Darfur: Kamelnomaden gegen Subsistenzbauern 196
Hungerpest in der Ukraine:
Vom sozialen Trauma zum nationalen Mythos 208

Die Gesellschaft wird verrechtlicht 219
Entpolitisierung bei gleichzeitiger politischer Beschlagnahme der Justiz 220
Vom Tatstrafrecht zum Feindstrafrecht 224
Wider die Totalität 226
Angeklagt 230
Leugnung kommunistischer Verbrechen ist strafbar 241
Litauens verrechtlichter Antikommunismus 245
Was ist ein kommunistisches Verbrechen? 248
Moskau schlägt zurück 251
Die Initiative der Sechs 252
Literaturliste 255
Bücher und Buchbeiträge 255
Zeitschriften/Zeitungen 260
Internet 261
Nachwort 262

Vorwort

»Der Kampf um Sarajevo Anfang der 1990er Jahre war Teil des bosnischen Bürgerkrieges, der von allen Seiten mit größter Brutalität geführt wurde. Dem Massaker von Srebrenica im Juli 1995 als einzigem die Zuschreibung ›Völkermord‹ zu verpassen, verzerrt die Wahrnehmung der Ereignisse und prolongiert ein vorurteilsbeladenes Feindbild. Unabhängig von der bis heute ungeklärten Befehlskette der Täterschaft kann man die Gräueltaten in und um Srebrenica nicht als Völkermord bezeichnen.«

»Beim Zusammenbruch des Osmanischen Reiches während des Ersten Weltkrieges bildeten die Führer der Armenier die fünfte Kolonne Moskaus. Die Vertreibung und Umsiedlung Zehntausender Armenier im Jahre 1915 durch türkische Nationalisten ist vor diesem Hintergrund zu erklären und fällt nicht unter die Kategorie ›Völkermord‹.«

»Die Politik der Jungtürken zielte bereits ab 1914 auf die Vernichtung der Armenier als Gemeinschaft. Ihre massenhafte Vertreibung im Jahre 1915 war reiner Völkermord, so wie er nach dem Zweiten Weltkrieg von der UNO in eine Konvention gegossen wurde.«

»Der Ungarnaufstand 1956 war keine soziale Erhebung. Er hatte objektiv einen reaktionären Charakter, indem er das ganze kommunistische Gesellschaftssystem in Frage stellte und nicht nur Ungarn den Interessen westlicher Kapitalgruppen ausgeliefert hätte. Wer seine Niederschlagung heute als ›kommunistisches Verbrechen‹ bezeichnet, verfolgt in Wahrheit ein anderes Ziel, nämlich die Privatisierungspolitik seit 1989 mit ihren sozialen Verwerfungen zu rechtfertigen und als alternativlos darzustellen.«

»Die Hungerkatastrophe in der Ukraine im Winter 1932/33 war eine Spätfolge des Bürgerkrieges in der Sowjetunion. Eine verfehlte, viel zu rasch und kompromisslos betriebene Kollektivierungspolitik löste den ›*Holodomor*‹ aus. Der Vorwurf, Moskau hätte eine vorsätzlich betriebene Vernichtung des ukrainischen Volkes betrieben, stimmt nicht.«

Fünf kurze Einschätzungen, die jede für sich den Verfasser – an unterschiedlichen Orten – ins Gefängnis bringen kann, seit Europa mit Gesinnungsgesetzen überschwemmt wird. Leugnung und Verharmlosung von per Gerichtsbeschluss als Völkermord, Verbrechen gegen die Menschheit oder Kriegsverbrechen dekretierten Untaten werden in immer mehr Fällen und in immer mehr Ländern strafbar. So ist ein laut geäußerter Zweifel am Völkermord in Srebrenica seit einem entsprechenden EU-Rahmenbeschluss aus dem Jahr 2008 in der gesamten Europäischen Union ein Fall für den Staatsanwalt. Das Bestreiten des armenischen Völkermordes kann einen vor ein schweizerisches Gericht bringen. Umgekehrt landet jemand, der die Vertreibung der Armenier aus Anatolien im Jahr 1915 als Völkermord bezeichnet, in der Türkei (auch im europäischen Teil) vor dem Kadi. In vier osteuropäischen EU-Ländern ist die Leugnung kommunistischer Verbrechen – wer immer diese als solche festlegt – strafwürdig. Der »*Holodomor*« wiederum muss zwischen Lwiw, Odessa und Donezk ein Verbrechen gegen die ukrainische Nation genannt werden, sonst droht ein Gerichtsverfahren.

Einfallstore für die zunehmende juristische Verfolgung von »falscher« Meinung bilden zumindest in EU-Europa Antirassismus-Paragrafen und Paragrafen gegen die Leugnung nationalsozialistischer Verbrechen. Besonders in Osteuropa ist dieser perfide Gleichschritt der Strafwürdigkeit »rechter« und »linker« Gesinnungsdelikte unter der These des angeblich gemeinsamen Ursprungs von Totalitarismus offensichtlich; aber auch in anderen EU-europäischen Ländern und der Schweiz wird die Kodifizierung und Strafbarmachung von missliebiger kollektiver Erinnerung hinter Paragrafen zum Kampf gegen Ausländerfeindlichkeit und Rassismus versteckt. Das Argument, die Holocaustleugnung wegen der Singularität des an den europäischen Juden begangenen Verbrechens als einziges Meinungsdelikt juristisch zu verfolgen, hat längst seine Gültigkeit eingebüßt. Mit der Strafbarkeit der Leugnung aller möglichen Kriegsverbrechen und Völkermorde, sobald sie nur von einem internationalen Gericht als solche identifiziert wurden, hat eine Inflation von zu bestrafender Gesinnung eingesetzt, die der ursprünglichen Sonderstellung des Holocaust (bzw. seiner Verharmlosung oder Leugnung) entgegensteht und diese in gewisser Weise verhöhnt.

Die neuen Meinungsdelikte und Erinnerungsgesetze dienen als Flankenschutz geopolitischer und wirtschaftlicher Interessen. Diese Erkenntnis war die Motivation dafür, das vorliegende Buch zu schreiben. Dies fiel mir erstmals bei der Beobachtung des jugoslawischen Zerfallsprozesses der 1990er Jahre und insbesondere der vom Westen daran anschließend betriebenen »Erinnerungspolitik« auf. Schon die inneren Faktoren der südslawischen Desintegration wurden von außen dynamisiert. Zur Rechtfertigung mehrfacher politischer und militärischer Interventionen vor allem in Bosnien-Herzegowina und im Kosovo mussten vage und unterschiedlich interpretierbare Menschenrechtsargumente herhalten, während das international kodifizierte Völkerrecht gebrochen wurde. NATO und westliche Medien arbeiteten dabei Hand in Hand. Externe Interessen am Zerfall des Vielvölkerstaates wurden kleingeredet oder gänzlich verschwiegen.

Zu Unrecht. Denn ein Blick auf die Landkarte im Jahr 2011 zeigt, wie sich die auswärtigen Interessen durchgesetzt haben: US-Soldaten betreiben den größten Militärstützpunkt in Europa im kosovarischen Camp Bondsteel; sogenannte Hohe Repräsentanten (der EU und der UNO) verwalten Bosnien-Herzegowina und das Kosovo im längst überwunden geglaubten Kolonialstil; und die ökonomischen Herzstücke ex-Jugoslawiens, Slowenien und Kroatien, sind bzw. werden Teil der Europäischen Union. Darum, um größtmöglichen Nutzen aus der südslawischen Desintegration ziehen zu können, führten die westlichen Institutionen, allen voran die NATO, Krieg. Auch die Europäische Union war Kriegspartei. Am 22. Mai 1999, mitten im Krieg der NATO gegen Serbien bzw. Rest-Jugoslawien, wurde dann von einem zuvor ad hoc eingerichteten Tribunal Anklage gegen Slobodan Milošević erhoben. Die juristische Keule gegen den politischen Führer des Feindeslandes unterstützte direkt die parallel dazu laufende militärische Aktion. Oder anders gesagt: Die Anklageerhebung des Jugoslawien-Tribunals erweiterte die politischen, wirtschaftlichen und militärischen Mittel um eine rechtliche Dimension.

Mit den neuen EU-weit gültigen Erinnerungs- und Meinungsgesetzen wird die Geschichte des Zerfalls von Jugoslawiens, seine innere Erosion und seine von außen betriebene Zerstörung, im Sinne der damaligen Interventionen fortgesetzt. Statt einen freien Meinungsaustausch über die Gründe der jugoslawischen Tragödie und die dahinter stehenden Interessen zuzulassen, wird Wahrheit gerichtlich verordnet und nicht genehme Gesinnung bestraft. Kritisches Hinterfragen der Abläufe ist vor dieser strafrechtlichen Kulisse kaum möglich.

Damit spannt sich ein Bogen von der militärischen Intervention der NATO über das von der UNO eingerichtete und von westlichen Geldgebern bezahlte Jugoslawien-Tribunal bis zur kontrollierten Erinnerungspflege durch richterlichen Beschluss und Strafandrohung im Falle offenen Widerspruchs.

Das Beispiel dieser merkwürdigen Form von Wahrheitsverordnung im Falle Jugoslawiens macht Schule. Schon werden weitere Staatschefs, gegen die Washington und Brüssel direkt oder indirekt Krieg führen, zur Verhaftung ausgeschrieben. Diesmal sind es der »Internationale Strafgerichtshof«

und dessen Chefankläger Luis Moreno-Ocampo, die dem Westen missliebige Figuren wie den sudanesischen Präsidenten Umar Hassan al-Baschir und den libyschen Revolutionsführer Muammar Gaddafi wegen Kriegsverbrechen, Verbrechen gegen die Menschheit bzw. Menschlichkeit (und Völkermord) vor die Richterbank zerren wollen. Die Ironie am Rande dieser Geschichte besteht darin, dass die USA als eine der hauptsächlichen Betreiberinnen dieser Verfahren den Internationalen Strafgerichtshof selbst nicht anerkennen. Eine Verurteilung von al-Baschir oder Gaddafi wegen der beschriebenen Delikte mag gerechtfertigt sein. Sie wäre allerdings in jedem Fall zu einseitig, da sie die Untaten der jeweils anderen, ebenfalls mit aller Grausamkeit vorgehenden Bürgerkriegsparteien, sowie der von außen militärisch eingreifenden Kräfte nicht berücksichtigen. Das darf angesichts der Parteinahme westlicher Institutionen allerdings nicht verwundern.

Dem Richterspruch einer Verurteilung als Völkermörder oder »Verbrecher gegen die Menschlichkeit/Menschheit« darf, im völligen Gegensatz zum Umgang mit Urteilssprüchen in herkömmlichen Verfahren, bei Strafandrohung nicht widersprochen werden. Das Leugnungs- und Verharmlosungsverbot gerichtlich festgestellten Völkermordes oder Kriegsverbrechens eröffnet damit eine neue Dimension von Rechtsprechung, die sich jeden Zweifel verbittet. Der Urteilsspruch wird zum politischen Instrument, der Zweifel daran zum Gerichtsfall. Das Opfer dieser Praxis von Erinnerungsgesetzen ist die Meinungsfreiheit. Dagegen anzuschreiben, war Sinn und Zweck der Arbeit an diesem Buch.

Hannes Hofbauer
Wien, im Juli 2011

Begrifflichkeiten

Freie Meinungsäußerung gehört zum Standard einer demokratischen gesellschaftlichen Willensbildung, die auf einer Vielzahl kollektiver oder individueller Erkenntnisse beruht. Der sich daraus ergebende Streit um historische Wahrheiten und politische Einschätzungen prägt das intellektuelle Dasein in weiten Teilen der Welt zumindest seit der Französischen Revolution. Er trägt wesentlich zu unserem Lebensverständnis, zu einer aufgeklärten Kultur bei.

Zwei Generationen von Menschen sind nach dem Zweiten Weltkrieg in den meisten Ländern Westeuropas in dem Bewusstsein aufgewachsen, Meinung und Wertung als grundsätzlich diskutierbar, strittig zu betrachten. Absolutes war relativierbar, verordnete Wahrheit hinterfragbar und Gesinnung nicht strafbar.

Für den Osten des Kontinents galt dies freilich nicht. Sein sogenanntes sozialistisches Gesellschaftssystem war entwicklungsdiktatorisch geprägt. Der Lenin zugeschriebene Satz, wonach Sozialismus »Sowjetherrschaft plus Elektrifizierung« bedeute, gibt über das Konzept einer staatlich gelenkten nachholenden Modernisierung in heute parodistisch anmutender Knappheit Auskunft. Staatlich bzw. parteilich verordnete Wahrheiten gehörten ebenso dazu wie eine proletarische Gesinnung, die sich am Klassenkampf zu orientieren hatte. Inwieweit Abweichungen davon mit strafrechtlichen Mitteln geahndet wurden, war von Land zu Land unterschiedlich sowie epochenabhängig. Dabei können auch äußere Einflüsse auf das Wechselspiel von staatlicher Toleranz und Repression beobachtet werden, wobei die steigende Angst der politischen Kader um ihren Machterhalt jeweils den Ausschlag für repressivere Maßnahmen gab.

Aber auch im Westen des Kontinents waren Meinungsfreiheit und Wertediskurs in den Jahrzehnten nach 1945 relativ. Politische Repression war nachgerade an der Tagesordnung, und das nicht nur in Diktaturen wie dem franquistischen Spanien, der Salazar-Zeit des *Estado Novo* in Portugal oder dem Obristenregime in Griechenland. Der Kalte Krieg kannte auch Parteienverbote in angeblich lupenreinen Demokratien wie der Bundesrepublik Deutschland, die z. B. 1956 die Mitgliedschaft bei der Kommunistischen Partei Deutschlands unter Strafe stellte, was zu Tausenden von Gerichtsverfahren führte, oder, um bei der Bonner Republik zu bleiben, ein politisch linksgerichtetes Bekenntnis zum Anlass nahm, Karrieren im Staatsdienst zu unterbinden. In den 1970er Jahren fielen vor allem angehende LehrerInnen den sogenannten »Berufsverboten« zum Opfer. Dabei ging es entweder um politische Betätigung, wie im Fall der Mitgliedschaft bei der verbotenen KPD, die strafwürdig war, oder um einen Ausschluss aus bestimmten Berufsgruppen, was allerdings keine strafrechtlichen Konsequenzen nach sich zog. Die unmittelbare Meinungsfreiheit war davon nicht betroffen.

Das Ende der systemischen Bipolarität mit zwei einander gegenüberstehenden Militärblöcken, das mit dem Zusammenbruch der kommunistischen Staaten und Organisationen in den Jahren 1989 bis 1991 datiert werden kann, bringt nun auch eine kulturelle Verschiebung mit sich. War es in den Jahrzehnten zuvor geradezu eine Selbstverständlichkeit gewesen, dass in den wesentlichen Fragen gesellschaftlicher Verhältnisse, internationaler Konflikte und Beziehungen sowie umstürzlerischer Ereignisse in Ost und West diametral entgegen gesetzte Meinungen vorherrschten, so änderte sich das nach dem Ende des Ostblocks rasch. So homogen und konsensual die jeweiligen Positionen in jedem der beiden Blöcke vorherrschen, so drang durch die schlichte Existenz der vollkommen gegensätzlichen Argumentation jenseits der Systemgrenze die jeweils andere in den Diskurs der eigenen herrschenden ein. Des einen Befreiungsbewegung war des anderen Terrorkommando; des einen Modernisierung des anderen Zerstörung traditioneller Verhältnisse. Mehr noch: Die Unterstützung von gesellschaftlicher Rebellion oder nationalen Minderheiten im jeweils feindlichen Lager gehörte zum Handwerkszeug von Geheimdiensten und Außenministerien. Um es an einem bis heute bestehenden Konflikt zu verdeutlichen, der das Ende des Kalten Krieges überlebt hat: Die wichtigsten EU-Staaten sowie die USA haben z. B. im Fall Tibet die Position des exilierten Führers der Tibeter übernommen, nach der China einen schleichenden Völkermord an der tibetischen Bevölkerung unternimmt. Dieser bestehe neben politischer Repression unter anderem in einer Siedlungspolitik, welche die Region ethnisch unter die Kontrolle von Han-Chinesen bringen soll. Beijings Lesart, wonach Tibet seit der Machtübernahme durch China Schritt für Schritt aus feudalen Verhältnissen mit einem Gottkönigtum in die Moderne geführt und dabei besonders auf die ethnischen Tibeter Rücksicht genommen wird, findet in den USA und in EU-Europa nur in oppositionellen Kreisen Gehör. Doch allein die sehr differente Betrachtung ein und derselben Entwicklung (und die ökonomische und militärische Stärke Chinas) sowie die gegenseitige Kenntnis der jeweils anderen Position verhindern ein Meinungsmonopol und ein »Schluss der Debatte«.

In vielen anderen Fällen ist seit 1989/91 dieses »Schluss der Debatte« allerdings zu vernehmen. Die einzig verbliebene, weltweit aktionsfähige

Militärallianz hat nicht nur zu einem weltpolitischen Machtmonopol geführt, sondern auch eine kulturelle Hegemonie mit sich gebracht, die sich in geändertem Diskursverhalten äußert. Während dies in den USA durch verstärkte interne Repressionen wie die Verabschiedung des *"Patriot Act"* sechs Wochen nach den Anschlägen auf das *World Trade Center* und das Pentagon am 25. Oktober 2001 zum Ausdruck kommt, setzt die Europäische Union Schritt für Schritt auf Verordnung von Meinung und Wahrheit. In jenen Fällen, die hier interessieren, geht es dabei um Einschätzungen von kriegerischen, menschen- und völkerrechtlich bedenklichen Entwicklungen. Der Debatte darüber vermeint man mit Äußerungsverboten beikommen zu können.

Tatsächlich wird Anfang des 21. Jahrhunderts abweichende Meinung wieder strafbar. Im April 2007 hat sich die Europäische Union mit einem Rahmenbeschluss darauf festgelegt, die Leugnung von Völkermord, Verbrechen gegen die Menschlichkeit und Kriegsverbrechen – wer bzw. welches Gremium immer solche Untaten identifiziert – künftig als kriminellen Akt zu bewerten. Staatlich oder suprastaatlich verordnete historische Wahrheit könnte künftig den Nukleus eines totalitären Anspruchs auf weitere Meinungsfelder bilden.

Wir stehen vor der ironischen Situation, dass mit dem Sieg des sich als demokratisch gebenden kapitalistischen Westens über den als diktatorisch verurteilten sozialistischen Osten freiheitlich-demokratische Grundsätze sukzessive über Bord geworfen werden. Das fehlende Meinungsgegenüber mag zur Allmachtsphantasie der Herrschenden im Westen, in der EU, beitragen. Genauso wichtig für diesen Angriff auf die Meinungsfreiheit ist jedoch der fehlende Diskurs im Inneren der west- und osteuropäischen Gesellschaften, insbesondere in Deutschland und Österreich. Ideologischer Streit ist verpönt, mediale Manipulation ist auf dem Vormarsch und die Universitäten verkommen mehr und mehr zu Ausbildungsstätten. Von Bildung im diskursiven, dialektischen Sinn ist immer weniger zu hören. Stattdessen werden Menschen auf ihre berufliche Verwertung vorbereitet. In einem solchen Klima hat die Obrigkeit ein leichtes Spiel. Anders als im Zeitalter der Systemkonkurrenz kommt der neue Außenfeind, abstrakt als »Terrorismus« bezeichnet, überhaupt nicht mehr zu Wort. Schlimmer noch: Bereits Gespräche mit Vertretern sogenannter »Terroristen« – ob das nun die *Hamas* in Palästina oder *Herri Batasuna* bzw. *Batasuna* im Baskenland ist – sind illegitim. Staatlich bzw. suprastaatlich verordnete Wahrheit – historische, Identität stiftende Wahrheit – ist nur ein weiterer Schritt in einem zunehmend totalitärer werdenden Umfeld.

Auch die Konstruktion und der Aufbau der Europäischen Union reflektieren diese Verschiebung in den Machtverhältnissen von legislativ-parlamentarischer in den einzelnen Nationalstaaten hin zu exekutiv-diktatorischer

Entscheidungsfindung in der EU-Kommission. Schon die Tatsache, dass die wichtigste supranationale administrative Einheit innerhalb der Brüsseler Union, die Kommission, von den einzelnen nationalen Regierungschefs ernannt wird, müsste jeden Anhänger der Gewaltenteilung aufschreien lassen, denn damit erheben sich nationale Exekutiven, die allesamt nicht vom Volk, sondern von den Parlamenten gewählt und teilweise von Monarchen bestätigt werden müssen, zu supranationalen Legislativen. Sie ermächtigen sich selbst zur Wahl der entscheidenden Körperschaft in der EU, obwohl sie eigentlich nur als Minister(präsidenten) – lateinisch für »Diener«, »Gehilfe« – der jeweiligen Parlamente auserkoren wurden. Wenn dann noch die informellen Kräfteverhältnisse in und um Brüssel mitberücksichtigt werden, in denen ein paar Tausend Lobbyisten die Interessen der größten Konzerne gegenüber Kommission und Abgeordneten vertreten und meist auch durchsetzen, wird das Bild einer fern von den Wünschen der Bevölkerung agierenden neuen Nomenklatura deutlich sichtbar. Dies erklärt auch die Skepsis bis Ablehnung der Europäischen Union in weiten Teilen der Bevölkerungen ihrer Mitgliedsstaaten.

Wer nicht auf einen soliden gesellschaftlichen Grundkonsens bauen kann, muss sich vor dem Volk, der Wählerschaft, fürchten. Es ist nur logisch, dass die zunehmende Totalität einer auf Verwertungsinteressen bauenden Politik andere Sicherheiten benötigt, wenn ihr soziale Zustimmung versagt bleibt: Staatliche Kontrolle, Überwachung und Repression scheinen den Machthabern darauf die passenden Antworten. Damit soll den Urängsten großräumig tätiger Investoren und ihrer politischen Verwalter, ihr Wirken könnte auf gesellschaftlichen Widerstand stoßen, begegnet werden.

Genau diese von der ökonomischen Rationalität kommende Totalität, die freie Marktwirtschaft zur Voraussetzung menschlicher Entwicklung und zum Dogma eines »europäischen Bekenntnisses« gemacht hat, bricht sich nun auch kulturell und juristisch Bahn. So wie der Daseinskern der Europäischen Union die vier kapitalistischen Freiheiten – uneingeschränkte Bewegungsfreiheit von Kapital, Waren, Dienstleistungen und Arbeitskraft – enthält, die allesamt nicht verhandelbar sind, obwohl sie gesellschaftlich nicht sinnvoll sind, so werden daraus abgeleitete oder anderweitig postulierte Werte zum unhinterfragbaren Prüfstein einer in letzter Konsequenz auch einklagbaren Haltung. Die andere Meinung kann dann direkt ins Gefängnis führen.

Die »richtige« Meinung

Fand 1995 in Srebrenica ein Völkermord statt? War die Vertreibung der Armenier aus Anatolien im Jahr 1915 ein Genozid? Wer auf eine dieser beiden Fragen mit einem klaren »Nein« antwortet, kann sich unversehens mit einem Bein vor dem Richterstuhl finden. Historische Wahrheiten werden zunehmend staatlich oder suprastaatlich verordnet und dürfen nicht mehr hinterfragt werden. Passiert dies doch, treten automatisch Staatsanwälte und Richter auf den Plan. Von Gesetzes wegen haben sie keine andere Möglichkeit, als Haftstrafen oder hohe Geldstrafen zu verhängen. »Leugnung, Billigung oder Verharmlosung« von Völkermord bzw. Verbrechen gegen die Menschlichkeit lauten die Delikte. Meinungsfreiheit und offen geführte Debatten sind damit an ihre strafrechtlichen Grenzen gestoßen.

Die freie Meinung

Worüber sprechen wir, wenn von Meinungsfreiheit die Rede ist? Von einem Menschenrecht, zweifelsohne. Meinungsfreiheit ist seit über zweihundert Jahren in Verfassungen und Grundgesetzen verankert. Den Anfang machte die *Erklärung der Menschen- und Bürgerrechte* im revolutionären Frankreich des Jahres 1789.

Gekämpft wurde gegen den Absolutismus mit seinem alle gesellschaftlichen Bereiche umfassenden Machtanspruch. Die Forderung nach freier Meinungsäußerung begleitete diesen Kampf. Die absolute Herrschaftsform war spätestens im 17. Jahrhundert angetreten, um divergierenden Interessen von Adel und Klerus auf höchster Ebene, der des staatlichen Oberhaupts, Paroli zu bieten. Moderne Macht sollte in einer Hand gebündelt werden. Der absolut regierende Monarch tat dies im Bewusstsein einer Gottähnlichkeit, wie sie in zahlreichen barocken allegorischen Darstellungen zum Ausdruck kommt. Selbstbildnisse wie jenes des Habsburgers Karl VI., römisch-deutscher Kaiser von 1711 bis 1740, in seiner Wiener Hofburg, das auch heute noch im Prunksaal der Österreichischen Nationalbibliothek bewundert werden kann, drücken die Allmachtsphantasie der Herrscher jener Jahrzehnte aus. Wie die Habsburger in Wien, so bauten auch die Bourbonen in Paris ihre Machtfülle gegen feudale Ansprüche aus. Sie beriefen sich dabei auf das Konzept einer »Staatsräson« im Gegensatz zu grundherrschaftlichen Vorstellungen wirtschaftlicher und juristischer Zuständigkeiten. Der Staat in Gestalt des Monarchen war angetreten, alle Macht und Gewalt in seinen Händen zu halten. Adel und Klerus waren darüber naturgemäß wenig erbaut; das aufstrebende (Handels)Bürgertum fühlte sich in seinen Möglichkeiten eingeschränkt. Dies umso mehr, als der »Staat« als deckungsgleich mit der Person des Monarchen und seiner Entourage verstanden wurde. »Der Staat bin ich«, lautete dieser Logik folgend der Leitspruch von Ludwig XIV., dessen Urururenkel, Ludwig XVI., unter der Guillotine sein Ende fand, und mit ihm der Anspruch auf Absolutheit. Die logische Folge war Artikel 11 der *Erklärung der Menschen- und Bürgerrechte*, der

Meinungsfreiheit zu einem menschlichen Gut, zu einem menschlichen Recht erhob. Dort steht geschrieben:

> Die freie Äußerung von Meinungen und Gedanken ist eines der kostbarsten Menschenrechte; jeder Bürger kann also frei reden, schreiben und drucken, vorbehaltlich seiner Verantwortlichkeit für den Missbrauch dieser Freiheit in den durch das Gesetz bestimmten Fällen.

Von ihrer Entstehungsgeschichte her verstand sich die Gewährung von Meinungsfreiheit also als Schutz vor staatlich-absolutistischer Machtfülle. Dieser Schutz kann individuell oder kollektiv gewährt werden. Vorerst galt es, die überall geltenden harschen Zensurbestimmungen außer Kraft zu setzen. Im Laufe der Jahrzehnte wurde diese Errungenschaft der Französischen Revolution in vielerlei Facetten kodifiziert. Derzeit findet man die Garantie, seine Meinung frei äußern zu dürfen, z. B. im deutschen Grundgesetz Artikel 5, Absatz 1 unter den »Grundrechten der Meinungsäußerungsfreiheit, Informationsfreiheit, Pressefreiheit, Rundfunk- und Filmfreiheit«. Dort heißt es:

> (1) Jeder hat das Recht, seine Meinung in Wort, Schrift und Bild frei zu äußern und zu verbreiten und sich aus allgemein zugänglichen Quellen ungehindert zu unterrichten. Die Pressefreiheit und die Freiheit der Berichterstattung durch Rundfunk und Film werden gewährleistet. Eine Zensur findet nicht statt. (2) Diese Rechte finden ihre Schranken in den Vorschriften der allgemeinen Gesetze, den gesetzlichen Bestimmungen zum Schutze der Jugend und in dem Recht der persönlichen Ehre. (3) Kunst und Wissenschaft, Forschung und Lehre sind frei. Die Freiheit der Lehre entbindet nicht von der Treue zur Verfassung.[1]

Österreich garantiert durch Artikel 10 der *Europäischen Menschenrechtskonvention*, die Verfassungsrang genießt, diese fundamentale Freiheit:

> Jeder hat Anspruch auf freie Meinungsäußerung. Dieses Recht schließt die Freiheit der Meinung und die Freiheit zum Empfang und zur Mitteilung von Nachrichten oder Ideen ohne Eingriff öffentlicher Behörden und ohne Rücksicht auf Landesgrenzen ein. Dieser Artikel schließt nicht aus, dass die Staaten Rundfunk-, Lichtspiel- oder Fernsehunternehmen einem Genehmigungsverfahren unterwerfen.[2]

---

1. http://www.artikel5.de/
2. http://www.konvent.gv.at/K/DE/AVORL-K/AVORL-K_00174/fnameorig_014203.html

Die Schweiz wiederum verbrieft freie Meinungsäußerung im Artikel 16 ihrer Grundrechte. Dort heißt es:

> Die Meinungs- und Informationsfreiheit ist gewährleistet. Jede Person hat das Recht, ihre Meinung frei zu bilden und sie ungehindert zu äussern und zu verbreiten. Jede Person hat das Recht, Informationen frei zu empfangen, aus allgemein zugänglichen Quellen zu beschaffen und zu verbreiten.[3]

Freie, ungehinderte Meinungsäußerung hängt freilich auch von den realen Möglichkeiten ab. Diese waren früher und sind auch heute äußerst ungleich verteilt. Im Zeitalter ökonomischer Konzentrationsprozesse relativiert allein ein Blick auf die Besitzverhältnisse der großen Medienkonzerne die Wirkungsmächtigkeit von freier Meinung. Selbst formal sind in EU-Europa jedoch längst nicht alle Bürger gleich, gibt es doch in sieben von 27 Mitgliedsländern Herrscherfamilien, die sich nicht als Bürger, sondern als Monarchen verstehen. Die Königshäuser im Vereinigten Königreich, in Schweden, Dänemark, den Niederlanden, Belgien und Spanien sowie das Fürstenhaus in Luxemburg verfügen zwar real über keine Macht, umso unverständlicher ist die Vererbbarkeit von höchsten Staatsposten und die Weigerung in diesen Ländern, Republiken einzuführen. Majestätsbeleidigung als Tatbestand tangiert zumindest dort unsere Debatte, wo es um mehr als den üblichen Schutz der persönlichen Integrität und Ehre geht, der Meinungsfreiheit auch anderswo beschränkt.

Eingeschränkte Meinungsfreiheit betrifft des Weiteren eine Reihe von möglichen Äußerungen, was juristisch von Staat zu Staat unterschiedlich gehandhabt wird. So ist z. B. die »nationale Sicherheit« einer jener Bereiche, in denen vor allem politisch und militärisch mächtige Staaten kein Pardon kennen; Geheimnisse und deren möglicher Verrat stehen somit außerhalb der Freiheit, sich darüber äußern zu dürfen. Darüber hinaus gelten persönliche Beleidigung oder sittenwidrige Äußerungen oft als strafwürdig. Ganze Stockwerke von Gerichten – auch in der sogenannten freien Welt – sind damit beschäftigt, in diesen Fällen zwischen Meinungs- bzw. Pressefreiheit und Schutzwürdigkeit zu entscheiden.

Über all diesen Streitfällen gilt dennoch der Artikel 19 der *Erklärung der Menschenrechte*, wie ihn die Vereinten Nationen 1948 verabschiedet haben:

> Jeder Mensch hat das Recht auf freie Meinungsäußerung. Dieses Recht umfasst die Freiheit, Meinungen unangefochten anzuhängen

---

3. http://www.admin.ch/ch/d/sr/101/a16.html

und Informationen und Ideen mit allen Verständigungsmitteln …
zu suchen, zu empfangen und zu verbreiten.[4]

Meinungsfreiheit ist Menschenrecht

So klar – zumindest in der Theorie – Meinungsfreiheit definiert werden kann, so schwammig steht es um den Begriff »Menschenrecht«. Sein Interpretationsspielraum scheint gewaltig. Auch seine historische Herleitung wird unterschiedlich diskutiert, ja nicht einmal über die Zuordnung von Menschenrecht als ein primär individuelles oder kollektives Recht herrscht Konsens. Auch der Rahmen seiner Umsetzung als nationalstaatlich oder universell einklagbares Recht bleibt sowohl praktisch wie auch theoretisch ungeklärt.

Manchen Historikern sind die Gleichheitspostulate im antiken Griechenland, die freilich nur die als solche definierten Bürger, nicht die Sklaven oder die Frauen inkludierten, erste Vorläufer menschenrechtlicher Bestimmungen. Andere wieder sehen in der englischen *Magna Charta* des Jahres 1215, die adelige Eigentumsrechte gegen den Zugriff des Königs für schützenswert erklärte, als Wurzel einer Menschenrechtsdebatte. Wieder anderen ist der *Habeas Corpus Act* aus dem Jahre 1679 mit seiner Definition von persönlicher Freiheit als Schutz vor Übergriffen oder die Deklaration der amerikanischen Unabhängigkeit vom 4. Juli 1776 mit ihrem Streben nach menschlicher Freiheit und menschlichem Glück Grundlage für später ausformulierte Menschenrechte. Die *Erklärung der Menschen- und Bürgerrechte* sowie ihre Ergänzung durch die Frauenrechte in den Pariser Revolutionsjahren 1789 und 1791 gelten allgemein als historischer Keim für einen erstmals konsistent verfassten Katalog der Menschenwürde.

Inwieweit diese Würde als individuell oder als kollektiv zu betrachten ist, inwieweit der Mensch in erster Linie als Einzelwesen oder als Gemeinschaftswesen, als Individuum oder als *Zoon politikon* zu schützen sei, darüber wird anhaltend bis in unsere Tage philosophiert. Kräftigsten Ausdruck hat diese Debatte in den zwei Menschenrechtskonventionen der Vereinten Nationen gefunden. Beide beruhen auf der nach dem Zweiten Weltkrieg von der Staatengemeinschaft initiierten *Erklärung der Menschenrechte*, die von der UN-Generalversammlung am 10. Dezember 1948 abgegeben wurde und für alle Mitgliedstaaten empfehlenden Charakter, aber keine rechtliche Bindung hat. Es sollte noch 28 Jahre dauern, bis 1976, um aus der allgemeinen Erklärung internationale Verträge zu machen. Die Dichotomie zwischen Individuum und Kollektiv kommt in ihnen zum Ausdruck, denn es ist nicht gelungen,

---

4. http://www.ohchr.org/EN/UDHR/Pages/Language.aspx?LangID=ger

die von vielen Seiten postulierte Unteilbarkeit der Menschenrechte auch nur formal in ein Gesetzeswerk, in eine einzige Konvention zu gießen. Deshalb beschloss die Generalversammlung der Vereinten Nationen am 16. Dezember 1966 zwei Konventionen in Form von Verträgen: den *Internationalen Pakt über bürgerliche und politische Rechte* und den *Internationalen Pakt über wirtschaftliche, soziale und kulturelle Rechte*. Ersterer sieht das individuelle, der zweite Pakt das gemeinschaftliche Menschenrecht im Vordergrund. Bis zum Inkrafttreten der beiden Schutzbestimmungen dauerte es nochmals zehn Jahre, mussten doch erst Ratifizierungsurkunden in den nationalen Parlamenten unterschrieben werden. Deutschland, Österreich und die Schweiz sind beiden Pakten beigetreten.

Das Recht auf Meinungsfreiheit ist zusammen mit anderen Freiheitsrechten wie der Religions-, Versammlungs- und Informationsfreiheit Teil des ersten, bürgerlich-politischen Paktes, während das Recht auf Arbeit, Bildung, Nahrung etc. im wirtschaftlich-sozialen Pakt verankert sind. Der unterschiedliche Zugang von bürgerlich-parlamentarisch verfassten und proletarisch-sozialistisch verfassten Staaten zum Zeitpunkt der Beschlussfassungen im UNO-Hauptquartier in New York erklärt die Parallelität der beiden Menschenrechtspakte. Vereinbarkeit, also Unteilbarkeit, wäre grundsätzlich gegeben, scheitert aber an unterschiedlichen Wirklichkeiten in den einzelnen Staaten und Staatengruppen.

Wie instrumentalisierbar der Menschenrechtsdiskurs ist, hat sich nach dem Ende der Bipolarität auf drastische Art und Weise gezeigt. Nach dem Ende der Sowjetunion und des Warschauer Paktes wurden und werden militärische Interventionen der westlichen Allianz – sei es nun die NATO oder eine jeweils neue »Koalition der Willigen« unter Führung der USA – mit dem Hinweis auf eine angeblich notwendige Durchsetzung von Menschenrechten durchgeführt. Waren Infanteristen oder Marine-Soldaten westlicher Allianzen, allen voran der USA, in Korea (1950–1953), Vietnam (1964–1975) und Nikaragua (1991–1990) noch mit dem propagandistischen Hinweis auf den unaufschiebbaren Kampf gegen die Ausbreitung des Kommunismus unterwegs, so brachte der Verlust dieses Feindbildes nach 1989/91 auch neue Legitimität mit sich. Schnell war die Verweigerung der Gewährung von »Menschenrechten« postuliert, um darauf aufbauend einen Interventionsgrund zu erfinden. Allenfalls ergänzte die Angst vor Terror noch die Palette der Argumentationshilfen für den Krieg. So intervenierten US-Soldaten in Afghanistan (im Jahr 2001 und bis heute), um den Völkern dort Frauenrechte und Demokratie zu bringen. Im Irak waren es – neben der völlig unglaubwürdigen Konstruktion irakischer Massenvernichtungswaffen als vermeintliches Bedrohungsszenario – vorenthaltene

Meinungs- und Pressefreiheit sowie ganz allgemein ein missliebiges Regime, für das seit dem ersten Golfkrieg 1991 Hunderttausende im Bombenhagel sterben mussten und viele Generationen ihrer Überlebensgrundlage beraubt wurden. Die NATO-Intervention in Jugoslawien im März 1999 wiederum formulierte das Fehlen von Menschenrechten für die albanische Minderheit im Kosovo als Kriegsgrund. Auch die monatelange Bombardierung Libyens seit März 2011 wurde mit der fadenscheinigen Rechtfertigung, Menschenrechte durchsetzen zu wollen, im UN-Sicherheitsrat beschlossen.

Die Philosophie für diese menschenrechtlich motivierten Interventionen, die zugleich immer auch den weströmischen, katholisch-protestantischen Wertekanon und seinen Anspruch auf universelle Gültigkeit mit im Schlepptau führten, lieferten honorige Professoren. Flugs erhielt die »westliche Wertegemeinschaft« ein postmodernes ideologisches Korsett. Nach dem Ende der Bipolarität sollte nicht mehr ein auf Basis staatlicher Souveränität kodifiziertes Völkerrecht internationale Beziehungen prägen und den Umgang der Staaten miteinander bestimmen, sondern schwammig oder nicht definierte Menschenrechte wurden zu Gradmessern internationaler Auseinandersetzungen und mussten als Interventionsgrund herhalten. Ein säkularer Universalismus, der sich gleichwohl vom keinen Relativismus duldenden römischen Papsttum ableitet, wurde zur Grundlage einer neuen Mission. Diese sollte Werte wie Demokratie und Marktwirtschaft bis in den letzten Winkel der Welt tragen, ohne auf lokale oder nationale gesellschaftliche oder religiöse Eigenarten Rücksicht nehmen zu müssen. Demokratie wurde hierbei als bürgerlich-parlamentarische verstanden, während das Credo der Marktwirtschaft unverhohlen wirtschaftlichen Expansionsplänen der kräftigsten Kapitalgruppen folgte.

Von Afghanistan über den Irak und Jugoslawien bis Libyen war das Böse schnell ausgemacht, gegen das die »Verteidigung der Menschenrechte« zu bewerkstelligen war. Philosophen vom Schlage Bernard-Henri Lévy in Frankreich und Jürgen Habermas in Deutschland erklärten jenen, die es interessierte, warum es sich lohnte, für die Durchsetzung von Demokratie und Marktwirtschaft, für »Menschenrechte« eben, ins Feld zu ziehen bzw. eine Armada von Cruise-Missiles und Kampfbombern loszuschicken. Das Völkerrecht blieb dabei auf der Strecke. Und auf die Meinungsfreiheit hatten die erwähnten Interventionen in Afghanistan, dem Irak, Jugoslawien und Libyen keine nennenswerten Auswirkungen.

Missachtetes Völkerrecht

Anders als das Menschenrecht, das als persönlich-individuelles und als gesellschaftlich-kollektives aufgefasst werden kann, gelten im Völkerrecht ausschließlich Staaten als Subjekte. Die Ausnahme des Roten Kreuzes, das aus historischen Gründen als Völkerrechtssubjekt anerkannt ist, bestätigt die Regel. Zwischenstaatliche Abmachungen generieren das Völkerrecht. Der dafür notwendige Konsens erschwert die Programmatik inhaltlich, bindet aber andererseits alle Teilnehmer enger daran.

Die historischen Wurzeln der internationalen Vereinbarungen, die den Umgang von Staaten miteinander in Kriegs- und Friedenszeiten kodifiziert haben, finden sich allesamt in den großen europäischen Friedensabkommen. Nach Völkerschlachten scheinen Herrschende, nicht zuletzt auf Grund eines militärischen Patts oder unter dem Druck dramatisch dezimierter Bevölkerung, eher gewillt, Regelwerke zu konstituieren, damit es nächstens zu derlei Katastrophen nicht mehr, und wenn doch, eben nach bestimmten Regeln kommt.

Als nach dreißig verheerenden Kriegsjahren im Jahre 1648 der halbe Kontinent in Schutt und Asche lag und sich die EinwohnerInnenzahl in Mitteleuropa um mehr als ein Drittel verringert hatte, einigten sich die beteiligten Mächte nach langen und zähen Verhandlungen in Münster auf einen Friedensschluss, der als »Westfälischer Frieden« in die Geschichtsbücher eingegangen ist. Mit den geopolitischen Neuordnungsplänen gingen erstmals auch Elemente von religiöser Toleranz, politischem Föderalismus und Völkerrecht in die Verträge ein. Eine neue Reichsverfassung sprach von gleichberechtigten Staaten, womit der Grundstein für internationales Recht, Völkerrecht, gelegt war. Fünf Jahre lang wurden mitten im Kriegsgeschehen unzählige Verhandlungen zwischen Abgesandten des Kaisers, der Generalstaaten, der Stände, Schwedens, Spaniens, Frankreichs, der Eidgenossenschaft usw. geführt, um am Ende eine neu geordnete, im Schwertstreich erfochtene europäische Staatengemeinschaft zu schaffen, deren Beziehungen untereinander rechtsverbindlich waren und – bis auf weiteres – blieben.

Der Wiener Kongress 1814/15 im Anschluss an die Napoleonischen Kriege stellte einen weiteren Meilenstein zur Verrechtlichung internationaler Beziehungen dar, genauso wie der Berliner Kongress 1878 unter dem Eindruck der Zurückdrängung des Osmanischen Reiches. Wirklich wegweisend für unser heutiges Verständnis von Völkerrecht waren die Haager Abkommen oder Konventionen, übrigens die ersten internationalen Friedensverträge, die nicht unmittelbar als Reaktion auf Krieg geschlossen worden waren. Zwischen 1899 und 1907 kamen dreizehn solcher Abkommen unter dem Druck einer gegen

Ende des 19. Jahrhunderts erstarkenden Friedensbewegung und auf Initiative des russischen Zaren Nikolaus II. zustande. Insgesamt waren 44 Staaten daran beteiligt. Grundaussagen dieser Haager Friedenskonferenzen finden sich in den später darauf aufbauenden Dokumenten des Völkerbundes, der Vereinten Nationen und der Konferenz für Sicherheit und Zusammenarbeit in Europa (KSZE). Das erste Haager Abkommen beschäftigt sich mit der »friedlichen Erledigung von internationalen Streitfällen«, im zweiten wird über die »Nichtanwendung von Gewalt bei Eintreibung von Vertragsschulden« ein Konsens gefunden, das vierte Abkommen betrifft die »Gesetze und Gebräuche des Landkrieges«, das elfte die »Beschränkung des Beuterechts im Seekrieg.« Der Völkerbund nach dem Ersten und die Vereinten Nationen nach dem Zweiten Weltkrieg entwickelten die in Den Haag kodifizierten zwischenstaatlichen Umgangsformen weiter. Der Schutz des Weltfriedens, das Selbstbestimmungsrecht der Völker und die internationale Zusammenarbeit auf der Basis staatlicher Souveränität sind seit damals die drei wichtigsten Säulen eines Völkerrechts, dessen Erosion wir in den 1990er Jahren erlebt haben.

Die KSZE-Schlussakte von Helsinki verdeutlicht den Fortschritt der völkerrechtlichen Bestimmungen mitten in der Epoche der Systemkonkurrenz, die Weltfrieden als ihr höchstes Gut betrachtet hat. In ihrem *Prinzipienkatalog* vom August 1975 heißt es zum Umgang der Staaten miteinander: »I. Souveräne Gleichheit, II. Enthaltung von der Androhung oder Anwendung von Gewalt, III. Unverletzlichkeit der Grenzen, IV. Territoriale Integrität der Staaten, V. Friedliche Regelung von Streitfällen.« Bis zum Jahr 1999 hat die KSZE mit ihrem völkerrechtlich bindenden Prinzipienkatalog Europa vor zwischenstaatlichen kriegerischen Auseinandersetzungen bewahrt. Die NATO hat dann am 24. März 1999 mit ihrem Angriff auf Jugoslawien – wohlgemerkt ohne Zustimmung der UNO – die Grundlagen der europäischen Nachkriegsordnung zerstört und auch die Schlussakte von Helsinki zur Makulatur werden lassen.

Seither hat eine Wertedebatte um sich gegriffen, die im Kern der geopolitischen Neuordnung nach 1989/91 folgt und gleichzeitig die Verschiebungen hin zu ausschließlich ökonomisch bestimmten Interessenkonstellationen reflektiert. Nicht mehr der Schutz des Weltfriedens stellt den kleinsten gemeinsamen Nenner der nach wie vor unterschiedlichen völkerrechtlichen Subjekte dar, wie immer propagandistisch oder heuchlerisch dieser auch be- oder hintertrieben worden war. Der Wegfall einer zumindest militärisch ernst zu nehmenden Systemkonkurrenz ließ der einzig verbliebenen machtvollen Staatenallianz ihren herrschenden Wertekanon zu Kopfe steigen. »Demokratie« und »Freiheit« sollen als neue, allgemein gültige Standards jedes einzelnen Staates und der Staaten untereinander platziert werden. Was nicht zuletzt wegen des Dauereinsatzes medialer Propaganda schön klingt, darf angesichts der Wirklichkeit indes hinterfragt werden.

Die bürgerlich-parlamentarische Demokratie, und eine solche ist von der westlichen Staatengemeinschaft gemeint, ist seit ihren postabsolutistischen Anfängen in der zweiten Hälfte des 19. Jahrhunderts zu einem auf die politische Vertretung beschränkten rhythmischen Abfragen von Parteipräferenzen verkommen, wobei sich die politischen Parteien in fast allen diesen »demokratischen« Staaten durch geringe Unterscheidbarkeit untereinander auszeichnen. Wirtschaftliche Prozesse unterliegen keiner demokratischen Kontrolle – im Gegenteil: Die seit Mitte der 1980er Jahre in Europa immer weiter um sich greifenden und immer mehr Lebensbereiche bestimmenden Kapitalmärkte funktionieren nach anonymen Aktienmehrheiten; desgleichen »kapitaldemokratisch« sind die beiden wichtigsten Finanz- und Währungsinstrumente der Welt ausgerichtet – die 1944 ins Leben gerufenen Zwillinge Internationaler Währungsfonds und Weltbank. Der Druck dieser »kapitaldemokratischen« Körperschaften auf politische Prozesse hat letzteren ihre Handlungsspielräume genommen. Das ökonomische Primat über politische Prozesse entwickelt vor diesem Hintergrund eine zutiefst undemokratische Kultur, in der gesellschaftliche Werte ganz generell gegenüber persönlicher Bereicherung in den Hintergrund treten.

Die als Grundwert postulierte »Freiheit« wiederum entpuppt sich als die Freiheit des Investors, sein eingesetztes Kapital schnell und ungehindert rund um den Globus zu verschieben und den Profit gerade dort, wo staatliche Zugriffe darauf am geringsten sind, realisieren zu können. Auch hier beherrscht der Begriff »Freiheit« nicht als allgemein gültiger, sondern als für die ökonomisch Stärksten nützlicher Wert die Debatte. Dass eine solche von ebenfalls profitorientierten Medien geführt bzw. gesteuert wird, unterstreicht den heuchlerischen Charakter der Diskussion um Werte.

Vor dem gesellschaftlichen Transformationsprozess der 1990er Jahre, der im Banne der Auflösung einer geopolitisch zu nennenden weltweiten Bipolarität gestanden hat, geht es den herrschenden Eliten um eine Vereinheitlichung von Werten. Das Fehlen gesellschaftlich-politischer Antagonismen auf höchster, geopolitischer Ebene, wie sie im Systemwiderspruch zwischen »Kapitalismus« und »Kommunismus« (zumindest dem Anspruch nach) bestanden hatten, homogenisiert Debatte ganz generell, freilich nur dort, wo im kulturell-religiösen Chor einer westlichen Gesellschaft gesungen wird. Das Beispiel einer im Aufbruch befindlichen islamischen Gegenwelt straft dieses Argument auf Weltniveau zwar Lügen, tut ihm jedoch in den westlichen und nördlichen

Zentralräumen keinen Abbruch, zumal der Westen seit den Massenkundgebungen in Tunesien und Ägypten, die Anfang 2011 zum Rücktritt von zwei Präsidenten geführt haben, arabische Aufstandsbewegungen mit dem Ziel unterstützt, Kultur- und Systemwidersprüche hinter einer parlamentarischen Fassade verschwinden zu lassen.

Meinungsfreiheit und Meinungsstreit stoßen zunehmend auf Hindernisse. Wenn die Herstellung von Menschenrecht als Durchsetzung von (parlamentarischer) Demokratie und Marktwirtschaft verstanden wird, so wie sie in unzähligen EU-Dokumenten bezeichnet wird, dann verkommt die Freiheit, sich mit dieser Vorstellung von Menschenrecht zu konfrontieren, zur Farce. Bereits in Artikel 2 des 2009 in Kraft getretenen *Lissabonner Vertrages* der Europäischen Union wird in der Errichtung des Binnenmarktes die »Grundlage eines ausgewogenen Wirtschaftswachstums und von Preisstabilität« gesehen, deren Ziel »eine in hohem Maße wettbewerbsfähige soziale Marktwirtschaft« zu sein hat. Es sind also die engen Parameter eines auf Konkurrenz und Verdrängung beruhenden Akkumulationsregimes, die den Spielraum von Meinungsfreiheit abstecken. Kritik bewegt sich auf unsicherem Terrain, jenseits des als Ersatzverfassung betrachteten Regelwerks der EU.

Dort, wo historisch strittige Ereignisse über die Allianz internationaler Gerichte mit nationalen und supranationalen Gesetzen als unstrittig erklärt werden, gerät Meinungsfreiheit zusätzlich unter Druck. Wenn dann noch in einem weiteren Schritt Wahrheiten staatlich verordnet werden, fühlt man sich in absolutistische Zeiten versetzt. Die Straffälligkeit einer Leugnung oder nicht konformen Einschätzung solcher als »wahr« deklarierter Geschehnisse ist ein erster Schritt zu einem totalitären Charakter des betreffenden Staatswesens. Als Einfallstor für diese historische Neuauflage von Absolutismus und Totalität hat sich seit 2008 die Beurteilung von kriegerischen Auseinandersetzungen als Völkermord und Verbrechen gegen die Menschlichkeit bzw. die Leugnung oder Relativierung derselben durch EU-Vorgaben und nationale Gesetze eingeschlichen.

Was ist Völkermord?

Völkermord ist ein Verbrechen. International ist dieses Verbrechen seit dem Beschluss der UN-Konvention über »Verhütung und Bestrafung von Völkermord« vom 9. Dezember 1948 geächtet. In Kraft getreten ist diese Konvention Anfang 1951. Konkrete Strafnormen waren keine vorgesehen, allerdings wurden die Mitgliedsstaaten dazu verpflichtet, eigene nationale Gesetze zu erlassen, die Völkermord als Straftat zum Inhalt haben. In Deutschland ist Völkermord unter § 6, in Österreich unter § 321, in der Schweiz unter Artikel

264 des Strafgesetzbuches kodifiziert. Die Straftat verjährt nicht.

»Die Gattung dahinmetzeln«, so könnte man den griechisch-lateinischen Mischbegriff »Genozid«, der in vielen Sprachen gebräuchlich ist, ins Deutsche übersetzen. Das griechische *génos* steht dabei für »Gattung, Herkunft, Geschlecht«, während das lateinische *caedere* so viel wie »hinmetzeln, abschlachten« bedeutet.

Die Konvention der Vereinten Nationen aus dem Jahr 1948 gibt die folgende Definition von Völkermord vor: Demnach fallen alle Handlungen darunter, die in der Absicht begangen werden,

> eine nationale, ethnische oder religiöse Gruppe als solche ganz oder teilweise zu vernichten: (a) die Tötung von Mitgliedern einer Gruppe, (b) die Verursachung von schwerem körperlichem oder geistigem Schaden an Mitgliedern der Gruppe, (c) die vorsätzliche Auferlegung von Lebensbedingungen, die geeignet sind, ihre körperliche Vernichtung ganz oder teilweise herbeizuführen, (d) die Verhängung von Maßnahmen, die auf Geburtenverhinderung innerhalb der Gruppe gerichtet sind, (e) die gewaltsame Überführung von Kindern der Gruppe in eine andere Gruppe.[5]

Entscheidend für die Tat ist die Absicht der Vernichtung bzw. Zwangsassimilation einer ethnisch, national oder religiös von anderen absetzbaren Gruppe. Nicht die Anzahl der dem Morden zum Opfer gefallenen Menschen ist demnach von Bedeutung, sondern der politisch oder religiös motivierte Wille, diese Menschen zu ermorden bzw. ihre Lebensgrundlage zu zerstören.

Bereits mit der Interpretation der einzelnen Handlungen fängt die Schwierigkeit des Nachweises an. Für einen unvoreingenommenen Betrachter dieser Definition ist jedem Krieg völkermörderische Absicht inhärent. Vor allem gesellschaftskritische Historiker, die sich in der marxistischen Tradition begreifen, sehen einen Gleichklang von Krieg und Völkermord. Die Atombombenabwürfe auf Hiroshima und Nagasaki sowie die Entlaubungsangriffe mit der chemischen Keule Agent Orange in Vietnam stehen paradigmatisch für diese Symbiose von Krieg und Völkermord.[6]

Es existiert kaum ein Waffengang, der nicht in der Absicht geführt wird, den Gegner »ganz oder teilweise zu vernichten«. Nicht selten definiert sich dieser Gegner als nationaler Feind, als religiöses Gegenüber. »Jeder Schuss, ein Russ'. Jeder Stoß, ein Franzos'. Jeder Tritt, ein Brit'«, lautete ein Spottgedicht in der Wiener Gesellschaft zu Anfang des Ersten Weltkrieges, dem der

5. http://www.hrweb.org/legal/genocide.html
6. vgl. Martin Shaw: *War & Genocide. Organized Killing in Modern Society.* Cambridge 2003

Satiriker und Publizist Karl Kraus zu zweifelhafter Berühmtheit verholfen hat. Die Kriegserklärung des österreichischen Kaiserhauses vom 28. Juli 1914 an Serbien war auch der Auftakt eines völkermörderischen Unterfangens. »Serbien muss sterbien«, textete dazu der Autor Felix Salten, um die Stimmung in der Habsburgermetropole auf den Punkt zu bringen. Serben, Russen, Franzosen, Briten … sie alle waren 1914 in Österreich-Ungarn ebenso wie im Deutschen Reich von oberster Stelle zu hassenswerten Gegenübern erklärt worden, die es auszumerzen galt. Als dann das anfangs mit den Mittelmächten verbündete Italien die Seiten gewechselt hatte und auf den Gipfeln und Schluchten der österreichisch-italienischen Grenze rund um den Fluss Isonzo die vielleicht blutigste und opferreichste Schlacht in der Menschheitsgeschichte mit schätzungsweise einer Million Toten geschlagen wurde, befahlen das deutsche und das österreichische Kaiserhaus im Oktober 1917 den Einsatz von Giftgas gegen die italienische Seite. Die völkermörderische Seite dieses Kriegsverbrechens ist bis heute nicht aufgearbeitet. Im Gegenteil: Die katholische Kirche in Person von Papst Johannes Paul II. hat im Jahre 2003 Kaiser Karl I. – also den Verantwortlichen des Giftgaseinsatzes – seliggesprochen und damit ein klares Signal gesetzt: Völkerhass ist kein Hinderungsgrund für die zweithöchste Ehrung nach einer Heiligsprechung, die das päpstliche Rom zu vergeben hat.

Rassismus ist eine Begleiterscheinung des Krieges. Er liefert die Grundlage für das Morden, wie es die UN-Definition als Völkermord beschreibt. Beide großen Kriege des 20. Jahrhunderts wurden von rassistischer und völkermörderischer Propaganda begleitet. In Nazi-Deutschland haben die Nürnberger Gesetze des Jahres 1935 mit ihrer Vorgabe zum »Schutz des deutschen oder artverwandten Blutes« dafür sogar eine rechtliche Grundlage gelegt. Dem Massakrieren von Juden, Slawen, Schwarzen … war damit ein legaler Anstrich gegeben. Der Holocaust an den Juden gilt bis heute als die grausamste Vernichtung, die Menschen anderen Menschen angetan haben.

Aber auch dort, wo es in erster Linie um wirtschaftliche und geopolitische Interessen geht, die sich gegen missliebige, weil nicht willfährige Führer und soziale Kräfte richten, bildet Rassismus die Grundlage jenes Hasses, der für den Waffengang eine notwendige Motivation darstellt. Die in vielen Fällen kriegerisch betriebene Ausdehnung der US-amerikanischen Einflusssphäre nach dem Zweiten Weltkrieg veranschaulicht dies auf eindrucksvolle Weise: Von Vietnam über den Irak bis Afghanistan standen neben dem Feindbild »des Kommunisten« und »des Islamisten« auch »der Vietnamese«, »der Araber« und »der Taliban« im Visier von Flugzeugbomben, Lenkwaffen und Fußtruppen. Massenvernichtungswaffen haben Rassismus und Völkermord in die Tat umgesetzt, zum Beispiel das aus Flugzeugen flächendeckend abgeworfene

Agent Orange, das riesige Landstriche im Norden Vietnams mit Tod bringender Chemie überzog und schwere körperliche Behinderungen inklusive angeborener Missbildungen für Generationen mit sich brachte, oder *depleted uranium* (abgereichertes Uran), ein Uran-Isotop zur Härtung von Munition, das ganze Landstriche in allen von den USA geführten Kriegen der 1990er Jahre verstrahlt hat. Die Folgen entsprechen für Generationen den Vorgaben der UN-Definition von Völkermord: Nicht nur in der irakischen Stadt Falludscha wurden 2004 die Feinde der US-Koalition der Willigen systematisch getötet. Unter einem Feuersturm aus weißem Phosphor, Uranmunition und Streubomben starben Tausende; die Sunniten »als solche« standen im Fadenkreuz der Angriffe.

Noch offensichtlicher ist der rassische und religiöse Aspekt des permanenten Krieges, den Israel als Judenstaat gegen die Araber in der Region führt. Seit 1948 wurden systematisch Hunderttausende Nicht-Juden aus ihren Dörfern und Städten vertrieben. Dies geschah unter Gewaltanwendung. Der israelische Historiker Ilan Pappe beschreibt die bei den Palästinensern »*Nakba*« geheißene nationale historische Katastrophe als planvolle ethnische Säuberung.[7] Auch die fortgesetzte, völkerrechtswidrige Besatzungspolitik mit ihren Methoden der Segmentierung und Abtrennung einzelner arabisch besiedelter Gebiete erfüllt eine Reihe von Tatbeständen, die in der UN-Konvention als Völkermord gelistet sind.

Ethnische und religiöse Motive waren auch bei den Zerfallsprozessen der zwei großen multiethnischen Staaten in den 1990er Jahren grausam im Spiel. Einzelne Republiken und Teile der Sowjetunion sowie Jugoslawiens verstrickten sich in teilweise lang andauernde, immer wieder aufflackernde Bürgerkriege, die allesamt als gegen die Völkerrechtskonvention der Vereinten Nationen gerichtet interpretiert werden können. Das Morden wurde in der Absicht begangen, »nationale, ethnische oder religiöse Gruppen als solche ganz oder teilweise zu vernichten«. Usbeken gegen Kirgisen im Fergana-Tal 1990, Moldawier gegen Russen und Ukrainer in Transnistrien 1991, Muslime gegen Serben gegen Muslime gegen Kroaten gegen Slowenen im zerfallenden Jugoslawien 1991 bis 1995, Russen gegen Tschetschenen während der 1990er Jahre, Serben gegen Albaner 1997 bis 1999 im Kosovo, Albaner gegen Makedonier 1998, Georgier gegen Abchasen und Osseten 1999, Kirgisen gegen Usbeken 2010 ... und die Liste ist keineswegs vollständig. Und sie gilt vice versa. Meist waren es nicht nur die lokalen Kontrahenten, die in Vernichtungsabsicht auf den jeweiligen Feind eingeschlagen haben. Interventionen von außen

---

7. Ilan Pappe: *Die ethnische Säuberung Palästinas*. Frankfurt 2007

beschleunigten das völkermörderische Treiben. Die USA waren dabei in vielen Fällen federführend, sei es beim Angriff auf serbisch-bosnische Gebiete 1995 oder beim Krieg gegen Jugoslawien von März bis Juni 1999. Im Falle des georgisch-abchasisch-ossetischen »Bruder«-Krieges griff Russland auf Seiten der abtrünnigen Provinzen ein, während die USA die Zentrale in Tiflis logistisch unterstützten.

Die Auflistung der französischen, britischen, spanischen und US-amerikanischen Verstrickungen in kriegerische Auseinandersetzungen auf dem »vergessenen Kontinent«, Afrika, würde die Dimension dieses Buches sprengen. Nur so viel sei in Erinnerung gerufen: In weiten Teilen Afrikas, von der Goldküste über Zentralafrika bis in den subsaharischen Norden, toben seit Jahrzehnten wieder und wieder aufflackernde Auseinandersetzungen; viele von ihnen tragen den Charakter von Genoziden.

Völkermord, so mag es auf den ersten Blick nach dieser kursorischen und gleichwohl unvollständigen Aufzählung scheinen, gehört zum Kriegshandwerk einfach dazu. So einfach ist es freilich nicht, denn die Definition von Völkermord erlaubt einen weiten Interpretationsspielraum. Andernfalls wäre wohl kein US-amerikanischer Regierungschef der vergangenen hundert Jahre ohne Anklage und Verurteilung davongekommen. Auch russische, deutsche, französische Außen- und Premierminister hätten strafrechtlichen Verfolgungen anheimfallen müssen. Nein: So wie Krieg den völkermörderischen Bazillus in sich trägt, so ist Völkermord ein kriegerisches Unterfangen. Krieg wie Völkermord unterliegen damit denselben Prinzipien. Sie werden nicht nur als Schlachten im Luftraum, auf den Meeren und am Boden geführt, sondern auch an der Propagandafront. Ihre Motive werden eingeschätzt, diskutiert, für verständlich oder abscheulich gehalten, und dies nicht nur während der Auseinandersetzungen, sondern auch als geschichtliches Ereignis. Generationen von HistorikerInnen arbeiten sich an Einschätzungen von Kriegsausbrüchen und Verläufen, Begründungen, Rechtfertigungen und Vorwänden, Siegen und Niederlagen ab, und diese Analysen ändern sich im Lauf der Zeit. Je nach aktuellem herrschaftlichen Gebrauch bzw. in Opposition dazu werden Waffengänge – und mit ihnen das Morden – als unverzeihlich oder notwendig erachtet. Daraus folgt, dass Kriege mit all ihren Ausprägungen und Konsequenzen auch internationale Beziehungen definieren, Identitäten stiften oder zerstören. Und vor allem unterliegt die Einschätzung von Krieg und Völkermord herrschaftlicher Instrumentalisierung. Objektivierung mag die Zielvorgabe historischer Arbeiten sein; als eine endgültige wird sie wohl nie gelingen.

Bis zu den Massakern in Ruanda und dem Morden im jugoslawischen Zerfallsprozess in den 1990er Jahren war das Thema »Völkermord« nach dem

Zweiten Weltkrieg in der juristischen Praxis weitgehend absent. Erst die geschätzten 800 000 Toten in der ruandischen Tragödie und die Brutalität der Bürgerkriege im ehemaligen Jugoslawien haben den Völkermord als politische und juristische Kategorie ins allgemeine bzw. ins EU-europäische Bewusstsein gerückt, und dies sicherlich nicht wegen des Ausmaßes der Massaker – obwohl im Falle Ruandas eine zuvor kaum vorstellbare Dimension erreicht wurde –, sondern vielmehr deswegen, weil der Vorwurf des Völkermords als politisch brauchbar erkannt wurde: einerseits von den entsprechenden Konfliktparteien, die dem jeweiligen Gegner Genozid vorwarfen, andererseits aber auch von auswärtigen Interessen. Am auffälligsten geschah dies im jugoslawischen Völkermorden mit anschließender NATO-Intervention. Deutschland, die EU und die USA stellten sich nach und nach auf die Seite all jener Kräfte, denen an einer Zerschlagung Jugoslawiens gelegen war. Die daraus resultierende antiserbische Politik gipfelte in dem von keinem UN-Mandat legitimierten und darum völkerrechtswidrigen Angriff der damals neunzehn Mitglieder zählenden Allianz auf Jugoslawien am 24. März 1999. Spätere Rechtfertigungen dieser Aggression brachten in vollständiger Umkehrung der Verhältnisse den Begriff »Völkermord« gegen Belgrad in eine ideologische Position, in der er sich bis heute über das zweifelhafte Jugoslawien-Tribunal (ICTY) in Den Haag gehalten hat. Die Ausstellung eines Haftbefehls dieses Tribunals gegen Slobodan Milošević mitten im Bombenhagel der NATO am 22. Mai 1999 war eher Teil des illegitimen NATO-Krieges als ein Akt einer unabhängigen Gerichtsbarkeit.

Würde man »Völkermord« als objektivierbares Gräuel außer jeden (geo-)politischen Streit stellen, so müsste nicht nur längst die Hauptstadt der USA umbenannt werden – immerhin trägt sie den Namen eines Mannes, der am mutmaßlich größten Genozid in der Geschichte der Menschheit, der Ausrottung der nordamerikanischen Indianer, als General und Staatsmann führend beteiligt war –, sondern müsste auch so manch ein noch lebender Verantwortlicher für Völkermorde in Korea, Vietnam, im südlichen Afrika oder in Algerien seinen Lebensabend hinter Gittern verbringen.

Völkermord im Völkerrecht

Der Begriff »Genozid«, der in vielen Sprachen für Völkermord verwendet wird, geht auf den polnisch-jüdischen Juristen Raphael Lemkin zurück.[8] Im Juni 1921 verfolgte der damals junge Student der Rechtswissenschaften den Prozess gegen den Mörder des jungtürkischen Ministerpräsidenten Talât Paşa,

---

8. Raphael Lemkin: *Axis Rule in Occupied Europe. Laws of Occupation, Analysis of Government, Proposals for Redress*. Washington 1944.

einen der Hauptverantwortlichen für das Massaker an den osmanischen Armeniern im Jahr 1915. Talâts Mörder, der armenische Aktivist Salomon Teilirian, war in Berlin nach kurzem Prozess freigesprochen worden, obwohl er die Tat gestanden hatte. Der rein moralisch argumentierte Richterspruch, der mit Begriffen wie »historischer Gerechtigkeit« operierte, kann nur vor dem Hintergrund der damaligen Zustände in Deutschland unmittelbar nach dem Krieg erklärt werden. Er stellte ein Novum in der Geschichte der modernen Rechtsprechung dar. Neben Lemkin befand sich übrigens auch der spätere stellvertretende Hauptankläger im Nürnberger Kriegsverbrecherprozess 1945/46 unter den Zuschauern dieses sensationellen bzw. seltsamen Verfahrens.

Fasziniert und wohl auch ein wenig irritiert davon, wie ein deutsches Gericht mit dem zeitgenössischen Massaker an den Armeniern umgegangen war, widmete sich Raphael Lemkin in seiner weiteren Karriere den rechtlichen Aspekten ethnisch motivierter Massenmorde, die er bald als »Genozid« bezeichnete. Von den USA aus, wo er nach seiner von den Nazis 1939 erzwungenen Flucht aus Polen an der Yale-Universität lehrte, setzte er sich ohne Unterlass für die Etablierung juristischer Normen ein, mit denen Genozid – Völkermord – definiert und geahndet werden konnte. Dabei schuf er auch das Kunstwort »Genozid«,[9] das sich aus dem griechischen Wort *génos* (»Gattung«, oder auch »Volk«) und dem lateinischen *caedere* (»töten, abschlachten«) zusammensetzt. Lemkin sah im Genozid »einen koordinierten Plan unterschiedlicher Aktionen, die darauf abzielen, die wesentlichen Lebensgrundlagen einer nationalen Gruppe mit dem Ziel zu zerstören, die Gruppe auszulöschen.«[10]

Im Nürnberger Internationalen Militärtribunal gegen die Führungsclique der Nationalsozialisten 1945/46 wurde dieser Begriff »Genozid« zum ersten Mal aktenkundig. In der Rechtsprechung fand er allerdings noch keine Verwendung; dazu war er noch nicht ausgereift genug. Die Massenmörder des NS-Regimes wurden allesamt wegen »Verbrechen gegen die Menschheit« *("crimes against humanity")* verurteilt.

Die juristische Definition fand erst zwei Jahre später statt, und zwar auf höchster Ebene: Mit einer ersten Resolution 96/I setzte die Generalversammlung der Vereinten Nationen am 11. Dezember 1946 die Frage des Genozids und seiner verpflichtenden internationalen Ächtung auf die Tagesordnung. Kuba, Indien und Panama brachten diesen ersten Antrag ein. Der bekannte Völkerrechtler William Schabas, selbst seit 1993 in einer Untersuchungskommission in Ruanda tätig, hat in seinem schwergewichtigen Buch *Genozid im*

---

9. vgl. auch William Schabas: *Genozid im Völkerrecht*. Hamburg 2003, S. 43
10. Lemkin, zit. bei: Boris Barth: *Genozid. Völkermord im 20. Jahrhundert. Geschichte, Theorien, Kontroversen*. München 2006, S. 15

Völkerrecht die juristische und politische Entwicklung des Begriffs im Detail nachgezeichnet.[11] Zwei Jahre lang rangen die Staatsführer um eine Definition. Nach teilweise heftig geführten Debatten in den entsprechenden UN-Ausschüssen einigte sich die internationale Staatengemeinschaft auf eine Völkermordkonvention, die am 9. Dezember 1948 von der Generalversammlung beschlossen wurde. Nach der Abgabe der 20. Ratifizierungsurkunde trat sie im Januar 1951 in Kraft. Die Konvention identifiziert vier Gruppen, deren Verfolgung und Ausrottung als völkermörderisch bezeichnet wird: nationale, ethnische, rassische und religiöse Gruppen. Artikel II der *Konvention über die Verhütung und Bestrafung des Völkermordes* nennt demgemäß Verbrechen Völkermord, wenn sie »in der Absicht begangen werden, eine nationale, ethnische, rassische oder religiöse Gruppe als solche ganz oder teilweise zu zerstören.« Die von verschiedenen Staaten wie den USA geforderte Erweiterung des Genozidbegriffs um politische und wirtschaftliche Gruppen wurde mit dem Hinweis, dabei handele es sich eben nicht um »Gattung« oder »Volk«, wie der griechische Terminus es nahelegt, allen voran von der Sowjetunion und von jüdischen Organisationen abgelehnt.[12]

Schon die Nachlese der damaligen Debatte in den Gremien der Vereinten Nationen macht deutlich, wie unterschiedlich die einzelnen Begriffe definiert werden können und auf welch schwammiger Grundlage die UN-Völkermordkonvention letztlich aufgebaut ist. So beruhen z. B. Zuordnungen zu ethnischen Gruppen in der Regel auf historischen Herleitungen respektive Herkünften, die wissenschaftlich fundiert sein können, häufig aber auf Gründungs- und Ursprungslegenden und Mystifikationen beruhen. Eigendefinitionen von *génos* unterscheiden sich oft wesentlich von Fremddefinitionen. Wer ein Hutu und wer ein Tutsi ist, mag zwar durch äußere Merkmale unterscheidbar und im Konfliktfall eindeutig gewesen sein, eine zweifelsfreie Unterscheidbarkeit gab es aber im Einzelfall nicht. Auch macht die Tatsache, dass sich die beiden Völker am ehesten ihrer sozialen Herkunft nach unterscheiden, die Anwendbarkeit des Begriffs *éthnos* zur Differenzierung schwierig bis unmöglich, wie überhaupt ethnische, nationale und religiöse Zuordnungen sozioökonomisch fundiert und kulturell »konstruiert« sind.

An der rassischen Zuordnung wird die Schwammigkeit der Definition noch deutlicher: Allein der Begriff der »Rasse«, der 1948 noch gebräuchlich gewesen sein mag, entspricht heute weder dem wissenschaftlichen Diskurs über menschliche Differenz noch wird er in weiten Teilen der Welt vorurteilsfrei gebraucht. In Europa ist er überhaupt tabuisiert, was den Umgang mit der

11. Schabas, S. 64ff.
12. vgl. Schabas, S. 180

Begrifflichkeit nicht eben leichter macht. Vor diesem Hintergrund »Rassen« vor mörderischer Absicht zu schützen, ist an sich schon eine doppeldeutige Argumentation. Das erkennt auch der Völkerrechtler William Schabas, wenn er meint, dass die

> vier Begriffe (ethnisch, national, rassisch, religiös, Anm. d. A.) zwangsläufig ein gewisses Maß an Subjektivität bergen, weil ihre Bedeutung in einem sozialen Kontext festgelegt wird. So kann man an dem Begriff »rassisch« Kritik üben, weil die Existenz von »Rassen« selbst nicht mehr einem fortschrittlichen sozialwissenschaftlichen Sprachgebrauch entspricht.[13]

Eine eventuell notwendige Definition von »Rasse« bringt Juristen schnell in Teufels Küche. Für die Rechtsprechung in Bezug auf völkermörderische Absicht bleibt die »Rasse« dennoch in Gebrauch.

Gleichzeitig hat Schabas auf einen mindestens ebenso schwerwiegenden Einwand in der Debatte um die Definitionshoheit des Begriffes Völkermord hingewiesen: Der Täter definiert mit seiner Tat die Opfergruppe. Dabei spielt die Subjektivität der Zuordnung zu der einen oder der anderen Volksgruppe die entscheidende Rolle. Im zerfallenden Jugoslawien der 1990er Jahre war dieses Problem besonders augenfällig: Identitäten und damit Zuordnungen veränderten sich entsprechend der politischen und gesellschaftlichen Gegebenheiten. Aus »Jugoslawen« wurden »Bosnier«, »Serben«, »Kroaten« oder »Makedonier«. Eine Objektivierbarkeit nationaler oder ethnischer Zuschreibungen muss zwangsläufig an der historischen oder aktuellen Wirklichkeit, welche die jeweils gegebenen sozioökonomischen Möglichkeiten zu berücksichtigen hat, zerschellen.

All diese Definitionsprobleme haben sich mit dem Aufkommen der Genozidforschung in den 1990er Jahren noch verschärft. Die Debatte verläuft entlang des Gegensatzpaares »restriktiv/allgemein«. Soziologen wie Frank Chalk fordern eine Neudefinition von Völkermord in einem möglichst allgemeinen Sinn. Chalk will »Völkermord als eine Form der einseitigen Massentötung« definiert wissen, »bei der ein Staat oder eine andere Autorität beabsichtigt, eine Gruppe zu zerstören«.[14] Andere Forscher wiederum versuchen durch die Nennung einer Vielzahl von Gründen, warum Völkermorde begangen werden, der prinzipiellen Schwammigkeit entgegenzuwirken. Da ist z. B. bei Helen Fein von »ideologischem«, »vergeltendem«, »entwicklungsdiktatorischem« und

---

13. Schabas, S. 151
14. Frank Chalk: Redefining Genocide. In: George Andreopoulos (Hg.). *Genocide*. Philadelphia 1994, S. 47–63. Zit. in: Barth, S. 22

»despotischem« Völkermord die Rede.[15] Wieder andere kreieren Bezeichnungen wie »kulturellen«, »latenten«, »nützlichen« oder »optimalen« Völkermord, um den Tatbestand möglichst weit zu fassen.

Die Gefahr all dieser teilweise ausufernden Erweiterungen des Begriffes »Völkermord« liegt augenscheinlich in der damit einher gehenden Inflationierung. Je breiter und allgemeiner die Definition angelegt ist, je mehr Verbrechen als Völkermord definiert werden, desto alltäglicher wird zumindest die Wahrnehmung dieses schlimmsten aller Verbrechens. »Die Aufweichung der Genoziddefinition«, schreibt William Schabas und plädiert für eine enge Definition, habe »unerwünschte Konsequenzen: Sie mildert das furchtbare Stigma, das mit diesem Verbrechen verbunden ist.«[16]

Das Rom-Statut des Internationalen Strafgerichtshofes

Zaghafte Schritte zu einer angeblichen Objektivierbarkeit der Tatbestände »Völkermord« oder »Verbrechen gegen die Menschlichkeit« wurden im Juli 1998 auf einer Konferenz der Vereinten Nationen mit der Gründung des Internationalen Strafgerichtshofs (IStGH) in Den Haag (nicht zu verwechseln mit dem Jugoslawien-Tribunal) gesetzt. Er konnte nach der Hinterlegung der 60. Ratifizierungsurkunde am 1. Juli 2002 seine Arbeit aufnehmen. Dieser Gerichtshof will neben Völkermord und Kriegsverbrechen auch das »Verbrechen der Apartheid« (Artikel 7 j) sowie das »Verbrechen der Aggression« (Artikel 5 d) ahnden. Unter anderem deshalb und mit dem Verweis auf eine notwendige Immunität der weltweit im Einsatz befindlichen US-Soldaten haben die USA ihre Teilnahme zurückgezogen und sprechen dem Gerichtshof jede Zuständigkeit ab. Nicht ratifiziert wurden die internationalen Dokumente – das sogenannte »*Rom-Statut*« – bisher auch von Israel, Russland, China, Indien, Pakistan und vom Iran.

Am 17. Juli 1998 wurde auf einer diplomatischen Bevollmächtigtenkonferenz der Vereinten Nationen das sogenannte *Rom-Statut*[17] angenommen. Es umfasst insgesamt 23 Artikel, wobei die Artikel 6 bis 8 die Straftaten kodifizieren, für die sich der Internationale Strafgerichtshof zuständig erklärt hat: Völkermord, Verbrechen gegen die Menschlichkeit und Kriegsverbrechen. Die Definition von »Völkermord« (Artikel 6) wurde von der *UN-Konvention zur Verhütung und Bestrafung von Völkermord* von 1948 übernommen. Unter »Verbrechen gegen die Menschlichkeit« (Artikel 7), das im Englischen *"crime against humanity"* genannt wird und wohl exakter mit »Verbrechen gegen die

---

15. Helen Fein: *Genocide Watch*. Yale 1992
16. Schabas, S. 31
17. www.un.org/Depts/german/internatrecht/roemstat1.html#T26

Menschheit« zu übersetzt wäre, fallen insgesamt elf Tatbestände: Sie reichen von »vorsätzlicher Tötung« über »Ausrottung«, »Versklavung« und »Folter« bis zum »Verbrechen der Apartheid«. Artikel 8 (Kriegsverbrechen) orientiert sich im Wesentlichen am *Genfer Abkommen* von 1949 und listet über mehrere Seiten detailliert Kriegsverbrechen auf, die auch anderswo als solche definiert worden sind.

Uns interessieren im Zusammenhang mit dem Internationalen Strafgerichtshof die Artikel 6 (Völkermord) und 7 (Verbrechen gegen die Menschlichkeit), auch deshalb, weil sich die Europäische Union, wie wir weiter unten sehen werden, bei ihrem Rahmenbeschluss zur Kriminalisierung der Leugnung von Völkermorden explizit auf den Internationalen Strafgerichtshof bezieht. Die Definitionsgewalt über die dort aufgeführten Verbrechen hat politische Implikationen und kann umgekehrt auch instrumentell verwendet werden. Dies zeigte sich z. B. Anfang Mai 2011, als der Chefankläger des Internationalen Strafgerichtshofes, Luis Moreno-Ocampo, ankündigte, gegen drei libysche Führer, unter ihnen Muammar Gaddafi, Anklage wegen »Verbrechen gegen die Menschlichkeit« erheben zu wollen. Bereits Wochen zuvor wurde skurriler Weise unter Mithilfe der USA, die den Gerichtshof selbst gar nicht anerkennen, der »Fall Gaddafi« an den Strafgerichtshof verwiesen. Die Anklageerhebung lief dann parallel zum Bombenkrieg der NATO gegen Libyen. Hier wird die Verstrickung zwischen der Parteinahme in einem Bürgerkrieg und der Verwendung des Internationalen Strafgerichtshofes als juristischem Flankenschutz sehr deutlich.

Anders als der Internationale Gerichtshof, der seit 1945 ebenfalls in Den Haag sitzt und ausschließlich für zwischenstaatliche Angelegenheiten zuständig ist, können Verfahren des Internationalen Strafgerichtshofes laut Rom-Statut nur Individuen betreffen. Betroffen können alle Täter sein, die aus Staaten kommen, welche den Gerichtshof anerkennen oder ihre Tat in einem Staat verübt haben, der den Gerichtshof anerkennt. Auch ein Beschluss des UNO-Sicherheitsrates kann zur Beschäftigung der Richter mit dem jeweils Verdächtigen führen. An dieser Stelle soll in Erinnerung gerufen werden, dass ein solcher nur mit Zustimmung aller Veto-Mächte möglich ist.

Am 17. Juli 1998 nahm eine von der UNO eingerichtete Bevollmächtigtenkonferenz mit 120 Ja-Stimmen gegen sieben Nein-Stimmen, bei 21 Enthaltungen das Rom-Statut an. Nach der Ratifizierung durch den 60. Staat trat dieses dann am 1. Juli 2002 in Kraft. Seither beschäftigt sich ein dreihundertköpfiges Team unter der Leitung des aus Südkorea stammenden Gerichtspräsidenten

Sang-Hyun Song mit einzelnen Fällen.[18] Erster Chefankläger wurde der argentinische Richter Luis Moreno-Ocampo, der in seiner Heimat als Generalstaatsanwalt u. a. die Verantwortlichen für den verlorenen Malvinas/Falkland-Krieg gegen Großbritannien zur Rechenschaft gezogen hatte. Als erster prominenter Angeklagter wurde der sudanesische Staatschef Umar Hassan Ahmad al-Baschir wegen Völkermordverdachts in Darfur zur Verhaftung ausgeschrieben. Der Sudan kam dieser Aufforderung freilich nicht nach, er hatte auch das Rom-Statut nicht ratifiziert.

Am härtesten agitieren die Vereinigten Staaten gegen den Internationalen Strafgerichtshof. Der Unterzeichnung des Dokuments im Jahr 2000 folgte kurz darauf die Rücknahme der Unterschrift. US-Präsident William Clinton argumentierte diese mit der Notwendigkeit, die möglichen Abläufe vor Gericht genauer überprüfen zu können. Tatsächlich wäre es laut Statut des Gerichtshofes möglich, US-amerikanische Staatsbürger vor den Kadi in Den Haag zu zerren, wenn diesen Völkermord, Verbrechen gegen die Menschlichkeit oder Kriegsverbrechen vorgeworfen werden. Für die größte Militärmacht der Welt, die seit Jahrzehnten auf allen Kontinenten (mit Ausnahme Australiens) interveniert, ist die juristische Drohung, diese Interventionen im Lichte menschenrechtlicher Normen prüfen zu lassen, inakzeptabel. Kein Monat vergeht, in dem nicht ein militärischer Überfall von US-*Marines* irgendwo im arabischen Raum stattfindet, ein Bombardement zivile Opfer – euphemistisch »Kollateralschäden« genannt – fordert oder in Guantánamo bzw. an geheim gehaltenen Orten in der Welt Feinde der US-amerikanischen Zivilisation gefoltert werden. Gegen eine Strafverfolgung dieser Untaten half in erster Linie die Nichtanerkennung des Gerichtshofes. Doch damit nicht genug, wurde im August 2002 in Washington ein eigenes Gesetz erlassen: der sogenannte *"American Service-Members' Protection Act"*[19], der den Präsidenten der USA ermächtigt, überall auf der Welt US-Soldaten militärisch zu befreien, denen eine Anzeige wegen Kriegsverbrechen oder Völkermord droht bzw. die sich einer solchen Anzeige nicht anders entziehen können. Der *American Service-Members' Protection Act* zielt ganz direkt und unverblümt auf den Internationalen Strafgerichtshof in Den Haag. Um eine Auslieferung US-amerikanischer Bürger an diesen zu verhindern, hat sich die stärkste Militärmacht der Welt selbst das Mandat gegeben, überall eingreifen zu dürfen. Die staatliche Souveränität beispielsweise der Niederlande, wo ein Folterer aus dem irakischen Abu Ghraib oder einer aus einem rumänischen oder polnischen Geheimgefängnis vor dem Richter landen könnte, ist für dieses US-Gesetz irrelevant und ungültig.

18. http://de.wikipedia.org/wiki/Internationaler_Strafgerichtshof
19. http://de.wikipedia.org/wiki/American_Service-Members'_Protection_Act

Dass gleichzeitig US-Gerichten jede Zusammenarbeit mit dem Internationalen Strafgerichtshof verboten wurde, kann als vergleichsweise zivile Maßnahme kaum mehr empören.

Doch nicht nur die USA haben dem IStGH die Gegnerschaft erklärt; auch die wichtigsten anderen Staaten dieser Welt zögern mit der Ratifizierung oder haben eine solche bereits ausgeschlossen. Dazu zählten im Juni 2011 Russland, China, Indien, Israel, der Iran, der Irak, Pakistan, die Türkei, Saudi-Arabien, Nordkorea, Kuba, der Sudan … Der Internationale Strafgerichtshof erscheint vor diesem Hintergrund als eine Einrichtung der Europäischen Union. Für uns ist er nichtsdestotrotz von Bedeutung, weil seine Definitionsmacht, Ereignisse als Völkermord oder als Verbrechen gegen die Menschlichkeit zu deklarieren, gerade innerhalb der EU akzeptiert wird. Meinungs- und Erinnerungsgesetze, die das Leugnen oder Verharmlosen von einmal durch der Internationalen Strafgerichtshof beispielsweise als Völkermord kodifiziertem Ereignis unter Strafe stellen, haben also unmittelbar mit den Herren in den Richterroben dieses – wenngleich nicht exklusiv dieses – Gerichtes zu tun.

Und hier setzt auch die Kritik am Internationalen Strafgerichtshof als solches an, denn was auf den ersten Blick als menschenrechtlicher Fortschritt daher kommt, nämlich die Einsetzung eines anerkannten Tribunals gegen Völkermörder und Kriegsverbrecher, ist sowohl politisch als auch philosophisch zweifelhaft. Der Internationale Strafgerichtshof ist die weltweit bislang weitreichendste – de facto allerdings nur von EU-Europa anerkannte – Einrichtung, die Politik verrechtlicht. Gerade diese Verrechtlichung birgt große Gefahren in sich, und zwar in zweierlei Hinsicht: Einerseits beendet ein einmal gerichtlich als solches festgestelltes Verbrechen jede Debatte darüber und stellt diese sogar – wie wir sehen werden – unter Strafandrohung. Auf der anderen Seite sind Gerichte, auch und vor allem der IStGH, keine im luftleeren Raum schwebenden Institutionen, keine außerhalb des Planeten arbeitende Einrichtungen, sondern von verschiedenen Einflüssen abhängig. Ihnen die Definitionsgewalt für eine (geo)politisch in jedem Einzelfall heikle Frage wie Völkermord zuzugestehen, führt, wie wir sehen, zur Nichtanerkennung der Zuständigkeit durch jene, die betroffen sind. Auf der einen Seite wird also Politik verrechtlicht, mithin auch Verantwortung für politisches Handeln abgegeben; auf der anderen Seite ist der Gerichtshof gerade dort völlig zahnlos, wo die wirklich manifesten Verbrechen stattfinden. In dieser Schere droht ihm das Schicksal auch anderer juristischer Einrichtungen: als willfähriges Instrument für mächtige Interessengruppen zu agieren. Seine bisherige Positionierung lässt exakt dies befürchten.

Tatbestand Leugnung

> Wie in den Tagen der Magie wird jedes Wort als eine gefährliche Macht betrachtet, die die Gesellschaft zerstören könnte und wofür der Sprecher verantwortlich gemacht werden muß. Dementsprechend wird unter der sozialen Kontrolle das Streben nach Wahrheit geschmälert. Der Unterschied zwischen Denken und Handeln wird für nichtig erklärt.[20]

Der deutsche Philosoph und Mitbegründer der »Frankfurter Schule«, Max Horkheimer, brachte es 1946 in seinem zunächst auf Englisch erschienen Werk über die *Kritik der instrumentellen Vernunft* auf den Punkt. Die bürgerliche Gesellschaft strebe mitnichten nach Wahrheitsfindung, was Horkheimer auch in seiner Beschäftigung über den Zusammenhang von Kapitalismus und Faschismus in beeindruckender Weise exemplifiziert hatte. Im Gegenteil: Es ist ihr auch in den Jahren nach dem Zweiten Weltkrieg gelungen, eine strukturelle Komplizenschaft von kapitalistischer Ökonomie und faschistischer Politik aus Gedächtnis und Forschung zu streichen. Damit ist sie dem bereits vor dem Krieg geäußerten Horkheimer'schen Kernsatz, wonach jemand, der vom Kapitalismus nicht reden mag, vom Faschismus schweigen solle, auf ihre typisch ignorante Weise begegnet. Im obigen Zitat geht Horkheimer noch weiter: Nicht mehr nur die Wahrheitsfindung ist überflüssig, ja schädlich innerhalb der herrschenden und vor allem für die herrschenden (kapitalistischen) Machtstrukturen; schon das Wort allein kann für selbige gefährlich sein. Deshalb muss der Kritiker verantwortlich gemacht werden. Im intellektuellen Diskurs ist dies eine Selbstverständlichkeit. Dort jedoch, wo Denken und Handeln als deckungsgleich betrachtet und juristisch deckungsgleich gemacht werden, nimmt der Ruf nach »Verantwortung« eine andere, eine rechtliche Dimension an.

Horkheimer stand noch im Banne der Nazi-Diktatur, der er entfliehen konnte. Das Deutsche Reich Adolf Hitlers bestrafte oppositionelle Tat und oppositionelles Denken gleichermaßen. Der Gedanke war mitnichten frei. In der Wiederaufbauzeit im Westen Deutschlands erkannte der Philosoph viele Kontinuitäten zum Faschismus und benannte diese nach Struktur und Person.

20. Max Horkheimer: Zur Kritik der instrumentellen Vernunft. In: ders.: *Gesammelte Schriften*, Bd. 6, Frankfurt/Main 1991, S.43

Während der Hetzjagd auf Kommunisten und andere Linke bewahrheitete sich dann jener Verfolgungswahn, den Horkheimer indirekt anspricht, wenn er vor der Nivellierung des Unterschieds von Denken und Handeln warnt. Tausende Gerichtsverfahren wegen »kommunistischer Umtriebe« Mitte der 1950er Jahre gaben dem Gründer der »Frankfurter Schule« Recht. Denken war – unter gewissen politischen Prämissen – eine strafbare Tat.

Exakt dieser Nivellierung von Tat und Gedanken im strafrechtlichen Sinne stehen wir nach dem Zusammenbruch der kommunistischen Staaten mit der darauf folgenden Neuordnung Europas erneut gegenüber. Meinung kann wie in Zeiten der Diktatur rechtliche Konsequenzen nach sich ziehen.

In der Einleitung zu diesem Buch wurde versucht, die begrifflichen Parameter dieser neuen Verrechtlichung von Meinungsäußerungen (bzw. sogar von verweigerten Meinungsäußerungen) abzustecken. Als Ausgangspunkt dient uns die Auseinandersetzung mit der Meinungsfreiheit, einem nicht bloß für Intellektuelle, wiewohl für diese speziell hohen Gut. An ihr messen sich für gewöhnlich demokratische Kultur, gesellschaftliche Leidensfähigkeit wie auch politische Erneuerungskraft. Als kodifiziertes Menschenrecht bildet Meinungsfreiheit in den westlichen Staaten die individuelle bzw. kollektive Flanke des Völkerrechts, das wiederum zumindest in Europa nach 1945 (bis 1991 mit den postjugoslawischen Bürgerkriegen und 1999 mit dem NATO-Angriff auf Jugoslawien) der bipolar strukturierten Staatenwelt ein friedliches Auskommen gesichert hat. Beide Grundpfeiler der europäischen Nachkriegsentwicklung haben mit der Rückkehr des Krieges auf den Kontinent in den 1990er Jahren ihre Bedeutung eingebüßt. Vor allem das Völkerrecht ist nach dem Ende der Systemkonkurrenz zwischen NATO und Warschauer Pakt auch ideologisch unter Beschuss geraten. Die Logik der nach 1989/91 einsetzenden Markterweiterung und ihre als notwendig erachtete militärische Absicherung haben völkerrechtliche Aspekte bei den ökonomischen *"global players"* sowie der einzig verbliebenen militärischen Weltmacht als Hindernisse auf ihrem expansiven Kurs betrachtet. Für die intellektuelle Absicherung dieses neo-imperialistischen Gehabes, das tatsächlich die NATO bis an die Grenzen der Russländischen Föderation und die großen Konzerne in jeden Winkel Europas gebracht hat, sorgten Philosophen vom Schlage Bernard-Henri Lévys oder Jürgen Habermas. Sie betreiben die Ablösung des »legalistischen Institutionalismus« durch einen »werteorientierten Universalismus«, dessen Subjekt der »Weltbürger« zu sein habe, was immer damit auch gemeint sein möge.[21] Der Begriff »Menschenrecht« nahm darin eine zentrale Stellung ein,

---

21. Hans-Jürgen Axt in der Zeitschrift *Südosteuropa* Nr. 1/2-2000

umso mehr, als dass er sich – schon durch seine in den beiden UN-Pakten über politische Rechte auf der einen und soziale und wirtschaftliche Rechte auf der anderen Seite unscharfe Definition – hervorragend als Rechtfertigungsargument für Neuordnungen eignet. Die Kriege gegen den Irak (1991 und ab 2003), Somalia (1992 bis 1994), den Sudan (1998), Serbien/Jugoslawien (1992 bis 1995, 1999), Afghanistan (ab 2001) und Libyen (ab 2011) wurden genau mit dieser begrifflich schwammigen Legitimität geführt: für mehr Demokratie, Frauenrechte und Minderheitenrechte. Das Schlagwort von der »humanitären Intervention« suchte dabei vergeblich nach Glaubwürdigkeit. Die dahinter stehenden Expansionsbestrebungen wurden herrschaftlicherseits tunlichst nicht thematisiert.

Hinter dieser Strategie unschwer erkennbar war die Aushebelung des Völkerrechts und damit die Zurückdrängung staatlicher Souveränität. Die Rückkehr eines hegemonialen, imperialistischen Gehabes an seiner statt änderte auch die Diskursverhältnisse. Galten unter völkerrechtlicher Sicht Zerfallsprozesse wie beispielsweise jener im Jugoslawien der 1990er Jahre als Bürgerkriegskatastrophen, so trat mit dem externen Interesse, mit der Intervention seitens der USA bzw. der NATO, eine hegemoniale Kraft auf, die sich auch im Diskurs niederschlug. Das brutale Ringen um nationale und religiöse Neuordnung zwischen Serben, Muslimen und Kroaten durfte nicht als solches dargestellt werden. Einem (von drei) Aggressoren wurde von Berlin und später auch von Washington die Rolle des Hauptschuldigen an der Auflösung des Vielvölkerstaates zugeschrieben. An dieser Stelle kam auch der Begriff »Völkermord« in die Debatte, und zwar – entlang der externen Interessen – nicht als ein für alle Seiten gebräuchlicher, sondern als mehrheitlich einer Seite zugeschriebenes Delikt. Das bürgerliche Rechtsverständnis, das von ausschließlich individueller Schuld ausgeht, entwickelte daraus ein Anklageverfahren gegen Einzelne, die wegen Völkermordes oder wegen Verbrechen gegen die Menschheit/Menschlichkeit dem umstrittenen Jugoslawientribunal in Den Haag vorgeführt wurden.

Die Taten der dort Angeklagten sind, so diese nicht aus offensichtlich politischen Gründen vor den Kadi gezerrt wurden wie im Falle von Slobodan Milošević, in vielen Fällen unstrittig. Die Definition dieser Taten als »Völkermord« indes trägt einen Keim zur politischen Instrumentalisierung in sich. Doch selbst dies interessiert hier nur insofern, als dass juristisch nachgewiesener Völkermord, so uneindeutig er von Fall zu Fall auch sein mag, in weiterer Folge dazu geführt hat, die Debatte darüber in einem ersten Schritt zu hegemonisieren und daran anschließend zu tabuisieren. Leugnen bzw. Verharmlosen von einmal juristisch als solchem benannten Völkermord wird Anfang des

21. Jahrhunderts zur Straftat. »Der Unterschied zwischen Denken und Handeln wird für nichtig erklärt.«

Brüssel wird konkret

Am 19. April 2007 haben sich die Justizminister der Europäischen Union auf einen Rahmenbeschluss zur Kriminalisierung von Rassismus, Antisemitismus und Leugnung von Völkermord geeinigt. Die deutsche Bundesjustizministerin Brigitte Zypries vermeldete dazu damals: »Wir wollen mit diesen Verboten nicht warten, bis es wieder zu Taten kommt, um dann die Täter zu verfolgen und gegebenenfalls zu verurteilen, sondern uns liegt daran, schon im Vorfeld Maßnahmen ergreifen zu können, dass diese Verbrechen erst gar nicht geschehen können.«[22]

Der EU-Rahmenbeschluss zur juristischen Verfolgung von Rassismus, Antisemitismus und Leugnung von Völkermord sowie Kriegsverbrechen wirkt auf den ersten Blick vernünftig. Warum sollen fremdenfeindliche und rassistische Äußerungen keine Straftatbestände sein, sobald sie – wie es in den Erläuterungen heißt – den »öffentlichen Frieden« gefährden? Was spricht gegen ein »Verbot zur öffentlichen Aufstachelung zu Gewalt und Hass« gegenüber Andersartigen? Erste, spontane Zustimmung zu einem solchen Gesetzeswerk stößt indes bei näherer Betrachtung bald auf Skepsis. Und das in zweierlei Hinsicht: Der Gleichsetzung von Handeln und Denken sowie der Vermischung von Antirassismus mit politischen Einschätzungen, Völkermord und Kriegsverbrechen betreffend.

Worum es bei dem nach flüchtiger Durchsicht sympathisch wirkenden EU-Rahmenbeschluss in Wahrheit geht, ist die prinzipielle Gleichsetzung von Handeln und Denken. Dahinter steckt offensichtlich die Überzeugung der Untrennbarkeit von Gedanke und Tat, wie sie auch in der Argumentation der deutschen Ministerin zum Ausdruck kommt. Bevor etwas passiert, muss der Staat bereits gesetzlich eingreifen können. Am einfachsten erscheint dies der ideellen Gesamtspießbürgerin, indem man Meinung mit Taten gleichsetzt.

Nun wird sich niemand Vernünftiges dagegen verwehren, beispielsweise gegen rassistische Äußerungen aufzutreten. Mit der juristischen Keule sollte allerdings vorsichtig umgegangen werden, schon allein deshalb, weil sie als Ersatz für notwendige antirassistische Debatte rasch genau eine solche in den Augen der Gesetzgeber überflüssig machen könnte. Das Strafrecht kann die Funktion einer politischen Auseinandersetzung nicht übernehmen.

Die Frage der Bestrafung von rassistischer Hetze beschäftigt uns hier

---

22. Pressestelle des Bundesministeriums für Justiz. Siehe www.bmj.bund.de (7. Mai 2007)

jedoch nur insofern, als dass im selben Rahmenbeschluss der Europäischen Union den einzelnen Mitgliedsländern auch die Leugnung von Völkermord, Verbrechen gegen die Menschlichkeit und Kriegsverbrechen als Straftatbestand vorgeschrieben wird.[23] Genau hier wird die Verrechtlichung von Meinung autoritär, denn die Frage muss doch lauten: Welches Gericht definiert welche kriegerische Katastrophe als Völkermord? Welches Gericht maßt sich die Definition einer historischen Wahrheit an? Über die Köpfe der politischen Diskussion und der historischen Forschung hinweg?

Wer erlaubt sich, eine definitive Antwort auf historische Konflikte, die Einschätzung kriegerischer Ereignisse zu geben, eine Antwort, die für all jene, die eine andere Antwort zu finden meinen oder unbeantwortete Fragen sehen, gerichtliche Verfahren bereithält? Der Wahrheitsbeweis beruht auf der Feststellung eines Gerichtes. Ein auf diese Weise verrechtliches Ereignis darf nicht mehr geleugnet werden, nicht mehr verharmlost werden. Darf es hinterfragt werden? Wo beginnt die Verharmlosung? Wo endet die Nachfrage? Dürfen Historiker zukünftig nur mehr mit staatlichen Sondergenehmigungen zu eigentlich für unstrittig erklärten Vorgängen forschen?

Die zeitgeschichtliche Forschung zu jedem Krisengebiet ist drauf und dran, nicht nur politisch instrumentalisiert zu werden – das wird sie seit eh und je –, sondern nach einem Gerichtsurteil auch juristisch für nicht hinterfragbar erklärt zu werden. Wenn das Massaker von Račak im Januar 1999 per Gerichtsentscheid zum Beweis des Völkermordes an Kosovo-Albanern durch Serbien erklärt wird, dürfen die Zweifel der untersuchenden Gerichtsmediziner von damals am veröffentlichten Tathergang nicht mehr geäußert werden. Wenn die Bezeichnung »Völkermord« für die Ermordung von muslimischen Männern im Juli 1995 in Srebrenica als Gründungsmythos des bosnisch-herzegowinischen Staates auch in EU-Europa gerichtlich festgeschrieben wird, dann erübrigt sich jede weitere Forschung dazu. Wenn jeder Zweifel am Völkermord an den Armeniern 1915 mit einer Gefängnisstrafe bedroht wird, dann wird jede Auseinandersetzung mit dem historische Kontext, in dem Massaker und Vertreibung stattgefunden haben, eine gefährliche Sache für den Forscher. Wenn die Massenmorde in Darfur seit 2003 von einem internationalen Gericht als »Völkermord« eingeschätzt werden, kann bei Drohung einer Gefängnisstrafe erwirkt werden, darüber jede Untersuchung einzustellen.

Die Verrechtlichung historischer Wahrheit zieht zwischenzeitlich bedenklich weite Kreise. In der Türkei darf bereits seit ihrer Staatsgründung niemand von »Völkermord« reden, wenn es um den repressiven Umgang mit

---

23. siehe Kapitel »Die EU gibt den Rahmen vor«.

den Armeniern zu Beginn des 20. Jahrhunderts geht. In Frankreich ist es umgekehrt: Hier ist jemand strafrechtlich bedroht, der nicht von Völkermord spricht, wenn die Armenierfrage auf der Tagesordnung steht. Die Ukraine unter Wiktor A. Juschtschenko beschloss am 28. November 2006 ein Gesetz, das strafrechtliche Konsequenzen für jeden vorsieht, der die verheerende Hungersnot des Jahres 1932/33 nicht als einen kommunistischen Plan aus Moskau zur Vernichtung der Ukrainer als Nation bezeichnet. In der Schweiz wurden im April 2008 Anklagen gegen zwei Journalisten erhoben, weil sie das Massaker von Srebrenica 1995 verharmlosend dargestellt haben. Das ungarische Parlament hat im Juni 2010 ein Gesetz verabschiedet, das die Leugnung von gerichtlich als solchen deklarierten kommunistischen Verbrechen unter Strafe stellt.

Die Büchse der Pandora ist geöffnet. Gesinnungsjustiz greift auf erschreckende Weise um sich. Meinung wird dorthin gestellt, wo sie in einem demokratisch verfassten Gemeinwesen nichts zu suchen hat: auf den juristischen Prüfstand. Sie gehört vielmehr in die politische Debatte, in die sie aber gerade wegen der rechtlichen Keule immer weniger Eingang findet.

Die Einzigartigkeit des Holocaust

Ein einziger Bereich in Deutschland und Österreich kennt seit Jahrzehnten den Tatbestand einer strafbaren Gesinnung: die Leugnung bzw. Verharmlosung des Holocaust und der nationalsozialistischen Verbrechen an den Juden und den Roma. Unabhängig vom politischen Willen, z. B. eine Nachfolgeorganisation der NSDAP gründen zu wollen, was als »Wiederbetätigung« verfolgt wird, macht sich in Deutschland und Österreich jeder strafbar, der beispielsweise die industrielle Vernichtungsmaschinerie von Hitlers Schergen öffentlich leugnet oder verharmlost. Argumentiert wurde diese Gesinnungsjustiz mit der Einzigartigkeit der verbrecherischen Ausrottungspolitik an den Juden und Roma während der nationalsozialistischen Herrschaft zwischen 1933 (bzw. 1938) und 1945. Die Leugnung dieser Monstrosität sei keine Meinung, sondern ein Verbrechen, lautet dazu die verständliche, einfache Feststellung. Die damit einhergehende Tabuisierung des Schreckens sei durch die Einzigartigkeit gerechtfertigt. Gerade diese Einzigartigkeit wird jedoch mit dem neuen EU-Rahmenbeschluss aufgehoben, nach dem die Leugnung jedes als solchen identifizierten Völkermordes in die nationalen Strafgesetzbücher aufgenommen werden muss. Damit stellt dieser Beschluss die industriell betriebene Ausrottung der jüdischen Bevölkerung im »Dritten Reich« mit Völkermord allgemein auf eine Stufe.

Holocaustleugnung ist ein Phänomen der »Spätgeborenen«. Die nationalsozialistischen Täter selbst haben nach 1945 in aller Regel dieses Verbrechen nicht abgestritten bzw. nicht geleugnet. Der Historiker Winfried Schulze weist in einem 2008 erschienenen Beitrag darauf hin, dass es nach dem Kriegsende zwei bis drei Jahrzehnte gedauert hat, bis eine neue Generation von revisionistischen Autoren begann, die Systematik der Vernichtungspolitik anzuzweifeln und zu verharmlosen.[24] Sein Kollege Hermann Graml hat in diesem Zusammenhang die Debatten um die Restitutionszahlungen rund um das sogenannte »*Luxemburger Abkommen*« von 1952 untersucht.[25] Damals wurden allerlei Einwände dagegen vorgebracht, warum die Bundesrepublik Deutschland keine erheblichen Zahlungen an jüdische Organisationen und

---

24. Winfried Schulze: Erinnerung per Gesetz oder »Freiheit für die Geschichte«? In: *Geschichte in Wissenschaft und Unterricht* Nr. 7/8/2008, S. 367
25. Hermann Graml: Auschwitz-Lüge und Leuchter-Bericht. In: Heiner Lichtenstein / Otto Romberg (Hg.): *Täter, Opfer, Folgen. Der Holocaust in Geschichte und Gegenwart.* Bonn 1995, S. 91ff.

Israel leisten sollte. Niemand zweifelte jedoch am Faktum des Holocaust und der Systematik dieses Verbrechens. Holocaustleugnung begann erst in den späten 1960er bis frühen 1970er Jahren. Als Erfinder der »Auschwitz-Lüge« gilt der frühere SS-Mann und spätere Chefredakteur der rechtsextremen *Deutschen Nationalzeitung*, Thies Christophersen, mit seinem Pamphlet *Die Auschwitz-Lüge*, das 1973 veröffentlicht wurde. Hier wurde zum ersten Mal kategorisch geleugnet, dass in Auschwitz, wo Christophersen als Wächter tätig war, überhaupt Vernichtung an Juden betrieben worden wäre. Die seither ausufernde Literatur von Leugnern und Verharmlosern möge uns hier erspart bleiben. Nur der vielleicht in der Folge bekannteste Fall von Holocaust-Verleugnung sei in Erinnerung gerufen: Der britische Autor David Irving gehört zu den meistgelesenen Geschichtsrevisionisten. Einen von ihm selbst im Jahr 2001 angestrengten Prozess gegen die US-amerikanische Historikerin Deborah Lipstadt, die ihn als »gefährlichen Holocaust-Leugner« bezeichnet hatte, verlor Irving nach Erbringung des Wahrheitsbeweises durch die Angeklagte.

Argumentiert wird die Leugnung oder Verharmlosung der Massenvernichtung an Juden mit einer breiten Palette von Themen, die von der Bezweiflung der Opferzahl bis zur technischen Unmöglichkeit der Tötungsarten reicht. Über die Opferzahl lässt sich freilich trefflich streiten. Am Schrecken der Vernichtung ändert sich jedoch nichts, ob in den Gaskammern von Auschwitz vier Millionen Menschen oder weniger umgekommen sind. Die von der Roten Armee unmittelbar nach der Befreiung des Konzentrationslagers Auschwitz deklarierte Zahl von vier Millionen Opfern war eher politisch motiviert und nicht historisch-empirisch belegt, wie sich bald herausstellen sollte. Für die Leugner bildete diese zu hoch gegriffene Zahl das argumentative Einfallstor. Neuere Forschungen gehen von einer Million in Auschwitz ermordeten Menschen aus.

Weitergehend als der Streit um die Zahl der Opfer sind die Behauptungen einzelner Holocaust-Leugner, es hätte überhaupt keine Gaskammern gegeben, das Vernichtungsmittel *Zyklon B* sei nicht zur Ermordung, sondern zur Eindämmung der Übertragung von Krankheiten als Insektizid im Einsatz gewesen. So hat z. B. der in Kanada lebende Deutsche Ernst Zündel auf Basis eines US-amerikanischen Gerichtsgutachtens von Fred Leuchter im Jahre 1989 den sogenannten *»Leuchter-Report«* veröffentlicht, der die technische Machbarkeit der Massenvernichtung schlicht in Abrede stellt. Dieser *»Report«* wurde von seriöser Forschung längst widerlegt,[26] kursiert jedoch in rechtsradikalen Kreisen und stellt eine der wesentlichen Quellen der Holocaust-Leugner dar.

---

26. siehe www.holocaustdenialontrial.org

Uns interessiert in diesem Zusammenhang indes weniger die gespenstisch anmutende Debatte um technische Möglichkeiten der Ausrottung und Relativierung der Opferzahlen. Wir wollen zur Strafwürdigkeit von Leugnung und Verharmlosung zurückkehren. Dabei fällt auf, dass das Argument der Einzigartigkeit des Holocaust im Angesicht der Geschichte, auch der Geschichte der nationalsozialistischen Gräuel, seine Schwächen hat. So ist – in der Logik der Einzigartigkeit der Judenvernichtung zwar nachvollziehbar – die Leugnung derselben zwar strafbar; keine vergleichbaren Gesetze existieren hingegen, wenn es um den ebenso todbringenden und vernichtungsorientierten Vormarsch von Wehrmacht und SS im Ostfeldzug geht. Niemand wird ernsthaft bezweifeln, dass Hitler und seine Generäle ihre ganze militärische Schlagkraft mit dem festen Vorsatz Richtung Osten geworfen haben, das slawische Element so weit es ihnen möglich war auszurotten bzw. dem »deutsch-arischen Herrenmenschen« sklavisch dienstbar zu machen. Vom weißrussischen Trauma, als während des Hitler-Feldzuges mehr als ein Viertel der Bevölkerung dahingemetzelt[27] und 85 Prozent der Hauptstadt Minsk dem Erdboden gleichgemacht wurden, bis zu den Vernichtungsfeldzügen durch die ganze Ukraine und das westliche Russland zieht sich eine völkermörderische Spur, die je nach Quellenlage zwischen 20 Millionen[28] und 57 Millionen[29] Slawen tot auf ihren Feldern und in ihren Städten zurückgelassen hatte. Die Leugnung oder Verharmlosung dieses Verbrechens steht in Deutschland oder Österreich allerdings nicht unter Strafandrohung.

»Der Vormarsch der Wehrmacht verfolgte den Sinn, Fortschritt und Zivilisation in den Osten zu bringen.« Ein solcher Satz würde zwar berechtigtes Kopfschütteln nicht nur unter Historikern auslösen, Gerichte würden sich dafür allerdings nicht interessieren. Warum das so ist? Weil die Slawen weniger als die Juden gelitten haben? Wohl kaum. Weil die systematische Entvölkerung ganzer Landstriche weniger schlimm als die Vergasung ganzer jüdischer Gemeinden ist? Weil weniger Slawen als Juden vernichtet wurden? Auch diese Argumente halten der Wirklichkeit nicht stand und wären zudem zynisch. Als Erklärung bleiben die geopolitische Großwetterlage und staatliche Interessen. Nach dem Ende der nationalsozialistischen Schreckensherrschaft hat die BRD über vierzig Jahre lang im Kalten Krieg mit der

---

27. http://de.wikipedia.org/wiki/Geschichte_Weißrusslands#Zweiter_Weltkrieg. Nach anderen Quellen war es bis zur Hälfte der gesamten Bevölkerung, die dem Vormarsch der deutschen Wehrmacht zum Opfer fiel.
28. Karl Ploetz: *Geschichte des Zweiten Weltkrieges*. Bielefeld 1951
29. Boris V. Sokolov: *Vtoraja mirovaja. Fakty i versii (Der Zweite Weltkrieg. Fakten und Versionen)*. Moskau, o. J.

Sowjetunion gelebt, während auf der anderen Seite die US-Besatzungsmacht nicht als solche wahrgenommen wurde und werden durfte. Diese wiederum stand in engster Allianz mit dem neu gegründeten Staat Israel, der sich aus verständlichen und nachvollziehbaren Gründen um das Schicksal der wenigen in Europa verbliebenen Juden und vor allem um die Gedächtnispflege des Holocaust kümmerte. Die deutschen (und österreichischen) Gesetze gegen Leugnung und Verharmlosung des Verbrechens an den mittel- und osteuropäischen Juden waren eine logische, wenn auch für manche kritikwürdige Folge dieser weltpolitischen Situation. Der slawischen Opfer begann man im Westen des Kontinents erst in den 1990er Jahren – 45 Jahre nach der Untat und im Anschluss an die große politische Wende – zu gedenken, als rechtliche Grundlagen zur Entschädigung von Zwangsarbeitern, die von der NS-Behörde für den »Arbeitseinsatz« unter Fritz Sauckel millionenfach ins Reich verschleppt wurden, ins allgemeine Bewusstsein rückten. Doch auch hier gilt, dass Leugnung oder Verharmlosung dieser Verbrechen nicht strafbar ist, obwohl sie durchaus der UN-Völkermordkonvention von 1948 entsprechen, nach der auch »die vorsätzliche Auferlegung von Lebensbedingungen, die geeignet sind, (die) körperliche Vernichtung (einer nationalen, ethnischen oder religiösen Gruppe) ganz oder teilweise herbeizuführen« als völkermörderisch einzustufen ist.

Auch am Beispiel der NS-Verbrechen erweist sich die Verrechtlichung von Meinung, in unserem Fall die Strafbarkeit der Leugnung oder Verharmlosung von Völkermord, Verbrechen gegen die Menschlichkeit und Kriegsverbrechen, als potenzielles, einfach zu handhabendes Einfallstor für politische Instrumentalisierung.

Tauchen erst einmal leise Zweifel an der historischen Einzigartigkeit der Judenvernichtung auf, erscheinen Erinnerungsgesetze generell in einem anderen Licht. Warum geht ein US-Bürger beispielsweise straffrei aus, der sich standhaft weigert, die Besiedlung des Halbkontinents durch weiße EuropäerInnen vor dem Hintergrund der größten bekannten und erforschten ethnischen Säuberung in der Geschichte der Menschheit zu betrachten? Die Ausrottung der Indianer war nicht nur brutal und lang anhaltend, sondern auch erfolgreich. Dennoch würde sich nirgendwo auf der Welt ein Gericht finden, das einen Leugner oder Verharmloser dieses allgemein bekannten Tatbestandes zur Verantwortung zöge. Meinungsjustiz kennt offensichtlich weder Systematik noch Objektivität, was sie besonders angreifbar macht.

Diese Beispiele genozidaler Umtriebe und ihre nicht geahndete Leugnung stellen die Frage nach der Sinnhaftigkeit von Meinungs- und Erinnerungsgesetzen generell. Würde die juristische Keule für jede Leugnung von historischem

Unrecht an einem Volk oder einer Religionsgemeinschaft angewandt, das der relativ weit gefassten UN-Konvention zu Völkermord entspricht, wäre schnell eine inflationäre Entwicklung erreicht, die in niemandes Interesse sein kann, ganz abgesehen davon, dass es in jedem Fall einen weit über einzelne Staaten und der mehrheitlichen Meinung ihrer Bevölkerung hinausgehenden Konsenses bedürfte, um solchen Erinnerungsgesetzen zur Akzeptanz und damit zum Durchbruch verhelfen zu können. Bald wäre in den internationalen Beziehungen ein Zustand erreicht, in dem jeder wirtschaftlichen oder politischen zwischenstaatlichen Irritation mit einer juristischen Keule begegnet würde. Eine besondere Art von Kulturkampf wäre die Folge, in der Bürger des jeweils anderen Staates vor Gericht gezerrt werden könnten, weil ihr kollektives Bewusstsein über historische Vorgänge dem eigenen widerspricht. Allerorts würden Vorwürfe der Völkermordleugnung zirkulieren, vorgebracht von katholischen Iren gegenüber uneinsichtigen Briten, von Basken gegenüber dem franquistischen und postfranquistischen Großspaniern, von Südtirolern gegen Verteidiger ihrer »Heim-ins-Reich«-Verschlepper, von Balten gegen Sowjetnostalgiker, von baltischen Russen gegen baltische Nationalisten, von türkischen Bulgaren gegen nationalbewusste Bulgaren, von Türken und Griechen gegeneinander, von Armeniern gegen leugnende Türken, von südslawischen Nationalen gegen Ignoranten und Verharmloser der jeweils anderen Religion oder Nation, von Albanern gegen Serben aus Belgrad, von Serben aus Kosovska Mitrovica gegen Albaner ... Die Liste würde kein Ende nehmen. Und jedes Unrecht könnte sich auf völkerrechtliche Kategorien wie Vertreibung, Ermordung, Verschleppung oder Geburtenverhinderung berufen. Eine gemeinsame Meinung über einen geschichtlichen Ablauf wäre nur in Sonderfällen herstellbar und vielleicht auch nur zeitlich begrenzt.

Juristische Drohungen können diesen Prozess nicht beschleunigen, im Gegenteil: Durch Tabuisierung werden notwendige Debatten über historische, politische Vorgänge abgewürgt. Beim Holocaust-Gedenken ist ein solcher Konsens über die Jahrzehnte weitgehend gelungen. Doch selbst hier hat er keineswegs überall zur Strafbarkeit der Leugnung geführt.

Bestrafte Leugnung

Die Strafbarkeit der Holocaustleugnung ist in den einzelnen europäischen Staaten sehr unterschiedlich geregelt. Scheinbar naturgemäß gehen die »Täterländer« Deutschland und Österreich damit am restriktivsten um, wurde doch von hier aus die industrielle Vernichtung von Juden und Roma geplant und durchgeführt. Österreich war übrigens der erste Staat, der explizit die Leugnung des Holocaust unter Strafe stellte. Bereits 1947 wurde hier jede nationalsozialistische Wiederbetätigung verboten,[30] was die Leugnung des Massenmordes im Inneren implizit beinhaltete. Die auf dem sogenannten »Verbotsgesetz« aufbauende Rechtsprechung konzentrierte sich vorerst allerdings auf Wiederbetätiger im direkteren Sinne. Im Jahr 1992 wurde § 3 des österreichischen *Verbotsgesetzes* wesentlich erweitert, wobei die »Auschwitzlüge« explizit unter Strafe gestellt wurde. In § 3 h heißt es dazu:

> … wird auch bestraft, wer in einem Druckwerk, im Rundfunk oder in einem anderen Medium oder wer sonst öffentlich auf eine Weise, daß es vielen Menschen zugänglich wird, den nationalsozialistischen Völkermord oder andere nationalsozialistische Verbrechen gegen die Menschlichkeit leugnet, gröblich verharmlost, gutheißt oder zu rechtfertigen sucht.[31]

Der Strafrahmen beträgt seither zwischen einem und zehn Jahren, in schweren Fällen bis zu zwanzig Jahre. Anklagen auf Basis dieses Gesetzes sind interessanter Weise relativ zahlreich. Laut Auskunft des Pressebüros des österreichischen Justizministeriums gab es im Zeitraum zwischen 1988 und 2010 insgesamt 555 Anzeigen nach dem *Verbotsgesetz*, wovon 436 mit einem Schuldspruch für die Angeklagten endeten. Bis 1992, dem Jahr der Novelle, in dem die Leugnung des Holocaust als Tatbestand in das Gesetz aufgenommen wurde, weist die Statistik jährlich eine bis fünf Verurteilungen aus. Mit dem Jahr 1992 schnellt die Anzahl der Anklagen und auch der Verurteilungen auf jährlich durchschnittlich 30 bzw. 25 Fälle in die Höhe, mit Ausreißern nach oben in den Jahren 1999 und 2009.[32] Die Kriminalisierung der Leugnung hat also zu einem deutlichen Anstieg der Verbrechen geführt, während direkte nationalsozialistische Wiederbetätigung im Sinn des Gesetzes, wie es vor 1992 existiert hatte – sieht man sich die Statistik genauer an – nicht zugenommen hat. Die Sinnhaftigkeit der Ausweitung des *Verbotsgesetzes* auf Holocaust-Leugnung mag vor diesem Hintergrund fragwürdig sein.

Im deutschen Strafgesetzbuch war es seit 1985 (ursprünglich 1960) der inzwischen mehrfach, zuletzt 2005 ergänzte § 130, »Volksverhetzung«, der mit Bezug auf den § 6, Absatz 1 des Völkerstrafgesetzbuches jeden mit Freiheitsstrafe bis zu fünf Jahren oder Geldstrafe bedroht, der öffentlich die Taten der

---

30. vgl. Winfried Schulze: Erinnerung per Gesetz oder »Freiheit für die Geschichte«? In: *Geschichte in Wissenschaft und Unterricht* Nr. 7/8/2008, S. 377
31. *Verbotsgesetz* vom 8. Mai 1945 über das Verbot der NSDAP in der Fassung der Verbotsgesetznovelle 1992 (§ 3 VG Wiederbetätigung)
32. Zusammenstellung aus dem Pressebüro des österreichischen Justizministeriums durch Katharina Swoboda am 3. Mai 2010.

nationalsozialistischen Herrschaft »billigt, leugnet oder verharmlost«. Die Passage zur »Auschwitzlüge« stammt aus dem Jahr 1994. Es heißt dort in juristischem Beamtendeutsch unter Absatz 3:

> Bei der untersagten Äußerung, dass es im Dritten Reich keine Judenverfolgung gegeben habe, handelt es sich um eine Tatsachenbehauptung, die nach ungezählten Augenzeugenberichten und Dokumenten, den Feststellungen der Gerichte in zahlreichen Strafverfahren und den Erkenntnissen der Geschichtswissenschaft erwiesen unwahr ist. Für sich genommen genießt eine Behauptung dieses Inhalts daher nicht den Schutz der Meinungsfreiheit.

Und weiter, in Anbetracht der ebenso augenscheinlichen Schuldzuweisung am Ausbruch des Zweiten Weltkrieges, deren Leugnung hier jedoch explizit als nicht strafbar ausgelegt wird:

> Darin liegt ein wesentlicher Unterschied zwischen der Leugnung der Judenverfolgung im Dritten Reich und der Leugnung deutscher Schuld am Ausbruch des Zweiten Weltkriegs, um die es in der Entscheidung des Bundesverfassungsgerichts vom 11. Januar 1994 (BverfGE 90) ging. Bei Aussagen zur Schuld und Verantwortlichkeit für historische Ereignisse handelt es sich stets um komplexe Beurteilungen, die nicht auf eine Tatsachenbehauptung reduziert werden können, während die Leugnung eines Ereignisses selbst regelmäßig den Charakter einer Tatsachenbehauptung haben wird.[33]

Die unterschiedliche Interpretation von Tatsachen und Ereignissen entspringt wohl weniger der Logik als dem für die Politik Machbaren. Denn es ist nicht einzusehen, warum ein Täter, der die Judenverfolgung leugnet, für die deutsche Gesellschaft gefährlicher sein sollte als einer, der sich öffentlich hinstellt und behauptet, Deutschland sei in den Zweiten Weltkrieg hineingezogen worden und alle Folgeerscheinungen dieser Provokation wären dem Kriegsgegner, nehmen wir der Einfachheit halber die Sowjetunion, zuzuschreiben.

Auf EU-Ebene wird Holocaust-Leugnung 2011 in neun von 27 EU-Mitgliedsstaaten juristisch verfolgt. In Belgien fällt diese Untat unter das *Negationismus-Gesetz* aus dem Jahre 1995, ergänzt 1999. Frankreich kennt ein allgemeines *Gesetz zur Verhinderung von rassistischen, antisemitischen und ausländerfeindlichen Taten*, worunter auch die Holocaust-Leugnung fallen kann. Polen wiederum setzt in seinem *Gesetz zur Verfolgung von Verbrechen gegen die*

---

33. siehe BVerfGE 90, 241 vom 13. April 1994

polnische Nation aus dem Jahr 1998 den Nationalsozialismus mit den »kommunistischen Verbrechen« gleich und begibt sich damit auf weit unsichereres Terrain, was die historische Aufarbeitung und Einschätzung der sehr unterschiedlichen Perioden betrifft. Prag tut es Warschau gleich und bestraft nach dem *Gesetz gegen die Unterstützung und Förderung von Bewegungen, die Menschenrechte und Freiheiten unterdrücken* von 2001 unter § 261a jede Person, die »den Nazigenozid oder den kommunistischen Genozid öffentlich verneint, in Zweifel zieht oder rechtfertigt«. Die tschechische Gerichtsbarkeit geht also davon aus, dass zwischen 1938 und 1989 völkermörderische Zustände im Land geherrscht haben. Damit inflationiert sie den Massenmord des Holocaust in geradezu paradoxer, die Erkenntnisse der Wissenschaft verhöhnenden Art und Weise.

In Spanien wiederum darf nach einem Erkenntnis des Verfassungsgerichts vom 7. Oktober 2007 der Holocaust nicht gerechtfertigt werden, während seine Leugnung straffrei bleibt.[34] Diese Differenz zwischen Rechtfertigung und Leugnung scheint nur auf den ersten Blick von geringer Bedeutung. In Wirklichkeit liegt darin der Unterschied zwischen Wiederbetätigung im faschistischen Sinn und Meinungsäußerung. Desgleichen straffrei geht ein Leugner in Italien aus, wo nach massiven Protesten prominenter HistorikerInnen eine Anfang 2007 von der Regierung Romano Prodi bereits geplante Verrechtlichung verhindert wurde. Im Herbst 2010 startete die Parlamentspräsidentschaft in Rom mit einem neuen Versuch, die Leugnung der Judenvernichtung im Zweiten Weltkrieg unter Strafe zu stellen. Großbritannien und die USA kennen keine Gesinnungsjustiz in dieser Frage. Meinung bleibt in diesem Fall ohne rechtliche Konsequenzen.

Am 62. Jahrestag der Befreiung des Konzentrationslagers Auschwitz verabschiedeten die Vereinten Nationen auf ihrer Vollversammlung vom 26. Januar 2007 ohne Abstimmung konsensual eine Resolution, die ihre Mitglieder zur Ächtung der Holocaustleugnung aufrief.[35] Wie diese Ächtung auszusehen hat, wurde nicht vorgegeben. Dass dazu das Strafrecht zum Einsatz kommen müsse, war in keiner Weise angedacht. Das Wachhalten der Erinnerung stand bei dieser bislang einzigen weltweit verfassten Deklaration zum Thema Leugnung des Holocaust im Mittelpunkt. Der sich daraus ergebende politische Handlungsspielraum, die Ächtung der nationalsozialistischen Verbrechen über Geschichtsunterricht und politische Debatten im kollektiven Bewusstsein zu verankern, ist ein wertvoller Schritt hin zu einer kritischen Weltsicht allgemein. Eine solche müsste auch ohne Strafandrohung funktionieren.

34. Winfried Schulze: Erinnerung per Gesetz oder »Freiheit für die Geschichte«? In: *Geschichte in Wissenschaft und Unterricht* Nr. 7/8/2008, S. 377
35. vgl. Resolution 61/255 der Generalversammlung der Vereinten Nationen vom 26. Januar 2007

Kritische Stimmen

Es gab und gibt gewichtige Stimmen, die sich im Fall der strafrechtlichen Verfolgung von Leugnern und Verharmlosern gegen Gesinnungsjustiz aussprechen. Viele, vor allem jene von Historikern, tun das mit nachvollziehbarer Begründung, denn staatlich verordnete Meinungsgesetze, und nichts anderes ist die Strafwürdigkeit einer Holocaust-Leugnung, drängen historische und politische Argumente gegenüber juristischen Paragrafen in den Hintergrund.

Niemand kann seriöser Weise behaupten, dass während des »Dritten Reiches« Juden nicht systematisch verfolgt, enteignet und massenhaft ermordet worden wären. Ein Verbot der Behauptung des Gegenteils macht indes aus Nazipropaganda oder Dummheit Märtyrer gerade in jener rechten Szene, die jenseits jeder Vernunft gesellschaftlich provozieren will. Nicht zuletzt aus diesem Grund haben Antifaschisten wie der bekannte Politologe Eugen Kogon schon in den 1950er Jahren gefordert, das »Recht auf den politischen Irrtum«[36] zuzulassen und auch Dummheit nicht juristisch zu ahnden. Dies geschah in der Überzeugung, damit der Leugnung ihre angebliche politische Brisanz zu nehmen. Eine solche Brisanz sei vor den historischen Fakten, die eindeutig sind, nicht gegeben, würde indes durch gerichtliche Verbote quasi künstlich erzeugt, meinte Kogon. Gegen gesetzliche Maßnahmen bei der Leugnung der Judenvernichtung sprechen sich auch heute namhafte deutsche Historiker wie die NS-Forscher Götz Aly und Eberhard Jäckel aus. »Ich bin immer gegen diese gesetzliche Bestimmung gewesen«, meinte Jäckel am 1. Februar 2007 in einem Interview bei *Deutschlandradio Kultur*.[37]

> Es ist natürlich selbstverständlich, extrem unvernünftig und dumm zu leugnen oder zu bestreiten, dass im Zweiten Weltkrieg in dem von Deutschland beherrschten Europa Millionen von Juden ermordet worden sind. (…) Das ist so selbstverständlich, dass man darüber überhaupt nicht mehr diskutieren kann. Wer das bestreitet … das ist ungefähr so, als wenn man bestreiten wollte, dass der Zweite Weltkrieg überhaupt stattgefunden habe. Die Frage ist nur, ob solche Dummheit bestraft werden soll, ob das zu irgendeinem Ziel führt, und da habe ich meine sehr großen Bedenken.

Was Jäckel besonders kritisiert, ist ein durch Gerichte umgesetztes, staatlich verordnetes Geschichtsbild: »Hier geht es darum, dass ein bestimmtes Geschichtsbild verboten werden soll, und das scheint mir einer freien Gesellschaft nicht würdig zu sein.« Im Gespräch mit der Journalistin fordert der

---

36. Eugen Kogon: *Ideologie und Praxis der Unsterblichkeit*. Weinheim 1995, S. 237ff.
37. www.dradio.de/dkultur/sendungen/kulturinterview/588968

Historiker, der sich vor allem mit seiner antifaschistischen Forschung und als Mitinitiator der Berliner Holocaust-Mahnmals einen Namen gemacht hat, stattdessen, Holocaust-Leugner mit Ignoranz zu strafen. Er schließt sich der Meinung seines US-amerikanischen Kollegen Konrad Jarausch an, der, so Jäckel, in den Erinnerungsgesetzen eine Metahistorisierung des Holocaust sieht. Darunter verstünde er, das historische Ereignis des systematisch betriebenen Massenmordes an den mittel- und osteuropäischen Juden aus seinem konkreten historischen Kontext zu reißen und ihm stattdessen theologisch entgegenzutreten. Diese vollständige Tabuisierung, darin sind sich viele Historiker einig, tut einer notwendigen Auseinandersetzung nicht gut.

Zu einem richtigen Kulturkampf um Leugnungsverbote ist es Anfang 2007 in Italien gekommen. Dort haben zweihundert HistorikerInnen einen Aufruf unterzeichnet, der die Regierung Prodi davor warnte, ein diesbezügliches Erinnerungsgesetz zu beschließen und Holocaust-Leugnung unter Strafe zu stellen. »Als Historiker und Bürger sind wir besorgt darüber, dass man ein kulturell und sozial sicher wichtiges Problem (nämlich die Leugnung und ihre Verbreitung besonders unter Jugendlichen) durch die Justiz und die Androhung von Verurteilung und Gefängnis lösen will«, konstatierten die zweihundert UnterzeichnerInnen.[38] Und weiter:

> An Stelle von kultureller Beeinflussung, Erziehung und moralischem Druck zur Anerkennung der Wahrheit der Shoah die Drohung durch Gesetze zu stellen, erscheint uns besonders gefährlich, aus mehreren Gründen: 1. Man bietet den Leugnern, wie es schon geschehen ist, die Gelegenheit, sich als Verteidiger der Meinungsfreiheit aufzuspielen, wodurch sie straffrei bleiben könnten. 2. Man setzt von Staats wegen eine Wahrheit fest, womit man riskiert, diese Wahrheit zu delegitimieren und somit das Gegenteil erreicht. Jede von Staats wegen verordnete Wahrheit (Antifaschismus in der DDR, Sozialismus im Kommunismus, die Leugnung des Armeniermordes in der Türkei, die Negierung von Tian'anmen in China) unterminiert das Vertrauen in die freie Konfrontation von unterschiedlichen Positionen und in die freie historische und intellektuelle Forschung. 3. Man betont die Idee, oft auch von Historikern diskutiert, der »Einzigartigkeit der *Shoah*«, nicht als außergewöhnliches Ereignis, sondern als unermesslich und nicht vergleichbar mit anderen historischen Ereignissen, womit man sie faktisch außerhalb der Geschichte stellt (…). Die Festsetzung einer Wahrheit von Staats wegen scheint

---

38. zit in: www.storicamente.org/02negazionismo.htm. Übersetzt von Carmen Leskova.

uns nicht vorteilhaft, um Phänomene zu bekämpfen, die oft von der Leugnung begleitet sind, z. B. das Aufhetzen zur Gewalt, Rassenhass und abstoßende Verbrechen gegen die Menschlichkeit. Gegen diese Dinge gibt es bei uns ausreichende Gesetze.

Abschließend pochen die zweihundert UnterzeichnerInnen dann noch auf die Wichtigkeit der Zivilgesellschaft gerade in dieser Frage der kulturellen Hegemonie, die sie durch verordnete Wahrheit von oben gefährdet sehen. Der Aufruf wurde von den Größen der italienischen Geschichtswissenschaft und Philosophie unterschrieben, darunter Carlo Ginzburg, Marcello Flores, Claudio Pavone, Gabriele Ranzato, Enzo Traverso, Paul Ginsborg, Stuart Woolf, Elena Baldassari und anderen. Auch der frühere Oberrabbiner von Rom, Elio Toaff,[39] schloss sich den Protesten gegen den Gesetzesentwurf an, der tatsächlich in seiner geplanten Form zu Fall gebracht werden konnte.

Trotz Initiativen wie jener der zweihundert Intellektuellen aus Italien ist festzustellen, dass sich europaweit Erinnerungsgesetze auf dem Vormarsch befinden. Der französische Historiker Henry Rousso spricht in diesem Zusammenhang von einem zunehmendem »Historisierungsregime« (« *régime d'historicité* ») und stellt sich kritisch dazu. Erinnerung muss erstritten und in der Folge bewahrt werden, im identitätsstiftenden Sinne genauso wie im warnenden. In Gerichtsprozessen staatsanwaltlich einklagbare Wahrheiten dienen diesem Unterfangen nicht, im Gegenteil, sie können sich auf längere Sicht als kontraproduktiv erweisen.

---

39. siehe www.hagalil.com/01/de/nucleus/plugins/print/print.php?itemid=514 (21. Februar 2007)

Erinnerungsgesetze auf französisch

Die »Loi Gayssot«

Als wesentliches Bindeglied zwischen der Verfolgung von den Holocaust leugnenden oder verharmlosenden Äußerungen und allgemeiner gehaltenen sogenannten Erinnerungsgesetzen kann die französische *Loi Gayssot*[40] identifiziert werden. In diesem 1990 verabschiedeten Gesetz werden erstmals Strafandrohungen für das Anzweifeln oder Leugnen von »Verbrechen gegen die Menschlichkeit/Menschheit« ausgesprochen. Es kann damit für sich in Anspruch nehmen, für den Auftakt einer europaweiten Inflation juristischer Keulen gesorgt zu haben, die staatlich festgesetzten historischen Wahrheiten mit Gefängnis oder Geldstrafen zum Durchbruch verhelfen wollen. Damit wird erstmals geschichtliche Bewertung von Ereignissen wie Kriegen oder Vertreibungen von Staats wegen dekretiert und die entsprechende Anschauung per Gesetz verordnet. Frankreich machte in der Folge übrigens von dieser Möglichkeit ausgiebig Gebrauch, und EU-Europa hat nachgezogen.

»Ohne jeden Zweifel hat sich damit eine Entwicklung angebahnt und noch verstärkt«, schreibt der Münchner Historiker Winfried Schulze zur Bedeutung der *Loi Gayssot* für ein neues EU-europäisches Rechtsverständnis über historische Wahrheiten,

> die in den demokratischen Gesellschaften Europas in den Jahrzehnten vorher nur schwer vorstellbar gewesen wäre. (…) Natürlich kann nicht übersehen werden, dass seit dem Ende des 19. Jahrhunderts auch in den europäischen Demokratien immer wieder Versuche unternommen wurden, Geschichtsforschung den staatlichen Interessen unterzuordnen, doch waren dies insgesamt immer eher Versuche der mehr oder weniger subtilen Einflussnahme als gesetzlich abgesicherte Vorgaben der Deutung. Hier hat sich in einigen Ländern Europas seit etwa zwei Jahrzehnten ein deutlicher Wandel ergeben …[41]

Die Unterordnung eines potenziell offenen Diskurses zu Fragen der Menschen- und Völkerrechte, zu Einschätzungen von meist gewaltsam umgesetzten (geo-)

---

40. siehe: www.legifrance.gouv.fr/WAspad/UnTexteDeJorf?numjo=JUSX9010223L.
41. Winfried Schulze: Erinnerung per Gesetz oder »Freiheit für die Geschichte«? In: *Geschichte in Wissenschaft und Unterricht* Nr. 7/8/2007, S. 364

politischen Neuordnungen, der Sklaverei und des Kolonialismus unter staatliche und suprastaatliche Interessen signalisiert den Willen zur Durchsetzung absoluter Deutungshoheit über die jeweilige nationale oder supranationale Geschichte und gleichzeitig einen absoluten Machtanspruch.

»Jede Diskriminierung, die auf die Zugehörigkeit oder Nicht-Zugehörigkeit zu einer Ethnie, Nation, Rasse oder Religion abstellt, ist verboten.« Ganz unverdächtig und selbstverständlich kommt der Artikel 1 des *Gayssot-Gesetzes* daher, um kurz darauf in Artikel 9 *(sixième alinéa de l'article 24 ^{bis})* das Rechtsverständnis auf freie Meinungsäußerung frontal anzugreifen: »Strafbar sind (...) alle, die die Existenz einer oder mehrerer Verbrechen gegen die Menschlichkeit/Menschheit anzweifeln oder leugnen, wie sie in Artikel 6 des Statuts des internationalen Militärtribunals in der Vereinbarung von London vom 8. August 1945 definiert sind.« Mit der »Vereinbarung« sind die Grundlagen des Nürnberger Kriegsverbrechertribunals gemeint, gemäß deren als Verbrechen gegen die Menschlichkeit/Menschheit gelten: Mord, Auslöschung, die Folgen von Versklavung, Deportation, alle unmenschlichen Akte gegen jede Zivilbevölkerung. In Artikel 6 c wird wörtlich definiert:

> Verbrechen gegen die Menschlichkeit, unter anderem: Mord, ethnische Ausrottung, Versklavung, Deportation und andere unmenschliche Akte gegen die Zivilbevölkerung oder: Verfolgung aufgrund von rassistischen, politischen und religiösen Motiven; unabhängig davon, ob einzelstaatliches Recht verletzt wurde.

Das *Gayssot-Gesetz* ist die Grundlage der französischen Erinnerungsgesetze, die – wie wir sehen werden – in der Folge sehr skurrile Auswüchse annehmen. Ausgangspunkt war die Unterstrafestellung der Holocaust-Leugnung, geworden ist daraus allerdings ein Sammelsurium an staatlichen Denkverordnungen, die de facto und de jure Gedankenaustausch über die Einschätzung, welches historische Ereignis denn nun als Verbrechen gegen die Menschlichkeit/Menschheit zu werten ist und welches als allgemein kriegerisches einzuschätzen sei, beträchtlich erschwert. Die seither bestehende permanente Strafandrohung ist historischer Forschung generell abträglich.

Beschlossen wurde die *Loi Gayssot* am 13. Juli 1990 unter dem Eindruck von Wahlsiegen der extremen Rechten von Jean-Marie Le Pen, der bei der ersten Runde der Präsidentschaftswahlen 1988 mit einer ausländerfeindlichen und antisemitischen Stimmungsmache 14 Prozent an den Urnen erhalten hatte. Der Wahlsieg der Sozialistischen Partei bei den Parlamentswahlen im selben Jahr führte zu einer linken Mehrheit. In der Nationalversammlung stellte die Kommunistische Partei 25 von 575 Abgeordneten. Auf den Vorschlag eines von ihnen, des kommunistischen Abgeordneten Jean-Claude Gayssot, der später Verkehrsminister werden sollte, fand das nach ihm benannte Gesetz eine Mehrheit. Vordergründig schienen die Argumente dafür verständlich, glaubte man doch, damit des um sich greifenden Rechtsradikalismus Herr zu werden. Doch wie bei jeder Anlassgesetzgebung stellte sich bald heraus, dass sich die Rechten davon nicht beeindrucken ließen. Die Gegnerschaft zum »Negationismus«, wie man in Frankreich die revisionistische, teilweise die Nazi-Verbrechen leugnende Strömung nennt, haben Gayssot und andere Linke zum großen Schlag gegen jeden Zweifel an allem historisch Bösen oder vermeintlich Bösen ausholen lassen. »Verbrechen gegen die Menschlichkeit« ist als Begriff auch dann nebulös, wenn er, wie im entsprechenden Gesetz verankert, einer Definition von 1945 folgt. Der Jurisdiktion steht es jedenfalls nicht an, im Trüben nach historischen Wahrheiten zu fischen, und noch weniger, diese gesetzlich zu kodifizieren.

Die »Loi Taubira«

Direkt im Anschluss an das bis Juni 2011 noch nicht ratifizierte Gesetz zur »Leugnung des Völkermordes an den osmanisch-türkischen Armeniern«, von dem weiter unten die Rede sein wird, hat die französische Nationalversammlung am 21. Mai 2001 das sogenannte *»Taubira-Gesetz«* beschlossen. Es stellt einen weiteren umstrittenen Puzzlestein im immer umfangreicher werdenden Bild der Erinnerungsgesetze dar. Darin wird der Sklavenhandel zum »Verbrechen gegen die Menschlichkeit/Menschheit« (« *crime contre l'humanité* ») erklärt und damit, der Logik des *Gayssot-Gesetzes* folgend, jeder öffentlich geäußerte Zweifel daran automatisch strafwürdig. In Artikel 1 des von der aus Französisch-Guyana stammenden Abgeordneten Christine Taubira-Delannon eingebrachten Gesetzes heißt es:

> Die Französische Republik erkennt, dass der transatlantische Sklavenhandel (der auf Französisch im übrigen mit dem für Deutschsprachige politisch höchst unkorrekten Begriff « *traite négrière* » bezeichnet wird, Anm. d. A.) sowie der Sklavenhandel über den Indischen Ozean einerseits sowie die Sklaverei andererseits, wie sie seit dem 15. Jahrhundert in den Amerikas, der Karibik, im Indischen Ozean und in Europa gegen afrikanische, amerindische, madagassische und indische Bevölkerungen betrieben wurden, ein Verbrechen gegen die Menschlichkeit/Menschheit darstellt.

Weiter unten, in Artikel 5, wird wegen der Strafbarkeit der Leugnung explizit auf das 1990 beschlossene *Gayssot-Gesetz* verwiesen.

Wäre die Sache nicht so ernst, könnte man ironischer Weise nachfragen, warum der »französische Staat« den Handel mit osteuropäischen Frauen zwecks deren Versklavung im Osmanischen Reich nicht als Verbrechen ansieht. Oder ob nicht auch über den Pazifik Verschleppte einem Menschheitsverbrechen zum Opfer gefallen sind, ganz zu schweigen vom innerafrikanischen Sklavenhandel zwischen unterschiedlichen schwarzen Gesellschaften oder von arabischen Händlern Angepriesene und Verkaufte? Die griechische und römische Sklavenhaltergesellschaft darf dem französischen *Taubira-Gesetz* entsprechend getrost als menschlich, vielleicht auch als fortschrittlich und – wenn es jemandem danach ist – sogar als vorbildhaft bezeichnet werden. Sie fand lange vor dem 15. Jahrhundert statt und ist somit von diesem Gesetz nicht betroffen.

Wie bereits die wenigen Nachfragen zum Gesetzestext ergeben, zeigt sich das Dilemma einer solchen Jurisdiktion nicht im Detail, sondern in der Substanz. Sicherlich hat der Gesetzgeber einfach auf den einen oder anderen Handel mit Sklaven vergessen. Aber für wen ist das bedeutend? Für den Leugner allemal. Nach Buchstaben und Paragrafen ist nur jene Versklavung verbrecherisch und dementsprechend auch der Zweifel daran zu ahnden, die schwarz auf weiß festgeschrieben wurde. Die staatliche Anmaßung wird an dieser Ungleichgewichtung besonders sichtbar, denn niemand wird heute bestreiten, dass Sklavenhandel und Sklavenhaltung dem Menschen unwürdige Vorgänge sind, mithin als menschenrechtsfeindlich und verbrecherisch zu bezeichnen sind. Es muss nach der Definition, den konkreten historischen Rahmenbedingungen und den geschichtlichen Relationen gefragt werden. Nur diese erlauben es üblicher Weise den Historikern, zu Schlussfolgerungen zu kommen. Aus dem Kontext gelöst bleibt der Umgang mit dem einzuschätzenden Ereignis metahistorisch, oder besser: ahistorisch.

Die Beschlussfassung der *Loi Taubira* hat einen sehr profanen politischen Grund. Gerade weil die französische Gesellschaft sich von oben nach unten zunehmend rassistisch geriert, dachte der Gesetzgeber offensichtlich, mit einem einfachen Erinnerungsgesetz, gegen das doch eigentlich niemand etwas einzuwenden vermag, beruhigend auf die mehr und mehr außer Kontrolle zu geraten drohende Situation einwirken zu können. Oder anders gesagt: Weil die französische Gesellschaft ihren jungen MaghrebinerInnen bzw. AfrikanerInnen und KariberInnen aus der dritten Einwanderergeneration sozial und ökonomisch – geschweige denn kulturell – nichts zu bieten hat, macht deren parlamentarische Elite eben ein Gesetz, das Sklaverei seit dem 15. Jahrhundert brandmarkt und deren Leugnung unter Strafe stellt. Ein nutzloser Deal, denn die *«jeunes»* – die »Jungen« – aus den Vorstädten von Paris, Lyon und Marseille werden sich durch die *Loi Taubira* nicht beruhigen lassen. Und das gute

Gewissen des weißen Mittelstandes, endlich etwas gegen die Zweifler an der Sklaverei (wer soll da eigentlich gemeint sein?) getan zu haben, zerschellt an der Wirklichkeit.

Erinnerungsgesetze können aktuelle strukturelle Ungleichheit und Rassismus nicht beseitigen. Sie dienen vielleicht einer kleinen Schicht politischer Nomenklatur als Ausweis, Gutes für das gesellschaftliche Zusammenleben getan zu haben; der Zusammenprall zwischen Schwarz und Weiß in den Vorstädten, das gegenseitige Unverständnis zwischen Muslimen und Christen sowie die Auswirkungen des Schengen-Regimes können damit allerdings nicht kompensiert werden, schon gar nicht, wenn es – vielleicht aus einem Missgeschick heraus – einmal dazu käme, dass ein honoriger Professor für Geschichte vor dem Kadi landet, weil er nachzuweisen versuchte, dass bestimmte Arten des Sklavenhandels über den Indischen Ozean im damaligen Verständnis kein Verbrechen gegen die Menschlichkeit waren oder keinen Völkermord darstellten.

Die »Loi Mékachéra«

Das *Taubira-Gesetz* zum Verbot jeden Zweifels an der völkermörderischen Absicht der Sklaverei ist immanent betrachtet auch vor dem persönlichen Hintergrund der Antragstellerin – Christine Taubira-Delannon – zu sehen, einer politisch links orientierten, dunkelhäutigen Abgeordneten aus einem der sogenannten »französischen Überseegebiete«, Guayana. Der antikoloniale Charakter des Gesetzeswerkes klingt, einmal abgesehen von der strukturellen Kritik an staatlichen Meinungsverordnungen generell, für linke Zeitgenossen sympathisch. Sein Entstehen im Jahre 2001, als Frankreich von einer sozialistisch-kommunistischen Koalition unter Ministerpräsident Lionel Jospin regiert wurde, erklärt diesen Zusammenhang – und macht zugleich auf die Durchsichtigkeit des Unterfangens aufmerksam, vor allem, wenn man sich das nächste in der Pariser Nationalversammlung beschlossene Erinnerungsgesetz zu Gemüte führt.

Am 23. Februar 2005 schlugen die Kolonialisten nämlich zurück. Auf Antrag von Hamlaoui Mékachéra wurde mehrheitlich ein Gesetz verabschiedet, das die positive Rolle Frankreichs während der Kolonialzeit in Nordafrika und Indochina betont. Hinter dem auch auf Französisch unverständlich klingenden Titel »*Gesetz über die Anerkennung der Nation und den nationalen Beitrag gegenüber den französischen Repatriierten*«[42] verbirgt sich der – in zweiter Lesung wiederum modifizierte – Versuch einer vollkommenen Reinwaschung

---

42. Gesetz Nr. 2005-158 vom 23. Februar 2005, siehe www.legifrance.gouv.fr

der eigenen Kolonialgeschichte in Nordafrika und Indochina. In Artikel 1 wird bereits klarer, worum es geht:

> Die Nation drückt den Frauen und Männern, die in den früheren französischen Départements Algerien, Marokko, Tunesien und Indochina (…) für Frankreich tätig gewesen sind, ihre Anerkennung aus. Sie anerkennt die Leiden und Opfer der Repatriierten, der Mitglieder von Hilfstruppen und assimilierten Formationen, der Verschwundenen sowie der zivilen und militärischen Opfer während der Unabhängigkeitsprozesse …

In Artikel 5 geht es dann rechtlich zur Sache:

> Es sind verboten: jede Beleidigung oder Diffamierung einer Person oder einer Personengruppe auf Basis ihrer Tätigkeit als Harki bzw. ihrer Mitgliedschaft in einer assimilierten oder Hilfsformation; jede Verherrlichung von Gewalt, die gegen Harkis, Hilfstruppen oder assimilierte Formationen durchgeführt wurde.

In erster Fassung war »auf die positive Rolle der französischen Anwesenheit« in den Kolonien hingewiesen und die Schulen und Universitäten angewiesen worden, diese zu würdigen. Nach heftigen Protesten seitens Lehrervertretern und Universitäten, neutralisierte man den entsprechenden Artikel, in dem nun davon die Rede ist, dass der Schulunterricht der französischen Präsenz im Maghreb jenen Platz einräumen soll, »den sie verdient«.

Somit bezieht sich der Kern des Gesetzes auf den Umgang mit dem französischen Kolonialpersonal. Vor allem die Rolle der *»Harkis«*, einheimischen Gehilfen der französischen Armee, die mit dem von der algerischen Befreiungsbewegung erzwungenen Rückzug Frankreichs »Heim ins Reich« mussten und repatriiert wurden, auch wenn die meisten von ihnen nicht in Europa aufgewachsen waren, geriet in Wissenschaft und Medien zunehmend in die Kritik. Das *Mékachéra-Gesetz* hat sich zur Aufgabe gemacht, diese zunehmend antikolonial orientierte Meinungshoheit zu stören. Bezeichnungen wie »Kolonialbüttel« für die früheren Hilfstruppen oder Freudenbekundungen über Vertreibungen derselben können seitdem den französischen Staatsanwalt auf die Bühne rufen.

Der ehemalige Infanterieoffizier Hamlaoui Mékachéra, der in Algerien gedient hatte und später in der konservativen Regierung Alain Juppé zum Sonderbeauftragten für Integration *(délégué ministeriel à l'intégration)* ernannt wurde, kämpfte jahrelang für die Rechte der Kolonialherren und ihrer lokalen Hilfstruppen. Den Repatriierten brachte sein Gesetz auch finanzielle Besserstellungen, die in unserem Zusammenhang allerdings weniger interessieren.

Die Gegenüberstellung der Gesetze *Taubira* und *Mékachéra* zeigt deutlich die jeweils sehr durchsichtigen, kurzsichtigen Motivationen. Die Auswirkungen indes sind bleibend und strukturell. Die gesetzliche Kodifizierung von Erinnerungspolitik schlägt einmal nach links, dann wieder nach rechts aus, und die politische Auseinandersetzung drückt sich in der Verrechtlichung historischer Positionen aus. Der Meinungsstreit gerät darob ins Visier der Justiz.

Der Völkermord in der Vendée

Die Themen der französischen Erinnerungsgesetze werden im Laufe der Zeit immer absonderlicher. So wurde der Nationalversammlung am 10. Mai 2007 ein Gesetz vorgelegt, das sich zur Aufgabe gestellt hat, die Niederschlagung des gegen die Französische Revolution gerichteten Aufstandes von Bauern und Adel in der Vendée als völkermörderisch zu brandmarken. »Die französische Republik anerkennt den Völkermord in der Vendée der Jahre 1793/94.« Revolutionäre Heere verwüsteten damals die loyalistisch-katholisch gesinnten Dorfgemeinschaften, die sich gegen die große Erhebung in Paris gestellt hatten. Bis Redaktionsschluss dieses Buches fand der Gesetzesvorschlag keine Mehrheit. Er zeigt aber deutlich, wohin die Reise solcher staatlicher Deklarationen geht. Denn wer – im Falle der Beschlussfassung des Gesetzes über den Völkermord in der Vendée General Lous-Lazare Hoche, der in die traditionelle französische Geschichtsforschung als *«pacificateur de la Vendée»* eingegangen ist – künftig als einen besonnenen Offizier der Revolution bezeichnet, der schlimmeres Unglück durch rasches Eingreifen verhindert habe, liefe Gefahr, als Völkermordleugner angezeigt zu werden – ein unwürdiger Zustand für einen sich offen gebenden, demokratischen Staat.

Aufschrei der Historiker

Schon im Kapitel über die gesetzlichen Verbote zur Leugnung des Holocaust ist vom französischen Historiker Henry Rousso die Rede gewesen, der ganz generell die Zunahme eines, wie er es nennt, *« régime d'historicité »* kritisiert.[43] Im Falle der französischen Erinnerungsgesetze wird das staatlich verordnete Historisierungsregime besonders deutlich. Die Verrechtlichung der Einschätzung historischer Ereignisse reflektiert auf kultureller und politischer Ebene gesellschaftliche Zustände, die das soziale und wirtschaftliche Leben in Europa zunehmend prägen, nämlich die Schaffung von Rechtsgrundlagen

---

43. www.zeithistorische-forschungen.de/16126041-Rousso-3-2004

für alles und jeden Anlass zwecks Wiedergutmachung von Schäden. Ob das nun gesundheitliche Schäden in Folge des Genusses von Tabak, Alkohol, Fett, Zucker, Unfälle auf Wanderwegen oder Schipisten sind, psychische Schäden im Anschluss an irgendetwas Konsumiertes, einen Urlaub, ein Konzert ... Der einklagbare Ausgleich für erlittenen Schaden gehört nicht mehr nur in den USA zur täglichen Praxis staatlich-juristischer Einmischung in gesellschaftliche Verhältnisse. Diese definieren sich mehr und mehr als Kapitalverhältnis im Sinne eines Vertragszustandes von Angebot und Nachfrage, wobei kollektives Selbstverständnis und individuelle Selbstverantwortung auf der Strecke bleiben.

Auch im Kulturell-Politischen schlägt dieser Drang zur Verrechtlichung durch. Bei der Einschätzung historischer Ereignisse fördert er einen seltsamen Kreislauf von Viktimisierung und Wiedergutmachung zutage, der immer mehr rechtlicher Sicherheiten zu bedürfen meint. Dazu quer liegende Debatten stören. Mit den Erinnerungsgesetzen versucht der Staat offensiv, diese gesetzlich auszuschalten. Die Historikerzunft ist naturgemäß die erste Adresse, die sich von solchen Historisierungsregimen angegriffen fühlt. Kein Wunder, dass es gerade aus ihren Kreisen, auch und vor allem in Frankreich, heftige Proteste gegen die *lois mémorielles* hagelt.

Am 12. Dezember 2005 lancierten neunzehn bekannte HistorikerInnen eine Erklärung, in der sie ihrem Unmut über die juristisch-staatlichen Interventionen Ausdruck verliehen. Tags darauf wurde dieser »*Appell der neunzehn*« in der Tageszeitung *Libération* veröffentlicht.[44] Die Bewertung historischer Ereignisse sei nicht Aufgabe von Gerichten, lautete der Tenor dieser Erklärung:

> Aufgewühlt durch die immer häufiger auftretenden politischen Interventionen die Einschätzungen historischer Ereignisse betreffend, fühlen wir uns als betroffene Historiker und Intellektuelle aufgefordert, folgende Prinzipien in Erinnerung zu rufen: Die Geschichte ist keine Religion. Die Geschichte akzeptiert keine Dogmen, respektiert keine Verbote und kennt keine Tabus.

Und weiter stellen die UnterzeichnerInnen klar:

> Die Geschichte ist nicht die Moral. Der Historiker nimmt nicht die Rolle des Anpreisers oder des Verurteilers ein, er erklärt. Die Geschichte ist nicht der Sklave der Aktualität. Es ist nicht Aufgabe des Historikers, die Vergangenheit mit zeitgenössischen ideologischen Schemata zu überziehen.

44. *Libération* vom 13. Dezember 2005

Im zweiten Textteil des Appells sprechen die GegnerInnen der Erinnerungsgesetze der Jurisdiktion explizit die Zuständigkeit für die Einschätzung historischer Ereignisse ab, wenn sie fortfahren:

> Die Geschichte ist kein juristisches Objekt. In einem freien Staat ist es weder die Aufgabe des Parlaments noch die juristischer Autorität, historische Wahrheit zu definieren. Die Politik des Staates, auch wenn sie es in bester Absicht tut, kann keine Geschichtspolitik sein. Die Verletzung dieser Prinzipien, wie sie sukzessive mit den Gesetzeswerken – namentlich vom 13. Juli 1990 (*Gayssot-Gesetz*, Anm. d. A.), vom 29. Januar 2001, vom 21. Mai 2001 (*Taubira-Gesetz*, Anm. d. A.), vom 23. Februar 2005 (*Mékachéra-Gesetz*, Anm. d. A.) – begangen wurde, beeinträchtigt die Freiheit des Historikers, wenn man ihm unter Strafandrohung vorschreibt, worüber er recherchieren und was er erkennen darf. Wir fordern die Rücknahme der entsprechenden Gesetzeswerke, die einer Demokratie unwürdig sind.

Unterzeichnet wurde der Appell von Jean-Pierre Azéma, Elisabeth Badinter, Jean-Jacques Becker, Françoise Chandernagor, Alain Decaux, Marc Ferro, Jacques Julliard, Jean Leclant, Pierre Milza, Mona Ozouf, Jean-Claude Perrot, Antoine Prost, René Rémond, Maurice Vaïsse, Jean-Pierre Vernant, Paul Veyne, Pierre Vidal-Naquet und Michel Winock.

Kurz nach der Veröffentlichung des *Appells der neunzehn*, dem sich in den folgenden Monaten über sechshundert weitere Intellektuelle anschlossen, meldeten sich in ähnlicher Form weitere 24 Intellektuelle zu Wort, darunter nun auch Jacques Le Goff und Pierre Nora, und ein Jahr später nützte Pierre Nora, der Doyen der französischen Geschichtswissenschaft und einer der sogenannten »Unsterblichen« der *Académie Française*, einen viel beachteten öffentlichen Auftritt zur inhaltlichen Abrechnung mit den juristischen Keulen. In seiner Rede zur Jahreshauptversammlung der Akademie im November 2006 attackierte er in scharfen Worten die Entwicklungen in Richtung Erinnerungsgesetze, die er einer neuen »Tugendmanie« zuschrieb. Er geißelte die politisch-juristische Vorstellung, Geschichte und Geschichtswissenschaft generell unter den Verdacht der Moral bzw. Unmoral zu stellen,[45] als er vor großem Publikum ausführte:

---

45. Winfried Schulze: Erinnerung per Gesetz oder »Freiheit für die Geschichte«? In: *Geschichte in Wissenschaft und Unterricht* Nr. 7/8/2007, S. 365

> Mit dem Gayssot-Gesetz (…) wurde das Tor für erpresserische Forderungen aller Opfergruppen geöffnet. Und Frankreich, als einziges Land in Europa, hat nicht gezögert, großzügig die Gesetze zu vermehren, die Vorgänge als kriminell erklärten, die wie der Sklavenhandel und die Sklaverei mehrere Jahrhunderte zurückreichen, jedoch schon seit mehr als eineinhalb Jahrhunderten abgeschafft sind und die ganz Europa und nicht allein Frankreich in großem Stil praktiziert haben wie auch die Araber und die Afrikaner selbst. Der Weg ist jetzt offen für alle Entgleisungen. Wann kommt die juristische Kriminalisierung der Kreuzzüge? Ich scherze nicht – das ist einer der Gesetzesvorschläge – es gibt ein gutes Dutzend davon, die in den Köpfen unserer tugendhaftesten Parlamentarier schlummern.[46]

Dem Aufschrei der HistorikerInnen und PhilosophInnen folgte im Herbst 2006 eine Protestresolution von JuristInnen, die ebenfalls mit der Forderung nach einer Aufhebung der Erinnerungsgesetze schloss.

Genützt haben all die Resolutionen und Appelle von berufener Seite wenig. Im Gegenteil: Im Jahr 2005 geriet der bekannte Geschichtswissenschaftler Olivier Pétré-Grenouilleau tatsächlich ins Visier der Justiz, weil er sich in seinem erstmals 1998 erschienenen Buch *Nantes au temps de la traite des noirs*[47] über den atlantischen Sklavenhandel, wie er von Nantes aus betrieben wurde, gegen das *Taubira-Gesetz* geäußert hatte, das jede Leugnung des Sklavenhandels als Verbrechen gegen die Menschlichkeit/Menschheit unter Strafe stellt. Konkret nahm er gegen die *Loi Taubira* Stellung und äußerte, dass sich ein Vergleich zwischen dem Sklavenhandel und er Judenverfolgung verbiete, weil ersterer keine Vernichtungsabsicht eines Volks beinhaltete, letzterer zweifellos doch. Ein *Collectif des Antillais* stellte daraufhin Strafantrag wegen Völkermordleugnung. »Der Sklavenhandel war kein Völkermord«,[48] formulierte der Historiker trocken. Nach einer heftigen Debatte, in der sich viele HistorikerInnen auf die Seite von Pétré-Grenouilleau stellten, wurde die Strafanzeige zurückgenommen.

Freilich gibt es auch in Frankreich Intellektuelle, die den Erinnerungsgesetzen positiv gegenüberstehen und manche, die ihnen sogar zustimmen und damit die staatliche Wahrheitsfindung über historische Prozesse gut finden. Zu jenen, die sich öffentlich dazu bekannten, gehören Vater und Sohn Serge und Arno Klarsfeld sowie der in seinen Filmen das israelische Militär

---

46. www.academie-francaise.fr/immortel. Zit. in: Winfried Schulze, S. 365
47. Olivier Pétré-Grenouilleau: *Nantes au temps de la traite des noirs*. Paris 1998
48. http://cvuh.free.fr/spip.php?article64

glorifizierende Regisseur Claude Lanzmann. Ihnen ging es um die Strafbarkeit der Leugnung des Holocaust, des Völkermordes an den Armeniern, des Sklavenhandels sowie anderer sogenannter »historischer Tatsachen«, wer immer diese als solche festzustellen berechtigt ist. Das Kolonialgesetz *Mékachéra* fand jedoch auch vor den wenigen Befürwortern staatlicher Wahrheitsbestimmung keinen Zuspruch.

Die EU gibt den Rahmen vor: Leugnen ist strafbar

Am 19. April 2007 einigten sich die Justizminister von zwanzig EU-Staaten – sieben Kollegen blieben vorerst aus unterschiedlichen Gründen noch skeptisch – nach jahrelangen Verhandlungen auf einen Rahmenbeschluss zur Kriminalisierung von Rassismus und Fremdenfeindlichkeit, in dem auch die Leugnung von Völkermord als strafwürdig definiert wurde. Dabei geht es nicht um tatsächlich ausgeführte rassistische, antisemitische oder völkermörderische Taten, die selbstverständlich in allen nationalen Gesetzeswerken strafbar sind, sondern um mündlich oder schriftlich öffentlich gemachte Äußerungen. Eineinhalb Jahre später, am 28. November 2008, wurde die von Brüssel ausgearbeitete Vorgabe als Rechtsakt vom EU-Rat beschlossen und am 6. Dezember im *Amtsblatt der Europäischen Union* veröffentlicht.

Schon 2001 war auf Vorstoß Deutschlands versucht worden, Rassismus und Fremdenfeindlichkeit nach dem Muster antisemitischer oder den Holocaust leugnender Äußerungen überall in der Europäischen Union strafbar zu machen. Die griechische Präsidentschaft sowie vielfache Gegenstimmen aus Italien, Dänemark und später – aus gänzlich anderen Gründen – dem Baltikum verzögerten die Gesetzwerdung, bis die deutsche Bundesjustizministerin Brigitte Zypries im Frühjahr 2007 während der deutschen EU-Ratspräsidentschaft einen Durchbruch vermelden konnte: »Wir wollen mit diesen Verboten nicht warten, bis es wieder zu Taten kommt, um dann die Täter zu verfolgen und gegebenenfalls zu verurteilen, sondern uns liegt daran, schon im Vorfeld Maßnahmen ergreifen zu können, dass diese Verbrechen erst gar nicht geschehen können«,[49] meinte die SPD-Politikerin anlässlich einer Konferenz der Vorsitzenden der innenpolitischen Ausschüsse der nationalen Parlamente Anfang Mai 2007 in Berlin. Bevor Verbrechen geschehen, so die deutsche Justizministerin, wird also kriminalisiert. Die Haltung ist bedenklich, ja für einen Rechtsstaat bedrohlich. Doch bleiben wir vorerst bei der politischen Dimension der strafrechtlichen Verfolgung von Meinung.

Auf den ersten Blick wirkt der EU-Rahmenbeschluss zur Verfolgung von Rassismus, Antisemitismus und Leugnung von Völkermord für den unbedarften Demokraten vernünftig. Rassistische und fremdenfeindliche Äußerungen

---

49. Pressestelle des Bundesministeriums für Justiz. Siehe: www.bmj.bund.de am 7. Mai 2007

sollen Straftatbestände sein, sobald sie den »öffentlichen Frieden gefährden«. Begründet wird dies mit einem »Verstoß gegen europäische Werte«, wie sie die Herabwürdigung von Menschen aufgrund anderer Hautfarbe, Religion oder nationaler Abstammung darstellen. Im Mittelpunkt steht das »Verbot der öffentlichen Aufstachelung zu Gewalt und Hass« gegenüber Andersartigen. Dem könnte ohne Wenn und Aber zugestimmt werden. Wenn einem nicht parallel dazu die rassistische Einwanderungspolitik der Europäischen Union in den Sinn käme, der Jahr für Jahr an den Außengrenzen insbesondere im Mittelmeer Tausende Schwarze zum Opfer fallen. Mauer und Stacheldraht im nordafrikanischen Ceuta/Sabta, die schwarze Hungerleider von den vergleichsweise gut gefüllten Töpfen in EU-Europa abhalten sollen, sind zu in den Massenmedien weitgehend verschwiegenen Symbolen dieses suprastaatlichen Rassismus geworden. Desgleichen EU-Marinesoldaten und Rückführabkommen mit afrikanischen und asiatischen Staaten, mit denen Jagd auf Schwarze im Mittelmeer gemacht werden, und die letztlich die Basis und Legitimation für den allerorts aufkeimenden Rassismus im Inneren der Festung bilden.

Doch nicht gegen diese Art von strukturellem Rassismus wurde der EU-Rahmenbeschluss gefasst. Nicht die Innen- und Justizminister, die sich immer neue Technologien gegen verzweifelt um Aufnahme suchende Asiaten und Afrikaner ausdenken, befinden sich im Visier der neuen Rechtsvorschriften. Eher schon islamische Imame in den Moscheen zwischen Bradford und Köln, denen einmal ein »die Weißen sind schuld am Unglück in Palästina« oder ein Wortschwall gegen Israel entschlüpft, können mit dem Antirassismusgesetz ohne viele Umstände vor den Kadi gezerrt werden. Auch das wäre akzeptabel, mag sich der Demokrat denken. Immerhin sind Hassprediger einer offenen Gesellschaft nicht würdig. Der Einsatz des Strafrechtes zur Regulierung von Meinung ist indes der falsche Weg, weil er Positionen tabuisiert und Diskussionen einer staatsanwaltlichen Kontrolle unterstellt.

Den bösen Gedanken verbieten

Welchem Geist der EU-Rahmenbeschluss entspringt, kann idealtypisch in einer Rede der damaligen deutschen Justizministerin Brigitte Zypries vom 7. Mai 2007 nachgelesen werden.[50] Auf drei Seiten gibt darin die deutsche Sozialdemokratin jene scheinbar arglose Mischung aus juristischen Selbstverständlichkeiten und Aufforderungen zur Kriminalisierung von öffentlichen Äußerungen zum Besten, die zum Muster der Neueinführung von

---

50. *Gegen Rassismus und Fremdenfeindlichkeit*. Rede der Bundesministerin der Justiz Brigitte Zypries. Siehe: www.bmj.bund.de am 7. Mai 2007

Meinungsdelikten gehört. Der zugrunde liegende vermeintlich gute Wille entspringt einem eurozentrischen und justizfixierten Weltbild, in dem schlussendlich alles und jedes verrechtlicht werden kann und muss. Vom tagtäglichen Umgang miteinander und den daraus entstehenden persönlichen und gesellschaftlichen Verantwortlichkeiten bis zu politischen Debatten, historischen Einschätzungen und gesellschaftlichen Kompromissen steckt der Staat bzw. der Suprastaat in Form der Europäischen Union die Rahmenbedingungen ab und deklariert jenseits davon Geäußertes als illegitim und verfolgenswert. Politische Korrektheit wird justiziabel. Das Diktum von den »europäischen Werten«, in die jeder (Herrschende) hineininterpretieren kann, was ihm nützlich erscheint, dient diesem Weltbild als Stehsatz und inflationiert dementsprechend auch die Aussagen der Justizministerin.

Zu Beginn ihrer Rede, die vor den Vorsitzenden der innenpolitischen Ausschüsse der nationalen Parlamente gehalten wurde, ruft Brigitte Zypries die neue deutsche Stärke nach erfolgter Wiedervereinigung in Erinnerung. »Sie haben ja schon ein bisschen etwas von Berlin gesehen«, kokettiert sie in gastfreundlicher Manier mit den Parlamentariern der 27 EU-Staaten, »und sicherlich auch das Reichstagsgebäude besichtigt. Ein Ort, der symbolträchtig ist und im Moment derzeit in Deutschland dafür steht, dass man sagen kann, Deutschland ist wieder vereint und ist ein demokratischer Staat.« Die zweimalige Betonung von »im Moment« und »derzeit«, so kann der Zuhörer hoffen, bezieht sich ausschließlich auf die Vergangenheit und nicht auf eine mögliche Zukunft. Es soll der Justizministerin hier auch gar nicht unterstellt werden, dass sie damit gedanklich auch die Zukunft gemeint haben könnte, die nicht demokratisch sein müsste. Doch um Demokratiefragen geht es eigentlich gar nicht, sondern um Selbstverständlichkeiten, vordergründig:

> Wir wollten gerne deutlich machen, und ich glaube, das ist uns in der Kommunikation über diesen Rahmenbeschluss jetzt auch geglückt, dass Rassismus und Fremdenfeindlichkeit eklatante Verstöße gegen europäische Werte sind, gegen die Werte, die wir in Europa (gemeint ist die EU, Anm. d. A.) gemeinsam vertreten wollen und dass sie sich als einen Anschlag darstellen auf die Grundfreiheiten auch des EU-Vertrages und auf alles das, was wir für ein friedliches Zusammenleben in Europa brauchen.

Niemand weit und breit, der dem widersprechen wollte. Friedliches Zusammenleben ist ohne antirassistisches Grundverständnis nicht denkbar, und friedlich zusammenzuleben ist ein menschlicher Wert an sich, nicht nur ein »europäischer«. In allen Gesellschaften schließen Friede und Hass einander

71

aus. Warum also so viel Aufhebens über die Grundkonstante menschlichen Zusammenlebens? Zum einen wohl darum, weil sie gerade in Europa – und das während des gesamten 20. Jahrhunderts hindurch – nicht funktioniert hat und heute wieder nicht funktioniert. Die Vorstädte in größeren Städten sind soziale Brennpunkte, die von Medien und Politik mühevoll in ethnische Differenzen umgedeutet werden. An den Rändern der Europäischen Union ist nach dem Zusammenbruch der Sowjetunion und des Rates für gegenseitige Wirtschaftshilfe im Jahr 1991 der Krieg als Mittel der Auseinandersetzung wieder auf der Tagesordnung. Menschen in den ex-jugoslawischen Republiken, in Moldawien, für kurze Zeit im Baltikum, in Georgien, Abchasien, Südossetien und einer Reihe von russländischen Provinzen im Kaukasus haben nach mehreren Generationen, denen dies erspart geblieben ist, mit Maschinengewehrsalven und Drohnenangriffen leben (und sterben) lernen müssen. Und seit 19. März 2011 werfen wieder »Menschenrechtsbomber« aus der EU (gemeinsam mit solchen aus den USA) ihre todbringende Last auf Dörfer und Städte, diesmal im nordafrikanischen Libyen.

Jugendrevolten in den Metropolen und Bürgerkriege an der Peripherie sind Zeichen eines sozialen Verteilungskampfes, der nach dem Ende der europäischen Bipolarität heftiger geworden ist. Sozialer Ausgleich, wie er in hochkonjunkturellen Zeiten bis in die 1970er Jahre in Ost und West zum Standardrepertoire staatlichen Politik gehört hatte, ist in den 1980er Jahren und danach mehr und mehr dem Gesetz des – ökonomisch – Stärkeren gewichen. Der Vormarsch des Neoliberalismus wurde spätestens im *Crash* ab 2008 für jeden sichtbar. Er setzte das zunehmende soziale Ungleichgewicht zwischen Arm und Reich auf seine Weise um. Allein am Auseinanderklaffen von Arbeits- und Kapitaleinkommen zwischen 1960 und 2010 wird diese Entwicklung überdeutlich. In diesen fünfzig Jahren sank die Nettolohnquote, welche die Einkommen aus unselbständiger Beschäftigung wiedergibt und damit der beste Indikator für die Einkommensverteilung ist, in Deutschland von 55,8 Prozent (1960 für die BRD) auf 39,4 Prozent (1. Halbjahr 2000 für das große Deutschland).[51] Den Auswirkungen dieser zunehmenden sozialen Divergenz gesetzlich mittels Bestrafung rassistischer Äußerungen beikommen zu wollen, wäre naiv. So viel Naivität wollen wir deutschen Regierungsmitgliedern nicht unterstellen.

Worum geht es also in Frau Zypries' Argumentation?

Wenn jemand in einer öffentlichen Versammlung dazu auffordert, Menschen einer bestimmten Hautfarbe zu verprügeln, oder in den

---

51. siehe: www.boeckler.de/pdf/impuls_2010_19_1.pdf

Treffpunkten bestimmter Religionsgruppen zu randalieren, wird dies künftig in allen Mitgliedstaaten strafbar sein. Das gleiche gilt, wenn etwa jemand Angehörige einer bestimmten Ethnie als »Parasiten« bezeichnet, die es »auszumerzen« gelte. Solche Taten wollen wir nicht haben.

Niemand Vernünftiger wird derlei Aufforderungen haben wollen, und wohl jeder kann der Bestrafung solcher Hetze und Hasstiraden zustimmen.

Problematisch wird es an der Schnittstelle von einem Aufruf zu einem Verbrechen, wie es die bisherigen Beispiele in der Rede von Zypries zweifellos darstellen, und einer Meinungsäußerung über historische oder aktuelle Ereignisse. Genau diese Schnittstelle wird im Rahmenbeschluss der Europäischen Union hergestellt. Ohne Übergang kommt das auch in der Rede von Justizministerin Zypries zum Ausdruck: »Zukünftig soll es auch strafbar sein, wenn Völkermord, Verbrechen gegen die Menschlichkeit und Kriegsverbrechen öffentlich gebilligt, geleugnet oder grob verharmlost werden.« Wo ist der Zusammenhang mit der Aufforderung zu einer Straftat? Warum wird die Verharmlosung von Völkermord unter dem Titel »Rassismus und Fremdenfeindlichkeit« abgehandelt? Welche Gemeinsamkeit haben Sätze wie »Neger gehören hier nicht her, deportiert sie, werft sie in ein Lager« und

> Die Erschießung von muslimischen Männern am Rande von Srebrenica kann nur im Kontext monatelanger Angriffe auf serbisch-orthodoxe Dörfer durch muslimische Kommandos verstanden haben, die Dorfbewohner zu Tausenden hingemetzelt haben. Die Bezeichnung »Völkermord« für die serbisch-bosnische Grausamkeit scheint mir über den Bürgerkriegscharakter der Auseinandersetzung hinwegtäuschen zu wollen.

Der erste Satz ist klar rassistisch motiviert. Ob man nun für oder gegen gesetzliche Ahndung ist – sein fremdenfeindlicher, gewalttätiger Charakter ist offenkundig. Im zweiten Satz hingegen ist keinerlei Rassismus oder Fremdenfeindlichkeit zu erkennen. Hier geht es um eine zeithistorische Einschätzung. Welche Toten im jugoslawischen Bürgerkrieg waren Völkermordopfer? Wer kann sich eine solche Feststellung anmaßen? Man sollte glauben, jedem sei dazu eine Meinung gestattet, den Betroffenen ohnedies, sowie Zeitzeugen, Journalisten, Historikern. Brigitte Zypries – und mit ihr die Europäische Union – sieht das anders: »Es wird künftig strafbar sein, zu behaupten, ein Völkermord, den ein Gericht als feststehende Tatsache festgestellt hat, sei nicht existent, er sei nicht gegeben, er sei von den Leuten frei erfunden, nur um Entschädigungszahlungen einzufordern.« Also klar und deutlich: Nur »ein

Gericht« soll befugt sein, endgültige Feststellungen darüber zu treffen, was ein Völkermord ist und was nicht. Srebrenica, Darfur, Armenier im Osmanischen Reich, Albaner (1998) oder Serben (1999) im Kosovo, Tschetschenen, Ukrainer in der frühen Sowjetunion, Palästinenser im heutigen Israel ... die Liste ist schier endlos. Sobald irgendwo ein von der Europäischen Union anerkanntes Gericht einen Schiedsspruch fällt, der einen Mörder als »Völkermörder« einstuft, ist daran nicht mehr zu rütteln. Der richterliche Spruch macht Meinung justiziabel.

Rassenhass und Fremdenfeindlichkeit wird man mit Gesetzen weniger beikommen können als es mit sozialpolitischen Maßnahmen möglich wäre, die Ethnisierung sozialer Differenz im Ansatz zu verhindern. Doch darum geht es Frau Zypries nicht. Mit dem von ihr betriebenen Rahmenbeschluss soll ganz abseits von dem Verwirrung stiftenden Namen des »Gesetzes über Rassismus und Fremdenfeindlichkeit« Kontrolle über Debatten erlangt werden, die für die Europäische Union außen- und geopolitische Bedeutung haben. Die Analyse des jugoslawischen Bürgerkrieges (1991–1995), der völkerrechtswidrigen NATO-Intervention 1999 sowie die Einschätzung der Bombardierung Libyens durch EU- und NATO-Staaten 2011 spielen darin eine entscheidende Bedeutung. Wer die Meinungshoheit über diese Vorgänge hat, dessen Politik kann auch nachträglich gerechtfertigt werden. Nicht von ungefähr fiel Brigitte Zypries auf die Frage nach einem Beispiel für eine Leugnung von Völkermord »Jugoslawien« ein.

Der Rahmenbeschluss vom 28. November 2008[52]

»In Erwägung nachstehender Gründe: ...« Das von der damaligen französischen Innenministerin Michèle Alliot-Marie in ihrer Funktion als EU-Ratspräsidentin unterzeichnete Dokument listet sechzehn Gründe auf, um den »*Rahmenbeschluss zur strafrechtlichen Bekämpfung bestimmter Formen und Ausdrucksweisen von Rassismus und Fremdenfeindlichkeit*« zu untermauern. Demokratie, Menschenrechte und Rechtsstaatlichkeit geben dazu die ideologischen Parameter ab. In Punkt 1 heißt es: »Rassismus und Fremdenfeindlichkeit stellen unmittelbare Verstöße gegen die Grundsätze der Freiheit, der Demokratie, der Achtung der Menschenrechte und Grundfreiheiten sowie der Rechtsstaatlichkeit dar, auf die sich die Europäische Union gründet und die allen Mitgliedstaaten gemeinsam sind.« Sämtliche sechzehn Gründe, die den Rat der EU zur Annahme des Beschlusses veranlassten, setzen sich ausschließlich mit rassistischen und fremdenfeindlichen Motiven auseinander, wobei sich im

---

52. Rahmenbeschluss 2008/913/JI des Rates vom 28. November 2008, veröffentlicht im *Amtsblatt der Europäischen Union* L 328/55 am 6. Dezember 2008

Visier der Rechtsprechung all jene hasserfüllten und hetzerischen Äußerungen befinden, die sich auf »Rasse, Hautfarbe, Religion, Abstammung oder nationale oder ethnische Herkunft« beziehen. Auffallender Weise wird auf »soziale« Herkunft nirgends Bezug genommen.

Für unser Thema von entscheidender Bedeutung ist – wie bereits bei der Argumentationslinie der Proponentin Brigitte Zypries – das vollständige Fehlen der Begriffe »Völkermord« oder »Verbrechen gegen die Menschlichkeit« im argumentativen Teil des Beschlusses. Kein einziger der sechzehn Gründe, die den EU-Rat »auf Vorschlag der Kommission, nach Stellungnahme des Europäischen Parlaments« zu den rechtlich relevanten zehn Artikeln führt, enthält eine Auseinandersetzung mit Völkermord oder gar der Leugnung bzw. Billigung oder Verharmlosung desselben. Auch Verbrechen gegen die Menschheit, im Deutschen konsequent und irreführend als »Verbrechen gegen die Menschlichkeit« bezeichnet, zählen nicht zu den Gründen, die zum Beschluss und damit zur Gesetzwerdung beigetragen haben.

Ohne jede Erklärung, warum beispielsweise das Leugnen von Völkermord eine rassistische oder fremdenfeindliche Straftat sein sollte, enthält dann bereits der Artikel 1 des Beschlusses (unter der Überschrift: »Rassistische und fremdenfeindliche Straftaten«) in Absatz c folgende Feststellung:

> Jeder Mitgliedstaat trifft die erforderlichen Maßnahmen, um sicherzustellen, dass folgende vorsätzliche Handlungen unter Strafe gestellt werden: das öffentliche Billigen, Leugnen oder gröbliche Verharmlosen von Völkermord, Verbrechen gegen die Menschheit/Menschlichkeit und Kriegsverbrechen im Sinne der Artikel 6, 7 und 8 des Statuts des Internationalen Strafgerichtshofs, das gegen eine Gruppe von Personen oder gegen Mitglieder einer solchen Gruppe gerichtet ist, die nach den Kriterien der Rasse, Hautfarbe, Religion, Abstammung oder nationale oder ethnische Herkunft definiert werden, wenn die Handlung in einer Weise begangen wird, die wahrscheinlich zu Gewalt oder Hass gegen solch eine Gruppe oder gegen ein Mitglied solch einer Gruppe aufstachelt.

Mit dem »Internationalen Strafgerichtshof« ist das *Rom-Statut*[53] gemeint, das die UNO am 17. Juli 1998 verabschiedet hatte und dessen Artikel 6, 7 und 8 Völkermord, Verbrechen gegen die Menschlichkeit und Kriegsverbrechen definieren. Demnach bedeutet Völkermord

---

53. siehe www.un.org/Depts/german/internatrecht/roemstat1.html#T26

jede der folgenden Handlungen, die in der Absicht begangen wird, eine nationale, ethnische, rassische oder religiöse Gruppe als solche ganz oder teilweise zu zerstören: (a) Tötung von Mitgliedern der Gruppe; (b) Verursachung von schwerem körperlichen oder seelischen Schaden an Mitgliedern der Gruppe; (c) vorsätzliche Auferlegung von Lebensbedingungen für die Gruppe, die geeignet sind, ihre körperliche Zerstörung ganz oder teilweise herbeizuführen; (d) Verhängung von Maßnahmen, die auf die Geburtenverhinderung innerhalb der Gruppe gerichtet sind; (e) gewaltsame Überführung von Kindern der Gruppe in eine andere Gruppe.

Artikel 7 (»Verbrechen gegen die Menschlichkeit«) listet unter »systematische Angriffe gegen die Zivilbevölkerung« folgende Tatbestände auf: Tötung, Versklavung, Vertreibung, Folter, Vergewaltigung und Zwangssterilisation. Unter »Kriegsverbrechen« (Artikel 8) werden Taten aufgeführt, die »Teil eines Planes oder einer Politik« sind, wie vorsätzliche Tötung, Folter, Zerstörung von Eigentum in großem Ausmaß, Nötigung eines Kriegsgefangenen, Geiselnahme, vorsätzliche Angriffe auf Zivilbevölkerung oder zivile Objekte, die nicht militärische Ziele sind, Plünderung, militärische Eingliederung von Kindern unter fünfzehn Jahren sowie weitere Untaten bis hin zur »Erklärung, dass kein Pardon gegeben wird« (2/XII).

Der Rahmenbeschluss der Europäischen Union bezieht sich des Weiteren auf Artikel 6 des Internationalen Militärgerichtshofs von 1945 die Nürnberger Prozesse betreffend, der in seinen Statuten ebenfalls Kriegsverbrechen und Verbrechen gegen die Menschlichkeit (sowie »Verbrechen gegen den Frieden«) kodifiziert hat und seinerseits auf der Moskauer Dreimächtekonferenz vom Oktober 1943 aufbaut. All diese weithin unbestrittenen und unbestreitbaren Tatbestände werden ins Treffen geführt, nicht um die Taten zu verhindern oder unter Strafe zu stellen, sondern um das Leugnen von juristisch festgestellten Völkermorden und Verbrechen gegen die Menschheit sowie Kriegsverbrechen gerichtsanhängig zu machen. Jedem Leugnen oder Verharmlosen geht eine politische Einschätzung voraus, und genau an diesem Punkt kann bereits wissenschaftliche Forschung mit ihrem relativierenden Charakter zur Tat werden.

Der britische Soldat in einem irakischen Militärgefängnis von Basra macht sich eines Kriegsverbrechens schuldig. Sobald ihm nachgewiesen werden kann, Folter, zu welchem Zwecke auch immer, angewandt zu haben, muss er sich dafür verantworten; oder er müsste sich dafür verantworten, wenn er den politischen Umständen entsprechend von einem Richter in London oder dem Internationalen Strafgerichtshof angezeigt würde. Mit dem

EU-Rahmenbeschluss wird nun auch beispielsweise sein militärischer Vorgesetzter oder ein im Kriegsgebiet stationierter Journalist oder ein Historiker daheim an der Universität Oxford straffällig, der daran zweifelt, dass es sich bei der Behandlung irakischer Zivilisten durch eine britische Einheit um Folter im Sinne des Gerichtshofes gehandelt habe; vielleicht deshalb, weil der Journalist oder Historiker in diesem konkreten Fall Beweise dafür zu haben meint, dass die Aussagen des »Gefolterten« von anderer Seite erzwungen worden sind, weil sich damit sunnitische Aufständische ihrerseits Vorteile an der Propagandafront erwarteten. Im Fall jedoch, dass ein von der EU anerkanntes Gericht den britischen Folterer für seine Tat schuldig spricht, wird jeder Zweifel daran zum Rechtsfall. Tat und Meinung sind plötzlich – unterschiedlich gewichtet, aber doch – beides Straftaten.

Zwei Jahre hat sich die Europäische Union mit ihrem Rahmenbeschluss Zeit gegeben, bis die 27 Mitgliedstaaten selbigen in nationale Gesetze gegossen haben. Der Spielraum zur juristischen Definition von Völkermord – und damit seiner Leugnung bzw. Verharmlosung – ist dabei denkbar gering. In Artikel 1, Ziffer 4 heißt es:

> Jeder Mitgliedstaat kann bei der Annahme dieses Rahmenbeschlusses oder danach eine Erklärung abgeben, der zufolge er die Leugnung oder gröbliche Verharmlosung der in Absatz 1 Buchstabe c und/oder d genannten Verbrechen nur dann unter Strafe stellt, wenn ein nationales Gericht dieses Mitgliedstaats und/oder ein internationales Gericht sie endgültig festgestellt haben oder wenn ausschließlich ein internationales Gericht sie endgültig festgestellt hat.

Der gerichtlich festgestellte Befund zur Definition eines Völkermordes hat in jedem Fall endgültigen Charakter, er kann national oder international bestimmt werden.

Die »Strafrechtlichen Sanktionen« in Artikel 3 schreiben Freiheitsstrafen von »mindestens zwischen einem und drei Jahren« vor. Für obigen Satz, die Einschätzung des Massakers von Srebrenica betreffend, sind schwedische Gardinen vorgesehen, sobald die Massenmorde von einem internationalen Gericht als »Völkermord« eingeschätzt werden. Über juristische Personen wie Medienunternehmen, die Platz für Zweifler bieten, werden laut Artikel 6 abschreckende Sanktionen verhängt, zu denen Geldstrafen gehören sowie beispielsweise »(c) richterliche Aufsicht, (d) die richterlich angeordnete Auflösung«. Man hat sich offensichtlich nicht einmal besondere Mühe gegeben, eine Umschreibung der Zensurmaßnahmen zu liefern. Wer eine Zeitschrift oder ein Internetportal betreibt, in denen ein als richterlich endgültig ausgewiesener

Völkermord geleugnet wird, der muss mit der Schließung seines Mediums rechnen. Desgleichen kann es Universitätsinstituten ergehen, die Forschung zulassen, bei denen mit Leugnung von »Völkermord« oder »Verbrechen gegen die Menschlichkeit/Menschheit« zu rechnen ist.

Unsicherheit über diesen weitgehenden Vorstoß wird dann in Artikel 7, Ziffer 2 deutlich, wenn es heißt:

> Dieser Rahmenbeschluss verpflichtet die Mitgliedstaaten nicht dazu, Maßnahmen zu ergreifen, die im Widerspruch zu Grundprinzipien stehen, die sich aus Verfassungsüberlieferungen ergeben und die Vereinigungsfreiheit und die Freiheit der Meinungsäußerung, insbesondere die Pressefreiheit ... betreffen.

Der Widerspruch ist zumindest erkannt. Zu seiner Auflösung trägt der Rahmenbeschluss hingegen nichts bei. Im Gegenteil: Die einzelnen nationalen Jurisdiktionen werden im Unklaren darüber gelassen, wie mit diesem eklatanten Widerspruch umzugehen ist. Es ist nur ein Schluss möglich: Wer leugnet, bewegt sich außerhalb des Spektrums freier Meinungsäußerung.

Zuletzt gibt der Rahmenbeschluss noch vor, dass die Umsetzung in nationale Gesetzeswerke bis zum 28. November 2010 zu erfolgen hatte und der EU-Rat bis spätestens zum 28. November 2013 die Sachlage überprüfen wird.

Polizeiexperten diskutieren die Auswirkungen

Am 9. September 2010 lud die deutsche Polizeihochschule zu einer Expertenrunde. Diskutiert wurden die Auswirkungen des EU-Rahmenbeschlusses auf die deutsche Rechtsprechung und insbesondere auf den Umgang der Exekutive damit. Laura Birkenstock von der Abteilung Strafrecht, Strafrechtsprozess und Kriminalpolitik der Polizeihochschule hat die Tagung dokumentiert.[54] Wir wollen uns in der Folge den dabei zur Sprache gekommenen höchst interessanten Einschätzungen unterschiedlicher Polizeijuristen widmen.

Zu Beginn kreiste die Debatte der Polizeijuristen um die Einschätzung, inwieweit die Vorgaben der Europäischen Union mit ihrem Rahmenbeschluss durch § 130 des deutschen Strafrechtsgesetzes abgedeckt werden können. Die Mehrheit der Experten findet die bereits vorliegende gesetzliche Folie des § 130 ausreichend. Klar ist den anwesenden Staatsschützern und Juristen auch, dass vor allem die Ausweitung der Strafverfolgung auf Leugner von gerichtlich

---

54. Laura Birkenstock: Die Umsetzung der Vorgaben des Rahmenbeschlusses 2008/913/JI vom 28. November 2008 zur strafrechtlichen Bekämpfung bestimmter Formen und Ausdrucksweisen von Rassismus und Fremdenfeindlichkeit. In: *Zeitschrift für Internationale Strafrechtsdogmatik* Nr. 12/2010, S. 783f.

benannten Völkermorden demnächst mehr Arbeit für die Verfolgungsbehörden und auch die Polizei und den Verfassungsschutz bringen wird. »Durch die Umsetzung des Rahmenbeschlusses«, so Birkenstock in ihrem Bericht von der Tagung, »würden neben der ›klassischen‹ Holocaust-Leugnung um Rechtsextremismus auch weitere Äußerungen aus anderen extremistischen Phänomenbereichen, die dann unter Umständen erstmalig in den Fokus der Strafverfolgungsbehörden geraten könnten«, strafwürdig.[55] Als markantes Beispiel, das von Gunter Warg eingebracht wurde, nennt die Autorin eine »linksextremistische Gruppierung, die die Billigung, Verharmlosung oder Leugnung von Völkermorden, Kriegsverbrechen oder Verbrechen gegen die Menschlichkeit betreibe.« Der an der Fachhochschule des Bundes für öffentliche Verwaltung arbeitende Warg hat dabei das *Internationale Komitee für die Verteidigung von Slobodan Milošević* (ICDSM) im Visier. Dessen Internetseite, so Warg weiter, verherrliche den ehemaligen jugoslawischen Präsidenten, der dem Komitee zufolge für »Gleichheit aller Völker, Personen und ethnischen Gruppen in einer sozial gerechteren und demokratischen Gesellschaft« gestanden habe. Ohne darin einen Widerspruch zu sehen, erklärte Wang weiter, dass die »Internetseite der deutschen Sektion des ICDSM eine Sammlung von Schriften (vorstelle), die die Vorgänge in Srebrenica leugneten oder verharmlosten.«[56] Gemeint sind damit die Massaker an den bosnischen Muslimen, die im Juli 1995 stattfanden und vom Internationalen Gerichtshof in Den Haag als Völkermord eingestuft wurden. Auch ein Interview des US-amerikanischen Ökonomen Edward Herman, das unter der Überschrift »In Bosnien hat kein Völkermord stattgefunden« in deutscher Übersetzung in der Berliner Tageszeitung *junge Welt* erschienen ist, wird von dem Experten ins Treffen geführt, um die mögliche Strafbarkeit der Völkermordleugnung an einem weiteren Beispiel zu exemplifizieren. »In beiden Fällen«, so die zusammenfassende Einschätzung, »könnten die im EU-Rahmenbeschluss genannten Voraussetzungen des Art. 1 Abs. 1 lit. c bzw. der Tatbestand des § 130 Abs. 1 StGB erfüllt sein, soweit eine derartige öffentliche Leugnung bzw. Verharmlosung des Völkermords und der Verbrechen gegen die Menschlichkeit geeignet ist, den öffentlichen Frieden zu stören und zu Gewalt oder Hass aufzustacheln.«[57] Der EU-Rahmenbeschluss diene dazu, die »Rückzugsräume auch für die nicht gewaltbejahenden extremistischen Gruppierungen zu verkleinern.« Insofern entspricht er nicht nur den politischen Vorgaben, wie sie z. B. von Bundesjustizministerin Zypries 2007 lanciert wurden, nach denen auch dann etwas strafbar sein müsse, wenn

---

55. Birkenstock, S. 783
56. Birkenstock, S. 783
57. Birkenstock, S. 783

die Tat noch gar nicht stattgefunden habe. Schlimmer: Auch explizit nicht gewaltbereite Organisationen oder Medien wie das *Komitee zur Verteidigung von Slobodan Milošević* oder die *junge Welt* sollen in den Fokus gerichtlicher Untersuchungen gerückt werden, so sie sich nicht der in der Europäischen Union vorherrschenden Mehrheitsmeinung zu international sehr umstrittenen Vorgängen anschließen. Meinung wird bewusst strafbar gemacht. Das Tatstrafrecht wird um ein Gefahrenstrafrecht bzw. um ein – im Falle der Haltung zu Slobodan Milošević – posthumes Feindstrafrecht erweitert.

Die Polizeijuristen diskutierten die Vor- und Nachteile dieser juristischen Transformation für die Exekutive. Einen Vorteil ortet Gunter Warg am Schluss seiner Ausführungen. Die Strafbarkeit von Völkermordleugnung erweitere die Macht der Exekutive enorm:

> Werde der Anwendungsbereich des § 130 StGB (auf die Leugnung von Völkermord, z. B. in Srebrenica, Anm. d. A.) ausgedehnt, treffe die Verfassungsschutzbehörden auch eine erweiterte Pflicht zur Übermittlung von Erkenntnissen, die zur Verhinderung oder Verfolgung zumindest der extremistisch motivierten Volksverhetzungsdelikte erforderlich seien.

Mit anderen Worten: Ein neues Arbeitsfeld tut sich auf. Historische »Wahrheit« wird zum Pflichtfach für Verfassungsschützer und Polizeibeamte, die dann den ebenfalls entsprechend zu schulenden Juristen neue Täterkreise – bzw. korrekter: Gefahrenkreise – zuführen sollen.

In für Nichtjuristen kaum mehr verständliche Höhen entweicht in der Folge der ExpertInnenstreit, wenn es um das Wörtchen »wahrscheinlich« im Gesetzeswerk des § 130, Art. 1, Abs. 1, lit. a und lit. b geht. Dort wird nämlich klar, dass der Tatbestand des Leugnens oder gröblichen Verharmlosens von Völkermord, Verbrechen gegen die Menschlichkeit und Kriegsverbrechen strafbar ist, wenn »die Handlung in einer Weise begangen werde, die wahrscheinlich zu Gewalt oder Hass aufstachele«.[58] Für die Referentin Stefanie Bock von der Georg-August-Universität Göttingen geht gerade aus der Unbestimmbarkeit des Begriffes »wahrscheinlich« hervor, dass die deutsche Bundesregierung auch Tatbestände erfassen will, die im Vorfeld einer Aufstachelung stattfinden, was die Juristin zu der Annahme verleitet, § 130 des deutschen StGB reiche nicht aus, um die politische Idee des EU-Rahmenbeschlusses zu erfüllen.

Diese Diskrepanz zwischen politischem Wollen und juristischem Umsetzen dieses Wollens durchzieht in der Folge die Debatte der Polizeiexperten.

---

58. Birkenstock, S. 784

Sie wird geradezu philosophisch, wenn auf den schmalen Grad zwischen militärischem Kampfeinsatz und Kriegsverbrechen hingewiesen wird: »Mit der Erweiterung des § 130 Abs. 3 StGB auf Kriegsverbrechen«, konstatiert folgerichtig Stefanie Bock,

> würde nun bereits die Diskussion der Tatbestandsmäßigkeit eines Verhaltens in gefährliche Nähe zu Billigung oder Verharmlosung einer Tat rücken. Zudem drohten erhebliche Beweisprobleme. Geleugnet werden könne nur eine historische Tatsache; ein Abstreiten von Geschehnissen, die im Einzelnen noch wissenschaftlich umstritten sind, sei nicht tatbestandsfähig.[59]

An dieser Stelle erweist sich die Polizeijuristin als naiv, denn gerade darum geht es ja im EU-Rahmenbeschluss zur Strafbarmachung von Leugnung oder Verharmlosung von Völkermord, dass es jenseits wissenschaftlicher Debatten eine juristische Institution gibt, z. B. den Internationalen Gerichtshof oder das Jugoslawien-Tribunal, das historische Wahrheit konstatiert und festlegt. Wissenschaftliche Strittigkeit wird ja gerade durch die juristische Keule obsolet, denn welcher Historiker oder gar welches Universitätsinstitut wird sich vor dieser Drohkulisse mit dem Thema Völkermord kontrovers beschäftigen. Sobald die Verharmlosung strafbar wird, drohen wissenschaftlicher Erkenntnis, die zu anderen als den von internationalen Gerichten per Schiedsspruch deklarierten Ergebnissen kommt, strafrechtliche Konsequenzen. Der Begriff »Völkermord« wird dadurch tabuisiert und als möglicher Forschungsgegenstand für den einzelnen Forschenden gefährlich, wenn nicht unmöglich gemacht.

Akribisch bohren die PolizeijuristInnen weiter. Schließlich geht es darum, eine Praxis zu entwickeln, um den EU-Rahmenbeschluss adäquat umzusetzen. Da kann man auch um das Wort »Aufstacheln« keinen Bogen machen. Schließlich umschreibt dieser Begriff in § 130 StGB eine Voraussetzung für die Strafbarkeit. Wer also beispielsweise seine Meinung kundtut, die osmanischen Armenier seien 1915 zwar massakriert worden, dies sei aber ohne völkermörderische Absicht geschehen, der muss mit dieser Sicht zusätzlich aufstacheln wollen, um sich nach deutschem Recht strafbar zu machen. Nun mag man einwenden, ein Aufstacheln zu einer Tat, die man hundert Jahre später als »Völkermord« leugnet oder verharmlost, sei gar nicht mehr möglich. Dann hätte man aber die Absicht der Europäischen Union, Gesinnungsgesetze zu schaffen, nicht verstanden. Unsere polizeijuristischen Experten sind in dieser Frage hellhörig, und sie kommen zu einer höchst interessanten, wenngleich

---

59. Birkenstock, S. 785

schaurig-nebulösen Definition von »aufstacheln«. Zitiert wird aus einem Kommentar zum Strafgesetzbuch von Schönke/Schröder, in dem es heißt:

> Aufstacheln ist die Einwirkung auf Sinne und Leidenschaften, aber auch auf den Intellekt (…), die objektiv geeignet und subjektiv im Sinne eines Handelns dazu bestimmt ist, eine gesteigerte, über die bloße Ablehnung oder Verachtung hinausgehende feindselige Haltung gegen den betreffenden Bevölkerungsteil zu erzeugen (…).[60]

Mit anderen Worten: Aufstacheln ist kontextabhängig. Wo etwas geschrieben oder gesagt wird, bestimmt den Charakter des Geschriebenen oder Gesagten – eigentlich ein Gemeinplatz. Die Jurisdiktion entscheidet allerdings in Zukunft darüber, ob eine Meinung strafrechtlich verfolgt wird oder legitim geäußert werden kann. Dieselbe Ansicht – beispielsweise jene, dass in Bosnien zwischen 1992 und 1995 alle Bürgerkriegsparteien Kriegsverbrechen begangen haben und damit nicht ein einziges Ereignis als Völkermord definiert werden könne – kann im Kontext einer linken Zeitschrift »aufstacheln«; als wissenschaftliche Arbeit geht sie vielleicht unter der Rubrik »Analyse« durch.

Zum Schluss ihrer Konferenz über die »Umsetzung der Vorgaben des Rahmenbeschlusses 2008/913/JI zur strafrechtlichen Bekämpfung bestimmter Formen und Ausdrucksweisen von Rassismus und Fremdenfeindlichkeit« wiesen die Teilnehmer am Seminar der deutschen Polizeihochschule dann noch auf ein entscheidendes Problem hin, das u. a. auch Anlass für das Verfassen dieses Buches war: Der EU-Rahmenbeschluss, der unter der scheinbar unverdächtigen Überschrift daherkommt, ein Gesetz gegen Rassismus und Fremdenfeindlichkeit umsetzen zu wollen, steht gegen das Grundrecht auf Meinungsfreiheit. Oder – in diplomatisch formuliertem Polizeijuristendeutsch:

> Einigkeit bestand unter den geladenen Experten darüber, dass der Volksverhetzungstatbestand des deutschen Rechts schon jetzt ein erhebliches Konfliktpotential zur Meinungsfreiheit besitze, was durch die Erweiterung auf das Billigen, Leugnen oder gröblichen Verharmlosen sämtlicher Völkermorde, Verbrechen gegen die Menschlichkeit und Kriegsverbrechen noch verschärft werden könnte.[61]

---

60. Lenckern/Sternberg-Lieben, in: Schönke/Schröder, *Strafgesetzbuch. Kommentar.* O.O. 2010. Zit. in: Birkenstock, S. 786
61. Birkenstock, S. 788

Die Zweifler

Noch im Jahr 2005 standen zehn EU-Mitgliedstaaten dem Vorstoß, rassistische Äußerungen sowie Leugnung von Völkermord und Verbrechen gegen die Menschheit/Menschlichkeit zu bestrafen, ablehnend gegenüber. Allen voran Italien äußerte Zweifel, ob ein solches Gesetzeswerk mit dem Grundrecht auf freien Meinungsäußerung vereinbar sei. Auch die Parlamentsdelegationen von Deutschland, Dänemark, Irland, den Niederlanden, Schweden, Estland, Lettland, Polen und dem Vereinigten Königreich zeigten sich sehr reserviert.[62] Sieben von 27 EU-Staaten hatten sich noch 2007 gegen gemeinsame Strafvorschriften gegen Rassismus und Fremdenfeindlichkeit gewandt, unter welche die Völkermordleugnung subsumiert worden ist, und zwar aus sehr unterschiedlichen Gründen: Dänemark und die Niederlande äußerten prinzipielle Zweifel an der Strafbarkeit von Meinungsäußerungen, ebenso das Vereinigte Königreich, in dem die Meinungsfreiheit traditionell ein übergeordnetes Gut darstellt. Die dänische Justizministerin Lene Espersen wurde im April 2007 von ihrer deutschen Kollegin Bigitte Zypries brüskiert. Kurz nachdem Espersen erklärt hatte, auf dem unter deutschen Ratsvorsitz abgehaltenen Treffen der Justizminister sei keine Einigung erzielt worden, und daraufhin das Treffen verließ, verkündete Zypries den Durchbruch.[63]

Litauen wiederum stemmte sich lange Zeit gegen das Gesetzeswerk, weil es darauf bestanden hatte, auch die »stalinistischen Verbrechen« unter die strafbaren Tatbestände im Beschluss gegen rassistische und fremdenfeindliche Äußerungen sowie Völkermordleugnung aufzunehmen. Allein, an diesem Punkt musste darauf hingewiesen werden, dass wie immer schrecklich der Stalinismus in Litauen gewütet haben mag, er keine völkermörderische Komponente in sich trug.[64] Alle Bedenken wurden bis zur Beschlussfassung im November 2008 weggewischt und dem impliziten Angriff des Rahmenbeschlusses auf die Meinungs- und Pressefreiheit sowie auf die Freiheit der wissenschaftlichen Forschung mittels eines irritierenden Artikel 7, Ziffer 2 begegnet, in dem kein Land dazu verpflichtet werden soll, Maßnahmen zu ergreifen, die im Widerspruch zu diesbezüglichen Grundprinzipien stehen.

Das eigentlich Bedenkliche, nämlich öffentlich geäußerte politische und historische Überlegungen zu Völkermorden und Verbrechen gegen die Menschlichkeit/Menschheit unter die Kuratel von Gerichtshöfen und deren endgültige Entscheidungen zu stellen, hat zumindest die deutschsprachige

---

62. Council of the European Union, *Interinstitutional File 2001/0270* (Brussels, 27 May 2005). Zit in: http://www.statewatch.org/news/2005/may/eu-draft-racism-measure-2.pdf
63. *Die Welt*, 19. April 2007
64. vgl. Kapitel über die Strafbarkeit der Leugnung kommunistischer Verbrechen

Diskussion kaum erreicht, weder in den Medien noch in intellektuellen Kreisen. Einzig in der Geschichtswissenschaft werden da und dort Stimmen laut, die kritisch zum EU-Rahmenbeschluss Stellung nehmen. So befürchtet z. B. Winfried Schulze in der Zeitschrift *Geschichte in Wissenschaft und Unterricht*, dass sich viele Staaten der EU durch den »Rahmenbeschluss zur Bekämpfung von Rassismus und Fremdenfeindlichkeit« von der Interpretation des Grundrechts auf freie Meinungsäußerung »weiter als notwendig« entfernt haben und »damit Gefahr laufen, dass sich diese Begrenzung der Freiheit der Meinung auch auf den Bereich der historischen Forschung auswirken kann.«[65]

---

65. Winfried Schulze: Erinnerung per Gesetz oder »Freiheit für die Geschichte«. In: *Geschichte in Wissenschaft und Unterricht* Nr. 7/8/2008, S. 380

Die armenische Frage und ihre Instrumentalisierung

Die schiere Anzahl der in den Jahren 1915 bis 1917 von jungtürkischen Sonderkommandos und osmanischen Militärs deportierten und getöteten Armenier, die in der nicht-türkischen Forschung mit 800 000 bis 1,5 Millionen angegeben wird,[66] lässt aus heutiger Sicht die Bezeichnung Völkermord als einzige Definition der armenischen Katastrophe zu. Türkische Historiker allerdings verwerfen die These vom Völkermord und sprechen von katastrophalen Verhältnissen im Zuge einer Umsiedlungsaktion, die vor allem Kriegswirren und dem Ausbruch von Seuchen zuzuschreiben waren. Nach Durchsicht osmanischer Quellen kamen dabei ihnen zufolge nicht mehr als 70 000 bis 120 000 Armenier ums Leben.[67]

Eine Reihe von westeuropäischen Historikern hat eine genozidale Absicht – als notwendige Bedingung, um von Völkermord sprechen zu können – belegt, obwohl dafür in der Mehrzahl Berichte und Dokumente von Opfern herangezogen wurden. Die Täterperspektive ist bislang nur im Ansatz erforscht, auch deshalb, weil die entsprechenden Archive in der Türkei für Forscher aus dem Westen schwer zugänglich sind und dort, wo dies möglich ist, die in osmanischer Beamten- und Literatursprache in arabischer Schrift geschriebenen Quellen nur von einer Handvoll Menschen gelesen werden können.

Die Geschichte der Einschätzung des armenischen Holocaust als Völkermord ist eine sehr wechselvolle und folgt – wenig verwunderlich – den Interessen der jeweiligen internen und externen Akteure. So war es unmittelbar nach der Kapitulation des Osmanischen Reiches in den Jahren 1918/19 in Konstantinopel möglich, Verantwortliche für die Massenmorde als Völkermörder abzuurteilen und hinzurichten. Gleichzeitig versuchten andere, türkisch-national orientierte Kräfte, dem hauptsächlich vom Britischen Empire aufgebauten Druck, Kriegsverbrecher und Armeniermörder auszuliefern oder selbst vor Gericht zu stellen, durch eine Verzögerungsstrategie der Tribunale zu begegnen. Auch der vergleichsweise britenfreundliche Großwesir konnte oder wollte die Flucht der beiden Hauptverantwortlichen für die jungtürkische Ausrottungspolitik nicht verhindern. Talât Paşa und Cemal Paşa konnten

---

66. Zusammengefasst bei: Reinhard Pohl: *Völkermord. Türkei, Deutschland und die Armenier.* Kiel 2008, S. 10f.
67. Yusuf Halaçoğlu: *Die Armenierfrage.* Klagenfurt 2006, S. 87

sich nach Berlin absetzen, wo Talât kurz darauf ermordet wurde, während Cemal weiter Richtung Tiflis floh, wo auch ihn die Kugel eines armenischen Nationalisten traf.

Allein die Aufnahme der Völkermörder im postwilhelminischen Berlin Anfang November 1918[68] zeigt, dass die vor allem von London forcierte Idee einer konsequenten Verfolgung der Schuldigen nicht überall auf Zustimmung stieß. Nicht nur bei den Mittelmächten gab es starke Kräfte, welche die armenischen Anschuldigungen nicht teilten oder eigenen geopolitischen Interessen unterordneten. So stellte sich Paris bereits unmittelbar nach Kriegsende gegen die Einsetzung britischer Sondergerichtshöfe auf Malta und die Verschleppung jungtürkischer Kader dorthin, mit der Konsequenz, dass bei den Friedensverhandlungen in Lausanne 1923 den armenischen Forderungen nach juristischer Aufarbeitung der Massenvertreibungen und Massaker explizit eine Absage erteilt wurde. Siebzig lange Jahre war dann von den armenischen Leiden und der Schuld daran international weder politisch noch juristisch besonders viel zu hören. Erst Anfang der 1990er Jahre taucht die armenische Frage und der Streit um ihre Beantwortung wieder im europäischen Bewusstsein auf. Hier erfüllt die Debatte um den armenischen Holocaust nun weniger eine historische, politische oder juristische Sühnefunktion – dazu wäre drei Generationen lang Zeit genug gewesen, umso mehr, als dass Anfang der 1990er Jahre direkt Überlebende der Massaker und Hungermärsche kaum mehr existierten und Täter keine mehr am Leben waren –, sondern sie dient eher dazu, die anlaufende Debatte über die Durchsetzung staatlich verordneter historischer Wahrheiten in der unmittelbaren Gegenwart zu beschleunigen.

Dazu eignet sich die armenische Frage in mehrfacher Hinsicht. Die evidente und historisch weitgehend aufgearbeitete Grausamkeit der Massaker kann nicht ernsthaft bestritten werden, obwohl es – wie noch zu zeigen sein wird – Forschung hauptsächlich türkischer Provenienz auch in die Richtung gibt, die Verfolgung der Armenier generell in Abrede zu stellen. Die im Zuge der armenischen Verfolgungen kreierten Begriffe »Genozid« und »Holocaust« beschreiben *post tragœdiam* eindrucksvoll den Charakter der Untat. Auch das hundertjährige Zurückliegen des armenischen Exodus erleichtert die Forderung nach definitiver Einschätzung, wiewohl die türkische Weigerung, einen Teil des nationalen Gründungsmythos anderer Einsicht zu opfern, die hundert Jahre scheinbar mühelos überdauert hat, was auch an den militärischen Verbündeten – allen voran den USA – in ihren offiziellen Einschätzungen nicht spurlos vorüber ging.

68. Talât Paşa dürfte etwa zu dem Zeitpunkt in Berlin eingetroffen sein, als am 9. November 1918 die Republik ausgerufen wurde.

Die in den 1990er Jahren neu aufgeflammte Debatte um Völkermord an den Armeniern lässt sich trefflich dafür verwenden, rezentere, nach dem Zerfall der Sowjetunion entstehende nationale und ethnische Auseinandersetzungen (seien sie in Osteuropa, Mittelasien oder in Afrika) damit begrifflich zu vergleichen. Die einmal durchgesetzte, mit strafrechlichen Drohungen festgezurrte Wahrheit über die Gräuel, die den Armeniern 1915 angetan wurden, kann dann mit wenig Mühe auf rasch und apodiktisch als Völkermorde definierte Massaker in Bosnien, Kambodscha oder anderswo übertragen werden.

Die Instrumentalisierung des armenischen Holocaust für Zwecke heutiger geopolitischer Einflussnahmen sollte nicht dazu führen, die grausamen Vertreibungen mit ihrem völkermörderischen Charakter in Zweifel zu ziehen. Andererseits zeugt der Umgang Frankreichs mit den Ereignissen im Ersten Weltkrieg von der Kontinuität politischer Instrumentalisierung. War Paris nach 1918/19 daran gelegen, die armenische Frage nicht beantworten zu müssen und jene »Völkermord«-Rufer, die sich um die historische Aufarbeitung bemüht haben, in die geistige Wüste zu schicken, so steht Frankreich neunzig Jahre später in vorderster Front zur Durchsetzung von Erinnerungsgesetzen und Strafbarkeit der Leugnung des armenischen Völkermordes. 1918/19 mag Paris angesichts des britischen Vorstoßes im Nahen Osten aus Konkurrenzgründen darauf bedacht gewesen sein, das geschwächte Osmanische Reich und die junge türkische Republik mit der armenischen Frage nicht zusätzlich zu belasten. Zudem ließen es die Gefahren, die von der Machtübernahme der Bolschewiki in Petrograd ausgingen, ratsam erscheinen, die Türkei als Bollwerk gegen den Kommunismus zu unterstützen. Heute will Paris offensichtlich eine erstarkende Türkei mit seiner Armenienpolitik in die Schranken weisen und damit der amerikanisch-deutsch-türkischen Achse in den Arm fallen.

Die Armenier als Spielball der Geopolitik

Bevor wir uns der Aufarbeitung des ersten großen Menschheitsverbrechens im 20. Jahrhundert zuwenden und in die vor ein paar Jahren darüber ausgebrochene Debatte einsteigen, wollen wir uns die Ereignisse selbst in Erinnerung rufen. Der historische Kontext macht begreiflich, warum auch hundert Jahre danach Auffassungen divergieren und hitzige Diskussionen geführt werden.

Für den deutschen Sprachraum war es der 1890 in Prag geborene Dichter Franz Werfel, der die armenische Tragödie des Jahres 1915 öffentlich machte. Sein 1933 erstmals erschienener Roman *Die vierzig Tage des Musa Dagh* erzählt vom Widerstand einer armenischen Gemeinde nahe Alexandrette, dem heutigen İskenderun, gegen die türkische Deportations- und Vernichtungspolitik in Anatolien. Werfels großer literarischer Wurf ist voll Sympathie für die verlorene armenische Sache, historisch detailgetreu dargestellt und minutiös recherchiert. Die Wucht dieses Opus magnum sowie die begeisterte Aufnahme in Deutschland, Österreich und der Schweiz (sowie das baldige Veröffentlichungsverbot durch die Nationalsozialisten) haben den *Vierzig Tagen des Musa Dagh* jenseits seiner schriftstellerischen Kraft eine historische Autorität verliehen, die es an vielen Stellen als wissenschaftliche Quelle erscheinen lässt. Wer wie der Autor dieser Zeilen Werfels Roman bereits gelesen hatte, bevor er sich mit dem aktuellen Diskurs um die armenische Frage beschäftigt hat, wundert sich, wie wenig Neues die wissenschaftliche Literatur seit 1933 zustande gebracht hat. Diese Stärke Werfels ist freilich zugleich die Schwäche der modernen Forschung zum Völkermord an den Armeniern. Der Eindruck, ein Stück engagierter Weltliteratur hätte den Rahmen der Forschung vorgegeben, beschleicht einen mehr als einmal, wenn man sich durch die sich in den vergangenen zwanzig Jahren turmhoch aufbauende Armenien-Literatur kämpft. Dem mit Leben und Sterben gefüllten Roman fügen die in universitären Seminaren und Instituten nachgereichten Ergebnisse nur wenig neue Erkenntnisse hinzu. Der Blickwinkel geht hier wie da von den Leiden der Geschundenen, den Opfern des Völkermordes aus. Genügt das, um die ganze Dimension des Wahnsinns zu erfassen, zu erklären?

Der große Angriff kam von außen. Die zunehmende Schwäche des Osmanischen Reiches und die siegreichen zaristisch-russischen Truppen in der zweiten Hälfte des 19. Jahrhunderts ließen auch die anderen europäischen Großmächte auf das internationale Parkett treten. Am Berliner Kongress 1878 kulminierten die imperialen Begierden Österreich-Ungarns, Russlands und Großbritanniens. Wie Hyänen stürzten sich Wien, Sankt-Peterburg und London auf den »kranken Mann am Bosporus« und teilten die osmanischen Provinzen untereinander auf. An der daraus entstandenen geopolitischen Neuordnung Europas krankt der Kontinent noch heute, wenn man sich die ungelösten territorialen und nationalen Fragen an den ehemaligen Rändern des Osmanischen Reiches – Bosnien-Herzegowina, Zypern, Moldawien/Transnistrien und Kars in Nordostanatolien – vor Augen hält.

Für unser Thema von entscheidender Bedeutung ist die innere Erosion des zerfallenden Reiches. Sowohl administrativ als auch ethnisch-national erwiesen sich die Ergebnisse des Berliner Kongresses als destruktiv. Die nun erodierende Verfasstheit des Osmanischen Reiches sah sich mit nationalen Begehrlichkeiten konfrontiert, die zwar im Inneren entstanden, von außen aber mächtig geschürt und angestachelt wurden.

Es ging, wie man es heute nennen würde, um kulturelle Identität. Bis zum Berliner Kongress und darüber hinaus bildete das osmanische *Millet*-System das Fundament einer multikulturellen, multi-religiösen und multi-nationalen Staatlichkeit. Wie andere religiöse Verbände auch waren die Armenier in einer eigenen *Millet* zusammengefasst. Vom tributären Steuersystem über die Wehrpflicht bis zur autonomen Gerichtsbarkeit garantierte dieses System kollektive Rechte und Pflichten der Religionsgemeinschaft. Dazu gehörten eine für Christen erhöhte Steuer, die Befreiung bzw. Nichtzulassung zur Wehrpflicht, eine eigene Gerichtsbarkeit für inner-armenische Streitfälle und andere mehr.

Nationale Erhebungen untergruben seit den 1820er Jahren das *Millet*-System, als sie erstmals dem osmanischen Reichsgedanken mit territorialen Forderungen zusetzten. Mit der griechischen Revolution, die 1830 als international anerkannte Staatlichkeit belohnt wurde, war das *Millet*-System teilweise obsolet geworden. Unter den Christen des Osmanischen Reiches verbreiteten sich neue, »nationale« Ideen und Identitäten. Ihre Vorbilder waren europäisch, allen voran die französische Revolution 1789 und die deutsche Revolution des Jahres 1848. Sie fanden vorerst im Osten und Südosten Europas interessierte Nachahmer. Von der griechischen über die serbische Revolution sah sich der Sultan in Konstantinopel einer Welle nationaler Aufbegehren ausgesetzt, die das ganze, auf dem Unterschied zwischen Muslimen und anderen Religionen aufgebaute *Millet*-System frontal attackierten. Mit der Anerkennung Serbiens, Rumäniens und Montenegros in Berlin 1878 sowie der Autonomieerklärung Bulgariens, das formal unter der Oberhoheit des Osmanischen Reiches blieb, nationalisierten sich die vormals innerosmanischen Widersprüche. Nationale Minderheiten wurden zu internationalen völkerrechtlichen Subjekten.

Auch die armenische Frage kam auf der vom deutschen Kanzler Bismarck moderierten Berliner Konferenz zur Sprache. Schon zuvor hatte der russische Zar, dessen Soldaten im Russisch-Türkischen Krieg 1877 – wieder einmal – ans Schwarze Meer vorgedrungen waren, die Oberhoheit über die Dardanellen sowie eine russische Schutzmachtfunktion für die armenische *Millet* gefordert, was einer Ausweitung der bereits 1774 im *Vertrag von Kütschük Kainardschi* zugesprochenen russischen Rechte über die christlichen Gemeinschaften im Osmanischen Reich entsprach. Die armenische Kirche verstand und versteht sich als apostolisch, einem eigenen Oberhaupt, dem Katholikos, gehorchend, der in Etschmiadsin, dem heute in der Republik Armenien liegenden Wagharschapat, residiert.

Im geopolitischen Kampf der Großmächte um die osmanische Beute war es vor allem Großbritannien, das diesem russischen Vormarsch Einhalt gebieten wollte. Es gelang partiell. Dennoch wurde Russland eine Schutzfunktion über die anatolischen Armenier zugesprochen, Österreich-Ungarn und Großbritannien jedoch als Garantiemächte dieses russischen Mandates installiert.

Bedroht fühlten sich die Armenier nicht nur von der osmanischen Verwaltung, sondern vor allem auch von kurdischen und tscherkessischen Übergriffen, denen sie wegen des Verbotes, Waffen zu tragen, nicht selbstständig entgegentreten konnten.

Objektiv und geopolitisch war mit der international beschlossenen Erteilung des russischen Mandats über die armenische *Millet* die Stellung der Armenier im Osmanischen Reich gestärkt worden, »musste die (muslimische, Anm. d. A.) Mehrheit doch jetzt befürchten, dass jederzeit ein armenischer ›Hilferuf‹ den (russischen, Anm. d. A.) Feind ins Land holen könnte.«[69] Die identitätsmäßige Verwandlung der anatolischen Armenier von einer *Millet* in eine nationale Minderheit, die offiziell unter ausländischem, russischem Schutz stand, provozierte nicht nur die muslimische Mehrheit, sondern war auch ein ständiger Stachel im nach wie vor multikulturell und multiethnisch verfassten Osmanischen Reich. Es war eine sehr weitgehende Intervention, die für jedes staatliche Gebilde inakzeptabel ist, denn der Sultan sollte damit die Herrschaft über einen Teil seiner Untertanen verlieren. Der Konstanzer Historiker Boris Barth beschreibt die damit verbundene »latente Bedrohung der Reichseinheit« des Sultanats als aus »subjektiver Sicht« verständlich. »Der russische Imperialismus nutzte den armenischen Nationalismus, der Ende des 19. Jahrhunderts entstand, um armenische Unzufriedenheit gegen das Osmanische Reich zu instrumentalisieren.«[70] Der Kern des Konfliktes, ja die ganze armenische Frage, wie sie sich in der zweiten Hälfte des 19. Jahrhunderts dargestellt hat, ist damit beschrieben. Die Bedrohung der Osmanischen Reichsidee war indes nicht nur eine aus »subjektiver Sicht«, sondern objektiv gegeben; und hat, wie die Geschichte in der Folge gezeigt hat, ganz Europa in einen Weltkrieg und die Armenier in die Vernichtung getrieben. Da half auch der Vertragsbruch in Konstantinopel nichts mehr, als der Sultan die russische Mandatshoheit über die armenischen Untertanen nicht anerkannte. Der Streit um die Zuständigkeit eines guten Teiles der anatolischen Bevölkerung prägte das armenisch-türkische Verhältnis bis zur Vertreibung und Vernichtung der armenischen Christen.

So wie das Erkennen der interventionistischen Interessen von außen für das Verständnis der Lage im Inneren notwendig ist, müssen auch die nationalen Modernisierungsbestrebungen im Inneren beachtet werden, um das ganze Ausmaß der Katastrophe erfassen zu können. Nationalisierungsphantasien

---

69. Reinhard Pohl: *Völkermord. Türkei, Deutschland und die Armenier.* Schriftenreihe »BRD und die 3. Welt«, Bd. 69, Kiel 2008, S. 4
70. Boris Barth: *Genozid. Völkermord im 20. Jahrhundert. Geschichte-Theorien-Kontroversen.* München 2006. S. 63

erfassten gegen Ende des 19. Jahrhunderts nicht nur die allesamt christlichen Minderheiten wie Serben, Bulgaren, Rumänen und Armenier, sondern auch weite Teile der türkisch-muslimischen Mehrheitsbevölkerung. Wie überall sonst waren es intellektuelle Eliten, die unter dem Einfluss westeuropäischer nationaler Homogenisierungen von modernen Nationen zu träumen begannen und diese Träume auch umsetzten. Solch ein moderner, postimperialer und antidynastischer Nationsbegriff war hauptsächlich ethnisch-sprachlich, weniger religiös geprägt. Die jungtürkische Bewegung, die sich in fundamentaler Opposition zur im Niedergang befindlichen osmanischen Dynastie begriff, wurde zum Träger dieser Modernisierungsbestrebung. Ziel war die Errichtung eines nach westlichem Vorbild konstruierten Nationalstaats, konstitutionell und wenn möglich republikanisch geprägt, jedenfalls aber gegen die als marode und dekadent verstandene osmanische Elite gerichtet. Dafür brauchte es eine neue kollektive Identität. Nicht mehr die individuelle Untertanenschaft unter den Sultan oder die kollektive Suzeränität unter die Hohe Pforte sollte fortan das Bewusstsein breiterer gesellschaftlicher Schichten beherrschen, sondern die eigene, nationale Selbstfindung.

Auf dem Weg von der Dynastie zum Nationalstaat war den Jungtürken das *Millet*-System hinderlich, das die nicht-muslimische Bevölkerung in eigenen religiösen Gruppen mit jeweils spezifischen Gesetzen verwaltete. Ein moderner Nationalstaat bedurfte eines staatsbürgerlichen Bewusstseins; religiöse Zuordnungen, Sonderrechte und – anfangs auch – die Dominanz des Muslimischen sollten beseitigt werden. Das jungtürkische Konzept wollte ein Staatswesen, das auf einzelnen Individuen aufgebaut war. Es versprach Gleichheit für alle und jeden und setzte diesbezüglich an der kurzen liberalen Periode der *Tanzimat*-Reformen von 1839 an, die erstmals eine rechtliche Gleichstellung aller Untertanen gewährten. Vor dem Hintergrund solcher Reformen für das Individuum ist auch die frühe Allianz von armenischen Liberalen mit revolutionären Jungtürken, auf die noch zu sprechen kommen wird, verständlich.

İttihat ve Terakki

Die erste jungtürkische Bewegung, die Geheimorganisation *İttihad-ı Osmani Cemiyeti* (Verein für die Einheit der Osmanen), wurde 1889 gegründet; die erfolgreichste jungtürkische Organisation, *İttihat ve Terakki Cemiyeti* (Komitee für Einheit und Fortschritt), trat erst 1907 auf die politische Bühne. Nicht zufällig wählten die von westeuropäischen nationalen Revolutionen begeisterten Gründer Saloniki als Tagungsort und Ausgangspunkt für ihre politische Bewegung, die nur ein Jahr später, 1908, einen erfolgreichen Aufstand gegen die absolute Herrschaft des Sultans durchführte und die Wiedereinführung einer Verfassung sowie die Einsetzung eines Parlaments bewirkte. Die jungtürkische Revolution ging von den Rändern des Osmanischen Reiches aus, in Makedonien und Rumelien konnte die anfangs geheim und terroristisch agierende Reformbewegung bald Mehrheiten für sich gewinnen. Internationale Kontakte bestanden beispielsweise in Deutschland zur SPD, was auch dem Charakter der Jungtürken als fortschrittliche Bewegung entsprach. Seit der Revolution von 1908 waren die Jungtürken die bestimmende Kraft im Osmanischen Reich.

Sozial setzte sich das jungtürkische Komitee für Einheit und Fortschritt aus unterschiedlichen intellektuellen Zirkeln zusammen, die einer westlich-liberalen Ideenwelt verpflichtet waren. Nicht wenige höhere osmanische Amtsträger sympathisierten mit dem fortschrittlichen Ansatz. Die führenden Köpfe von *İttihat ve Terakki* entstammten in der Regel jedoch unteren Bevölkerungsschichten, die oft im osmanischen Militär die einzige Chance auf sozialen Aufstieg sahen.

Dem westlich-liberalen Weltbild waren türkisch-nationale, panosmanische und turanische Elemente beigemengt. Der Gedanke, als Muslim und Türke Angehöriger der herrschenden Nation zu sein, überwog.[71] »Dieses Land wird das Land der Türken sein. (…) In diesem Land sind die Türken die herrschende Nation und werden es bleiben«,[72] verkündete einer der ideologischen Wortführer der Jungtürken, Hüseyin Cahit, die Grundlage des modernen nationalen Denkens.

Die jungtürkische Bewegung darf nicht als einheitlicher, ideologisch stramm ausgerichteter Block angesehen werden. Auch variierten ihre geistigen Grundlagen vor und nach der 1908er-Revolution und passten sich schnell an neue Gegebenheiten an. Pantürkische und panislamische Vorstellungen spielten in unterschiedlicher Intensität jedoch immer die Hauptrollen. Es galt, im politisch labilen und territorial erodierenden Osmanischen Reich so große Territorien mit so viel türkischer und islamischer Identität wie möglich in eine moderne, postdynastische Zeit hinüberzuretten. Mit der Idee des Pantürkismus verbanden die Jungtürken die Vorstellung eines homogenen möglichst türkischen Territoriums unter türkischer Souveränität.[73] Diese war dem Reich ja auf dem Berliner Kongress – zumindest was die Herrschaft über die armenische *Millet* betrifft – weitgehend genommen worden. Trotz baldiger

---

71. Taner Akcam: *Armenien und der Völkermord. Die Istanbuler Prozesse und die türkische Nationalbewegung.* Hamburg 2004, S. 28
72. zitiert in: Akcam, S. 28
73. Hans-Lukas Kieser / Elmar Plozza (Hg.): *Der Völkermord an den Armeniern, die Türkei und Europa.* Zürich 2006, S. 8

Nichtanerkennung der russischen Mandatshoheit über die armenische Bevölkerung durch den Sultan war die Drohung aufrecht, das Osmanische Reich auch im Inneren fremden Interessen auszuliefern. Dagegen stemmten sich die Jungtürken.

Soziale Fortschritts- und politische Gleichheitsgedanken machten eine Allianz jungtürkischer Kreise mit bulgarischen, griechischen und auch armenischen Reformpolitikern möglich. So waren an der Revolution von 1908 auch Kader der links-nationalistischen armenischen Daschnaken (Armenisch-Revolutionäre Föderation)[74] beteiligt; armenische Abgeordnete zogen in der Folge in das neu konstituierte Parlament ein.

Mit dem Januar-Putsch von 1913, in Zuge dessen das jungtürkische Dreigespann Enver Paşa, Talât Paşa und Cemal Paşa die Macht im Reich an sich reißen konnte, radikalisierte sich auch die Politik der İttihadisten. Bereits 1911 beschlossen die armenischen *Daschnak*-Anhänger, die Allianz mit den Jungtürken zu beenden. Tatsächlich wurde der jungtürkische Nationalismus immer extremer; die panislamischen Elemente traten demgegenüber in den Hintergrund. Die »kollektive Identität des Turkismus«[75] wurde zur ideologischen Leitidee und setzte sich damit von alten, osmanischen Dogmen markant ab, die ein herrschendes Gesellschaftsbild entlang der Achse Gott–Sultan–Kalif gekannt hatten. Das Idealbild vom türkischen Bauern ersetzte das des osmanischen Untertanen.

Von Armenier-Pogromen über den Balkankrieg zum westlichen »Reformplan«

Es war die US-amerikanische Missionarin Corinna Shattuck, die der Welt 1895 von einem grausamen Massaker an Armeniern berichtete. In der Stadt Urfa trieben osmanische Soldaten und ein örtlicher Mob über dreitausend Armenier in die Kathedrale, versperrten die Eingangstore und zündeten das Gotteshaus an. Diesem schrecklichen Erlebnis verdankt die moderne Welt den Begriff »Holocaust«. Weil Corinna Shattuck in einem Schreiben an ihre Schwester der sich vor ihren Augen abspielenden Grausamkeit keinen Namen geben konnte, verwendete sie ein Wort aus der griechischen Bibelübersetzung: *holokáutōma* bzw. *holocaustum* für »Brandopfer«.[76] Die *New York Times* vom 10. September 1895 titelte die Geschichte über die Vorkommnisse in Urfa mit der Überschrift *"Armenian Holocaust"*.

---

74. Die *Daschnak*-Partei war 1890 in Tiflis gegründet worden. Ihr sozial-nationaler Charakter entsprach den türkischen İttihadisten auf armenischer Seite.
75. Barth, S. 66
76. www.armenier-berlin.org/armenier/der-volkermord-an-den-armeniern. Vgl. auch: Pohl, S. 7

Die Welle von antiarmenischen Pogromen Ende des 19. Jahrhunderts begann als Reaktion auf eine Revolte in der Region Sason in Südostanatolien 1894. Unter dem Eindruck der auf dem Berliner Kongress 1878 beschlossenen Unterschutzstellung protestierten Armenier in Ostanatolien gegen ihre doppelte Besteuerung. Nicht nur hatte die christliche Bevölkerung ihren Tribut an das Osmanische Reich zu leisten, darüber hinaus mussten auch Abgaben an lokale kurdische Herren geleistet werden. Die Revolte in Sason wurde 1896 auch von einem politisch motivierten Überfall auf die Osmanische Zentralbank im Zentrum von Konstantinopel begleitet, der von Aktivisten der *Daschnak*-Partei durchgeführt wurde. Dem armenischen Ruf nach russischem und europäischem Schutz folgten die Signatarmächte des Berliner Kongresses nicht. Landesweite Überfälle an Armeniern waren die Folge. Seitdem galten die Armenier den osmanischen Behörden als fünfte Kolonne ausländischer Kräfte. Wie viele Menschen den Pogromen vor 1913 zum Opfer fielen, darüber gehen die Zahlen weit auseinander. Armenische Quellen gehen von 100 000 getöteten Christen aus, worunter neben Armeniern in der Provinz Diyarbakır auch Aramäer und Assyrer subsumiert wurden. Westeuropäische Historiker nennen kaum konkrete Zahlen.

Eine entscheidende Wende hin zu einer offiziellen antiarmenischen Politik trat mit dem Balkankrieg 1912 ein. Auslöser dafür war die bereits 1908 erfolgte Annexion Bosnien-Herzegowinas durch Österreich-Ungarn. Wir erinnern uns: Auf dem Berliner Kongress 1878 erhielt Wien das Besatzungsrecht über das osmanische *Vilâyet* Bosna-Hersek (Bosnien-Herzegowina), das formal, also staatsrechtlich, jedoch unter der Souveränität der Hohen Pforte verblieb. Die Annexion von 1908 war ein aggressiver Akt eines Völkerrechtsbruchs, den nicht nur Konstantinopel als solchen empfand, sondern der auch für das zaristische Russland inakzeptabel war. Immerhin hatte sich Moskau als Sieger über das Osmanische Reich verstanden und seine Truppen waren es gewesen, die schließlich zur Neuordnung Europas in Berlin beigetragen hatten. Die russische Reaktion auf die österreichisch-ungarische Annexion war vorerst bündnispolitischer Natur. Mit Serbien, Montenegro und Bulgarien wurde eine engere Allianz geschlossen. Der Balkanbund, dem sich wenig später auch Griechenland anschloss, stand unter dem Schutz des Zaren. Die Stoßrichtung dieses Bundes richtete sich, wenig erstaunlich, nicht so sehr gegen Österreich-Ungarn, das immerhin der Auslöser für die anfangs diplomatische Reaktion Russlands gewesen ist, sondern gegen das schwache, auch im Inneren durch den Kampf der Dynastie gegen die revolutionären Jungtürken geschwächte Osmanische Reich. Im Oktober 1912 erklärten Montenegro, Serbien, Griechenland und Bulgarien der Hohen Pforte in Konstantinopel den Krieg.

Binnen weniger Wochen erlebte das einstige euro-asiatische Großreich seine vielleicht bitterste militärische Niederlage. Zehntausende osmanische Soldaten gerieten in Gefangenschaft, türkische Quellen sprechen von bis zu 350 000 getöteten Muslimen,[77] Hunderttausende Muslime flohen aus den europäischen Provinzen in Richtung Osten auf Kleinasien zu. In der Folge musste der Sultan auf alle europäischen Gebiete westlich von Midea am Schwarzen Meer und Enez an der Ägäisküste verzichten und die Insel Kreta wurde griechisch.[78] Moscheen wurden in Kirchen umgewandelt und das Tragen islamischer Kleidung verboten.

Die schwere Niederlage brachte auch das Ende der osmanischen Regierung mit sich. Die putschistische jungtürkische Machtübernahme im Januar 1913, mehrere Monate vor Abschluss der Friedensverhandlungen, war eine direkte Folge des Balkankrieges. *İttihat ve Terakki* schrieb sich die Rückeroberung der verlorenen Gebiete auf die Fahnen. Ideologisch verfestigte sich die türkisch-nationale Denkungsart, mit der auch das christliche Feindbild im Inneren an Kontur gewann. Viele sahen in der christlichen Bevölkerung die »Feinde« des Reiches. »Sie galten als die Hauptverantwortlichen des Niedergangs.«[79] In seiner Autobiografie berichtet der damalige US-amerikanische Botschafter Henry Morgenthau von einem aufschlussreichen Gespräch mit Innenminister Talât Paşa, einem der führenden jungtürkischen Köpfe. Morgenthau zitiert Talât mit folgenden Worten:

> Diese verschiedenen Blöcke im türkischen Reich haben immer gegen die Türkei konspiriert. Aufgrund der Feindschaft dieser einheimischen Völker hat die Türkei eine Provinz nach der anderen verloren (…), dadurch wurde das türkische Reich so klein, dass es fast spurlos verschwunden ist. Wenn das, was von der Türkei übriggeblieben ist, überleben soll (…) muss sie diese fremden Völker loswerden.[80]

Konstantinopel fühlte sich von seinen ehemaligen christlichen *Millet*s im Stich gelassen, witterte – nicht zu Unrecht – Verrat und fühlte sich vor allem durch die armenisch-russische Achse bedroht. Nachstehende Depesche unterstreicht indirekt dieses Gefühl. Morgenthaus russisches Gegenüber Michael N. von Giers kabelte am 26. November 1912 an seinen zaristischen Außenminister Sergej D. Sasonow:

---

77. zitiert in: Akcam, S. 45
78. http://de.wikipedia.org/wiki/Balkankriege
79. Akcam, S. 39
80. US-Botschafter Morgenthau zitiert in Akcam, S. 40

> Gemäß den Berichten unserer Konsulate in Van, Bayezid, Bitlis, Erzerun und Trabzon stehen die dort ansässigen Armenier eindeutig auf unserer Seite und warten grundsätzlich auf das Eintreffen unserer Armeen oder wünschen zumindest, dass die Reformen unter russischer Aufsicht durchgeführt werden. (...) Der armenische Patriarch hat uns darum gebeten, das armenische Volk zu befreien.[81]

Die Situation war mehr als angespannt. Für die Armenier im Osmanischen Reich verschlechterte sich die Situation zusehends. Immerhin waren die Kriegserklärungen an Konstantinopel allesamt von christlichen Nationalstaaten ausgegangen. Tatsächlich verleitete die russische Patronanz nicht wenige armenische Gruppen dazu, auch im Inneren gegen Konstantinopel aufzutreten. Und wieder waren es russische Interessen, diesmal auch von französischer Seite unterstützt, die den osmanischen Armeniern Mut machen sollten. Wieder fungierten sie als Spielball von Großmachtinteressen. Moskau erhöhte den Druck auf Konstantinopel und trat international erneut als Schutzmacht der armenischen Bevölkerung auf, der nun letzten christlichen Bastion im Osmanischen Reich. In komplizierten Verhandlungen rang der Zar der neuen Regierung am Bosporus eine Unterschrift ab, die schnell und direkt zur Aufteilung Anatoliens geführt hätte. Der sogenannte »armenische Reformplan« wurde in geheimen Verhandlungen zwischen dem russischen Diplomaten André N. Mandelstam mit armenischen und französischen Stellen vorbereitet und stieß sowohl bei der Hohen Pforte in Konstantinopel als auch in Berlin auf heftigen Widerstand. Am 4. Februar 1914 sah sich die jungtürkische Regierung dennoch gezwungen, den Plan zu unterzeichnen, kündigte ihn jedoch wenige Monate später, unmittelbar beim Eintritt in den Ersten Weltkrieg.

Dieser »armenische Reformplan«[82] sah vor, sämtliche sechs anatolischen Gebiete, in denen Armenier siedelten, administrativ in einer neu zu schaffenden Provinz zusammenzuführen und diese von einem europäischen bzw. russischen Gouverneur verwalten zu lassen. Er konkretisierte und radikalisierte damit die bereits auf dem Berliner Kongress vereinbarte Unterschutzstellung der Armenier unter ausländisches Mandat. Diese »Internationalisierung«[83] der armenischen Frage war auch von seinem Autor Mandelstam als erster Schritt zur Aufteilung Anatoliens und damit als Auflösung und Endpunkt des Osmanischen Reiches gedacht.[84]

---

81. Russische Staatsarchive, Außenpolitische Sektion Nr. 117/293, zit. in: Halaçoğlu, S. 48
82. http://en.wikipedia.org/wiki/Armenian_reform_package
83. siehe Barth, S. 67
84. André Mandelstam: *Das armenische Problem im Lichte des Völker- und Menschenrechts*. Berlin 1931, S. 31

Vor diesem Hintergrund ist es nicht verwunderlich, dass Konstantinopel in der Kriegserklärung Österreich-Ungarns an Serbien und dem baldigen Eintritt des Deutschen Reiches eine Chance sah, sowohl eine Revision der Niederlage im Balkankrieg zu bewirken als auch dem aufoktroyierten »armenischen Reformplan« zu entkommen.

Geplanter Völkermord?

Der 24. April 1915 gilt unter Historikern als der Auftakt zur massenhaften Vernichtung der Armenier im Osmanischen Reich. Damals waren in Konstantinopel auf einen Schlag 2345 bekannte armenische Intellektuelle, Politiker, Journalisten, Ingenieure, Ärzte[85] festgenommen, verschleppt und viele von ihnen anschließend getötet worden. Kurz darauf kam es ab Mitte Mai zu Deportationen in ganzen Landstrichen, die in der Folge von armenischer Bevölkerung gesäubert wurden.

Doch auch der 24. April 1915 hat eine Vorgeschichte, nicht nur eine historisch weiter zurückliegende, wie sie oben beschrieben worden ist, sondern eine unmittelbare. Das Land befand sich wie fast ganz Europa seit Ende Oktober 1914 im Krieg, und diesen Krieg versuchte die jungtürkische Regierung zu nutzen, um in Allianz mit Deutschland und Österreich-Ungarn ihre wichtigsten Ziele zu erreichen. Geopolitisch hatte man sich noch lange nicht mit den Verlusten der europäischen Provinzen in den Kriegen auf dem Balkan des Jahres 1912 abgefunden. Zumindest propagandistisch stand die Rückeroberung der damals verloren gegangenen Gebiete auf der Tagesordnung unzähliger Reden; viele mögen daran auch ernsthaft geglaubt haben. Innenpolitisch sah sich die Kriegsregierung mit dem Minister für öffentliche Arbeiten, Cemal Paşa, und Innenminister Talât Paşa, der später zwischen 1917 bis Oktober 1918 auch Großwesir (Ministerpräsident) gewesen ist, mit von ihnen als »innere Feinde« titulierten Christen konfrontiert, deren stärkste Gemeinschaft die Armenier waren. Offiziell waren nach dem Kriegseintritt sämtliche internationalen Vereinbarungen aufgekündigt worden, die als Knebelverträge angesehen wurden und ausländischen Mächten Eingriffsmöglichkeiten geboten hatten, darunter nicht nur der »armenische Reformplan« von 1914, sondern auch – etwas später – der *Vertrag von Berlin* von 1878. Die armenische Bevölkerung stand ab diesem Zeitpunkt auch offiziell nicht mehr unter ausländischem Mandat, war mithin schutzlos.

Militärisch und geheimdienstlich wurden alle Hebel in Bewegung gesetzt, um Krieg und Unruhe weit in russische Territorien hineinzutragen. Dazu

---

85. http://en.wikipedia.org/wiki/Armenian_Genocide

befleißigte sich das Osmanische Reich, wie umgekehrt das zaristische auch, Methoden der Provokation und Aufrufen an potenzielle Verbündete im jeweils anderen Reich, gegen das dortige System zu revoltieren und auf Entsatz der eigenen Truppen zu warten.[86] So rief Sultan Mehmet V. Reşat alle Muslime Russlands auf, sich zu erheben und zur osmanischen Armee überzulaufen. Ebenso wurden insbesondere kurdische Bewohner angestachelt, sich mit den jungtürkischen Einheiten zu verbünden.

Auf der anderen Seite agierte die Herrschaft ähnlich. Zar Nikolaus II. formierte armenische Brigaden und erließ ein Edikt, dass diese auch und gerade für Armenier aus der Türkei geschaffen seien. Osmanische Armenier sollten mit Hilfe Russlands die Macht in Teilen Anatoliens übernehmen. Massaker an »Verrätern« auf beiden Seiten waren die Folge der Kriegslogik. Die osmanische Soldateska begann schon sehr bald, massenhaft Frauen und Kinder von Deserteuren zu töten. Da es unter den Deserteuren viele Armenier gab, traf dies die armenische Volksgruppe im besonderen. Umgekehrt massakrierte die zaristische Seite turkstämmige Aserbaidschaner, die versucht hatten, sich dem russischen Zugriff zu entziehen. Von einer geplanten Vernichtungspolitik, die als Völkermord beschrieben werden könnte, kann zu diesem Zeitpunkt, also Ende 1914, allerdings noch keine Rede sein.

Die Initialzündung dafür lieferte der Kampf um die Stadt Van. Mitte April 1915 rebellierte die armenische Bevölkerung im äußersten Osten Anatoliens, in der Stadt Van. Diese Revolte ging als »Aufstand von Van« in die Geschichtsbücher ein. Unmittelbar zuvor waren britische Truppen bis zu den Dardanellen vorgedrungen und bedrohten direkt das Zentrum der osmanischen Macht, Konstantinopel.

Die Stimmung unter der armenischen Bevölkerung war aufgeputscht, zumal russische Truppen, die von vielen als Befreier vom türkischen Joch angesehen wurden, im Anmarsch waren. Von Van bis Bitlis kam es zwischen dem 17. und 20. April 1915 zu massenhaften Erhebungen der armenischen Bevölkerung, die wohl auch deshalb so erfolgreich verliefen, weil die osmanische Militärführung große Truppenteile aus Anatolien abziehen musste, um sie den Briten bei den Dardanellen entgegenstellen zu können. »Die türkische Regierung und Heeresleitung befürchteten nicht zu Unrecht«, schrieb der österreichisch-ungarische Militärbevollmächtigte Joseph Pomiankowski in seinen 1928 erschienenen Erinnerungen,

> daß es zu einem allgemeinen Aufstand der armenischen Bevölkerung kommen werde. Dieser erfolgte dann tatsächlich in den Monaten April und Mai im Vilajet Van, wo die Armenier die Stadt erobern

---

86. Pohl, S. 32f.

konnten, einer türkischen Belagerungen standhielten und in Erwartung russischer Hilfe den türkischen Truppen mehrere Wochen und Monate erfolgreichen Widerstand leisteten.[87]

Die Frage, ob es sich bei der Erhebung von Van tatsächlich um einen Generalaufstand gehandelt hat, wie von Pomiankowski suggeriert, beschäftigt vor allem die neuere türkische Geschichtsschreibung.[88] Der Österreicher Pomiankowski gibt in seinen Memoiren der türkischen Geschichtsschreibung jedenfalls Argumente für eine solche Interpretation in die Hand. Im Jahr 1928, zum Zeitpunkt der Veröffentlichung, war dafür eine geopolitische Rationalität, die die Aussagen des ehemaligen österreichischen Militärbevollmächtigten und engen Verbündeten des Osmanischen Reiches als befangen erscheinen hätten lassen, nicht mehr notwendig. Andererseits wird die Glaubwürdigkeit seiner Position auch nicht allein dadurch gestärkt, dass es zwischen der inzwischen klein gewordenen österreichischen Republik und der im Aufbau befindlichen republikanischen Türkei zu dieser Zeit keine Allianz mehr gab.

Der Kampf um Van war jedenfalls Initialzündung für die Brutalisierung des osmanisch-jungtürkischen Umgangs mit der armenischen Bevölkerung. Anfang Mai 1915 eroberten die Türken mit kurdischer Hilfe große Teile der zuvor von den Armeniern übernommenen Stadt zurück. Am 17. Mai kamen russische Einheiten den eingeschlossenen Armeniern zu Hilfe. Aus der Umgebung von Van flohen nach türkischen Quellen damals Zehntausende Muslime vor der zaristischen Soldateska, der sich osmanisch-armenische Kämpfer in großer Zahl[89] angeschlossen hatten. Der in Konstantinopel ansässige deutsche Botschafter Hans von Wangenheim hielt seinen Außenminister in mehreren Telegrammen auf dem Laufenden. Am 10. Mai 1915 telegrafierte er nach Berlin: »Die Armenier in Van erhoben sich, griffen die muslimischen Haushalte und die Burg an. Die türkische Garnison erlitt einen Verlust von ungefähr 300 Mann.« Eine Woche später ergänzte er: »Die Stadt fiel nach tagelangen Straßenkämpfen an die Rebellen. Am 17. Mai betraten die Russen die Stadt, und die Armenier, die übergelaufen waren, begannen die Muslime zu töten. 80 000 Muslime befinden sich auf der Flucht.«[90] Nun ist die Zeugenschaft eines mit

---

87. Joseph Pomiankowski: *Zusammenbruch des Ottomanischen Reiches. Erinnerung an die Türkei aus der Zeit des Weltkrieges*. Wien 1928, S. 159
88. İnanç Atılgan: *Österreichs Dilemma 1915. Türken oder Armenier?* Klagenfurt 2008, S. 233
89. Quellen des österreichischen Haus-, Hof- und Staatsarchivs (HHStA PA XL 272 vom 23. Februar 1915, AO VI, S. 4519) zufolge waren es ca. 75 000 osmanische Armenier, die sich den russischen Formationen angeschlossen hatten. Zit. in: Atılgan, S. 150
90. zit. in: Nejat Göyünç: Türk-Ermeni İlişkileri ve Ermeni Soykırımı İddiaları (Die türkisch-armenischen Beziehungen und armenischen Behauptungen bezüglich des Völkermordes). In: *Ermeni Sorunu ve Bursa Ermenileri*. Bursa 2000, Bursa 2000, S. 11, zit. in: Halaçoğlu, S. 55

dem Osmanischen Reich in Kriegsallianz befindlichen deutschen Diplomaten nicht eine besonders objektive Quelle; einen Eindruck vom gegenseitigen türkisch-armenischen Hass und der kriegerischen Stimmung gibt sie dennoch.

Es dürfte dieses einschneidende Ereignis des Aufstandes von Van gewesen sein, das die osmanische Führung dazu veranlasste, die breite antiarmenische, pogromartige Stimmung unter der muslimischen Bevölkerung zu nützen und konkrete Deportationspläne für die armenische Minderheit zu erstellen. Am 18. Mai 1915 wies Innenminister Talât Paşa den Gouverneur Ostanatoliens an, alle Armenier dieser Region in Richtung Mosul, Dair az-Zaur und Urfa zu deportieren.[91] Die Todesmärsche hatten begonnen. Sie wurden in der Folge ausgeweitet.

Planmäßige Deportationen überzogen nun ab Mai 1915 das Land. Anfangs konnten politische Beobachter noch davon ausgehen, dass es sich dabei vor allem um Säuberungen handelte, welche die Armenier aus Aufmarsch- oder direkten Kampfgebieten entfernten. Ähnliches geschah zur gleichen Zeit in der österreichisch-ungarischen Monarchie, wo Ukrainer – oder Ruthenen, wie sie auch genannt wurden – zu Hunderttausenden aus den Kampfzonen in Galizien und der Bukowina evakuiert bzw. verschleppt wurden. Dies zum einen deshalb, weil Zivilbevölkerung an der Front generell als störend empfunden wurde, zum anderen aber auch, weil ihnen als Ukrainern Kollaboration mit dem russischen Feind unterstellt wurde und in vielen Fällen auch nachgewiesen werden konnte. Allein 300 000 von ihnen kamen in ein Lager im niederösterreichischen Gmünd, wo über 30 000 an den Widrigkeiten der Kriegsökonomie elend zugrunde gingen. Dies sei nur deshalb erwähnt, um das historische Umfeld jener Monate im Frühling und Sommer 1915 besser einordnen zu können.

Die Deportation Hunderttausender Armenier ist nur im Kontext des Krieges und seiner Spielregeln, die aus jedem Nicht-Türken ein unsicheres Element machten, zu verstehen. Eine Entschuldigung für die sich daraus ergebenen Todesmärsche und Massaker ist dies in keinem Fall, umso weniger, als dass es später auch Belege für die bewusste, willentliche Ausrottung der Armenier als Volk gibt. So zitiert der Genozidforscher Wolfgang Benz eine Depesche von Innenminister Talât Paşa vom 15. September 1915, in der dieser einen Vernichtungsauftrag schriftlich bestätigt: »Es ist bereits mitgeteilt worden, dass die Regierung beschlossen hat, alle Armenier, die in der Türkei wohnen, gänzlich auszurotten,«[92] hieß es unmissverständlich in dem Schreiben.

Im Mai 1915 war von völkermörderischer Absicht allerdings offiziell noch

---

91. Pohl, S. 34
92. Depesche Talât Paşas vom 15. September 1915, zit. in: Wolfgang Benz: *Ausgrenzung. Vertreibung. Völkermord. Genozid im 20. Jahrhundert.* München 2006, S. 59

nichts zu lesen gewesen. Nach alliierten Protesten, welche die Massenmorde an den Armeniern bereits zu diesem Zeitpunkt heftig kritisierten, fasste das Parlament in Konstantinopel einen regierungsamtlichen Deportationsbeschluss, alle Armenier von den Fronten weg und in frontferne Gebiete umzusiedeln. Dieses Gesetz vom 27. Mai warf den Armeniern kollektiv Illoyalität gegenüber dem Osmanischen Reich vor. Sie sollten, wie es hieß, »nach den Vilayets von Mossul und Syrien verbracht werden, wobei ihre Personen, ihr Eigentum und Ehre geschützt bleiben. Es wurden die nötigen Befehle erteilt, dass für ihre Unterkunft gesorgt werde und dass sie bis zur Beendigung des Krieges Aufenthalt zu nehmen haben.«[93] Eine eigene »Kommission für zurückgelassenen Besitz«[94] wurde gegründet, die das von den Armeniern zurückgelassene Eigentum katalogisieren sollte. Der Logik einer auf Raub und Plünderung ausgerichteten Kriegsökonomie sprach solche administrative Peinlichkeit freilich Hohn.

Durchgeführt wurden die Deportationen, die großteils in der syrischen Wüste im Nichts endeten, nur in den wenigsten Fällen von regulären Truppen. Stattdessen operierten irreguläre jungtürkische Sondereinheiten; auch bewaffneten kurdischen Gruppen, die in der Literatur durchwegs als »Banden« beschrieben werden, wurde freie Hand gelassen. Eine speziell von Kriegsminister Enver Paşa aufgebaute solche Einheit war die *Teşkilât-ı Mahsusa* (»Spezialorganisation«), die ursprünglich unter den griechischen Christen im östlichen Mittelmeerraum Angst und Schrecken verbreitet hatte. Nun, nach dem April 1915, kam sie in Anatolien zum Einsatz. Wichtigster Durchgangsort der Deportationen war Aleppo. Wer den Marsch bis dorthin überlebte und auch in den Lagern der alten arabischen Stadt nicht umkam, musste weiter in den syrischen Süden oder Richtung irakische Wüste. Die meisten Armenier wurden nicht Opfer von mörderischen Todesschwadronen, sondern verhungerten entlang der Strecke. Franz Werfel nannte diese Todesmärsche »wandernde Konzentrationslager«. Der schrecklichste Ort dieser Tragödie dürfte Dair az-Zaur (Der Zor) gewesen sein. Für die Gräuel, die dieser Ort gesehen hat, wurde in der Literatur auch der armenische Begriff *Aghet* (»Katastrophe«) verwendet, der dem hebräischen »*Schoah*« entspricht.

Von langer Hand geplant war der Völkermord an den osmanischen Armeniern aller historischen Einsicht nach nicht. Er war Folge der kriegerischen, menschenverachtenden Politik, die Europa und Teile Asiens jahrelang Gräueltaten ausgesetzt hat. Der Historiker Harald Gardos schreibt in diesem

---

93. zit. in: Micha Brumlik: Der Auftakt zum Jahrhundert des Völkermordes und die Würde des Menschen. In: Kieser, S. 201/202
94. Halaçoğlu, S. 68

Zusammenhang von einem »völkermordenden Krieg«,[95] der den ganzen Kontinent überzogen hatte, ohne damit die Untaten der türkischen Seite vergessen machen zu wollen.

Radikale jungtürkische Elemente, aber auch die osmanische Oberschicht gaben mit der Deportation und Vernichtung der Armenier eine völkische Antwort im Inneren auf den Angriff von außen. Mehr noch als die osmanische Elite haben die zum großen Teil aus unteren Schichten kommenden Jungtürken die systematischen Vertreibungen auch sehr individuell zu ihrem Vorteil genutzt. Mit der Vertreibung von Hunderttausenden aus den Städten und Dörfern Anatoliens kamen Hunderttausende Muslime zu unverhofftem Eigentum. Man darf getrost auch ökonomische Motive hinter der Vernichtungsstrategie annehmen. Mit den Plünderungen armenischen Eigentums hielten sich die wirtschaftlich zu kurz Gekommenen an ihren christlichen Nachbarn schadlos.

Dazu ist auch anzumerken, dass armenische Bauernhöfe und armenische Gewerbebetriebe im Durchschnitt besser ausgestattet waren als lokal vergleichbare muslimische und dass die Armenier nicht zu unrecht als reicher als ihre türkischen Landsleute angesehen wurden. Freilich galt das nicht durchgängig und überall und die fallweise sozialrebellische Argumentation antiarmenischer Pogrome ist vor diesem Hintergrund nicht nur zynisch, sie ist in vielen Fällen auch falsch. Aber »es ging auch darum, die ökonomische Überlegenheit der Armenier zu brechen und damit den Markt für Türken und Deutsche freizumachen.«[96]

Die internationale Reaktion der Verbündeten der Osmanen auf den seit Ende 1915 immer sichtbarer werdenden brutalen Exodus der Armenier lässt einem heute den Atem stocken, hat sich gleichwohl in anderer Gestalt auch in der jüngeren Geschichte wiederholt. Das verbündete Deutsche Reich verschloss die Augen vor dem Massenmord. Die Zensurmaßnahmen im wilhelminischen Deutschland waren allumfassend. Die offizielle Sprachregelung wurde auf einer eigens einberufenen Pressekonferenz der kaiserlichen Regierung am 7. Oktober 1915, also mitten in den härtesten Vertreibungs- und Vernichtungsaktionen, ausgegeben. Es hieß dort: »Über die Armeniergräuel ist folgendes zu sagen: Unsere freundschaftlichen Beziehungen zur Türkei dürfen durch diese innertürkische Verwaltungsangelegenheit nicht nur nicht gefährdet, sondern im gegenwärtigen Augenblick nicht einmal geprüft werden. Deshalb ist es einstweilen unsere Pflicht zu schweigen.«[97] Die »innertürkische

---

95. Harald Gardos: *Österreich-Ungarn und die Türkei im Kriegsjahr 1915.* Wien 1968, S. 136; zit. in: Atligan, S. 233
96. Halige Edip: *The Turkish Ordeal.* London 1916, S. 386; zitiert in: Akcam, S. 129
97. zit. in: Benz, S. 60

Verwaltungsangelegenheit«, so scheint es, ist auch hundert Jahre später noch nicht aufgearbeitet. Unmittelbar nach dem Kriegsende und der Kapitulation des Osmanischen Reiches wurde allerdings damit begonnen.

Osmanische Aufarbeitung des Völkermordes

»Es ist die Pflicht unserer Regierung, nur die Schuldigen zu verfolgen. Leider setzten unsere Führer im Krieg, vom Geist eines gewissen Banditentums erfüllt, das Deportationsgesetz auf eine Art um, die die Methoden der blutrünstigen Banditen noch übertraf. Sie beschlossen, die Armenier auszulöschen, und dies ist ihnen auch gelungen.«[98] Zitate wie dieses geben einen Eindruck von dem, was an Selbstkritik von der Nachkriegsführung im Osmanischen Reich unmittelbar nach dem Ende des Weltkrieges zu hören war. Der obige Satz stammt von Innenminister Mustafa Arif, der in einer Parlamentsrede am 13. Dezember 1919 mit diesen Worten seinen in der Zwischenzeit nach Berlin geflüchteten Vorgänger Talât Paşa beschuldigt.

Unter der neuen osmanischen Regierung wurden nach Unterzeichnung des Waffenstillstandsabkommens am 30. Oktober 1918 insgesamt drei groß angelegte Prozesse gegen die Verantwortlichen des Völkermordes an den Armeniern geführt. Insgesamt wurden siebzehn Personen zum Tode verurteilt, unter anderen Talât Paşa, Cemal Paşa und Enver Paşa, allesamt in Abwesenheit. Es fanden drei Hinrichtungen statt. Bemerkenswerter Weise war dies der erste Völkermordprozess in der Geschichte,[99] ohne dass der Begriff damals überhaupt rechtlich definiert gewesen wäre.

Der innere Antrieb zur Aufarbeitung der Gräueltaten war indes rasch verpufft. Vor allem Großbritannien baute über ein paar Jahre hinweg gehörigen Druck auf, die Verantwortlichen zur Rechenschaft zu ziehen. Diese vehemente Einmischung von außen und die Proteste im Inneren gegen die Vollstreckung des ersten Todesurteils haben allerdings die osmanische Führung schon nach wenigen Monaten juristische Verfahren erst verschleppen und später einstellen lassen.

Die britische Besatzungsmacht hinderte dies nicht, verstärkt konkrete Schritte zur Verfolgung der Täter zu setzen. In Vorbereitung war die Gründung eines internationalen Gerichtshofes, der allerdings nie zustande kam. Bis dahin sammelten britische Offiziere Hunderte mutmaßliche Verantwortliche des Völkermordes und verschleppten sie ohne Zustimmung der osmanischen Behörden auf die Insel Malta. İttihadisten, deren Partei zwischenzeitlich

---

98. zit. in: Vahakn Dadrian: *Documentation of the Armenien Genocide in Turkish Sources*. London / New York 1991. Zit. in: Pohl, S. 11
99. Barth, S. 74

verboten worden war, galten den Besatzern als vogelfrei. In manchen Fällen wurden türkische Offiziere festgenommen und nach Malta ins Gefängnis verbracht, obwohl örtliche Gerichtsverfahren gegen sie liefen. Dass diese Einmischung böses Blut erzeugte, kann man sich unschwer vorstellen. Und so waren es auch die britischen Allmachtsphantasien, die im Osten der Türkei, in Anatolien, als Reaktion darauf eine neue nationale Kraft entstehen ließ, die in wenigen Monaten das endgültige Ende des Osmanischen Reiches und eine Republikanisierung des Landes betreiben sollte. Ende April 1919 formierte sich eine türkische Nationalbewegung. Ihr Führer: Mustafa Kemal, der spätere »Vater aller Türken«, Atatürk.

Initialzündung für diese neue Kraft auf der politischen Bühne, die sich nicht als Nachfolger der verbotenen jungtürkischen Bewegung verstand und doch eine Reihe von jungtürkischen Kadern in ihren Reihen zählte, war auch die Vollstreckung des ersten Todesurteils an dem Gouverneur von Boğazlıyan am 10. April 1919 in Beyazid, einem auf europäischer Seite gelegenen Bezirk in Konstantinopel. Der Sultan hatte das Urteil noch persönlich »ohne Zögern« bestätigt und der britische Hochkommissar kabelte nach London: »Zum ersten Mal wurde eine Person wegen Beteiligung am Völkermord ihrer verdienten Strafe zugeführt. Man muss abwarten, ob die Regierung nun den Mut aufbringen wird, umfassend und insbesondere gegen hochrangige Schuldige mit gleicher Härte vorzugehen.«[100] Die Reaktion im Volk war eindeutig. Massendemonstrationen von Zehntausenden, auch in der Hauptstadt selbst, forderten wütend die Einstellung solcher »von den Briten erzwungenen« Verfahren, feierten den Hingerichteten Mehmet Kemal Bey als Märtyrer der türkischen Sache und verwandelten die Beerdigung des Verurteilten in eine unübersehbare, riesige nationale Kundgebung.

Als dann noch einen Monat später, Mitte Mai 1919, griechische Truppen das osmanische Smyrna/İzmir besetzten und die örtliche muslimische Bevölkerung massakrierten, vereinigten sich nationale Wut und der Hass auf die Entente-Mächte, allen voran auf Großbritannien, zu einem allgemeinen Volkszorn, der sich mehr und mehr gegen den Sultanspalast richtete.

Im März 1920 drangen britische Soldaten nach İstanbul ein, besetzten alle strategischen Punkte und begannen sogleich erneut, ehemalige Jungtürken, aber diesmal auch Nationalisten der Partei Mustafa Kemals zu verhaften. Die Listen dafür erhielt der britische Hochkommissar direkt aus der Hand von Großwesir Damat Ferit Paşa, der sich im Auftrag des Sultans auf diese Weise seiner politischen Konkurrenten zu entledigen hoffte.[101] Parallel dazu erließen

---

100. zit. in: Akcam, S. 107
101. Akcam, S. 112

religiöse Führer *Fatwas* gegen die Anführer von Kemals Nationalpartei, in denen alle Nationalisten als Ungläubige tituliert wurden, die zu töten eine religiöse Pflicht eines jeden frommen Muslims sei. Die Türkei stand de facto im Bürgerkrieg.

Als dann ein eigens einberufenes Kriegsgericht noch die Todesstrafe gegen Mustafa Kemal (in Abwesenheit) verhängte und die britischen Besatzungsbehörden munter mehrere dem Sultan missliebige Politiker nach Malta verschleppten, konstituierte sich ein neues türkisches Parlament in Ankara. Es sollte zweieinhalb Jahre dauern, bis die Doppelherrschaft Konstantinopel-Ankara mit der Einnahme der Stadt am Bosporus durch Kemals Nationalregierung am 6. November 1922 zu Ende ging. Aus Konstantinopel wurde in der Folge İstanbul. Die osmanische Dynastie war am Ende.

Während der ganzen Zeit der Doppelherrschaft standen die Briten auf Seiten des Sultanspalastes. Die Verfolgung von Verantwortlichen des Völkermordes vermischte sich mehr und mehr mit Anklagen gegen anatolische Nationalisten aus dem Umfeld Mustafa Kemals. So darf es nicht verwundern, dass sich nicht nur der Ton Ankaras gegenüber der britischen Besatzung verschärfte. Immer öfter wurden von den türkischen Nationalisten auch Offiziere des britischen Königs gefangen genommen. Am Ende des innerosmanischen Machtkampfes forderte das Parlament in Ankara die sofortige Freilassung der nach Malta verschleppten Türken und die Einstellung der Prozesse gegen die nationalen Kräfte, widrigenfalls »die in unseren Händen befindlichen britischen Gefangenen alle hingerichtet«[102] würden. Signiert war dieses Schreiben von keinem geringeren als Mustafa Kemal. Die Briten kamen dieser Forderung nach und unterzeichneten am 23. Oktober 1921 eine entsprechende Vereinbarung. Die Freilassung der in Malta festgesetzten Männer zeigte erneut, wie verwoben mittlerweile die Aufarbeitung des armenischen Völkermordes mit dem kemalistischen Aufbruch war. Einige der alten, nun wieder freien İttihadisten erhielten hohe Ämter in der neuen, postosmanischen Türkei.

Wie Mustafa Kemal selbst zum Völkermord an den Armeniern stand, darüber gehen die Meinungen und Forschungen auseinander. Die Soziologin Tessa Hofmann[103] sieht in ihm einen ehemaligen Kommandanten einer berüchtigten »Sonderorganisation«, ohne ihm direkt eine Beteiligung an Massenmorden an Armeniern vorzuwerfen.[104] Der türkische Soziologe und Historiker Taner

---

102. zit. in: James Willis: *Prologue to Nuremberg: The Politics and Diplomacy of Punishing War Criminals of the First World War*. London 1982, S. 161
103. Tessa Hofmann heißt eigentlich Tessa Savvidis.
104. Tessa Hofmann: Smyrna, September 1922. Hintergründe und Zusammenhänge. In: Dora Sakayan (Hg.): *Smyrna 1922. Das Tagebuch des Garabed Hatscherian*. Klagenfurt 2006, S. 22

Akçam sieht Kemals Position zweischneidig. In außenpolitischen Reden verurteilte Mustafa Kemal mehrmals und heftig die Massaker an den Armeniern und sprach sich dafür aus, die verantwortlichen Jungtürken dafür zu bestrafen. Innenpolitisch hingegen sprach er häufiger von den armenischen Aufständen als Ursache für das Vorgehen der damaligen Regierung und bezeichnete auch schon einmal den Vorwurf des Völkermordes als »verleumderisch«.[105] Seine Distanz zu den Jungtürken war auch taktischer Natur, wusste er doch um die internationalen Vorgaben der Entente Bescheid und wollte intern die auch von ihm als Verbrechen anerkannte Politik nicht zu scharf kritisieren.

Wie das Ausland reagierte

Großbritannien trat neben Russland am vehementesten für eine juristische Aufarbeitung des Völkermordes an den Armeniern ein. Ein von London geplanter internationaler Gerichtshof zu dieser Frage konnte jedoch nicht installiert werden. Er scheiterte auch und vor allem an französischen Einsprüchen. Russland wiederum war am direktesten mit der armenischen Frage beschäftigt und konzentrierte sich auf die Forderung nach der Rückkehr aller Vertriebenen, die nicht auf Todesmärschen gestorben oder Massakern zum Opfer gefallen waren. Dagegen standen sämtliche politische Kräfte im Osmanischen Reich bzw. in der Türkei. An Unterstützung für diesen Vorschlag mangelte es aber auch von britischer Seite, die damit ihre antirussische Politik aus der Zarenzeit mühelos in eine antisowjetische transformierte. Überhaupt war die Tatsache, dass von Petrograd – dem späteren Leningrad – ausgehend eine soziale Revolution das Zarenreich hinweggespült hatte, der armenischen Sache in der Türkei nicht förderlich. Im roten Russland erhielten Armenier sogleich mehr kollektive Rechte; für die osmanischen Armenier wollten die kriegsmüden Bolschewiki, die sich auf den friedlichen sozialistischen Aufbau konzentrierten, keinen erneuten Waffengang riskieren. Geopolitisch gab nicht nur Frankreich angesichts der kommunistischen Gefahr für die bürgerlich-kapitalistische Welt die Linie vor. Nun galt es auch für andere europäische Staaten, die Türkei als Bollwerk gegen die Bolschewiki zu unterstützen, und mit der Türkei war kein armenischer Staat und schon gar keine Unterstützung von armenischen Rechten zu bewerkstelligen.

Die kurzlebige vorsowjetische Armenische Republik (zwischen 1918 und 1920) wurde am 23. Oktober 1921 im *Vertrag von Kars* zwischen der Türkei und der – noch nicht als solche ausgerufenen – Sowjetunion aufgeteilt.

Frankreich war auch aus innenpolitischen Gründen keine Stütze der

---

105. Akcam, S. 124

armenischen Sache. Seine souveränistische, nationale Verfasstheit ließ beispielsweise juristische Interventionen in anderen Ländern als nicht angebracht erscheinen. Für Paris war klar, dass Sühne und Vergeltung, mithin die Aufarbeitung der schrecklichen Ereignisse, im Inneren des Osmanischen Reiches geschehen müssten, um Wirkung zu entfalten und nicht als bloße kolonialistische Maßnahme von außen verstanden zu werden. So liest es sich auch in einer Regierungserklärung vom 5. Februar 1919, die als Antwort auf die fortgesetzten Verhaftungsmaßnahmen und Verschleppungen der britischen Seite gedacht war:

> Es ist nicht angemessen, die Schuldigen außerhalb der Türkei vor Gerichten anzuklagen, die ihrem Wesen nach für solche Verfahren nicht zuständig sind, (…) da es dazu führen kann, dass einige türkische Beamte, die diese Vergehen zwar nicht abstreiten können, dennoch die Sympathie des Volkes stärker auf sich ziehen könnten.[106]

Genau so geschah es schließlich, und die britischen Maßnahmen erwiesen sich als politischer Bumerang.

Die junge deutsche Republik war, was die Armenierfrage betrifft, noch vollständig von der wilhelminischen Allianz mit den Osmanen geprägt. Diese leitete sich schon historisch aus der Einrichtung einer deutschen Militärmission am Bosporus ab, die bereits in den 1830er Jahren damit begonnen hatte, Offiziere nach deutschem Drill auszubilden. Zwischen 1883 und 1895 war unter Colmar Freiherr von der Goltz eine regelrechte Schule für osmanische Militärs eingerichtet worden, aus der viele spätere jungtürkische Offiziere hervorgingen. Im Weltkrieg selbst wurden vier der neun osmanischen Armeen von deutschen Generälen geführt.[107]

Vor diesem Hintergrund darf es nicht verwundern, dass eine Erwähnung des Völkermords in Berlin während des Krieges mit offizieller Zensur belegt und danach verschwiegen wurde. Mehr noch: Die Verantwortlichen fanden in der deutschen Hauptstadt Unterschlupf. Der nach Berlin geflüchtete jungtürkische Innenminister schreibt gar in seinen posthum veröffentlichten Memoiren, die Deportationen der Armenier seien einem deutschen Plan gefolgt, der von General Fritz Bronsart von Schellendorf entwickelt worden sei.[108] Folgt man dieser Quelle, trug der Völkermord an den Armeniern eine direkte deutsche Handschrift. In jedem Fall war von Schellendorf Chef des Generalstabes des Feldheeres in Konstantinopel und täglich mit Kriegsminister Enver Paşa

---

106. zit. in: Akcam, S. 99
107. Pohl, S. 12
108. Pohl, S. 14

über die zu tätigenden Maßnahmen im Einvernehmen. Sein deutscher Mitstreiter, Otto von Feldmann, war als »Feldmann Paşa« Chef der Operationsabteilung in der türkischen Obersten Heeresleitung. In der *Deutschen Allgemeinen Zeitung* vom 30. Juni 1921 bekannte er sich indirekt zur Mitverantwortung an den Gräueltaten: »Es soll und darf aber nicht geleugnet werden«, schrieb er, »daß auch deutsche Offiziere – und ich selbst gehöre zu diesen – gezwungen waren, ihren Rat dahin zu geben, zu bestimmten Zeiten gewisse Gebiete im Rücken der Armee von Armeniern freizumachen.«[109]

Prozess gegen den Mörder Talât Paşas

Am 15. März 1921 erschoss der armenische Aktivist Salomon Teilirian den Innenminister und letzten Großwesir des osmanischen Kriegskabinetts, Talât Paşa, vor dessen Wohnung in der Berliner Hardenbergstraße. Teilirian wurde unmittelbar am Tatort verhaftet. Ein bereits kurz darauf am Landesgericht III stattfindender Prozess sprach den achtzehnjährigen Täter im Juni 1921 nach nur zwei Verhandlungstagen in allen Punkten frei. Dieser Justizskandal brachte den Völkermord an den Armeniern ins Bewusstsein der westlichen Welt. Mehrere Beobachter des Prozesses, darunter der junge polnisch-jüdische Jurist Raphael Lemkin, nahmen das Urteil von Berlin zum Anlass, den Widerspruch von individueller Untat und kollektivem Völkermord zu thematisieren. Lemkin sollte kurz darauf die Begrifflichkeit des »Genozids« als Vokabel in die juristische Debatte einführen. Er gilt als Erfinder der Völkermord-Paragrafen. Ein weiterer Zuseher des Prozesses, Robert Kempner, wird 24 Jahre später als Ankläger im Nürnberger Prozess gegen die Verantwortlichen des Nazi-Regimes weltweit Bekanntheit erlangen.

Wie konnte es zu dem Mord und dem sensationellen Freispruch kommen? Mehmet Talât Paşa, 1872 in Edirne geboren, war mit der Kapitulation des Osmanischen Reiches am 8. Oktober 1918 von seinem Posten als Großwesir zurückgetreten. Mit Hilfe deutscher Militärs, und vom Sultan gedeckt, hatte er sich gemeinsam mit Cemal Paşa nach Berlin abgesetzt, wo er untertauchte und unter dem Namen »Ali Sai« versuchte, ein neues Leben zu beginnen. Bereits am 5. Juli 1919 war er von einem Gericht in Konstantinopel wegen Beteiligung am Völkermord und Kriegsverbrechen inklusive Raub, Plünderung und Verwüstung von Eigentum in Abwesenheit zum Tode verurteilt worden.

Der Attentäter Salomon Teilirian war zur Tatzeit 1921 ein achtzehnjähriger Student und hatte durch die völkermörderischen Deportationen seine gesamte Verwandtschaft verloren. Während des Prozesses im Berliner Schwurgericht

---

109. *Deutsche Allgemeine Zeitung* vom 30. Juni 1921, zit. in: http://de.wikipedia.org/wiki/Otto_von_Feldmann

berichtete er darüber, wie er in einem Berg von armenischen Leichen ein Massaker überlebt hatte. Nach Berlin war Teilirian über Tiflis eingereist. Im Prozess wurde er von seinen Verteidigern als Einzeltäter dargestellt, der wegen des Schicksals seiner Familie traumatisiert sei und deswegen nicht zur Verantwortung gezogen werden könne. Nach seinem Freispruch stellte sich heraus, dass Teilirian Mitglied der berüchtigten »Operation Nemesis« war, einer armenischen Terrorgruppe, die es sich in den frühen 1920er Jahren zur Aufgabe gemacht hat, die führenden jungtürkischen Regierungsmitglieder des Osmanischen Reiches zu liquidieren. Das ist ihnen auch in vielen Fällen gelungen. So starb kurz nach Talât auch Cemal Paşa durch eine Kugel der »Nemesis« in Tiflis. Nemesis war im antiken Griechenland übrigens die Göttin der Vergeltung und der Rache.

Der Freispruch des armenischen Attentäters ist vor der zeithistorischen Kulisse zu erklären. So war es die junge deutsche Republik leid, mit den wilhelminischen Altlasten beladen zu sein. Zudem dürften, wie Boris Barth[110] schreibt, auch die bevorstehenden Prozesse in Leipzig, bei denen es um deutsche Kriegsverbrechen ging, für die offensichtliche Manipulation des Berliner Richterspruchs verantwortlich gewesen sein. Die internationale Aufmerksamkeit hätte bei einer Verurteilung des Talât-Mörders die türkisch-deutsche Kriegsallianz in Erinnerung gerufen. Da war eine Sensation, die den Täter freisprach, schon entlastender. Wolfgang Benz[111] spricht in diesem Zusammenhang von einer »Sternstunde der Justiz«, korrigiert sich aber bereits im nächsten Satz, in dem er von einer »Sternstunde irdischer Gerechtigkeit« schreibt. Als irdisch gerecht mögen es die Opfer der osmanisch-jungtürkischen Verfolger empfunden haben, als eine »Sternstunde der Justiz« kann ein Freispruch im Falles eines öffentlich eingestandenen Mordes freilich niemals gelten.

Alles vergessen

Der *Vertrag von Lausanne* 1923 zog international einen Schlussstrich unter die Debatte. Sein Fazit: Es war kein Völkermord. Diese Position sollte bis in die 1980er Jahre Gültigkeit behalten. Als am 24. Juli 1923 im Schweizerischen Lausanne die Türkei mit Vertretern der Entente am Tische saßen, um die für Konstantinopel harten Bedingungen des *Vertrages von Sèvres* von 1921, mit dem das Osmanische Reich aufgelöst worden war, teilweise zu revidieren, spielte die armenische Frage keine Rolle mehr. In der Zwischenzeit hatte die junge türkische Republik unter ihrem Führer Kemal Atatürk einen Waffengang gegen Griechenland und an Stärke auf dem internationalen Parkett gewonnen.

110. Barth, S. 75
111. Benz, S. 58

Zahlreiche Versuche von armenischen Exilorganisationen, die Frage des Völkermordes und seine Sühne auf die Tagesordnung zu setzen, scheiterten. Einzig in einem Unterausschuss der Verhandler durften die keine zehn Jahre zuvor stattgefundenen Massaker als »Minderheitenproblem« diskutiert werden.

Lausanne war die große Generalamnestie für die türkische Seite. Darin waren sich alle Teilnehmer einig – neben der Türkei unterzeichneten Großbritannien, Frankreich, Italien, Japan, Griechenland, Rumänien und der SHS-Staat das Abkommen.[112] Der Welt wird die Konferenz wegen einer ganz anderen Sache als der armenischen in Erinnerung bleiben: In Lausanne einigten sich Griechenland und die Türkei auf den bislang größten friedlichen Bevölkerungsaustausch – so das Unterfangen, Hunderttausende Menschen ihrer Heimat zu berauben, »friedlich« genannt werden kann.

Warum die Entente die armenische Frage unbeantwortet ließ, mehr noch, de facto den Tätern eine Amnestie gewährte, kann nur durch die neuen geopolitischen Verhältnisse erklärt werden: Mit der sozialen, revolutionären Aufbruchstimmung in der Sowjetunion drohte den bürgerlichen und monarchistischen Staaten plötzlich ein um Dimensionen größeres Problem. Da konnten Großbritannien und Frankreich es sich nicht mit der ebenfalls aufstrebenden, republikanischen Türkei verscherzen, zumal Kemal Atatürks Modernisierung keinerlei sozialistische Elemente aufwies und somit als Allianzpartner gegen Moskau geradezu ideal erschien. Genau diese Konstellation war es im übrigen auch, die noch 77 Jahre später das Weiße Haus in den USA dazu veranlasste, Druck auf die Abgeordneten auszuüben, die gerade daran gegangen waren, eine Resolution zur Anerkennung des Völkermordes an den Armeniern zu verabschieden. Am 19. Oktober 2000 argumentierten die offiziellen USA in ebendiese Richtung. Die Allianz mit Ankara ließ eine Verurteilung nicht zu.[113]

Der *Vertrag von Lausanne* zeigt in geradezu idealtypischer Weise, wie kontextabhängig auch und gerade Debatten über Völkermorde geführt werden. Die Neuordnung der Welt nach dem Ersten Weltkrieg hat der armenischen Frage von keiner Seite entsprechende Aufmerksamkeit gewidmet. An dieses Vergessen erinnerte sich auch Adolf Hitler im August 1939, als er seine Generäle um sich versammelte und ihnen am Vorabend des Überfalls auf Polen die deutschen Kriegspläne erläuterte. »So habe ich, einstweilen nur im Osten, meine Totenkopfverbände bereitgestellt mit dem Befehl, unbarmherzig und mitleidlos Mann, Weib und Kind polnischer Abstammung und Sprache in den Tod zu schicken. Nur so gewinnen wir den Lebensraum, den wir brauchen.«

---

112. http://de.wikipedia.org/wiki/Vertrag_von_Lausanne
113. Hans-Lukas Kieser / Dominik Schaller: Völkermord im historischen Raum 1895–1945. In: dies. (Hg.): *Der Völkermord an den Armeniern und die Shoah*. Zürich 2002, S. 60

Und er setzte nach, indem er die Dimension dieses menschenverachtenden Unterfangens vorweg historisch verglich, was sie offensichtlich entschuldigen sollte: »Wer redet heute noch von der Vernichtung der Armenier?«[114]

Debatte unter Strafverdacht

Die oben wiedergegebene Auseinandersetzung um die Gräueltaten des Jahres 1915, denen auch später noch Massaker an den Armeniern folgten,[115] haben dem oder der Lesenden zumindest eines deutlich vor Augen geführt: Die Debatte um die Zuschreibung und Definition der allseits als Untaten beschriebenen armenischen Katastrophe ist noch nicht zu Ende. Während die westeuropäische Geschichtswissenschaft die Vertreibung der Armenier aus dem Osmanischen Reich grosso modo als »Völkermord« tituliert, sehen die allermeisten türkischen Historiker keinen Beweis dafür, dass ein solcher stattgefunden hätte. Im Terminus »völkermörderischer Weltkrieg« böte sich ihnen ein Kompromiss an, den allerdings jene, die von der Ausrottungsabsicht der Jungtürken überzeugt sind, strikt von sich weisen. Vor allem die von den Augenzeugenberichten der armenischen Opfer ausgehenden Einschätzungen interpretieren bereits die Gleichsetzung von vertriebenen und massakrierten Muslimen mit armenischen Opfern als Beleidigung der letzteren.

Die unterschiedlichen Zugänge scheinen einander gegenseitig zu blockieren. Ein gemeinsames Diskutieren der Katastrophe vor hundert Jahren findet kaum statt. Türkisch-armenische Kommissionen zur Aufarbeitung der schrecklichen Ereignisse stoßen bald an ihre Grenzen, wohl auch darum, weil es nicht nur um historische Wahrheitsfindung geht, sondern sich diese auch im konkreten politischen und gesellschaftlichen Umfeld der Jetztzeit behaupten muss. Geschichtswissenschaft kann nicht anders, als von den je aktuellen Gegebenheiten abhängig sein, und diese stellen sich nun einmal in der Türkei anders dar als in Armenien, in Deutschland anders als in Frankreich usw. Auch der Zeitfaktor ist nicht zu unterschätzen. Einmal postulierte (und erforschte) Wahrheit kann – und wird in sehr vielen Fällen – zwei Generationen später gänzlich anders interpretiert werden. Wäre dem nicht so, könnten die meisten historischen Institute ihre Pforten schließen.

Doch die Forschung geht weiter, und das ist nicht nur gut, sondern auch

---

114. Hitlers Rede zitiert in: Richard Albrecht: »Wer redet heute noch von der Vernichtung der Armenier?«. Kommentierte Wiederveröffentlichung der Erstpublikation von Adolf Hitlers Geheimrede am 22. August 1939, in: *Zeitschrift für Weltgeschichte*, Jg. 9, Heft 2. Barsinghausen 2008, S. 127
115. Siehe den Bericht eines armenischen Augenzeugen, der das Massaker von Smyrna/İzmir im September 1922 überlebt hat. In: Dora Sakayan (Hg.): *Smyrna 1922. Das Tagebuch des Garabed Hatscherian*. Klagenfurt 2006

notwendig. Gerade deshalb muss es zu denken geben, wenn in letzter Zeit vermehrt versucht wird, einmal als solche gefundene, angeblich unumstößliche historische Wahrheit zu verrechtlichen und Zweifel an ihr mit Strafandrohung zu belegen. Die Berufung auf Richtersprüche macht die Sache nicht besser, im Gegenteil: Welchen Wert hat ein Richterspruch – z. B. indem er jemanden, der die völkermörderische Absicht der Jungtürken im Mai 1915 leugnet, zu einer Haftstrafe verurteilt – vor möglichen zukünftigen Erkenntnissen, die neue Elemente des Grauens, möglicher Weise auf beiden Seiten, Relativierungen der Verantwortlichkeiten oder Lücken in der Befehlskette der ethnischen Säuberer ans Tageslicht brächten?

Sobald einmal die wissenschaftliche Auseinandersetzung mit dem Begriff »Völkermord« unter rechtliche Kuratel gestellt ist, sobald Forschung daran als mögliche Verharmlosung, als Zweifel, ja als Leugnung unter Strafe gestellt wird, kann eine Debatte nicht mehr stattfinden. Ab diesem Moment muss umgekehrt jeder, der sich mit kriegerischen Ereignissen, Vertreibungen, ethnischen Säuberungen und ihren strategischen und taktischen Hintergründen beschäftigt und Forschungsergebnisse dazu veröffentlicht, mehr als vorsichtig sein. Denn was heute als abscheuliches Massaker definiert wird, kann morgen – bei geänderter geopolitischer Großwetterlage und damit geänderten Rahmenbedingungen – als Völkermord kodifiziert sein und damit seine Relativierung als strafbar gelten.

Eine im Raum stehende Strafandrohung lähmt historische Forschung und journalistische Neugier. Auch für den Autor dieser Zeilen hat sie etwas Bedrohliches. Sie mahnt zur Vorsicht auch deshalb, weil damit der Begriff des Völkermordes aus jeder offenen Debatte verbannt wird. Was 1915 in Anatolien passiert ist, kann nach Lage der Quellen als Genozid bezeichnet werden. Seit der Verstrafrechtlichung der Frage allerdings nicht mehr ohne wenn und aber. Denn ab dem Moment, an dem Meinung mit Gefängnis bedroht wird, wird Forschung zur Auseinandersetzung mit staatlicher Exekutive. Die Begriffe »Genozid« oder »Völkermord« können nicht mehr so verwendet werden wie zuvor, weil eine Debatte darüber vom Staatsanwalt erstickt werden kann. Im historischen Verlauf hat es diese Debatte immer gegeben.

Ein Blick auf die Interpretation der armenischen Tragödie ruft uns die unterschiedliche Interpretierbarkeit der Ereignisse im Laufe der Zeit in Erinnerung. Waren es im Oktober 1918 noch spät-osmanische Gerichte, welche die – übrigens weltweit – ersten Urteile wegen Völkermordes gegen jungtürkische Minister aussprachen, ließ die internationale Konferenz von Lausanne im Jahre 1923 den Terminus »Völkermord« nicht gelten und exkulpierte die junge Türkei von allen diesbezüglichen Anschuldigungen. Fast hundert Jahre später, im Jahr 2011, wird in der Türkei mit Strafe bedroht, wer den Völkermord an den Armeniern als solchen bezeichnet, und umgekehrt landet jemand in der Schweiz (und möglicher Weise auch in Frankreich) vor Gericht, der sich weigert, die Massaker des Sommers 1915 als Völkermord anzuerkennen. In Deutschland kann 2011 darüber ohne juristische Keule geforscht werden, auch in Österreich ist folgender Satz (noch?) möglich: »Die Vertreibung der Armenier aus dem Osmanischen Reich war vom Staat als Säuberungsaktion geplant; einen Völkermord im engeren Sinn, wie er den UN-Konventionen entspricht, kann man die Tragödie nicht nennen.«

Gerade die armenische Frage ist in den vergangenen Jahren zum Prüfstein einer Politik geworden, die sowohl in der Europäischen Union als auch in den USA und der Türkei (je unterschiedlich) mit den Vorgängen im Ersten Weltkrieg nichts mehr zu tun hat. Dahinter steckt vielmehr der Versuch, staatliche Kontrolle mit juristischen Instrumenten und Drohungen auf demokratische Rechte wie den offenen Meinungsaustausch auszuweiten. Die »Armenierfrage« dient heute vor allem diesem Zweck. Sie eignet sich aus mehreren Gründen hervorragend dafür: Zum einen liegen die Ereignisse schon zu lange zurück, als dass Opfer oder Täter überhaupt noch existierten. Das hat den Vorteil, dass die Debatte um ein Für und Wider der Völkermordthese einen stark akademischen Charakter hat und anders als z. B. bei jüngeren Tragödien in Kambodscha, Ruanda oder Bosnien nur mehr Nachfahren der Opfer leben, die das Leiden in der Familie und am Volk gespürt, nicht aber persönlich erlebt haben. Zum anderen kann damit auch ein christlich-muslimischer Kulturkampf kaschiert geführt werden, mit dem die Europäische Union ein jederzeit aktivierbares Mittel gegen türkische Avancen in Richtung Brüssel in der Hand hält. Damit setzt die Politik der EU gegenüber Ankara denselben Hebel an, dessen sich die Westmächte strukturell seit dem Niedergang des Osmanischen Reiches zu bedienen wussten: Es war eine ausbalancierte Machtpolitik, die den Türken immer dann zu Hilfe kam, wenn andere Großmächte – wie z. B. Russland – an Terrain in der Region gewonnen hatten, ihnen aber immer dann Einhalt gebot, wenn die türkische Position gestärkt war. Die Behandlung der Armenierfrage begleitet diese Machtpolitik kulturell und zunehmend juristisch.

Nochmals zur Quellenlage

Dort, wo es um einander unversöhnlich gegenüber stehende Positionen geht, wie es bei der Einschätzung der armenischen Katastrophe von 1915 der Fall ist, wird freilich auch um die Authentizität der Quellen gestritten. Ohne die Sachlage überprüfen zu können, was schon deshalb nicht möglich ist, weil der Autor dieses Buches der dafür notwendigen Sprachen nicht mächtig ist, fällt doch die Heftigkeit auf, mit der in der Sekundärliteratur, also in dem für breiteres Publikum bestimmten Werken, um die Interpretation der Quellen gerungen wird. Unumstritten sind die vielen Opferberichte, die teils in protokollierten Aussagen und teils in Buchform vorliegen. Auch der bereits einleitend erwähnte Roman von Franz Werfel, *Die vierzig Tage des Musa Dagh*, gehört zu dieser Art von Quellen. Werfel stützte sich bei seiner Recherche ausschließlich auf Erzählungen von Verwandten und Nachfahren der Opfer.

Solche Augenzeugenberichte sind in ihrer Wahrhaftigkeit erschütternd, sie geben einen Eindruck von dem Grauen, das die Menschen, das armenische Volk, erlebt haben. Aber sie reichen nicht aus, um die Planmäßigkeit des Mordens zu beweisen. Dafür braucht es auch Selbstzeugnisse und Dokumente der Täter, und es bedarf einer Forschung, diese einzuschätzen. Um die Täterperspektive wird auch nach hundert Jahren noch gerungen.

Die Schwierigkeit dabei ist zum einen eine strukturelle. Täterkreise, die einen Völkermord planen, sind sich ihrer kriminellen Energie bewusst. Sie wissen, was sie anrichten wollen und auch, dass dieses Verbrechen zum schlimmsten gehört, was Menschen anderen Menschen antun können. Also werden sie darüber im Regelfall nicht ausführlich Buch führen. Dies gelingt ihnen umso besser, je stärker sie die staatlichen und militärischen Organe, die mit dem Verbrechen beauftragt werden, unter ihrer Kontrolle haben. Die Vernichtung von schriftlich erteilten Befehlen ist ein Gebot der Stunde oder wird zumindest nach vollbrachter Untat, so die entsprechende Zeit vorhanden ist, erfolgen.

Tatsächlich existieren offenbar nur wenige schriftliche Dokumente, welche die Absicht der Ausrottung der Armenier als Volk belegen. Und diese Dokumente werden von der türkischen Seite vehement als »Manipulationen« oder »Fälschungen« beansprucht. So zitiert Gunnar Heinsohn in seinem *Lexikon der Völkermorde*[116] ein vom damaligen Innenminister Talât Paşa verfasstes Telegramm, das die Vernichtung der Armenier ebenso fordert wie die Vernichtung derer im Osmanischen Reich, die sich dem Befehl widersetzen:

> Ihnen wurde bereits mitgeteilt, dass die Regierung durch Befehl der Versammlung beschlossen hat, die in der Türkei lebenden Armenier restlos auszurotten. Diejenigen, die sich diesem Befehl widersetzen, können nicht mehr für die Regierung im Amt bleiben. Ohne Rücksicht auf Frauen, Kinder und Kranke (…) muss ihrer Existenz ein Ende bereitet werden.

---

116. Gunnar Heinsohn: *Lexikon der Völkermorde*. Hamburg 1998, S. 351, zit. in: Pohl, S. 38

Interessant an diesem Telegramm ist die gleichermaßen angeordnete Brutalität gegenüber Armeniern und Türken, die sich weigern, Armenier »auszurotten«. Daraus kann unschwer geschlossen werden, dass es in den *Vilâyets* viele osmanische Verantwortliche gegeben haben muss, die nicht hinter den Vernichtungsmaßnahmen gestanden sind und erst durch die Androhung, sie mitsamt Familie ebenfalls auszurotten, dazu gezwungen werden sollten.

Die völkermörderische Absicht kommt in diesem Telegramm unzweifelhaft zum Ausdruck, wenngleich die zugrunde liegende Verzweiflung, es mit unwilligem Personal zu tun zu haben, spürbar ist. Auch fehlt der Befehl, auf den sich das Telegramm bezieht. Reinhard Pohl,[117] der sich für eine Beweisführung der Völkermordthese engagiert, spricht in seinem Band *Völkermord* von »einigen Dutzend Telegrammen«, die erhalten geblieben sind. Sie wurden offensichtlich von britischen Truppen 1918 kassiert und nach London gebracht, wo die entsprechenden Archive erst 1994 geöffnet wurden.

Eine weitere Sammlung von »Völkermord-Befehlen« wurde im Jahr 1920 von dem armenischen Journalisten und früheren osmanischen Zensor Aram Andonian herausgegeben. Nach eigenen Angaben hatte sie dieser unmittelbar nach Kriegsende als Abschriften von einem Beamten aus Aleppo gekauft.[118] Sie sind mithin keine Originale. Die türkische Geschichtswissenschaft hat in diesen Abschriften viele Fehler entdeckt, sowohl was die Sprache, als auch was Zeit- und Ortsangaben betrifft, was auch von der Armenier-freundlichen Forschung bestätigt wird. Dies ist umso bemerkenswerter, weil es diese fehlerhaften Abschriften waren, die auch beim Prozess gegen den Mörder von Talât Paşa in Berlin 1921 dem Gericht vorgelegt wurden, um die völkermörderische Absicht des Opfers – Talât Paşa – zu beweisen. Schon beim Prozess in Berlin wurde der deutsche Konsul und Türkei-Kenner Walter Rössler um eine Expertise zu den Abschriften befragt und stellte fest, dass ihre Authentizität »sehr schwer festzustellen«[119] sei. Für einen Freispruch des armenischen Täters reichte es aber.

Umgekehrt klagen westliche Forscher, dass sie bei der Beweisführung ihrer Völkermord-These von türkischen Archivaren behindert würden. Selbst der deutsche Bundestag kritisierte im Jahr 2005, dass die von ihm in Kopie an Ankara übermittelten Unterlagen der kaiserlich-deutschen Stellen nicht öffentlich zugänglich seien. Dem widersprechen türkische Offizielle und Historiker. Einer von ihnen, der ehemalige Generaldirektor des osmanischen Archivs in der Türkei, Yusuf Halaçoğlu, hat sich sogar die Mühe gemacht, eine Statistik

---

117. Pohl, S. 38
118. Veröffentlicht wurden diese kopierten Telegramme unter dem Titel *"The Memoirs of Naim Bey"*.
119. Pohl, S. 42

der Archivbenutzer zu veröffentlichen. Damit will er die Zugänglichkeit der türkischen Archive beweisen. Zwischen 1998 und 2003 haben ihm zufolge 1180 nicht-türkische Wissenschaftler in den osmanischen Archiven gearbeitet;[120] niemand davon habe Quellen zur armenischen Frage ausgehoben, obwohl dies problemlos möglich sei. Wenn diese Statistik stimmt, dann ist der Vorwurf an die westliche Armenienforschung, sie würde sich ausschließlich der Opferquellen bedienen, gerechtfertigt.

Allein die Dispute um die Quellenlage und die Benutzung der Quellen bestätigen dem unvoreingenommenen Beobachter, wie stark die inhaltliche Aufarbeitung der Vertreibung und Ermordung der Armenier im Ersten Weltkrieg je nach historischem und politischem Interesse divergiert. Diesen Kampf um Wahrheit juristisch entscheiden zu wollen, ist kontraproduktiv.

Frankreich prescht vor

Im Kontext der Europäischen Union ist es in erster Linie Frankreich, das mit seinen »Erinnerungsgesetzen« Debatten gesetzlich knebeln will. So auch in der Frage, inwieweit die Leugnung des Völkermords an den Armeniern eine strafbare Tat darstelle.

Begonnen hat es mit der Anerkennung des Völkermords an den Armeniern als offizieller Feststellung: *La France reconnaît publiquement le génocide arménien de 1915* (»Frankreich anerkennt den armenischen Völkermord von 1915«) lautet lapidar das Gesetz Nr. 2001-70 vom 29. Januar 2001, gezeichnet von Präsident Jacques Chirac und seinem Ministerpräsidenten Lionel Jospin. Damit war die armenische Tragödie französisch-amtlich als Völkermord bestätigt. Diesem Akt gingen jahrelange Interventionen armenischer Exilorganisationen voraus, die in Frankreich eine geschätzte Anzahl von einer halben Million armenischstämmigen Menschen vertreten. Schon eine solche staatliche Einmischung in die Beurteilung historischer Prozesse ist fragwürdig, und sie war auch in Frankreich umstritten, wie z. B. der damalige Abgeordnete der konservativen UMP *(Union pour un mouvement populaire)*, Roland Blum, der gesetzlichen Prozedur vorwarf: »Die ganze historische Debatte wurde bereits am 29. Januar 2001 für beendet erklärt, als die Verantwortung der Türkei am armenischen Genozid des Jahres 1915 anerkannt wurde«,[121] meinte er anlässlich der Verschärfung des Gesetzes im Jahr 2006.

Fünf Jahre später verabschiedete die französische Abgeordnetenkammer,

---

120. Halaçoğlu, S. 98f.
121. vgl. www.assemblee-nationale.fr/12/cra/2005-2006/225.asp#P275_85484. Zit. in: Winfried Schulze: Erinnerung per Gesetz oder »Freiheit für die Geschichte«? In: *Geschichte und Wissenschaft* Nr. 7/8/2008, S. 373

aufbauend auf die staatliche Anerkennung des Völkermordes an den Armeniern, eines jener berüchtigten Erinnerungsgesetze, das direkt in historische und aktuelle Debatten eingreift. Am 12. Oktober 2006 stimmten 106 (von insgesamt 577) Abgeordneten bei 19 Gegenstimmen und der Abwesenheit bzw. Enthaltung der anderen für die Strafbarkeit der Leugnung des Armeniergenozids. Eine Ratifizierung durch die zweite Kammer, den Senat, wird seither blockiert; am 4. Mai 2011 beschloss der französische Senat vorerst, keine Abstimmung über den Antrag durchzuführen. Sollte dieses Gesetz auch diese parlamentarische Hürde nehmen, muss die armenische Katastrophe von 1915 künftig als »Völkermord« beschrieben werden. Zuwiderhandeln würde mit einem Jahr Haftstrafe und bis zu 45 000 Euro Geldstrafe geahndet. Zuvor war im Mai 2006 der erste Versuch der Unterstrafestellung wegen mangelhafter Teilnahme und parlamentarischen Ränkespielen im Vorfeld gescheitert. Im Oktober 2006 gelang es der sozialistischen Opposition, diesen fragwürdigen Coup zu landen. Die meisten Abgeordneten allerdings, vor allem die der bürgerlichen UMP, waren der Abstimmung ferngeblieben,[122] vor allem auch deshalb, weil sie eine Brüskierung der Türkei verhindern wollten. Die Blockade vom Mai 2011 zeigt, wie umstritten eine Strafwürdigkeit der Leugnung des armenischen Völkermordes auch in Frankreich ist.

Selbst die französischen Grünen hatten ihre Abgeordneten dazu aufgerufen, diesem Gesetz nicht zuzustimmen, weil sie es als »durchsichtiges Wahlkampfgeschenk an die radikalen Kräfte in der armenischen Diaspora«[123] einschätzten. Unzufrieden mit dem französischen Vorpreschen in Sachen armenisches Erinnerungsgesetz äußerte sich auch der armenische Patriarch von İstanbul, Mesrop Mutafyan, der den türkisch-armenischen Dialog gefährdet sah, und einer der prominentesten armenischen Intellektuellen, der İstanbuler Hrant Dink, meinte in seiner Wochenzeitung *Agos*, dieses Gesetz sei »idiotisch« und »verhindert jede Debatte zwischen Türken und Armeniern.«[124] Er wolle, so Dink weiter, bei Inkrafttreten des Gesetzes, der erste in Paris sein, um dagegen zu verstoßen, um damit seinen Protest gegen derlei Politik zu dokumentieren. Dazu kann es leider nicht mehr kommen. Hrant Dink wurde von türkischen Nationalisten im Januar 2007 auf offener Straße erschossen.

Intellektuelle wie Hrant Dink haben die demokratiepolitische Sprengkraft der Strafandrohung für offene Debatten erkannt, leiden und sterben sie – wie er in der Türkei – doch unter genau diesem Phänomen. Die Logik ist bestechend: Wenn Frankreich die Leugnung des armenischen Völkermordes unter

---

122. www.tagesschau.de/ausland/meldung93496.html
123. zit. in: www.wikipedia.org/wiki/Negationismus
124. Hrant Dink, in: www.wikipedia.org/Hrant-Dink

Strafe stellt, wie soll dann umgekehrt eine armenische Position in der Türkei gegen das dortige Gesetz auftreten können, das die Nennung der Verbrechen an den Armeniern als »Völkermord« zum Gesetzesbruch erklärt?

Zu einer diesbezüglichen Änderung der türkischen Gesetze sah sich folgerichtig auch Ministerpräsident Recep Tayyip Erdoğan nicht veranlasst, als er vom französischen Gegenstück erfahren hatte. Er drohte bei Annahme durch die zweite Kammer mit ernsten bilateralen, vorerst wirtschaftlichen Konsequenzen. Und damit nicht genug: In seiner Fraktion der AKP[125]-Abgeordneten wurde der Vorschlag laut, die Türkei sollte ein Gesetz verabschieden, das die französischen Massenmorde zur Zeit der Kolonialherrschaft in Algerien als »Völkermord« anerkennt.

Die Schweiz klagt an

Radikaler als Frankreich besteht in der Schweiz bereits seit 1994 der Strafrechtsartikel 261bis, der das Leugnen von Völkermord – gemäß Antirassismusgesetz – generell unter Strafe stellt.[126] Hier sind auch bereits entsprechende Gerichtsverfahren anhängig, so z. B. gegen den türkischen Archivar und Historiker Yusuf Halaçoğlu. Er leugnet auf Basis seiner Forschungen generell und bewusst, dass es sich bei der Vertreibungs- und Vernichtungspolitik der Jungtürken im Jahr 1915 um einen Völkermord gehandelt habe und hat das auch in seinem 2006 vom Klagenfurter Wieser-Verlag ins Deutsche übersetzten Werk *Die Armenierfrage* dokumentiert.[127] Im Mai 2004 hatte er in Winterthur einen Vortrag über die Armenierfrage gehalten und dabei den Völkermord abgestritten, worauf im Frühjahr 2005 ein Verfahren gegen ihn wegen Völkermordleugnung eingeleitet wurde. Seither warten die schweizerischen Behörden darauf, dass sie ihn bei einer neuerlichen Einreise verhören können.

Doğu Perinçek ist der erste Mensch, der in der Schweiz auf Basis des Antirassismusgesetzes wegen Genozidleugnung rechtskräftig verurteilt worden ist. Perinçek ist ein türkischer Jurist und Politiker. Anlässlich einer Kundgebung in Lausanne am 24. Juli 2005 erklärte er, der Völkermord an den Armeniern sei eine »imperialistische Lüge«. Er wurde dafür am 9. Mai 2007 zu einer Geldstrafe verurteilt, seine Revision wies das Kantonsgericht in Waadt ab. Somit kann Doğu Perinçek als erstes Opfer einer immer weiter um sich greifenden Meinungsjustiz in der Armenierfrage bezeichnet werden. Der heute 69jährige Politiker ist Vorsitzender der linksnationalistischen *İşçi Partisi* (Arbeiterpartei), nachdem zuvor seine *Sosyalist Parti* (Sozialistische Partei) verboten worden

---

125. *Adalet ve Kalkınma Partisi* (Partei für Gerechtigkeit und Aufschwung)
126. vgl. Tanner, in: Kieser, S. 182
127. Yusuf Halaçoğlu: *Die Armenierfrage*. Klagenfurt 2006

war. Bereits zwei Mal war er für längere Zeit in türkischen Militärgefängnissen gesessen. Seit März 2008 befindet sich Perinçek neuerlich wegen Terrorverdachts in türkischer Haft.[128]

Zur schweizerischen Anklageschrift wegen Leugnung des Völkermordes an den Armeniern aus dem Jahr 2005 hatte er damals nur Spott und Hohn übrig: Der Antirassismusparagraf sei ein »Inquisitionsgesetz aus dem Mittelalter«,[129] das eliminiert gehöre, meinte er.

Die gerichtlichen Ermittlungen gegen türkische Staatsbürger haben auch zu einer diplomatischen Verstimmung zwischen der Türkei und der Schweiz geführt. So wurde der schweizerische Botschafter in Ankara ins Außenministerium zitiert, wo er die Gesetzgebung erklären musste.

In Deutschland tobt der Meinungsstreit

Die deutsche Gesetzgebung in Sachen Völkermordleugnung muss auf zwei extrem unterschiedliche, untereinander verfeindete Lobbies Rücksicht nehmen. Da sind auf der einen Seite, wie in Frankreich und der Schweiz auch, armenische Diasporaverbände, die starken Druck auf den Bundestag in Berlin ausüben und auch mit Hilfe einzelner Abgeordneter ihren Interessen zum Durchbruch verhelfen wollen. Auf der anderen Seite aber, unterschiedlich zu Frankreich, leben in Deutschland ein paar Millionen Türken und türkischstämmige Deutsche, deren übergroße Mehrheit, wenn auch nicht aktiv, aber doch indirekt die These vom Völkermord an den Armeniern ablehnt. Diese Polarität diasporischer armenischer und gastarbeiterischer türkischer Wahrnehmung spiegelt sich auch in den deutschen Gesetzen zur armenischen Frage.

Besonders eifrig darum bemüht, die armenische Tragödie als Völkermord staatlich kodifizieren zu lassen, ist die Arbeitsgruppe Anerkennung (AGA) mit ihren Vorständen Tessa Hofmann, die eigentlich Tessa Savvidis heißt, und Sarkis Bezelgues. Ihr gehören ein Dutzend armenischer und griechisch-orthodoxer Vereinigungen sowie die Aramäische Föderation an. Mit dem Zentralrat der Armenier steht auch ein finanziell gut ausgestatteter Verein zur Verfügung. Das Ziel der AGA ist es, mittels politischen Druckes den deutschen Bundestag zur Anerkennung des armenischen Völkermordes und in der Folge zur Strafbarkeit seiner Leugnung zu bewegen, letzteres mit dem unhinterfragten Argument, wonach Leugnung Teil des Völkermordes und dessen integraler Bestandteil sei.

Ihre wissenschaftliche Reputation hat Tessa Hofmann verloren, als sie 1980

---

128. www.wikepedia.org/wiki/Dogu-Perincek
129. www.st.gallen.ch/news/detail.asp?ID=218073

ihr wichtigstes Buch, *Der Völkermord an den Armeniern vor Gericht*,[130] mit einem Titelfoto illustrierte, das von ihr als »Türkische Barbarei: eine Schädelpyramide in Westarmenien 1916/17« bezeichnet wurde, in Wahrheit aber ein Werk des russischen Malers Wassili W. Wereschtschagin aus dem Jahr 1871 zur Apotheose des Krieges darstellt.[131]

Ihr Engagement für die armenische Diaspora hat das nicht beeinträchtigt. Nicht zuletzt unter deren Druck beschloss der deutsche Bundestag am 15. Juni 2005 einen von SPD, CDU/CSU, FPD und Grünen eingebrachten Antrag,[132] die Gräuel der Vernichtung der Armenier staatlicherseits anzuerkennen:

> Der Bundestag verneigt sich im Gedenken an die Opfer von Gewalt, Mord und Vertreibung, unter denen das armenische Volk vor und während des Ersten Weltkrieges zu leiden hatte. Er beklagt die Taten der jungtürkischen Regierung des Osmanischen Reiches, die zur fast vollständigen Vernichtung der Armenier in Anatolien geführt haben.

Die Termini »Völkermord« oder »Genozid« kommen in der Resolution explizit nicht vor. Nur einmal ist davon die Rede, dass »zahlreiche unabhängige Historiker (…) die Vertreibung und Vernichtung der Armenier als Völkermord« bezeichnen. Begründet wurde dies von einem der antragstellenden Abgeordneten, Christoph Bergner, folgendermaßen:

> Wir haben bei der Formulierung unseres Antrages auf die juristische Kategorisierung durch die Begriffe »Völkermord« bzw. »Genozid« bewusst verzichtet. Dieser Verzicht geschah nicht, weil wir die Ereignisse, deren wir gedenken, verharmlosen oder beschönigen wollen. (…) Es geht uns ausdrücklich nicht darum, die türkische Republik oder gar ihre Bevölkerung auf die Anklagebank zu setzen.[133]

Mehr als indirekt bestätigt damit der Antragsteller des angenommenen Gesetzesentwurfs, dass es politische Interessenabwägungen waren, die – zumindest vorläufig – zu einer Zurückweisung armenischer Erinnerungsgesetze geführt hat. Der Bundestag hat insbesondere die türkische Bevölkerung in Deutschland im Auge gehabt, als er sich entschloss, die armenische Tragödie nicht als Völkermord zu klassifizieren.

Die türkisch-nationale Seite war mit der vergleichsweise maßvollen

---

130. Tessa Hofmann: *Der Völkermord an den Armeniern vor Gericht – der Prozess Talaat Pascha.* Göttingen 1980
131. www.wikipedia.org/wiki/Tessa_Hofmann
132. siehe: http://dipbt.bundestag.de/doc/btd/15/056/1505689.pdf
133. Protokoll des Bundestages 15/172, 16128, zit. in: Pohl, S. 27

Verurteilung der Massaker an den Armeniern indes nicht zufrieden. Organisationen wie die Atatürk-Gesellschaft oder der Dachverband der Türkisch-Islamischen Union (DİTİB) rufen immer wieder zu Manifestationen gegen die »Völkermord-Lüge« auf. Sie sprechen von »beleidigtem Türkentum« und der Notwendigkeit, die »Zeit der Demut zu beenden«. So kommt es rund um den Todestag des ehemaligen osmanischen Innenministers Talât Paşa, der am 15. März 1921 von einem armenischen Nationalisten in Berlin ermordet worden war, immer wieder zu Sympathiekundgebungen für den Hauptverantwortlichen der völkermörderischen Vertreibungen. Das Oberverwaltungsgericht Berlin-Brandenburg hat anlässlich einer dieser Kundgebungen 2005 ein Urteil mit Präzedenzcharakter gefällt, das die Leugnung des Völkermordes indirekt doch strafbar macht. Wer demnach Transparente mit der Losung »Völkermord-Lüge« hochhält, wird auf Basis des Artikels 189 des deutschen Strafgesetzbuches wegen »Verunglimpfung des Andenkens Verstorbener« angeklagt. Die Dehnbarkeit des Straftitels »Verunglimpfung des Andenkens Verstorbener« mag für hitzige Auseinandersetzungen auf der Straße vernünftig erscheinen, eine klare Richtlinie beinhaltet er freilich nicht. Zudem wohnt auch ihm die Gefahr inne, Meinungsfreiheit zu kriminalisieren.

In Richtung Bestrafung von Meinung geht ganz explizit die Lobby-Arbeit der Arbeitsgruppe Anerkennung. In ihrer Petition[134] an den Bundestag vom 15. Oktober 2008 fordert sie die »erweiterte Strafbarkeit der Völkermordleugnung« und eine »Änderung des § 130b StGB«[135]. Aus Anlass einer türkisch-aserbaidschanischen Konferenz, zu der im Februar 2008 in Berlin Historiker die »Ereignisse von 1915« aus türkischer Sicht diskutiert haben, stellt die AGA fest, dass damit eine »wiederholte Kränkung und Herabsetzung der in Deutschland lebenden Armenier« betrieben worden sei, weshalb der Bundestag endlich ein Gesetz beschließen möge, das die juristische Verfolgung von Völkermordleugnern erlaube. Weiter heißt es: »Für die Anerkennung kommen alle Völkermordfälle in Betracht, die in der internationalen Genozidforschung mehrheitlich als solche betrachtet werden«. Und um keine Missverständnisse aufkommen zu lassen, werden diese summarisch mit Stichworten wie Herero und Nama, Armenier, Aramäer, Assyrer, Griechen, Kambodscha, Ruanda und Srebrenica aufgelistet. Im Klartext würde das bedeuten: Sobald eine erkleckliche Anzahl von HistorikerInnen und/oder VölkerrechtlerInnen festgestellt hätte, ein Massaker irgendwo auf der Welt sei ein Völkermord gewesen, könnten Zweifler und Leugner daran juristisch zur Rechenschaft gezogen werden.

134. www.aga-online.org/de/aktionen/detail.php?newsId=276
135. Dieser Paragraf betrifft ausschließlich die Leugnung von Völkermord, wie er von den Nationalsozialisten an den Juden begangen wurde.

Der Genozidforscher als Gesetzgeber, sozusagen, zumindest dann, wenn er genügend Kollegen findet, die seine These teilen. Wie viel »genügend« sind, darüber können sich dann, folgt man der Argumentation der »Armenier-Petition«, in der Folge die Parlamentarier streiten.

Auch die weiteren juristischen Vorschläge wirken für ein demokratiepolitisch offenes Diskussionsklima abenteuerlich. Demnach sollen – offensichtlich neben der Billigung und der Leugnung –, so die AGA, drei weitere »Hauptmodalitäten« als strafbar angewandt werden: »Abstreitung, Verharmlosung und Rechtfertigung«. Besonders perfid an dieser Argumentation ist die Vermischung von »Abstreitung«/»Leugnung« und »Billigung«/»Rechtfertigung«. Letztere haben eindeutig anderen Charakter als Zweifeln oder Leugnen. Jemand, der z. B. einen Genozid billigt, kann doch nicht mit jemandem juristisch gleichgesetzt werden, der überhaupt anzweifelt, dass ein solcher stattgefunden habe. Wer weiß, wie Kriege auch und verstärkt an der Propagandafront geführt werden, dem fallen unschwer jede Menge von Attacken, Morden und Massakern an Einrichtungen und auch Menschen der eigenen Seite ein, die von »Opfer«-Seite nur zu dem Zweck durchgeführt worden sind, um die andere, die feindliche Seite zu desavouieren. Vom Reichstagsbrand im Jahre 1933 bis zu Wirren der bosnischen Bürgerkriege der Jahre 1992 bis 1995 könnte eine Liste von Anschlägen erstellt werden, deren Täterschaft nicht oder unzureichend geklärt worden sind und nichtsdestotrotz den Interessen der vermeintlichen Opfer dienten.

Solche Bedenken beiseite schiebend, fordert die AGA vom deutschen Bundestag klipp und klar eine Erweiterung des § 130b zur Völkermordleugnung: »Mit Freiheitsstrafe bis zu fünf Jahren oder mit Geldstrafe wird bestraft, wer öffentlich einen Völkermord leugnet, verharmlost, billigt oder rechtfertigt.« Als solche zu judizierende Völkermordleugnungen wünschen sich die Unterzeichner »die unter der Herrschaft des Nationalsozialismus und unter der Herrschaft der Jungtürken begangenen Völkermorde sowie die Völkermorde in Namibia, Kambodscha, Ruanda und Srebrenica.«[136]

Die Debatte um die Strafbarkeit von Meinung im Zusammenhang mit dem Völkermord an den Armeniern, der von türkischer Seite bestritten wird, ist auch in Deutschland nicht abgeschlossen. Sie hängt, wie an anderen Plätzen der Welt, von inneren und äußeren Faktoren ab. Und auch davon, wie stark sich Verfechter einer offenen Debatte und einer freien, nicht von Justiz bedroht sein wollenden historischen Forschung und Journalismus gegenüber Gesinnungs- und Meinungsgesetzen wehren.

---

136. www.aga-online.org/de/aktionen/detail.php?newsId=276

Jerewan bestraft Leugnung und Verharmlosung

Die junge, postsowjetische armenische Republik hat vergleichsweise spät, am 6. Dezember 2006, eine Gesetzesnovelle durch das Parlament gebracht, die »Rechtfertigen, Billigen, Verharmlosen oder Leugnen des Genozids«[137] unter Strafe stellt. Der Strafrahmen reicht von einer Geldstrafe bis zu vier Jahren unbedingter Haft.

Strafbare »Schmähung des Türkentums«

In der kemalistischen türkischen Republik existieren gleich mehrere Gesetzesparagrafen, die Gesinnung und Meinung mit Strafe bedrohen. Der berüchtigtste von ihnen ist wohl der Paragraf 301, nach dem missliebige Meinungen wegen vorsätzlicher »Schmähung des Türkentums« juristisch geahndet werden. Das muss nicht nur jene betreffen, die die Gräuel an den anatolischen Armeniern und deren Vertreibung im Jahre 1915 als Völkermord bezeichnen. Uns interessiert aber genau dieser »Tatbestand«.

Der Paragraf 301 des türkischen Strafgesetzbuches wurzelt in einem kemalistischen Gesetz aus den 1930er Jahren und wurde mehrmals überarbeitet. Bis April 2008 stellte er die »Schmähung des Türkentums« unter Strafe. Was darunter zu verstehen ist, unterlag im Lauf der Jahrzehnte unterschiedlichen Beurteilungen. Die Bezeichnung »Völkermord« für die armenischen Vertreibungen im Ersten Weltkrieg fiel jedenfalls darunter. Unter dem Druck der Europäischen Union, die sich in vagen Aufnahmegesprächen mit der Türkei befand, wurde der Paragraf sowohl inhaltlich als auch im Strafrahmen entschärft. Nun ist es nicht mehr das Türkentum, das nur bei Strafe beleidigt respektive geschmäht werden darf, sondern die »türkische Nation«. Er lautet: »Wer die türkische Nation, den Staat der Türkischen Republik, die Große Nationalversammlung der Türkei, die Regierung der Türkischen Republik und die staatlichen Justizorgane öffentlich herabsetzt, wird mit sechs Monaten bis zu zwei Jahren Gefängnis bestraft.« Auch ist zur Anklageerhebung ausdrücklich die Ermächtigung des Justizministers notwendig, was das Vorpreschen einzelner lokaler nationalistischer Staatsanwälte erschwert.

Noch vor der Reform wurde der armenische Intellektuelle Hrant Dink mithilfe des Paragrafen 301 im Jahre 2006 angeklagt und verurteilt. Er hatte in mehreren Beiträgen seiner Wochenzeitschrift *Agos* sowohl die armenische Katastrophe des Ersten Weltkriegs als »Völkermord« tituliert, als auch einen wesentlichen Teil seines politischen Engagements dem Kampf gegen die Maulkorb-Paragrafen gewidmet. Nicht zuletzt dieser sein Einsatz um eine offene,

---

137. www.dw-world.de/dw/article/0,2144,2263668,00.html

von keiner Jurisdiktion bedrohten Debatte hat zumindest mit dazu beigetragen, dass Hrant Dink am 19. Januar 2007 vor seinem Büro von türkischen Nationalisten ermordet wurde. Sein Sohn Arat Dink, der mit seinem Vater zusammenarbeitete und nach dessen Tod die Zeitschrift weiterführte, wurde am 11. Oktober 2007 in derselben Causa in erster Instanz zu einem Jahr Haft verurteilt.[138]

Symbolträchtig ist auch der nach wie vor in der Türkei übliche Respekt vor den beiden osmanisch-jungtürkischen Politikern Talât Paşa und Enver Paşa. 1918 waren sie in Konstantinopel wegen Völkermordes noch zum Tode verurteilt worden. Ihrer späteren Rehabilitation folgte die Überführung ihrer sterblichen Überreste auf den İstanbuler Freiheitshügel, wo sie in Ehrengräbern ruhen. Die Zeremonie für Talât Paşa fand übrigens 1943, mitten im Zweiten Weltkrieg, statt, als Berlin – wieder einmal – mit İstanbul militärisch verbunden war; Enver Paşas sterbliche Überreste wurden 1996 auf den İstanbuler »Ewigen Freiheitshügel« überstellt.

Der türkisch-EU-europäische Wettlauf um Gesinnungskontrolle

So undemokratisch der Paragraf 301 des türkischen Strafgesetzbuches ist und so sehr er die Meinungs- und Pressefreiheit, und natürlich auch die Freiheit der historischen Forschung einer ständigen Bedrohung aussetzt, so ist doch auffällig, dass in der Türkei in den vergangenen Jahren eine im Vergleich zur EU gegenläufige Tendenz in Sachen staatlicher Kontrolle von Gesinnung festzustellen ist. Während Ankara in der Regierungszeit der moderat-muslimischen AKP, und sicher auch unter dem Druck Brüssels, seine diesbezüglichen Gesetze entschärfte, verabschieden immer mehr Parlamente von EU-Staaten Gesinnungs- und Erinnerungsgesetze. Als ersten Schritt in Richtung einer später möglichen Verstrafrechtlichung haben dabei nicht nur Frankreich, sondern auch die Niederlande, Schweden, die Slowakei, Bulgarien, Griechenland und Dänemark den Völkermord an den Armeniern offiziell anerkannt. Der EU-Rahmenbeschluss zur Bekämpfung von Rassismus und Völkermordleugnung kann unschwer und rasch in ein Instrument zur juristischen Verfolgung von Menschen verwandelt werden, die dieser offiziellen Sichtweise widersprechen.

Insofern befinden sich die Türkei und die Europäische Union in der Frage der Gräuel an den Armeniern und der politischen und rechtlichen Einschätzung darüber auf Konfrontationskurs: Während Ankara seine Gesetze entschärft, entstehen im Einflussbereich von Brüssel neue Gesinnungsparagrafen.

---

138. http://en.wikipedia.org/wiki/Arat_Dink

Bosnischer Gründungsmythos: Völkermord in Srebrenica

Am 16. Juli 1995 erschossen Dražen Erdemović und sieben namentlich bekannte Mittäter einer Sabotageeinheit der bosnisch-serbischen Armee während eines Diensturlaubes nördlich von Sarajevo in einer aufgelassenen Schweinefarm 1200 bosnische Muslime. Dies kann man den Prozessakten des von der UNO eingesetzten Jugoslawien-Tribunals in Den Haag entnehmen. Bezahlt wird diese Einrichtung übrigens mehrheitlich von den USA und privaten Geldgebern wie der Soros-Stiftung *Open Society Institute*, *Time-Warner*, *Disney World*, der *Rockefeller* und der *MacArthur Foundation*.[139]

Dražen Erdemović ist der bislang einzige Verurteilte für die Massaker, die im Sommer 1995 nach der Einnahme der Stadt Srebrenica durch bosnisch-serbische Truppen stattfanden, der sich zu der Tat bekannt hat. In Den Haag fungierte und fungiert er seither als Kronzeuge der Anklage gegen Slobodan Milošević, Radovan Karadžić sowie Offiziere der bosnisch-serbischen Armee von General Ratko Mladić abwärts. An den Mittätern zeigte das »Internationale Kriegsverbrechertribunal für das frühere Jugoslawien«, wie es offiziell heißt, kein Interesse. Erdemović, der persönlich »ca. 100 bis 120« Erschießungen zugegeben hatte, wurde in einem Revisionsverfahren wegen »Verletzung der Gesetze und Gebräuche der Kriegsführung« zu fünf Jahren Haft verurteilt. Er kam nach drei Jahren auf freien Fuß, profitierte vom Zeugenschutzprogramm des Gerichtes und lebt seither mit einer neuen Identität in einem skandinavischen Land, jederzeit auf Abruf als »geschützter Zeuge« für das Tribunal verfügbar.[140]

Das Bild von Srebrenica als Inbegriff des Grauens ruht zu einem Gutteil auf den Aussagen des Dražen Erdemović. Der Rest setzt sich aus Augenzeugenberichten von Opfern, politischem Tauziehen der Kriegsparteien und medialer Aufarbeitung zusammen, die sich sowohl im Laufe der Zeit als auch je nach Quelle sehr unterschiedlich anhört.

Der Umgang des Jugoslawien-Tribunals mit Erdemović und seinen Mittätern gibt zu denken. Mehr noch: Er legt nahe, dass den Staatsanwälten und Richtern die Funktion des Verurteilten wichtiger ist als seine Tat. Unübersehbar ist die Instrumentalisierbarkeit des Kronzeugen. Diese wird auch gar nicht

---

139. http://www.icty.org/sections/AbouttheICTY/SupportandDonations
140. vgl. Germinal Civikov: *Srebrenica. Der Kronzeuge.* Wien 2009

geleugnet. Mit seiner Hilfe hoffte man und tut es fortgesetzt, den politischen Führern der serbischen Bürgerkriegsparteien juristisch beikommen zu können. Bei Slobodan Milošević hat diese Strategie jedoch nicht geklappt. Im einzigen Kreuzverhör, dem sich Erdemović bislang unterziehen musste, erschütterte der frühere serbische Präsident die Glaubwürdigkeit des Kronzeugen.[141] Auch konnte das Tribunal keine Mitschuld von Milošević an den Massakern von Srebrenica beweisen. Im Gegenteil: In dem vom bosnischen Staat gegen Serbien vor dem Internationalen Gerichtshof – ebenfalls in Den Haag ansässig – angestrengten Verfahren wurde Serbien vom Vorwurf des Völkermordes freigesprochen. Allerdings, und das interessiert uns in diesem Zusammenhang mehr, die Erschießungen rund um Srebrenica wurden im selben Verfahren als »Völkermord« klassifiziert. Was dafür und was dagegen spricht, dem wollen wir uns in der Folge widmen.

Zwei unterschiedliche Erzählungen über ein Ereignis

Die muslimische Sicht auf die Tragödie von Srebrenica dominiert die Einschätzung des Geschehen in den allermeisten Ländern der Europäischen Union, insbesondere in Deutschland und in Österreich. Ihr zufolge eroberten am 11. Juli 1995 Truppen der von General Ratko Mladić geführten bosnisch-serbischen Armee die Stadt Srebrenica, die als UN-Schutzzone ausgewiesen war. Die muslimischen EinwohnerInnen der Enklave seien daraufhin nach Potočari geflohen, einem noch unter UN-Kontrolle stehendem Vorort. Die dort am 12. Juli erfolgte Selektion in wehrfähige Männer zwischen sechzehn und siebzig Jahren auf der einen und Frauen, Kinder und alte Männer auf der anderen Seite habe unter den Augen und mit direkter Unterstützung der niederländischen UNPROFOR-Einheit stattgefunden. Während die muslimischen Frauen von der serbischen Soldateska in Busse verfrachtet und nach Kladanj in den bosnisch-muslimischen Landesteil gebracht worden seien, habe unter den Männern ein mörderisches Massaker stattgefunden, dem achttausend muslimische Bosnier zum Opfer fielen. Die Eroberung Srebrenicas, so die offizielle Geschichtsschreibung aus Sarajevo, sei als Völkermord geplant gewesen und beruhe auf der »Direktive Nr. 7«, die der bosnisch-serbische Präsident Radovan Karadžić Anfang März 1995 erlassen habe. Mit ihr sollte die Enklave ausgehungert und anschließend mit dem Ziel überrannt werden, die Muslime aus der Gegend zu vertreiben.

In den serbisch besiedelten Regionen wird die Geschichte völlig anders erzählt. Ihr zufolge beendete die Armee des Ratko Mladić mit der Einnahme von Srebrenica eine seit Jahren betriebene Aggression, mit der aus

---

141. Aus den Gerichtsakten zitiert in: Civikov, S. 134–148

der muslimischen UN-Schutzzone heraus serbische Dörfer in der Umgebung überfallen, ihre BewohnerInnen vertrieben und ihre Häuser dem Erdboden gleich gemacht worden seien. Nach dem Einmarsch in Srebrenica seien die Frauen und Kinder aus dem unmittelbaren Kriegsgebiet ins bosnische Kernland verbracht worden, während die bewaffneten Männer aus Srebrenica einen militärischen Ausbruch wagten, um ins muslimische Tuzla zu flüchten. In zahlreichen Scharmützeln in den Wäldern zwischen Srebrenica und Tuzla seien viele bosnisch-muslimische, aber auch bosnisch-serbische Soldaten ums Leben gekommen. Erschießungen habe es nur in kleinem Ausmaß gegeben, wobei die Täterschaft ungeklärt bleibt. Die Opferzahl von achttausend entspreche in keinem Fall den realen Verlusten der Muslime, die nicht höher als dreitausend sein dürfte, die Mehrzahl davon in Gefechten gefallene Kämpfer.

Eine gemeinsame Erzählung des Geschehenen ist vor dieser Diskrepanz in der Wahrnehmung nicht möglich. Westeuropäische und nordamerikanische Medien haben, wenngleich manche erst Jahre nach der Tragödie, die muslimisch-bosnische Sichtweise übernommen. Dies darf insofern nicht verwundern, als dass die NATO bereits zuvor auf Seiten der Muslime in die Kampfhandlungen eingegriffen hatte, somit Kriegspartei war. Der damalige deutsche Außenminister Joseph Fischer nannte Srebrenica »das Symbol des serbischen Faschismus«,[142] während der SPD-Abgeordnete und Buchautor Freimut Duve direkt eine Parallele zu Auschwitz zog, indem er in der Hamburger Wochenzeitschrift *Die Zeit* von der »Rampe von Srebrenica«[143] sprach, um die Selektion von wehrfähigen Männern und Frauen zu beschreiben. Duve, wohl einer der voreingenommensten Beobachter des bosnischen Völkerschlachtens, gab schon lange vor den oben beschriebenen Ereignissen in Srebrenica die Linie vor, wie der deutsche Medienkonsument die Lage einzuschätzen habe. In der Berliner *Tageszeitung* hatte er sich am 28. April 1994, mehr als ein Jahr vor den Massakern rund um die UN-Schutzzone Srebrenica, antiserbisch geoutet: »Die bosnischen Serben haben seit zwei Jahren mit jedem Wort und jedem Schuß erkennen lassen, daß Menschen anderer Religion in ihrem Herrschaftsbereich keine Überlebenschance haben.« Eine solchermaßen gleichsam genetisch argumentierte Unterstellung des Serben als Gräuelwesen war in deutschen und österreichischen Medien seit dem Auseinanderbrechen Jugoslawiens im Sommer 1991 weit verbreitet. Die von der serbischen Bürgerkriegsseite angerichteten Massaker wurden von den großen meinungsbildenden Medien im deutschen Sprachraum, von *Frankfurter Allgemeine Zeitung* bis *Bild*, von *Kurier* bis *Standard* begrifflich mit den Verbrechen der Nazis gleichgesetzt. Es war die

---

142. zit. nach: Mira Beham: *Kriegstrommeln. Medien, Krieg und Politik.* München 1996, S. 228
143. http://www.zeit.de/1995/30/An_der_Rampe_von_Srebrenica

Schreibe von »serbischen Konzentrationslagern«, einem »serbischen Faschismus« und einem »serbischen Hitler«; die von bosnischen Muslimen angerichteten Gräuel kamen in den entsprechenden Massenmedien nicht vor oder wurden als kriegsbedingt erklärt.

Bereits im Mai 1993 wurde mit UN-Resolution 827 das »Internationale Kriegsverbrechertribunal für das frühere Jugoslawien« in Den Haag geschaffen und damit die jugoslawische Tragödie internationalisiert. Im August 1994 nahm das Tribunal seine Tätigkeit auf. Die völlige Abwesenheit einer russischen Außenpolitik unter Boris Jelzin von 1991 bis 1999 sowie das anfängliche Desinteresse Chinas an den Geschehnissen auf dem Balkan hat dazu geführt, dass sich die neue Haager Institution an den politischen Vorgaben der führenden NATO-Staaten orientierte, die zugleich die einzigen waren, die im zerfallenden Jugoslawien direkt militärisch intervenierten. Eine ausgewogene, unabhängige Sicht auf die Konflikte und die unterschiedlichen Kriegsparteien ist dem Tribunal zeit seines Bestehens nicht gelungen.

Wer regiert Bosnien?

Das nicht zuletzt vom Jugoslawien-Tribunal als »Völkermord« titulierte Massaker an den EinwohnerInnen von Srebrenica im Juli 1995 war kein isoliertes Ereignis und kann auch nicht als solches betrachtet werden. Bereits seit dem Sommer 1991 sprachen im zerfallenden Jugoslawien die Waffen. Mit den Unabhängigkeitserklärungen von Kroatien und Slowenien am 25. Juni 1991 eskalierten die Konflikte zu mehreren Kriegen, die gleichwohl miteinander verwoben waren. Eines war allen Waffengängen gemeinsam: Innere politische und gesellschaftliche Widersprüche, die soziale und ökonomische Probleme ethnisierten und damit nationale und religiöse Feindbilder schufen, wurden von externen Interessen keineswegs befriedet, sondern zur großen balkanischen Katastrophe der 1990er Jahre dynamisiert.[144] In den slowenischen Zollkrieg über den kroatischen Heimatkrieg bis zu den multiplen bosnischen Bürgerkriegen, bei denen sich die drei Volksgruppen der Muslime, Serben und Kroaten sowie – in Bihać – zwei verfeindete muslimische Armeen gegenüber standen, waren von Beginn an vor allem die deutsche (und österreichische) sowie die US-amerikanische, später auch die französische Außenpolitik involviert. Mediale und politische Beratertätigkeit, Waffenlieferungen und direkte militärische Intervention zählten zu den Eingriffsmöglichkeiten. Sie wurden allesamt umfänglich genutzt. Heute ist Bosnien, als politisches Tableau 1995 im amerikanischen Dayton entworfen, de facto ein von der Europäischen

---

144. vgl. Hannes Hofbauer: *Balkankrieg. Zehn Jahre Zerstörung Jugoslawiens.* Wien 2001

Union mit UNO- und NATO-Unterstützung geführtes Konstrukt. Sein Status kann ohne Übertreibung als kolonial definiert werden. Als oberstes Organ der zwei Entitäten, die sich aus der »Muslimisch-Kroatischen Föderation« und der »Serbischen Republik« zusammensetzen, fungiert ein von der UNO in New York eingesetzter »Hoher Repräsentant«, der zugleich EU-Sonderbeauftragter ist. Zu Redaktionsschluss dieses Buches bekleidet der österreichische Diplomat mit slowenischen Wurzeln, Valentin Inzko, diesen Posten. Er steht über den lokalen und staatlichen Organen, über dem Staatspräsidium und dem Parlament und kann diese nach seinem Gutdünken entsprechend seiner Interpretation des *Vertrages von Dayton* absetzen sowie Medien, Banken und andere ihm missliebige Unternehmen schließen; und er macht auch Gebrauch davon. Ein eigener internationaler »Währungsrat« unter der Ägide des Internationalen Währungsfonds bestimmt über Finanz-, Währungs- und Wirtschaftspolitik, mithin über die grundsätzlichen budgetären Maßnahmen der Konstruktion »Bosnien-Herzegowina«, die kaum als unabhängiger Staat bezeichnet werden kann.

Diesen seltsamen, an die Zeit der österreichisch-ungarischen Besetzung 1878 und die darauf folgende Annexion des Landes im Jahr 1908 gemahnenden Protektoratszustand in Erinnerung zu rufen, ist aus mehreren Gründen notwendig: zum einen allgemein, weil damit die Dimension externer Faktoren auf die bosnische Politik deutlich wird; und zum anderen, weil damit auch klar wird, wie sehr historische Einschätzung und aktuelle Definition rund um die grauenhaften Massaker der Bürgerkriege in den 1990er Jahren von auswärtigen Interessen geprägt sind.

Die medial und politisch nicht nur im deutschen Sprachraum unterschätzten externen Faktoren, sprich: ausländischen Interessen, bestimmen wesentlich die Rezeption von Geschichte und Gegenwart. Bosnien-Herzegowina wird politisch von einem auswärtigen Repräsentanten geführt, wirtschaftlich von einem ebenfalls extern dominierten Währungsrat kontrolliert und steht juristisch unter der Rechtsprechung eines in Den Haag angesiedelten Tribunals. Dieser Mix aus Fremdbestimmung in allen gesellschaftlichen Bereichen ist in Europa nach dem Zweiten Weltkrieg einzigartig und muss bei allen Betrachtungen, das Land und seine jüngste Zeitgeschichte betreffend, mitbedacht werden.

Das Markale-Massaker in Sarajevo

Die Erkenntnis, dass zu den allerersten Kriegstoten die Wahrheit gehört, bedarf eigentlich keiner Erläuterung. In einem gesellschaftlichen Zustand wie dem Krieg – wenn ein solcher mit dem Attribut »gesellschaftlich« überhaupt umschrieben werden kann –, wird die Zerstörung von Menschenleben und die Verwüstung von Dörfern und Städten zu einer handwerklichen Qualität. Moral und Wahrheit haben ausgedient. Dementsprechend regieren, ungleich mehr als in Friedenszeiten, Bestialität und Propaganda. Jede Grausamkeit kann vor dieser fundamentalsten Umkehr menschlicher Werte ihren Sinn haben, um dem Ziel, der Vernichtung des Feindes, näher zu kommen. Also darf es nicht verwundern, dass die Geschichte der Kriege voll ist von Lügen und Unterstellungen, Beschuldigungen und Verleumdungen.

So wie der Panzerfahrer sein Geschütz und der Infanterist sein Sturmgewehr beherrschen sollte, so muss der Schreibtischtäter jeder Kriegspartei Wahrheit und Lüge, Information und Desinformation ohne Unterschied einzig mit dem Ziel ausstreuen können, dem Feind zu schaden.

Für die rasche Schuldzuschreibung von Untaten und Aggressionsakten werden eigens ausgebildete Spezialisten von international tätigen Agenturen angeheuert und mit dem Auftrag versehen, die eigene Kriegsführung als sauber und beispielhaft und die feindliche als schmutzig und verbrecherisch darzustellen. Die Publizistin und spätere Diplomatin Mira Beham hat in ihrem Buch *Kriegstrommeln* diese Art der medialen Kriegsführung seit der Erfindung des Telegrafen vor 150 Jahren nachgezeichnet. In den bosnischen Bürgerkriegen war das nicht anders. Um mehrere verheerende Attentate vor allem in Sarajevo wurden mediale Propagandaschlachten geführt, wer denn nun als Täter zu benennen sei. Diese Zuschreibung ist umso bedeutender, weil sich in Reaktion auf derlei Attentate, die sich gegen zivile Ziele gerichtet haben, die Einmischung von außen verstärkt hat.

Das schlimmste dieser Attentate fand am 5. Februar 1994 auf dem zentralen Marktplatz von Sarajevo statt. »*Markale*«, wie der Platz im Zentrum der bosnischen Hauptstadt in Verballhornung des deutschen Wortes »Markthalle« heißt, wurde zum Synonym für einen der opferreichsten Anschläge gegen Zivilisten. 68 Tote und 200 Verwundete zählte man an diesem Markttag. *TV-Sarajevo* und CNN nannten sogleich die Urheber. Eine serbische Mörsergranate, so die Berichte unmittelbar vom Tatort, hatte mitten ins geschäftige Treiben eingeschlagen. US-Präsident William Clinton verkündete bereits zwei Tage später: »Es liegt auf der Hand, dass mit größter Wahrscheinlichkeit die Serben verantwortlich sind.«[145] Und der bosnische Vizepräsident setzte hinzu: »Nun ist es kein Krieg mehr zwischen zwei Armeen, sonder einer zwischen Gut und Böse.« Diese Sichtweise bestimmte auch die Wahrnehmung in Westeuropa.

Vieles spricht indes dafür, dass dieses erste Attentat auf den Marktplatz

---

145. Mit den Anschlägen in der bosnischen Hauptstadt habe ich mich in meinem Buch *Balkankrieg. Zehn Jahre Zerstörung Jugoslawiens* (S. 67 ff.) auseinandergesetzt.

von Sarajevo (am 28. August 1995 wiederholte sich das Drama am selben Ort auf ähnliche Weise) eine gezielte Provokation muslimischer Kräfte gewesen war. In derselben Mittagsstunde des 5. Februar, in der Markale zum Blutbad wurde, traf der bosnisch-muslimische Außenminister Haris Silajdžić den bosnisch-serbischen Spitzenpolitiker Momčilo Krajišnik auf dem Flugfeld von Sarajevo, um über eine Demilitarisierung der Stadt zu verhandeln. Die Annäherung der beiden Kriegsparteien passte den Hardlinern beider Seiten nicht ins Konzept. Für die Führung der *Stranka Demokratske Akcije* (SDA, Partei der Demokratischen Aktion) unter Präsident Alija Izetbegović waren Schritte in Richtung eines serbisch-muslimischen Ausgleichs auch innerparteilich gefährlich. Denn im Nordwesten Bosniens, rund um Bihać mit dem Zentrum in Velika Kladuša, existierte eine reale Alternative zum bosnischen Morden. Dort hatte der größte innerparteiliche Kontrahent von Izetbegović, Fikret Abdić, eine Allianz mit den serbischen Bosniern geschmiedet. Abdić, ein ehemaliger Parteigenosse von Izetbegović, konnte sich bei den ersten postkommunistischen Wahlen in Bosnien noch vor dem späteren Präsidenten positionieren. Mit seiner »Autonomen Region Bihać« gelang es Abdić, den Nordwesten aus dem Bürgerkrieg herauszuhalten, bis am 21. August 1994 die »Grünen Barette«, eine Spezialeinheit der Izetbegović-Armee, in Velika Kladuša einfielen. 25 000 Muslime flohen damals vor der muslimischen Armee des Izetbegović in Richtung Kroatien auf serbisch kontrolliertes Gebiet.

Eine muslimisch-serbische Aussöhnung war dem engen Kreis der SDA-Führung schon aus ideologischen Gründen ein Gräuel, wie man dem im Jahre 1990 in vielen Auflagen verbreiteten Hauptwerk von Alija Izetbegović entnehmen kann. In seiner *Islamischen Deklaration* verwirft er jede Idee einer Koexistenz zwischen islamischem Glauben und nichtislamischen sozialen und politischen Ordnungen.[146] Zwei Mal war der große Mann des europäisch-bosnischen Islam für seine Ideen in jugoslawischen Gefängnissen gesessen, zuletzt 1983 wegen des Versuchs der »illegalen Errichtung einer islamischen Republik«. Nach dem Wahlsieg seiner SDA am 2. Dezember 1990 und der Ausschaltung seiner innerparteilichen Konkurrenten Fikret Abdić und Adil Zulfikarpašić, der sich gegen eine Ethnisierung der bosnischen Politik ausgesprochen hatte, wollte und konnte er auf Kompromisse verzichten. Seine ersten symbolischen Aktionen unmittelbar nach dem Wahlsieg, noch lange vor Ausbruch des Bürgerkriegs, zeigten bereits die Richtung der neuen bosnisch-muslimischen Partei der Demokratischen Aktion: In Višegrad ließ Izetbegović das Denkmal des Literaturnobelpreisträgers Ivo Andrić sprengen, weil dieser

---

146. Alija Izetbegović: *Islamska deklaracija*. Sarajevo 1990, S. 22

als »Türkenfeind« gegolten hatte, und in Sarajevo meißelten seine Leute die Fußabdrücke von Gavrilo Princip aus dem Beton und zeigten damit, dass von nun an das Attentat auf den österreichischen Thronfolger Franz Ferdinand vom 28. Juni 1914 nicht mehr als Befreiung von der Besatzungszeit gefeiert, sondern aus dem kollektiven Gedächtnis gestrichen werden sollte.

Eine muslimisch-serbische Annäherung wie jene auf dem Flugfeld von Sarajevo zur Mittagsstunde des 5. Februar 1994 kam aber auch der US-amerikanischen Außenpolitik in die Quere, die – wie schon zuvor in Afghanistan – gerade dabei war, auf die islamische Karte zu setzen, um »kommunistische Despoten« auszuschalten. Nichts anderes waren ihnen die serbischen Politiker, mochten sie auch noch so national und so wenig kommunistisch ausgerichtet sein, wie jene Führung um Radovan Karadžić in Bosnien. Bereits am 1. März 1994 lud übrigens das *State Department* Führer der bosnischen Muslime und Kroaten in die US-amerikanische Hauptstadt, um die spätere Allianz der beiden Volksgruppen zu schließen.

Nicht nur die innen- und die geopolitischen Parameter nähren die Zweifel an der serbischen Urheberschaft des Markale-Attentats, das von den Serben mit Verweis auf den Annäherungsversuch an die muslimische Seite immer heftig bestritten wurde. Auch technische Details lassen Ungereimtheiten offen. So war die militärische Fachwelt von Anfang an davon überzeugt, dass die bosnisch-muslimische Version des Attentats, wonach eine 120-Millimeter-Mörsergranate die Opfer auf dem Marktplatz verursacht hätte, so nicht stimmen kann. Der französische General Pierre Gallois äußerte in einem TV-Interview mit dem serbischen Sender *Kanal Eins* die Überzeugung, dass eine einzelne Granate dieses Typs nicht solche Opferzahlen mit sich bringen kann: »Dazu hätte es vieler Granaten bedurft, um das Ziel in einem solchen Ausmaß zu treffen«, meinte er. Auch der Herausgeber der renommierten US-amerikanischen Militärfachzeitschrift *Jane's Weekly Defense*, Paul Beaver, schlug am 9. Februar 1994 in dieselbe argumentative Kerbe: »Niemals habe ich von einem solchen Fall gehört, dass eine einzige Artilleriegranate eine so hohe Anzahl von Opfern verursachen könnte.«[147] Und in der israelischen Zeitung *Davar* vom 16. Februar 1994 wird eine Augenzeugin des Massakers zitiert, die beteuert, keines der typisch zischenden Fluggeräusche vernommen zu haben, die Granateinschlägen üblicher Weise vorausgehen. Ein israelischer Militärexperte meinte dazu, die Vorgangsweise erinnere ihn an Terroranschläge im arabischen Raum, wo Handgranaten und Phosphorbomben eine ähnlich katastrophale Wirkung erzielen. *Davar* bestätigt diese Fernanalyse mit der Aussage eines

---

147. zit. in: http://www.srpska-mreza.com/Bosnia/Sarajevo/mark1-news.html

US-amerikanischen Mediziners, der Opfer des Markale-Attentats im US-Militärhospital im bayrischen Landshut behandelt hat, wohin diese ausgeflogen waren. Der Arzt mit Nachnamen Karduman hat »Brandwunden und tiefe offene Wunden« gesehen, »die Füße waren verbrannt und vertrocknet«. Für solche Wunden müssten Handgranaten und Phosphorbomben vor Ort gelegt und gesprengt worden sein.

Eine verdeckte Operation der muslimischen Seite schließt auch der Bericht des bekannten *New-York-Times*-Journalisten David Binder, der später in der Schweizer *Weltwoche* vom 16. Juni 1994 erschienen ist, nicht aus. Und John Spray, ein US-Geheimdienstoffizier, der damals in Sarajevo stationiert war, schreibt in seinem 1995 erschienenen Buch *Selling the Bosnian Myth to America: Buyer Beware*,[148] dass die Vorfälle wahrscheinlich durch die Duldung der bosnischen Regierung möglich waren und »einer genauen Untersuchung durch das Internationale Kriegsverbrechertribunal« bedürften.

Offiziell untersucht wurde indes nicht einmal der Tatort, wie der UNO-Sprecher Bill Aikman anlässlich einer Pressekonferenz in Sarajevo bemängelte. Die bosnisch-muslimischen Behörden nahmen sämtliche Sprengstoffteile in Gewahrsam, die Toten wurden rasch und ohne Obduktion begraben und die Verletzten ins US-Hospital Landshut nach Bayern ausgeflogen.[149]

Wer auch immer die Täter gewesen sein mögen: Vier Tage nach dem Massaker stellten die USA den bosnischen Serben ein Ultimatum, sich aus der Umgebung von Sarajevo zurückzuziehen, widrigenfalls sie direkte amerikanische Militärschläge zu erwarten hätten. Am 28. Februar 1994 griff die NATO erstmals in das Kriegsgeschehen in Bosnien ein und schoss vier Cessna-Maschinen der bosnisch-serbischen Armee ab. Das Markale-Attentat, so ungeklärt seine Urheberschaft bis heute ist, diente dem Nordatlantikpakt als Vorwand, zur Kriegspartei auf dem Balkan zu werden. Sechzehn Monate vor dem Massaker von Srebrenica waren damit neue Allianzen gelegt, Izetbegović hatte die stärkste Militärmacht der Welt auf seiner Seite.

»Bljesak« in Slawonien

Zweieinhalb Monate vor der Einnahme Srebrenicas durch serbisch-bosnische Truppen, auf dem Höhepunkt des bosnischen Völkerschlachtens, griff die kroatische Armee die UN-Schutzzone »Sektor West« in Slawonien an. In zwei

---

148. John Spray: *Selling the Bosnian Myth to America: Buyer Beware*. Foreign Military Studies. Fort Leavenworth, Kansas 1995. Zit. in: Edward S. Herman: Die Politik des Srebrenica-Massakers, *Z-net* vom 7. Juli 2005, in: http://www.balkanforum.info/f16/westen-kriegs-gruende-fuer-balkan-erfand-4609/
149. http://www.politik.de/forum/balkan/57854-dokumentation.html. Siehe auch: Hannes Hofbauer: *Balkankrieg*, S. 69

Tagen überrollten die von pensionierten US-Generälen ausgebildeten Einheiten die serbischen Siedlungsgebiete östlich von Zagreb und vertrieben hunderttausend serbische EinwohnerInnen. Die ethnische Säuberung Slawoniens ging unter dem Namen »Blitz« (kroatisch »*Bljesak*«) in die Militärgeschichte ein. Franjo Tuđman entledigte sich damit (wie vier Monate später mit der Aktion »*Oluja*«, »Sturmgewitter«, in der Krajina) der Nachfahren jener Grenzlandbewohner, welche die Habsburger seit dem 16. Jahrhundert als Wehrbauern gegen das Osmanische Reich angesiedelt hatten. Kroatien war damit ethnisch rein.

Für unsere Debatte zur Einschätzung der Ereignisse von Srebrenica im Juli 1995 von größerem Interesse ist die Tatsache, dass mit dem Vormarsch der kroatischen Soldaten und der Vertreibung der serbischen Bevölkerung erstmals in der Geschichte dieses Balkankrieges eine UN-Schutzzone angegriffen wurde. In der Literatur zu Srebrenica wird dem Vormarsch von Ratko Mladić auf die muslimisch geprägte Bergwerksstadt Srebrenica am 11. Juli 1995 auch deshalb soviel Bedeutung beigemessen, weil es sich dabei um eine Aggression gegen eine unter dem Schutz der UNO stehende Zone gehandelt hat. Vergessen wird dabei allerdings, dass der Bruch dieses Tabus bereits 75 Tage zuvor stattgefunden hatte, nämlich betrieben von kroatischer Soldateska gegen serbische Zivilisten.

In seinen Memoiren schreibt Clinton-Vertrauter und US-Sonderbeauftragter für den Balkan, Richard Holbrooke, geradezu frohlockend über die groß angelegte Säuberungsaktion der kroatischen Armee Anfang 1995: »Während die NATO weiter Luftangriffe (gegen serbische Stellungen in Bosnien, Anm. d. A.) flog, erlebten die kroatischen und bosnischen Streitkräfte ihre erfolgreichste Woche seit Ausbruch des Krieges.«[150] So selektiv können Wahrnehmungen sein. Da beschreibt der von Washington eingesetzte Kommissär und wichtigste ausländische Politiker auf dem Balkan die Einnahme einer UN-Schutzzone und die Vertreibung der serbischen Bevölkerung mit Hunderten auf der Flucht Getöteten aus dem Landstrich Slawonien als »erfolgreichste Woche«. Später werden er und seine Landsleute die Angriffe auf Srebrenica einen Auftakt zum Völkermord nennen.

Die Vorgeschichte des Massakers von Srebrenica

Die traditionsreiche Bergbaustadt Srebrenica, nahe der Grenze zu Serbien gelegen, hatte bei der Volkszählung des Jahres 1991 33 000 BewohnerInnen, davon 75 Prozent muslimische »Bosniaken« und 23 Prozent Serben.[151] Zu ersten

---

150. Richard Holbrooke: *Meine Mission. Vom Krieg zum Frieden in Bosnien.* München 1998. S. 230
151. http://de.wikipedia.org/wiki/Srebrenica

Scharmützeln im bosnischen Bürgerkrieg kam es im April 1992, als serbisch-bosnische Einheiten plündernd durch muslimische Stadtviertel von Srebrenica zogen. Im Gegenzug drangsalierte der später berühmt-berüchtigte muslimische Kommandant Naser Orić umliegende serbisch besiedelte Dörfer. Im Herbst 1992 berichtete der BBC-Journalist Misha Glenny von einer solchen Attacke muslimischer Einheiten und dokumentiert über tausend Tote und fünfzig zerstörte Dörfer.[152] Die militärische Antwort des serbisch-bosnischen Generals Ratko Mladić war nicht minder brutal: Er ließ seine Armee die Stadt umzingeln und versuchte, deren BewohnerInnen auszuhungern. Erst ein halbes Jahr später, im März 1993, gelang es der UNO, den Belagerungsring zu durchbrechen und Nahrungsmittel nach Srebrenica zu schaffen. In der mittlerweile – ebenso wie die nahen Städte Goražde und Žepa – zur UN-Schutzzone erklärten Enklave Srebrenica blieb die Lage gespannt. Ihr militärischer Kommandant Naser Orić, der de facto seit dem Frühjahr 1993 die Macht an sich gerissen hatte, machte immer wieder mit spektakulären Ausfällen in die Umgebung auf sich aufmerksam, bei denen Tausende serbische Zivilisten zu Tode kamen und Hunderte Dörfer vernichtet wurden.[153] Die Funktion der UN-Schutzzone wurde damit aufs gröbste missbraucht, die meist niederländischen Blauhelme konnten oder wollten die Angriffe von Orić nicht verhindern.

Naser Orić hatte in den zwei Jahren vor dem Angriff der bosnisch-serbischen Armee eine wahre Schreckensherrschaft über die Stadt errichtet, von der er und seine Mitkämpfer wirtschaftlich profitierten. Sein ziviles Gegenüber, der Mitbegründer der SDA und Führer der Muslimpartei in Srebrenica, Ibran Mustafić, beschrieb die Situation vor dem serbischen Überfall folgendermaßen: »Die Autoritäten in Srebrenica handelten nicht in Übereinstimmung mit der Verfassung. Es galten private Regeln einer Gruppe von bestimmten Individuen. (…) Einige Leute hatten Kontakte über die Frontlinie hinweg aufgebaut, aber sobald jemand irgendwo etwas zu einem billigeren Preis erstehen konnte, intervenierten sie sofort. Sie hielten ein Monopol für die Versorgung der Stadt in ihren Händen.«[154] Mit dem Monopolisten war Naser Orić gemeint, der Kriegsherr über Srebrenica.

Für die Einschätzung des »Falls von Srebrenica« bedeutsamer als die

---

152. Misha Glenny: *Jugoslawien. Der Krieg, der nach Europa kam*. München 1993. Siehe auch: Beham, S. 228
153. Siehe den Bericht in der Zeitung *De Groene Amsterdammer* vom 13. März 1996, zit. in: Jürgen Elsässer: *Kriegslügen. Vom Kosovokonflikt zum Milošević-Prozess*. Berlin 2004, S. 67
154. Interview mit Ibran Mustafić in der Zeitung *Slobodna Bosna* vom 14. Juli 1996, zit. in: www.balkanforum.info

mafiotischen Auswüchse der Kriegsökonomie sind Stimmen, die Naser Orić als Teil und Mitwisser eines in Sarajevo ausgeheckten Deals benennen, der den Kommandanten nahelegte, die Stadt Srebrenica aufzugeben. Der frühere muslimische Polizeichef von Srebrenica und Vorsitzender der Sozialdemokratischen Partei, Hakija Meholjić, beschuldigte in einem Interview in der bosnischen Zeitschrift *Dani* Präsident Alija Izetbegović persönlich, hinter dieser Verschwörung zu stecken. Demnach war Meholjić bereits Ende September 1993 bei einem Treffen in Sarajevo, an dem Izetbegović den folgenden Vorschlag gemacht haben soll:

> Wir wurden von Präsident Izetbegović empfangen, und gleich nach der Begrüßung fragte er uns: »Was halten Sie von einem Austausch von Srebrenica gegen Vogošća (einem Stadtteil von Sarajevo, Anm. d. A.)?« Einen Augenblick herrschte Schweigen, und dann sagte ich: »Herr Präsident, wenn das eine abgemachte Sache ist, hätten Sie uns nicht hierher einladen sollen, denn wir müssen nach Hause zurückkehren und den Menschen gegenübertreten und persönlich die Last dieser Entscheidung auf uns nehmen.« Dann sagte er: »Wissen Sie, mir wurde von Clinton im April 1993 angeboten, dass die Streitkräfte der Tschetniks in Srebrenica einmarschieren, ein Gemetzel an 5 000 Muslimen verüben, und dann würde es eine militärische Intervention geben.«[155]

Die Geschichte klingt für kriegsungewohnte Mitteleuropäer zu abenteuerlich, um wahr sein zu können. Und doch weiß man, nicht zuletzt aus historischen Berichten, dass die verdeckte Operation zum Kriegshandwerk gehört wie die offene Feldschlacht. Konnte sich der US-Präsident mit seinem bosnischen Kollegen tatsächlich über solch amoralische Angebote unterhalten? War es möglich, daran zu denken, Tausende Menschen der eigenen Volksgruppe für ein vermeintlich höheres Ziel, den Sieg über den serbischen Feind, zu opfern? Die völlig verquere Logik des Krieges macht so etwas zumindest theoretisch denkbar. Und die praktische Umsetzung? Markale-Massaker zehnfach?

Einige, zugegeben randständige Berichte, wie eben jener des ehemaligen Polizeichefs von Srebrenica, sprechen für die Denkbarkeit einer solchen Vorgangsweise. Sie könnten aber auch aus anderen Gründen lanciert worden sein. Ebenso wie die offizielle Geschichtsschreibung ihre eigene herrschaftliche Logik verfolgt, wäre es möglich, dass Hakija Meholjić seinen früheren Mitstreitern aus persönlichen oder wirtschaftlichen Motiven am Zeug flicken

---

155. Interview in der Zeitschrift *Dani* vom 22. Juni 1998, zit. in: Alexander Dorin: *Srebrenica. Die Geschichte eines salonfähigen Rassismus*. Berlin 2010, S. 101

will. Doch Meholjić ist nicht allein, um Zweifel an der gängigen Mainstream-Variante der Erzählung von Srebrenica zu nähren.

Ein Grazer Universitätsprofessor, Werner Sauer, schreibt und bloggt seit Jahren über die andere Geschichte von Srebrenica. Er hat recherchiert, dass Naser Orić schon Tage vor dem 11. Juli 1995, also vor der Einnahme der Stadt durch die serbisch-bosnische Armee von Ratko Mladić, überraschend die Stadt in Richtung Tuzla verlassen hatte, nicht als Einzelperson auf der Flucht, sondern geplant mit den besten seiner Männer. Am 26. Juni überfiel er noch das Dorf Višnjica mit großer provokativer Geste und setzte sich anschließend ins muslimische Kernland ab. Sauer schreibt: »Naser Orić und sein Stab waren nach Tuzla beordert worden. Die ihrer gewohnten Führung beraubten bosnisch-muslimischen Truppen (28. Infanteriedivision) versuchten, sich in muslimisch kontrolliertes Gebiet durchzuschlagen, die Stadt selbst wurde am 11. Juli zur leichten Beute geringer bosnisch-serbischer Kräfte.«[156]

Auch ein damals in Bosnien stationierter UN-Offizieller, Philip Corwin, schlägt im Vorwort zu dem Bericht *Srebrenica and the Politics of War Crimes*[157] in dieselbe Kerbe.

Ibran Mustafić, Mitbegründer der SDA aus Srebrenica, gibt im oben zitierten Interview mit *Slobodna Bosna* weitere Hinweise für die Gegengeschichte zum herrschenden Diskurs: »Das Szenario für den Verrat von Srebrenica wurde bewusst vorbereitet«, meint er. »Leider waren die Präsidentschaft und die Armeeführung in die Sache involviert. (…) Hätte ich den Befehl erhalten, die serbische Armee aus der demilitarisierten Zone heraus anzugreifen, so hätte ich es bedenkenlos abgelehnt, diesen Befehl auszuführen. (…) Ich weiß, dass solch schändliche, kalkulierte Schritte meine Leute in die Katastrophe führten.« Und weiter im Originalton Mustafić: »Nach unserer Sitte schlachtet man ein Tier auf der Grundmauer eines Hauses, wenn man sie fertiggestellt hat. Es scheint, Srebrenica war das Opferlamm für die Grundmauer dieses Staates.«[158]

Eine zu dieser Sichtweise passende Zeugenschaft gibt auch der Welt höchster Repräsentant jener Tage zu Protokoll, UN-Generalsekretär Boutros Boutros-Ghali. Mehrmals beschwerte er sich über die »Scharade«, *"performed by the Bosnian Muslim led government to UN Security Council"*.[159] Boutros-Ghali wurde in seinem Statement zum rätselhaften Verhalten der bosnischen

---

156. Werner Sauer: Srebrenica und das Video. Auf: www.labournetaustria.at/archiv41.htm
157. Srebrenica and the Politics of War Crimes. Findings of the Srebrenica Research Group. O.O. 1995.
158. Interview mit Ibran Mustafić aus *Slobodna Bosna* vom 14. Juli 1996, zit. in: www.balkanforum.info
159. UN-document S/1995/444 vom 30. Mai 1995; zit. in: www.balkanpeace.org/index.php?index=/content/balkans/bosnia/srebrenica/boss03.incl

Regierung noch deutlicher. Im selben Dokument kritisiert der UN-Generalsekretär, keine zwei Wochen vor dem Massaker in Srebrenica, dass Sarajevo »eine bedeutende Anzahl von Truppen in Srebrenica unterhält, was einen Bruch des Demilitarisierungsabkommens darstellt«,[160] wie er ausdrücklich meinte.

Man mag zu Recht einwenden, auch auf die noch so schändlichste, von der muslimischen Seite willentlich geplante Provokation musste die serbisch-bosnische Seite erst hereinfallen, um dann in einem weiteren unentschuldbaren Schritt jene Massaker an den Bewohnern von Srebrenica durchzuführen, die als Völkermord in die Geschichte des bosnischen Bürgerkrieges eingegangen sind. Richtig. Jede Provokation braucht mehr als den Provokateur, es braucht auch den Provozierten, und kein Massaker, wie immer es zustande kam, ist durch die Vorgeschichte, sei sie auch noch so verwerflich, entschuldbar. Und ein Massaker war es in jedem Fall, das die serbisch-bosnische Soldateska in den Tagen zwischen dem 12. und dem 15. Juli 1995 rund um Srebrenica anrichtete.

Bleibt die Frage, ob es als Völkermord oder als Kriegsverbrechen einzuschätzen sei. Und seit der Einführung gesetzlicher Maßnahmen, schon die Debatte darüber, um ein Für und Wider strafrechtlich zu normieren, ist die Auseinandersetzung noch penibler zu führen. Wir wollen uns vorerst ansehen, was genau in den heißen Julitagen des Jahres 1995 im äußersten Osten Bosniens passiert ist.

»Die Internationalen«: Blauhelme und Kriegspartei

Dem distanzierten, vor allem zeitlich distanzierten Beobachter der schrecklichen Ereignisse von Srebrenica fällt auf, dass die Einschätzung, es habe sich um ein völkermörderisches Massaker ungeheuren Ausmaßes gehandelt, sich über die Jahre erst nach und nach durchgesetzt hat. Zwar kämpfte die offizielle bosnisch-muslimische Seite von Anfang an um eine diese Position vertretende Meinungshoheit; andere Beobachter vor Ort, und deren gab es viele, wollten sich einer solchen Interpretation jedoch nicht anschließen. Damit sind jedenfalls nicht bloß die serbischen Angreifer genannt, die als Quelle ebenso zweifelhaft sind wie die muslimischen Verteidiger der Stadt. Viele zivile und militärische Vertreter der UNO-Schutzzone sowie Reporter westlicher Medien konnten in den Tagen und Wochen des Sommers 1995 keinen Völkermord ausmachen, und gar nicht so wenige von ihnen beteuern diese Sichtweise bis zum heutigen Tag.

Beginnen wir ganz oben in der Hierarchie. Da ist der Oberbefehlshaber des niederländischen Heeres, Hans Couzy, dessen Blauhelmtruppe in Srebrenica

160. ebd.

stationiert war, um die demilitarisierte UN-Schutzzone zu überwachen. In seinen auf niederländisch vorliegenden Erinnerungen, *Meine Jahre als Kommandant*, erschienen 1996, streitet er jeden Völkermord in Srebrenica rundweg ab. Ja, er widersprach bei mehreren Gelegenheiten öffentlich seiner Regierung, die wegen der Srebrenica-Affäre ins mediale Schussfeuer geraten war; auch dann, als Verteidigungsminister Joris Voorhoeve die Art der Einnahme von Srebrenica als Völkermord bezeichnete. »Es ist kein Völkermord von den bosnisch-serbischen Truppen verübt worden«. Sätze wie dieser empörten die Weltpresse noch ein Jahr nach dem »Fall von Srebrenica«, als Couzy altersbedingt seinen Abschied von der Truppe nahm.[161]

Unmittelbar vor seinem Ruhestand, der mit allen militärischen Ehren erfolgte, beförderte Hans Couzy noch den ehemals in Srebrenica stationierten Kommandanten der niederländischen Blauhelme, Thom Karremans, zum Oberst. Karremans ging noch weiter als sein Vorgesetzter. Ausdrücklich lobte er den damaligen bosnisch-serbischen Befehlshaber Ratko Mladić für seine Strategie, die »Evakuierung Srebrenicas« mit möglichst wenigen Opfern durchgeführt zu haben: »Die Schlacht von Srebrenica war von den Serben eine korrekte militärische Aktion. Sie haben auch absichtlich das Bataillon nicht direkt beschossen. Mladić hat uns auf schlaue Weise ausgetrickst.« So formulierte es Thom Karremans, der Kommandant der *»Dutchbatters«*, gegenüber der holländischen Zeitung *NRC-Handelsblad*.[162]

Auch einfache Soldaten der UN-Schutztruppe meldeten sich in niederländischen und anderen Medien zu Wort, als sie erfuhren, dass sie einen Völkermord an einer ganzen Stadtbevölkerung begleitet haben sollen. Zum Beispiel ein gewisser Karel Mulder, wiederum im bürgerlichen *NRC-Handelsblad*: »Vieles, was man über die Serben sagt, ist Blödsinn. Ich war drei Tage lang unter den (muslimischen, Anm. d. A.) Flüchtlingen, die Serben haben sie gut behandelt.« Oder Soldat Arnold Blom: »Als wir in der Enklave patrouillierten, wurde von den Muslimen serbisches Feuer provoziert. Sie schossen über uns hinweg und wollten damit erreichen, dass die Serben einen von uns treffen, damit man ihnen für die Außenwelt wieder den schwarzen Peter zuschieben kann.«[163] Die Liste der militärischen Augenzeugen aus der niederländischen Blauhelmtruppe ließe sich fast beliebig verlängern. Viele, vom Offizier bis zum einfachen Soldaten, hatten nicht gesehen, dass sich ein Völkermord ereignet hatte. Sie waren vor Ort, aus unterschiedlichen sozialen und politischen Milieus stammend, begleiteten die Busse, die Frauen und Kinder in

---

161. *Die Welt* vom 12. Juli 1996
162. *NRC-Handelsblad* vom 24. Juli 1995
163. *NRC-Handelsblad*. Zit. in: Dorin, S. 104

die bosnisch-muslimische Kernzone brachten, hatten mit der serbischen Seite Kontakt und mit den Muslimen. Dass ihnen die planmäßige Erschießung von angeblich achttausend Menschen entgangen wäre? Zweifel daran sind angebracht, umso mehr, als dass ihnen kein Interesse unterstellt werden kann, die serbische Sicht der Dinge zu bestätigen, außer freilich folgender Vorwurf, der in den Jahren danach immer stärker und lauter wurde: Die niederländischen Blauhelme hätten ihre Unfähigkeit kaschiert, indem sie einfach alle Gräueltaten abstritten, obwohl sie zu deren Verhinderung vor Ort stationiert waren. Genügt dieses Argument, um eine halbe Truppe von mehreren Hundert ausländischen Soldaten der Lüge zu bezichtigen?

Sieben Jahre später legte das *Nederlands Instituut voor Oorlogsdocumentatie* (Niederländisches Institut für Kriegsdokumentation) den Abschlussbericht über die Ereignisse von Srebrenica vor. Es hatte die Mitschuld des eigenen Militärs am Völkermord an den bosnischen Muslimen untersucht. Und obwohl der Bericht auf 3500 Seiten keine direkte Verwicklung nachweist, trat die Regierung von Ministerpräsident Wim Kok am 18. Februar 2002 zurück. Es war ein Rücktritt auf Basis medialen und US-amerikanischen Drucks.

Nicht nur westliche Militärs wie die Männer der niederländischen Truppen, sondern auch Journalisten US-amerikanischer und EU-europäischer Medien verweigerten zunächst die später gängig gewordene These vom Völkermord. So war vom Reporter des Londoner *Daily Telegraph* am 15. Juli 1995 zu lesen:

> Die bosnische Regierung verschlimmerte die Leiden der muslimischen Flüchtlinge, die aus Srebrenica flohen, absichtlich, um Druck auf die internationale Gemeinschaft zu erhöhen, wie Dokumente belegen, die dem *Daily Telegraph* zur Verfügung gestellt wurden. Zu den Dokumenten gehören auch an die UNO gerichtete Anweisungen von der Regierung Izetbegović, die Flüchtlinge zu Tausenden an einen einzigen Ort zu bringen, statt sie auf die verschiedenen zur Verfügung stehenden Zentren zu verteilen.[164]

Sogar in der deutschen *Welt* standen am 25. Juli 1995 noch Zweifel an der später gültig erklärten Version zu lesen: »Kein niederländischer Soldat, der in Srebrenica stationiert war, will öffentlich die Stellungnahme des Verteidigungsministers Joris Voorhoeve bestätigen, wonach in Srebrenica ein Völkermord stattgefunden habe.«[165] Und die BBC kabelte am 23. Juli 1995: »Keine Hinweise auf einen Massenmord«.[166]

164. *Daily Telegraph* vom 15. Juli 1995
165. *Die Welt* vom 25. Juli 1995
166. BBC vom 23. Juli 1995

Es sollte noch Monate und Jahre dauern, bis aus der »militärischen Evakuierung« der Bergwerksstadt ein »Völkermord« gemacht war.

Der Streit um die Opferzahlen

Eine Ebene, auf der die Debatte mit Vehemenz und Verve über die Jahre seither geführt wurde und nach wie vor geführt wird, ist jene um die Opferzahl. Laut UN-Definition eines Völkermordes ist die Anzahl der Getöteten zwar von keinerlei Bedeutung für die Klassifizierung. Nichtsdestotrotz tobt darum ein Streit, die an dieser Stelle wiedergegeben sei.

Mit der Anzahl von Toten ist noch bei jedem Krieg immer auch Politik gemacht worden, und zwar in vielerlei Hinsicht. Auf eine kämpfende Truppe wirkt es demoralisierend, wenn gleichzeitig eine hohe Gefallenenzahl verlautbart wird. Also wird in aller Regel die eigene Opferbilanz unrealistisch niedrig angegeben, um die Moral der Kämpfer nicht zu beschädigen. Umgekehrt werden gegnerische Verluste möglichst hoch veranschlagt, womit die eigene Stärke unterstrichen wird. Mit der Wirklichkeit haben derlei meist von Militärsprechern verkündete Statistiken wenig bis nichts zu tun.

Zivile Opfer allerdings werden durchwegs in jenen Situationen als besonders hoch angegeben, wenn damit dem Feind, der diese verursacht hat, vor eigenem und internationalem Publikum geschadet werden kann. In diesem Zusammenhang ist es auch weit verbreitete Praxis, regulär und vor allem irregulär bewaffnete Tote der zivilen Opferstatistik zuzuschreiben. Damit kann zweierlei erreicht werden: Dem Feind werden vermeintlich mehr Angriffe auf Zivilisten nachgewiesen, und die eigenen Kämpfer können vor der Statistik auf diese Weise elegant versteckt werden.

Hält man sich die Logik der Kriegsführung mit ihren immanenten Gräueln abstrakt vor Augen, wird wohl niemand abstreiten, von solchen Methoden gehört zu haben und sie für möglich, ja wahrscheinlich zu halten. Im konkreten Krieg, den man selbst als Teilnehmer, Angehöriger von Opfern oder Tätern oder auch nur Medienkonsument erlebt, sieht die Sache dann schon ganz anders aus. Plötzlich bekommen die Toten Namen und Gesichter; die Berichterstatter, die Zeitungen und Fernsehstationen sind einem als seriös bekannt bzw. bei anderen Themen glaubwürdig oder zumindest durch den täglichen Konsum vertraut.

Im Fall des bosnischen Bürgerkriegs kommt noch die Verwicklung der eigenen deutschen oder österreichischen Politiker in den jugoslawischen Zerfallsprozess hinzu. Immerhin stand die NATO spätestens seit dem Markale-Massaker im Februar 1994 militärisch auf Seiten der bosnischen Muslime, ganz zu schweigen vom historischen Gewicht einer Erinnerung, die »die

Serben« in beiden Weltkriegen auf der Seite des Feindes wahrgenommen hat. Der Einzelne mag dies längst vergessen und verdrängt haben, im kollektiven Bewusstsein tauchen derlei Bilder spätestens dann wieder auf, wenn aufeinander geschossen wird.

All diese Vorbehalte sind zu berücksichtigen, wenn es um die Einschätzung eines kriegerischen Ereignisses geht. Die Diskussion um die Opferzahl gehört dazu und ist, wie sich auch in Bosnien gezeigt hat, nicht einfach durch den Einsatz technischer Mittel nach der Tragödie objektivierbar. Die gestellten Fragen sind vielfältig: Wie viele starben im Zuge der Vertreibung aus Srebrenica? Wie viele davon wurden exekutiert? Wie viele starben in Kämpfen rund um die Stadt? Wie viele der Toten waren Zivilisten, Kämpfer der bosnisch-muslimischen Armee oder »irregulär« bewaffnete Muslime? Wie viele der ursprünglich Vermissten tauchten später wieder lebendig auf? Hatten auch die serbischen Angreifer Verluste? Keine gerichtsmedizinische Untersuchung, die an Hunderten und Tausenden von Toten rund um Srebrenica durchgeführt worden ist, kann all diese Fragen beantworten. Keine DNS-Analyse gibt Auskunft darüber, ob der Mann zuvor eine Waffe in der Hand gehalten hatte oder nicht. Exekutionen konnten zwar nachgewiesen werden, sie betreffen allerdings Hunderte, nicht Tausende von Toten. Und auch dieser Nachweis kann nicht beweisen, dass die Massaker in völkermörderischer Absicht passiert sind.

»In der Gegend von Srebrenica wurden im Juli 1995 bis zu 8000 Bosniaken – vor allem Männer und Jungen zwischen 12 und 77 Jahren – getötet.« Diesen Satz zitiert *Wikipedia* als ersten auf seiner Homepage zu Srebrenica aus einem Buch von Robert McNamara, das 1995 in New York erschienen ist.[167] Er stellt so etwas wie das zurzeit gültige Allgemeinwissen über die Folgen der Einnahme von Srebrenica durch serbisch-bosnische Truppen dar.

Die höchste Opferzahl verkündete der deutsche Außenminister Rudolf Scharping. In der Talkshow *Christiansen* sprach er davon, dass die westliche Welt und die UNO zusehen mussten, »wie in Srebrenica 30000 Menschen umgebracht wurden«.[168] Geradezu idealtypisch verrät diese damals unwidersprochene Stellungnahme etwas von der politischen Nützlichkeit und Instrumentalisierung der Opfer. Scharping hatte ihre Anzahl schamlos für die deutsche Politik um eine Potenz erhöht. Die Fernsehshow fand am 28. März 1999 statt, gerade vier Tage, nachdem der Angriff der NATO auf Jugoslawien begonnen hatte. Mit den dreißigtausend Toten in Srebrenica wollte der deutsche Außenminister, immerhin erstmals seit 1945 im Kriegseinsatz, die Bösartigkeit der serbischen Seite unterstreichen und damit um Zustimmung für

---

167. Robert McNamara: *In Retrospect. The Tragedy and Lessons of Vietnam.* New York 1995
168. ARD-Talkshow *Christiansen* am 28. März 1999

die gerade begonnenen Fliegerangriffe auf Belgrad, Novi Sad und Priština heischen. Um die Toten oder gar um ein Gedenken an sie ging es ihm dabei nicht. Ihre Vervielfachung war eine Verhöhnung der tatsächlichen Opfer. Scharping wollte schlicht und einfach Punkte im Propagandakrieg gegen Serbien sammeln, der an der Heimatfront mit aller Vehemenz geführt wurde. Der Schießkrieg sollte damit gerechtfertigt werden.

Der Opferzahlen-Streit betrifft freilich nicht nur den Fall Srebrenica, sondern ganz Bosnien und seine Kriege von 1992 bis 1995. Für unser Thema mag das als zweitrangig eingestuft werden, nicht jedoch, wenn man sich die Dimension der Differenz vor Augen hält. Die Zahl der in den vier Bürgerkriegsjahren Getöteten schwankt je nach Quelle zwischen 250 000 und 25 000, also um das Zehnfache. Diese Diskrepanz ist gewaltig angesichts der Tatsache, dass es durchgängig Beobachtungen am Boden und Überwachung durch die NATO in der Luft gegeben hat. George Kenney, ein früherer Mitarbeiter im US-amerikanischen Außenministerium, der wegen der Jugoslawien-Politik seiner Regierung von seinem Posten zurücktrat, zog in einer in der *New York Times*[169] erschienene Analyse der gesamtbosnischen Opferzahlen bereits im April 1995 Bilanz, also vor dem »Fall von Srebrenica« und ein halbes Jahr vor den Friedensverhandlungen in Dayton. Schon damals war von offiziellen bosnisch-muslimischen Stellen die Zahl 250 000 genannt worden. Kenney unterstellte dem bosnischen Außenminister Haris Silajdžić, zu der Zahl gekommen zu sein, indem er die bis dahin offiziell als getötet gemeldeten Menschen, nämlich 17 466, mit den Vermissten addiert hatte. Das Rote Kreuz ging Kenney zufolge ein halbes Jahr vor Kriegsende von 20 000 Opfern aus; er selbst stützte sich in seinen Berechnungen auf interne Analysen des CIA und berechnete die Opferzahl mit mindestens 25 000 bis höchstens 60 000.

Mehr als zehn Jahre nach Kriegsende veröffentlichte das in Sarajevo stationierte »Untersuchungs- und Dokumentationszentrum« IDC[170] die Opferbilanz mit der Zahl 97 207. Folgt man den Angaben des Instituts, dann waren 68 700 davon bosnisch-muslimischer Herkunft, wovon 30 960 als Zivilisten sterben mussten. Die Angabe, wonach in Srebrenica 8 000 Zivilisten exekutiert worden seien, würde demnach heißen, dass an diesen drei Tagen im Juli 1995 ein Fünftel aller muslimischen Zivilisten ermordet worden wäre.

Die Zweifel daran, dass in Srebrenica 8 000 Menschen zu Tode kamen, sind mannigfaltig. Der Ursprung dieser Zahl 8 000 liegt, soweit es man zurückverfolgen kann, in einer Meldung vom Roten Kreuz, der zufolge die bosnisch-serbische Armee 3 000 Gefangene genommen hätte und 5 000 Menschen aus

---

169. The Bosnian Calculation. In: *New York Times* vom 23. April 1995
170. vgl. http://de.wikipedia.org/wiki/Bosnienkrieg

Srebrenica als vermisst galten.[171] Die bosnisch-muslimische Seite machte daraus 8 000 Getötete. In späteren Untersuchungen und Abschlussberichten tauchen unterschiedliche Opferzahlen auf. So verwendete das Jugoslawien-Tribunal in der Verhandlung gegen Vujadin Popović, einen Offizier des bosnisch-serbischen Drina-Corps, die Daten des *International Committee for Missing Persons*, einer Nichtregierungsorganisation mit Sitz in Tuzla, wonach 6 414 Leichen identifiziert worden wären.[172] Im Verfahren gegen den serbisch-bosnischen General Radislav Krstić wiederum stützte sich die Anklage in Den Haag auf eine geringere Opferzahl: 4 805 in Massengräbern entdeckte Tote.[173] Eine exakte Ermittlung der Toten von Srebrenica wird wohl nie mehr möglich sein.

Wie kamen nun diese jedenfalls Tausenden von Menschen ums Leben? Wurden sie allesamt massakriert? Fielen sie in Gefechten? Starben sie an Erschöpfung? Fanden sie den Tod in Minenfeldern auf der Flucht aus Srebrenica? Und: Wie viele der als vermisst Gemeldeten überlebten den Horror?

Es kann davon ausgegangen werden, dass ein Teil der Einwohner von Srebrenica bewaffnet war, auch dann noch, als der Militärkommandant Orić mit seiner Spezialtruppe die Stadt vorzeitig verlassen und die Menschen ihrem Schicksal überlassen hatte. Dies geht auch aus Aussagen des bosnisch-muslimischen Truppenführers Nesib Burić sowie von General Sefer Halilović hervor. In der Sarajevoer Zeitschrift *Dani* antwortete Nesib Burić auf die Frage, wie er die Hölle von Srebrenica überlebt habe: »In meinem Bataillon starben 280 von 320 Soldaten während des Krieges. (…) Ich weiß, dass sie jetzt versuchen, die Menschen von Srebrenica zu demütigen und das Gerücht verbreiten, dass wir angeblich nicht gekämpft haben, als wir aus Srebrenica davonrannten.«[174] Ob Burić die 280 Toten seines Bataillons alle auf der Flucht aus Srebrenica verloren hat, bleibt unklar; dass darum gekämpft worden ist, darauf besteht der Kommandant allerdings.

Genauere Vorstellungen von der Anzahl der Gefechtstoten liefert interessanter Weise das Jugoslawien-Tribunal selbst. In seinem Verfahren gegen General Radislav Krstić, der in erster Instanz wegen Völkermordes verurteilt und in zweiter Instanz von diesem Vorwurf teilweise wieder frei gesprochen worden war, heißt es: »Der Gerichtshof (in Den Haag, Anm. d. A.) kann die Möglichkeit nicht ausschließen, dass ein Prozentsatz der in den Gräbern gefundenen

---

171. vgl. Edward S. Herman: Die Politik des Srebrenica-Massakers *(Z-net)*, zit. in: www.zmag.de/artikel/Die-Politik-des-Srebrenica-Massakers
172. Popovic Trial Judgement, par. 638 and Oric Trial Judgement; zit. in: http://www.instituteforgenocide.ca/facts-about-srebrenica-genocide/
173. Prosecutor versus Krstić, trial judgement, par. 80, footnote 166
174. *Dani* vom 18. Januar 1999

Leichen Männer sein könnten, die im Kampf getötet wurden«.[175] Das ist aufschlussreich. Immerhin geht es bei der Anklage wegen Völkermord genau darum, dass eben unbewaffnete Zivilisten wegen ihrer ethnischen Herkunft exekutiert wurden. Eine kämpfende Truppe ist – im Kriegsjargon gesagt – ein legitimes Ziel. Das sieht übrigens das Tribunal genauso. Sein Chefermittler, Jean-René Ruez, zählt 2 628 Tote als »im Kampf umgekommen«,[176] wie er in einem Interview 2002 zu Protokoll gab. Seiner Meinung nach sind alle Getöteten der 28. muslimischen Division, die in Srebrenica (übrigens gegen den Geist der UN-Schutzzone) stationiert gewesen war, als in Gefechten gefallen Soldaten zu bewerten. Sie wurden von der Brigade Zvornik des serbisch-bosnischen Drina-Corps in Hinterhalte gelockt und nachgerade vollständig aufgerieben: »Viele wurden getötet, während sie versuchten, durch Minenfelder zu fliehen. Eine unbekannte Anzahl könnte Selbstmord im Angesicht der Ausweglosigkeit ihrer Situation und der Angst vor Folter begangen haben: Auch kann nicht ausgeschlossen werden, dass einige erschossen wurden, die sich gerade ergeben wollten«,[177] hieß es dazu in Zeitungsberichten.

Das Haager Tribunal gibt im übrigen auch einen möglichen Hinweis auf die Anzahl der Exekutionen, die in den Sommertagen rund um Srebrenica durchgeführt worden waren. Bis November 2001 wurden in Massengräbern 339 Leichen entdeckt, die gefesselt waren (25) bzw. Spuren von Fesselungen aufwiesen (314), manche trugen noch Augenbinden.[178] Freilich ist damit nicht erwiesen, ob es sich um Zivilisten gehandelt hat oder um Bewaffnete.

Radovan Karadžić, der damalige Präsident der »Serbischen Republik«, sprach gegenüber der Zeitung *Večernje novosti* von insgesamt vier muslimischen Brigaden und bis zu 9 000 Bewaffneten, die in Srebrenica stationiert gewesen waren: »Noch drei Wochen später (nach der Einnahme der Stadt Srebrenica, Anm. d. A.) wurde in der Region gekämpft. 9 000 Mann sind eine sehr große Truppe. Sie schlugen sich durch, und unsere Soldaten haben entsprechend reagiert. Das waren erbitterte Gefechte. Alleine an einer Stelle wurden über fünfzig unserer Soldaten getötet, obwohl sie sich in Schützengräben befanden. Sie können sich vorstellen, dass dabei auch viele moslemische Soldaten umkamen. (…) Ihre Offiziere haben die Soldaten buchstäblich geopfert.«[179]

---

175. www.un.org.icty/Krstic/TrialC1/judgement/index.htm
176. Interview im Buch von Julija Bogoeva und Caroline Fetscher: *Srebrenica – Ein Prozeß*. Frankfurt/Main 2002, S. 336, zit. in: Elsässer, S. 61
177. *Montenegro Monitor Newspaper* vom 19. April 2001
178. zit. in: *Balkan-Info* Nr. 62, zit. in: Elsässer, S. 65
179. *Večernje novosti* vom 19. Mai 1997, zit. in: Dorin, S. 108

Dass es Gefechte zwischen den aus Srebrenica ausbrechenden muslimischen Truppen mit serbisch-bosnischen Einheiten gab, ist unumstritten. Die Quellenlage dafür reicht vom Jugoslawien-Tribunal bis zu Radovan Karadžić. Unsere gängige Wahrnehmung der Ereignisse von Srebrenica blendet die Kämpfe aus. Warum? Wohl deshalb, weil sich die Definition der Massaker als »Völkermord« für in brutale Kämpfe verwickelten Einheiten nicht so gut argumentieren lässt. Erschießungen von feindlichen Soldaten, die sich ergeben wollen oder bereits ergeben haben, stellen ein Kriegsverbrechen dar und müssen geahndet werden. Völkermord ist damit noch keiner bewiesen. Im Gegenteil: Kampfhandlungen entlasten die Täter eher von dem Vorwurf, einen Völkermord begangen zu haben.

Recherchen der serbischen Seite, allen voran von Milivoje Ivanišević und Darko Trifunović, deren Seriosität von bosnisch-muslimischer Seite in Frage gestellt wird, haben zudem ergeben, dass Tausende von Vermissten auf den Listen des Roten Kreuzes entweder ohne Geburtsdatum angegeben wurden und ihre Identität damit zweifelhaft ist, oder später wieder auf Wählerlisten in Bosnien aufgetaucht sind oder gleichzeitig auf den Gefallenenlisten der bosnisch-muslimischen Armee aufscheinen. Nun mag man einwenden, dass serbische Recherchen als Quelle überprüft werden müssten, um für glaubwürdig gehalten werden zu können. Richtig. Aber es ist nicht bekannt, dass eine solche Überprüfung von unabhängiger Stelle vorgenommen worden ist. Zwischen Jugoslawien-Tribunal und »öffentlicher Meinung« in EU-Europa, hat man sich mit der für das eigene Weltbild bequemen Variante eines Völkermordes, dem 8 000 Bosnier zum Opfer gefallen sind, eingerichtet. Von Forschung dazu will man nichts wissen, obwohl selbst eigene Erkenntnisse wie die Tatsache, dass es Tausende Bewaffnete in Srebrenica gegeben hatte, dazu gemahnen. Statt dessen bedroht die Europäische Union umgekehrt jeden Zweifel an der offiziellen Version mit der juristischen Keule der Leugnung, die strafbar sei.

Historische Wahrheit durch Richterspruch

Bereits zwei Jahre vor den Ereignissen von Srebrenica, im Jahre 1993, reichte der Staat Bosnien-Herzegowina beim Internationalen Gerichtshof in Den Haag – nicht zu verwechseln mit dem Jugoslawien-Tribunal – Klage ein. Sarajevo klagte die Bundesrepublik Jugoslawien offiziell an, für einen Völkermord in Bosnien verantwortlich zu sein. Der Prozess zog sich in die Länge, bis es eine Bundesrepublik Jugoslawien gar nicht mehr gab. Ihr Rechtsnachfolger, die Republik Serbien, wurde schließlich am 26. Februar 2007 mit dreizehn gegen zwei Stimmen von den Richtern des Internationalen Gerichtshofes von der Anklage des Völkermordes freigesprochen. Belgrad habe sich nicht des

Genozids schuldig gemacht, hieß es klipp und klar.

Für nicht voreingenommene oder befangene Beobachter hätte ein solcher Ausgang von Anbeginn an klar sein müssen. Denn wie immer man dazu stand, ob überhaupt in Bosnien – und besonders in Srebrenica – ein Völkermord stattgefunden habe: Jugoslawische bzw. serbische Truppen waren daran jedenfalls nicht beteiligt. Die Schlachten tobten zwischen bosnisch-muslimischen und bosnisch-serbischen Einheiten. Dort, wo die Jugoslawische Volksarmee noch existierte, wurde sie in die Strukturen der Serbischen Republik in Bosnien übergeführt. Belgrad hatte keine Befehlsgewalt über das, was z. B. in Srebrenica passierte.

Von größerem Interesse als der Freispruch des Internationalen Gerichtshofes ist seine Einschätzung, dass »die Verbrechen von Srebrenica mit der eindeutigen Absicht geführt (wurden), die Bevölkerungsgruppe der Muslime in Bosnien-Herzegowina insgesamt zu zerstören, und deshalb (...) liegt hier der Tatbestand des Völkermordes vor.« Auch die Täterschaft wird angegeben: »Diese Akte des Völkermordes (wurden) von Mitgliedern der *Vojska Republike Srpske* (VRS, bosnisch-serbischen Armee) in und rund um Srebrenica um den 13. Juli 1995 gesetzt.«[180]

Laut eigenem Bekunden hat sich der Internationale Gerichtshof in seiner Urteilsbegründung stark an das in derselben Stadt befindliche Jugoslawien-Tribunal angelehnt.[181] Damit hat er freilich von seiner historisch gewachsenen Autorität an eine vergleichsweise kurzfristig einberufene und zeitlich beschränkte, wie auch bei Weitem nicht objektiv tätige Institution abgegeben. Zu diesem Zeitpunkt, am 27. Februar 2007, waren zwei serbisch-bosnische Militärs wegen Völkermordes verurteilt, was als Beweislage an sich zwölf Jahre nach dem Friedensvertrag von Dayton nicht besonders schwer wiegt. Wer allerdings weiß, dass die Verurteilung von Radislav Krstić als »Täter in völkermörderischer Absicht« im Jahre 2004 wieder aufgehoben und in eine Strafe wegen »Beihilfe zum Völkermord« reduziert wurde, mag zurecht an der ganzen Konstruktion, das Massaker von Srebrenica sei ein geplanter Völkermord an den bosnischen Muslimen gewesen, zweifeln. Das letztinstanzliche Urteil gegen General Krstić operiert mit der These vom »Völkermord«, anonymisiert aber zum wiederholten Male die konkrete Verantwortung dafür. Wir werden uns in der Folge noch mit dem Urteilsspruch gegen Krstić beschäftigen.

---

180. Aus dem Richterspruch des »Internationalen Gerichtshofes«, aus: Judgement, ICJ General List No. 91, p. 108, paragraph 297, zit. in: http://en.wikipedia.org/wiki/Bosnian_Genocide_Case
181. vgl. auch den Bericht in *Spiegel-Online* vom 26. Februar 2007

Der Kronzeuge Dražen Erdemović

Wir haben bereits gesehen, wie uneinheitlich die Einschätzungen darüber sind, was in der Woche nach dem 10. Juli 1995 in Srebrenica passiert ist. Erschießungen fanden statt, darüber besteht kein Zweifel. Ob es Völkermord war, darüber gehen die Meinungen auseinander. Die wichtigste internationale Instanz, die von Genozid spricht, ist das »Internationale Kriegsverbrechertribunal für das frühere Jugoslawien« in Den Haag, kurz »Jugoslawien-Tribunal«. Seit seiner Einsetzung im Jahre 1993 hat es sukzessive seine eigene moralische Autorität untergraben. Schon seine zu großen Teilen private, bereits weiter oben beschriebene Finanzierung hätte zu denken geben müssen, was die Ausgewogenheit einer auf Grund der Beschäftigung mit zeithistorischen Ereignissen notwendig politischen Ausrichtung betrifft. Im großen Völkerschlachten der 1990er Jahre haben sich die Anklagebehörde und die Richterschaft meist unhinterfragt auf die Seite der »westlichen Wertegemeinschaft« gestellt. Diese Gemeinschaft hat unter Kürzeln wie EG/EU, NATO und IWF im jugoslawischen Zerfallsprozess eindeutig auf die sezessionistischen Bewegungen in Kroatien und Slowenien, später in Bosnien und im Kosovo gesetzt. Die vorgeschobenen Argumente schwankten zwischen der Unterstützung von »nationaler Selbstbestimmung« und »demokratischem Aufbruch«. Ersteres war in allen postjugoslawischen Nationen zu bemerken, also nicht nur in Kroatien und Muslimisch-Bosnien, sondern auch in Serbien und Makedonien. Zweiteres konnte ebenfalls allen Republiken unterstellt werden, wenn man die Wahlgänge der frühen 1990er Jahre in Kroatien, Bosnien-Herzegowina oder Serbien vergleicht. Die Menschen wählten freiwillig und blauäugig ihre nationalen Führer, ob sie nun Franjo Tuđman, Alija Izetbegović oder Slobodan Milošević hießen. Auch im Makel der Autokratenherrschaft ähnelten einander die drei.

Was die »westliche Wertegemeinschaft« auf die Seite von Tuđman und Izetbegović – und später sogar auf die Seite des Albanerführers Hashim Thaçi – trieb, war weniger der Grad an Demokratie oder die Intensität der nationalen Selbstbestimmung, der diese anhingen, sondern hegemoniale Strategie und wirtschaftliches Interesse. Die Zerschlagung Jugoslawiens brachte die NATO auf das Terrain und lieferte die nun kleinen, schwachen Volkswirtschaften den *global players* auf dem Tablett. Eine Fahrt durch das ehemalige Jugoslawien im Jahr 2011 demonstriert dies eindrucksvoll: Die Region besteht aktuell aus sieben Staaten, davon einer – Bosnien-Herzegowina – mit zwei Entitäten und einer – Kosovo – nicht einmal innerhalb der EU von allen Mitgliedern anerkannt; einem zersplitterten Währungsraum (Euro in Slowenien, Kosovo und Montenegro; Konvertible Mark in Bosnien; Kuna in Kroatien; Dinar in Serbien; Denar in Makedonien); ausländischen Verwaltungen in Kosovo und

Bosnien-Herzegowina; ausländischer Truppenpräsenz in Kosovo, Bosnien, Makedonien; NATO-Stützpunkten in Slowenien und Kroatien sowie indirekt über KFOR und SFOR in Kosovo und Bosnien; dazu stellt sie ein Wirtschaftseldorado für westeuropäische und US-amerikanische Firmen dar, die sämtliche Branchen, von den Banken über die Energiewirtschaft zur Industrie und zum Einzelhandel dominieren.[182] Diese kursorische Aufstellung müsste eigentlich genügen, um den externen Faktor als relevant für die Geschehnisse der 1990er Jahre einzuschätzen. Er blieb freilich nicht auf das Geopolitische und Ökonomische beschränkt, sondern setzte sich auch im Juristischen fest.

Das Jugoslawien-Tribunal dient als juristischer Transmissionsriemen zur Untermauerung der oben beschriebenen und weitgehend durchgesetzten Interessen der »westlichen Wertegemeinschaft« auf dem Balkan. Mit ihm wird rechtlich begleitet, was militärisch (z. B. mit dem NATO-Angriff auf Jugoslawien) oder wirtschaftlich stattfindet bzw. stattgefunden hat. Diese Parteilichkeit ist an mehreren bedeutenden Brennpunkten sichtbar geworden. Da war einmal die Anklageerhebung gegen Slobodan Milošević. Sie fand mitten im NATO-Krieg gegen Jugoslawien am 22. Mai 1999 statt. Während Cruise-Missiles und F-16-Kampfflieger der damaligen Neunzehner-Allianz südslawische und kosovo-albanische Städte, Bahnlinien, Flughäfen und Industriebetriebe bombardierten, klagte das Tribunal in Den Haag den Präsidenten des Kriegsfeindes wegen »Völkermordes« und »Verbrechen gegen die Menschheit« an. Für jene, die überzeugt davon waren, dass Milošević ein Massen- und Völkermörder gewesen ist, mag diese Koinzidenz logisch erscheinen, man muss eben mit allen Mitteln gegen das »Böse« kämpfen. Wer allerdings Zweifel am ausschließlich einzigen und exklusiven »Bösen« im jugoslawischen Bürgerkrieg hatte, dem kam das Zusammenfallen von Bomben und juristischer Anklage verdächtig vor. Wer Milošević' Kontrahenten vom Schlage Tuđman, Izetbegović oder Thaçi als ähnliche, die Menschenrechte mit Füßen tretende Kaliber betrachtete, als Kriegsherren in einem Bürgerkrieg, der wunderte sich über die Einseitigkeit der Anklageerhebung gegen die serbische Seite.

Der Angriff der muslimischen »Grünen Barette« auf das muslimisch geprägte Bihać, die Vertreibung hunderttausender Serben aus Kroatien, die Brutalität der kosovo-albanischen Untergrundorganisation *Ushtria Çlirimtare e Kosovës* (UÇK, Befreiungsarmee des Kosovo) gegen Abtrünnige und Serben … all das funktionierte spiegelbildlich zu den serbischen Schrecklichkeiten in Bosnien oder im Kosovo. Doch weder Tuđman noch Izetbegović, und bis Sommer 2011 auch nicht Thaçi, saßen dafür jahrelang in Untersuchungshaft.

182. vgl. Hannes Hofbauer: *EU-Osterweiterung. Historische Basis – ökonomische Triebkräfte – soziale Folgen.* Wien 2007

Sieben Jahre lang hatten die Ankläger in Den Haag Zeit, um ihre Anschuldigungen gegen Milošević beweisen zu können. Es gelang ihnen nicht. Im Gegenteil: Sein Tod im Gewahrsam der Anstalt wirft ein schlechtes Licht auf die ganze Institution des Tribunals. Damit war es mit einem Schlag der Last, den serbischen Präsidenten zum Völkermörder stempeln zu sollen, aber dies nicht zu können, entledigt. Die im Moskauer Exil lebende Frau von Slobodan Milošević, Mira Marković, ist bis heute überzeugt davon, dass ihr Mann schleichend medikamentös ermordet wurde. Er selbst vermutete Ähnliches und bat in den letzten Tagen und Wochen vor seinem Tod mehrmals darum, von einem russischen Spezialisten untersucht und in einem Moskauer Krankenhaus behandelt zu werden. Das Jugoslawien-Tribunal lehnte alle seine diesbezüglichen Ansuchen ab.[183]

Endgültig unglaubwürdig wurde das Tribunal durch den Umgang mit seinem wichtigsten Kronzeugen Dražen Erdemović. Der in Den Haag lebende Journalist und Mitarbeiter der *Deutschen Welle* in Köln, Germinal Civikov, hat die Prozesse in Den Haag jahrelang beobachtet. Seine Aufzeichnungen erklären diesen moralischen Offenbarungseid des Jugoslawien-Tribunals eindrucksvoll. In seinem Buch *Srebrenica. Der Kronzeuge*[184] zerbröselt die Glaubwürdigkeit der Institution vollständig.

Da gibt es den bislang einzigen geständigen Täter, Dražen Erdemović, der zugibt, am 16. Juli 1995 an der Erschießung von 1 200 Muslimen beteiligt gewesen zu sein. Er nennt die Namen der Mittäter und Befehlshaber. Niemand von ihnen wird vom Tribunal vorgeladen, geschweige denn in Untersuchungshaft genommen. Nur Dražen Erdemović wird verurteilt. Nicht wegen Völkermord, keineswegs. Nicht einmal wegen Mordes. Nein: in zweiter und gültiger Instanz wegen »Verletzung der Gesetze und Gebräuche der Kriegsführung«.[185] Der Beobachter fragt sich, muss sich fragen, warum das so ist. Immerhin fand die Verhaftung von Erdemović bereits im März 1996 statt, seine erste Anhörung in Den Haag im Mai 1996, seine Verurteilung in zweiter Instanz im März 1998. Seither interessiert sich das Tribunal nicht für seine Mittäter, nicht für die Befehlshaber der Truppe. Warum? Was steckt dahinter? Hundertfache Mörder: kein Interesse? 1 200 Erschießungen: Was geht das Den Haag an?

Der Verdacht, dem wir hier nachgehen wollen, lautet: die Geschichte des Dražen Erdemović hat nicht so stattgefunden, wie er sie erzählt. Zumindest die Befehlskette war zweifelhaft. Die Geschichte taugt nur für seine Installierung als Kronzeuge, nicht für die Ermittlung der Wahrheit. Als Kronzeuge

---

183. siehe: http://www.balkanforum.info/f9/Milosevics-partei-spricht-mord-vergiftung-7211/
184. Germinal Civikov: *Srebrenica. Der Kronzeuge*. Wien 2009
185. Civikov, S. 176

konnte und kann Erdemović gegen Milošević, Karadžić und Mladić Verwendung finden. Die Vernehmung seiner Mittäter und Vorgesetzten würde das ganze mit der Aussage von Erdemović errichtete Konstrukt der Anklage ins Wanken bringen.

Zugegeben, dieser Verdacht bewegt sich auf schmaler Quellenlage, doch die Inaktivität des Tribunals muss ihre Gründe haben: Womöglich fanden die Erschießungen gar nicht auf Befehl der serbisch-bosnischen Generalität statt und die Bemerkungen, die Slobodan Milošević vor seinem Tod im Kreuzverhör mit Erdemović machte, haben eine seriöse Grundlage. Stand gar ein ausländischer, der französische Geheimdienst hinter dem Sondereinsatz? Warum sonst fand die Massenerschießung außerhalb der Dienstzeit der Täter statt? Und warum sonst gab es anschließend daran noch eine Schießerei unter den Massenmördern, bei der es angeblich um ihren Sold in der Größenordnung von zwölf Kilogramm Gold ging?

Heikle Fragen, doch angesichts der lückenhaften Aktenlage müssen sie erlaubt sein, zumindest so lange, bis Nachfragen in Völkermordprozessen als Leugnung gilt und ebenfalls gerichtlich geahndet wird.

Zur Person

Beginnen wir mit der Person des Dražen Erdemović. Er ist inzwischen bereits zu einer literarischen Figur geworden. Die kroatische Autorin Slavenka Drakulić hat ihm ein Kapitel ihres auf die Tränendrüsen drückenden Buches *Keiner war dabei*[186] gewidmet. Für sie ist Erdemović ein Bereuender, sie vergibt dem Massenmordenden, macht ihn seltsamer Weise zu ihrem Freund, spricht ihn mit »Dražen« an. »Er konnte Menschen nicht einfach töten«, merkt sie an einer Stelle verständnisvoll an. Seltsam – hat er doch selbst ausgesagt, »ca. 120 Moslems« über den Haufen geschossen zu haben. Nicht im Kampf, nein: mit Augenbinde versehen, Einzelschuss, weil beim Maschinengewehrfeuer, das man auch ausprobiert habe, die Leute großteils nur verwundet wurden, man musste gezielt mit Pistolen nachschießen, damit sie zu jammern aufhörten. Technik des Massenmordes. »Ich will das nicht tun«, lässt ihn Slavenka Drakulić sagen. Doch Erdemović erschoss »ca. 120«.

Slavenka Drakulić gibt mit ihrem Buch *Keiner war dabei* dem Jugoslawien-Tribunal literarische Flankendeckung. Auch dort will niemand wissen, wie es wirklich war. Die Funktion des Täters ist wichtiger als seine Tat. Im Gerichtssaal kommt er als »verdeckter Zeuge« gegen Generäle und Präsidenten zum Einsatz; auf den Seiten von Slavenka Drakulić erfüllt er die Rolle des Opfers

---

186. Slavenka Drakulić: *Keiner war dabei. Kriegsverbrechen auf dem Balkan vor Gericht*. Wien 2004

grausamer Befehlsgewalten, die ihn zum Morden treiben. Erbarmungswürdig. Folgt man der Wirklichkeit, die sich im Jugoslawien-Tribunal abgespielt hat, wie sie Germinal Civikov beobachtet und beschrieben hat, ist Erdemović keineswegs erbarmungswürdig. Er ist ein Spielball, ein erbärmlicher.

Dražen Erdemović wurde 1971 im Dorf Donja Dragunja in der Nähe von Tuzla geboren. Er kommt als bosnischer Kroate auf die Welt, seine spätere Frau ist Serbin; ein typischer Jugoslawe, könnte man meinen. Als Neunzehnjähriger folgt er der Einberufung zur Jugoslawischen Volksarmee und wird dort zum Militärpolizisten ausgebildet, nachdem er Schlosser gelernt hatte. Zwei Jahre später, im Mai 1992, unmittelbar nach den ersten kriegerischen Auseinandersetzungen in Bosnien, muss er als Bosnier zur mittlerweile aufgestellten bosnisch-muslimischen Armee, wie er vor dem Tribunal zu Protokoll gibt. Als im Herbst 1992 eine kroatisch-bosnische Bürgerkriegsarmee eingerichtet wird, tritt er zu dieser über. Nachdem er dort angeblich Schwierigkeiten mit seinen Vorgesetzten hatte, weil er als Militärpolizist einigen Serben bei Kontrollen – möglicher Weise gegen Bakschisch – behilflich war, desertiert er und flüchtet in die »Serbische Republik«. Dort lässt er sich von einer Spezialtruppe der bosnisch-serbischen Armee anheuern, der 10. Sabotageeinheit.[187] Diese wilde Truppe besteht hauptsächlich aus Kroaten, Slowenen und Bosniern nebst einigen Serben und ist für heikle Aufgaben zwischen den Frontlinien zuständig: Ermordungen, Sprengungen und verdeckte Operationen dürften zu ihrem alltäglichen Kriegsgeschäft gehört haben. Dražen Erdemović hat also zwischen 1990 und 1995 in vier Armeen gedient.

Die Festnahme

Zum Kronzeugen der Anklage wird er über den Umweg einer Festnahme ausgerechnet in einer Kleinstadt nahe Novi Sad. Und das kam so: Nach dem Krieg plagt sich Erdemović, wie die meisten anderen, mit dem Überleben. In Den Haag wird er aussagen, ihn haben auch Gewissensbisse geplagt. Offensichtlich hat er davon erfahren, dass die Ankläger in Den Haag Zeugen für die Untaten der bosnisch-serbischen Armee in Srebrenica suchen und bei entsprechender Kooperation die Mithilfe mit einem Freispruch belohnen würden. Gemeinsam mit einem Freund, der in Den Haag später nicht gebraucht werden wird, ruft der mittlerweile in Serbien lebende Erdemović in der US-Botschaft in Belgrad an, um seine Dienste anzubieten. Dort wimmelt man den unbekannten Aufdringling ab und schlägt ihm vor, sich bei der Auslandskorrespondentin des US-Senders ABC zu melden. Gemeinsam mit dem Journalisten

---

187. Civikov, S. 15f.

Renaud Girard von *Le Figaro* kommt es bald darauf zu einem Gespräch mit der ABC-Korrespondentin Vanessa Vasić-Janeković, die Erdemović zusagt, seine Geschichte an das Haager Tribunal weiterzuleiten.[188]

Mittlerweile – wir schreiben den 1. oder 2. März 1996 und in Jugoslawien regiert nach wie vor der im Daytoner Friedensprozess international hofierte Slobodan Milošević – dürfte der serbische Geheimdienst von der Sache Wind bekommen haben. Am 3. März 1996 wird Erdemović jedenfalls nahe Novi Sad verhaftet und erzählt den serbischen Behörden seinen militärischen Werdegang. Wie er in der Sondereinheit der bosnisch-serbischen Armee ein Gemetzel nahe Srebrenica veranstaltet hatte, welche Mittäter dabei waren, auf wessen Befehl der Massenmord ausgeübt worden war und dass er sich dem Haager Tribunal als Zeugen stellen wollte.[189] Das Unerwartete folgt auf dem Fuß: Die serbischen Untersuchungsbehörden liefern Erdemović nach Den Haag aus, allerdings mit der Auflage, ihn nur für seine Aussage zu »verleihen«, um ihn anschließend daran in Serbien vor Gericht stellen zu können. Am 30. März 1996 wird Erdemović nach Den Haag überstellt. In Belgrad regiert nach wie vor Slobodan Milošević.

Bereits einen Tag darauf, am 31. März 1996, kommt es zur ersten Vernehmung vor dem Jugoslawien-Tribunal. Die ganze Sache läuft nach dem umstrittenen *Guilty-plea*-Verfahren ab. Diese im angelsächsischen Strafrecht mögliche Einrichtung stellt ein verkürztes Prozedere dar, bei dem sich der Angeklagte dem Ankläger gegenüber von vornherein schuldig erklärt und der Ankläger umgekehrt diese Anerkenntnis der Schuld zur Basis des Strafausmaßes macht. Erdemović hatte bereits vor seiner Festnahme in Novi Sad im Gespräch mit Renaud Girard von der französischen Zeitung *Le Figaro* behauptet, ihm seien vom Jugoslawien-Tribunal Immunität und das Versprechen zugesichert worden, mit seiner Familie in einem westlichen Land untergebracht zu werden.[190] Das Tribunal konnte vermutlich nur deshalb den Deal nicht perfekt machen, weil eben die Verhaftung von Erdemović durch serbische Behörden dazwischen kam und davon in allen Zeitungen berichtet wurde.

Im deutschen oder österreichischen Strafrecht ist ein solches *Guilty-plea*-Verfahren, das einer Verfahrensverkürzung durch Absprache entspricht, in dieser Weise nicht möglich. Sein wesentlicher Nachteil gegenüber der kontinentalen Rechtsprechung: Es kommt zu keiner peniblen Vernehmung, auch Kreuzverhöre mit dem Staatsanwalt sind nicht vorgesehen, die Selbstbezichtigung steht

---

188. Civikov, S. 22
189. Civikov, S. 8
190. http://www.schattenblick.de/infopool/politik/ausland/paost308.html. Vgl. auch: Civikov, S. 29f.

mehr oder weniger unhinterfragt im Raum.

Die komprimierteste Zusammenfassung der Anklage gegen Erdemović verliest der Ankläger Eric Östberg am 31. Mai 1996:

> Am oder um den 16. Juli 1995 wurde Dražen Erdemović und anderen Mitgliedern seiner Einheit mitgeteilt, dass im Verlauf des Tages Busladungen von männlichen bosnisch-muslimischen Zivilisten aus Srebrenica, die sich dem bosnisch-serbischen Militär- oder Polizeipersonal ergeben hatten, bei einer Kollektivfarm in Pilica eintreffen würden. Jeder einzelne Bus war voll besetzt mit bosnisch-muslimischen Männern, deren Alter ungefähr von siebzehn bis zu sechzig Jahren reichte. Von jedem eingetroffenen Bus wurden die Männer in Gruppen von ungefähr zehn unter einer Eskorte von Mitgliedern der 10. Sabotageeinheit auf ein an die Farmgebäude angrenzendes Feld geführt und dort in einer Reihe mit dem Rücken zu Dražen Erdemović und Mitgliedern seiner Einheit aufgestellt. Am oder um den 16. Juli 1995 erschoss und tötete Dražen Erdemović unbewaffnete bosnisch-muslimische Männer und beteiligte sich mit anderen Mitgliedern seiner Einheit und mit den Soldaten einer anderen Brigade an der Erschießung (...). Diese summarischen Exekutionen führten zum Tod von Hunderten von männlichen bosnisch-muslimischen Zivilisten.[191]

Erdemović nennt von Anbeginn an, bereits bei der Vernehmung durch die serbische Polizei, die Mittäter Franc Kos, Marko Boškić, Zoran Goronja, Stanko Savanović, Brano Gojković, Aleksandar Cvetković und Vlastimir Golijan.[192] Bis zu Redaktionsschluss dieses Buches wird keiner von ihnen nach Den Haag vorgeladen.

Die Geschichte des Dražen Erdemović ist in mehreren Punkten fragwürdig bzw. hinterfragenswert. Zum einen die Tat selbst: Schaffen es acht Soldaten in vier Stunden, 1200 Männer zu erschießen? Dann sind da die Unklarheiten um die Befehlskette. Den Aussagen von Erdemović nach hätte ein einfacher Soldat das ganze Massaker als Verantwortlicher durchgeführt, obwohl Höherrangige im Kommando mit dabei waren. Und schließlich, daraus abgeleitet, die offenen Fragen, ob und warum die achtköpfige Truppe außerhalb ihrer Dienstzeit agierte, was mit den unmittelbaren Vorgesetzten war und wie es sich mit dem Blutgeld für die Untat verhielt. All dem ist Germinal Civikov mit Akribie nachgegangen, und wir erlauben uns, seine Erkenntnisse hier einfließen zu lassen.

---

191. siehe: www.un.org/icty/transe22/960531ID.htm, zit. in: Civikov, S. 34
192. Civikov, S. 148

Tathergang und Opferzahl

Knapp vierzig Kilometer nördlich von Srebrenica, auf der früheren Schweinefarm beim Dorf Pilica, erschossen Erdemović und seine sieben Mittäter am 16. Juli 1995 1200 muslimische Männer. Dazu bekennt sich der Kronzeuge. »Der erste Bus mit 50 bis 60 Menschen kommt zwischen 10 und 11 Uhr an. In diesem Bus sind sie gefesselt und tragen Augenbinden, in den weiteren Bussen nicht mehr.« Germinal Civikov gibt die Aussage von Erdemović kommentiert wieder: »Der Platz der Erschießung befindet sich 50, 100 oder, in späteren Fassungen, 200 Meter vom Bus entfernt auf einer Wiese.«[193] Wir sprechen also von fünfzig Busladungen voller Gefangener, die vom Bus zur Wiese geführt werden mussten, wobei anzunehmen ist, dass sich viele gewehrt oder zumindest geweigert haben, den Anordnungen schnell Folge zu leisten. Manche versuchten zu fliehen, andere flehten um Erbarmen. Auch gab es welche darunter, die dem einen oder dem anderen Täter bekannt waren. Dann die Aufstellung der je zehn Opfer, ihre Erschießung, die Nachschau, ob alle tot waren. Laut Erdemović war es Stanko Savanović, der mit gezielten Pistolenschüssen jene niederstreckte, die noch lebten. Die Leichen, so Erdemović, in der Anhörung, habe man einfach liegen gelassen. Um die sollten sich in den kommenden Tagen andere kümmern.

Man stelle sich die Situation vor: Massenmorden im Akkord. Schreie und Wimmern, Fluchtversuche, Alkohol, um das schaurige Handwerk verkraften zu können. Und das ganze Massenschlachten 120 Mal, zu je zehn Menschen, die liquidiert wurden. Um 15 Uhr, so die Aussage von Erdemović, war man mit dem Morden fertig. Eine Wiese mit 1200 Toten, die während der Massaker nicht weggeräumt, nicht vergraben werden. Allein dieses Bild übersteigt jede menschliche Vorstellungskraft. Civikov – aber auch andere Autoren – monieren zudem zurecht, dass sich all das zeitlich in vier bis fünf Stunden gar nicht ausgehen kann. Wie groß muss diese Wiese sein, auf der 1200 Leichen zu liegen kommen? Ist es denkbar, dass alle zweieinhalb Minuten – so rasant und ohne jede Pause müsste das Abschlachten stattgefunden haben – zehn Männer aus dem Bus geholt, aufgestellt, ruhig gestellt, erschossen und ihre Tode kontrolliert werden können? Ohne Unterlass. Zudem, behauptet Erdemović, hätte man alle Opfern noch die Taschen leeren lassen und ihre Papiere eingesammelt.

Zugegeben, die Fragen wirken zynisch. 1200 Ermordete, und der Autor zweifelt an der Machbarkeit. Jedes Nachfragen kann (oder muss?) als pietätlos verstanden werden, als Verhöhnung der Opfer. Nein! Was wäre, wenn sich die

---

193. Civikov, S. 64

Sache anders zugetragen hätte? Wäre es dann nicht fahrlässig, der Wahrheit nicht nachspüren zu wollen? Es gäbe die Möglichkeit der Verifizierung. Man müsste die sieben Mittäter befragen. Dem Tribunal sind sie seit 1996 namentlich bekannt. Die meisten von ihnen leben artig angemeldet in Bosnien oder Serbien, mindestens einer in den USA. Das spürbare Desinteresse des Tribunals gibt zu denken. Dieses Desinteresse ist eine Verhöhnung der Opfer.

Nicht zuletzt der serbischen Übersetzung von Germinal Civikovs Buch *Srebrenica. Der Kronzeuge*,[194] deren Erscheinen im September 2009 in Belgrad, Banja Luka und vor allem auch in Sarajevo große Aufmerksamkeit erregt hat, hat dann dazu geführt, dass sich der bosnische Oberstaatsanwalt auf die Suche nach den Mittätern von Pilica gemacht hat. Gefunden wurden sie schnell. Ihre Festnahmen wie auch ihre Verhöre blieben allerdings der Öffentlichkeit weitgehend verborgen. Am 15. September 2010 hieß es dann in einer publik gewordenen Aktennotiz des Gerichtshofes von Sarajevo, dass der Fall Franc Kos (X-KR-10/893-1) vom Fall Vlastimir Gojijan (X-KR-10/893-2) getrennt würde. Die Bedeutung dieses Schrittes wurde nicht näher erläutert. Möglich wäre die Interpretation, dass den in Bosnien vor Gericht gestellten Mittätern von Dražen Erdemović ein ähnlicher Deal wie ihrem berühmt gewordenen Kronzeugen angeboten worden ist. *Guilty plea* könnte für sie heißen, mit den Behörden zu kooperieren, die Beteiligung an den Massakern zuzugeben und dafür für ein paar Jahre ins Gefängnis zu wandern. Im Fall der Weigerung könnte eine Völkermordanklage als Drohmittel die Mittäter politisch gefügig machen.

Mehr als vierzehn Jahre, nachdem das Jugoslawien-Tribunal in Den Haag ihre Namen als Mittäter am größten Massenmord in der postjugoslawischen Tragödie erfahren hatte, hat also ein famos recherchiertes Buch des niederländischen Journalisten Germinal Civikov die Öffentlichkeit in Serbien und Bosnien wachgerüttelt und zur Festnahme der meisten Mittäter geführt. Das Tribunal in Den Haag zeigt sich indes nach wie vor desinteressiert an ihrer Befragung. Was soll man davon halten? Eine mögliche Antwort liegt in der Opferzahl begründet, die von Dražen Erdemović eventuell weit überhöht dargestellt worden war.

Ergebnisse von späteren Exhumierungen, die dem Jugoslawien-Tribunal vorliegen, listen 153 Leichen auf besagter Wiese der Pilica-Farm auf.[195] Auch wurde im Prozess die Vermutung geäußert, es könnten in den Wochen nach dem Massaker Leichen ausgegraben und an anderen Orten begraben worden

---

194. Žerminal Čivikov: *Srebrenica. Krunski svedok.*
195. Zweite Anhörung von Dražen Erdemović am 19. November 1996, in: www.un.org/icty/transe22/961119IT.htm, S. 135, zit.in: Civikov, S. 70/71

sein. Beweise dafür liegen nicht vor. 153 Erschossene wirken angesichts der Umstände, von denen Erdemović erzählt hat, glaubwürdiger. Eine Horrorzahl, gleichwohl. Dennoch beharrt Den Haag auf mehreren hundert und die Weltöffentlichkeit auf 1 200 Toten. Womöglich deshalb, weil 153 Ermordete eine zu unspektakuläre Zahl im bosnischen Völkerschlachten der 1990er Jahre wären? Weil 153 exekutierte Muslime mit der serbischen Opferbilanz in den Dörfern rund um Srebrenica vergleichbar wären? Wohlverstanden: 153 Erschießungen von wehrlosen Männern ist ein Kriegsverbrechen gigantischen Ausmaßes; aber es würde sich einreihen in vergleichbare Massaker der anderen Seite. Wer diesen Vergleich nicht will, wer auf der Einzigartigkeit der serbischen Gräuel besteht, muss geradezu an die 1 200 Opfer glauben, die Erdemović mit sieben Kumpanen getötet haben will.

Die Befehlskette

Militärisch gesehen nährt die Aussage von Erdemović, ein einfacher Soldat habe das Massenmorden geleitet, Zweifel am Tathergang oder an der Befehlskette. In der Geschichte, die der Kronzeuge dem Tribunal von Anfang an auftischt, leitete sein Kamerad Brano Gojković die ganze Aktion bei der Schweinefarm nahe Pilica. Er, Erdemović selbst, sei wie Gojković ohne militärischen Rang gewesen, nachdem er zuvor vom Unteroffizier zum einfachen Wehrmann degradiert worden war. Der Kompaniechef der 10. Sabotageinheit war Leutnant Milorad Pelemiš, dessen Vorgesetzter ein gewisser Oberst Petar Salapura.[196] Pelemiš hielt sich zur Tatzeit wegen einer Verletzung nachweislich im Krankenhaus auf. Auf die Nachfrage des Anklägers Mark Harmon, ob es denn üblich gewesen sei, dass ein einfacher Soldat die Durchführung eines Einsatzes leitete, antwortete Erdemović: »Es war eine Ausnahme.«[197]

Nichts davon scheint richtig. Erdemović war kein einfacher Soldat. Dies gab der Kompaniechef der 10. Sabotageeinheit, Milorad Pelemiš, zu Protokoll; zwar nicht in Den Haag, denn dort will ihn niemand befragen, aber im Interview mit der serbischen Zeitung *Nezavisne Novine* am 21. November 2005. Auf die Frage, wie es möglich gewesen sei, dass während seiner Abwesenheit von der Truppe, der einfache Soldat Brano Gojković die Morde an den Muslimen befohlen hatte, antwortete Pelemiš: »Das ist unmöglich, denn der einzige Unteroffizier in diesem Zug war Erdemović, und zwar ein Sergeant 1. Grades.

---

196. Civikov, S. 55
197. Erdemović als Zeuge der Anklage in der Anhörung gegen Karadžić und Mladić (in Abwesenheit) am 5. Juli 1996, in: www.un.org/icty/transe5&18/960705it.htm, S. 840, zit. in: Civikov, S. 55

Gojković war ein einfacher Soldat.«[198] Bei dem Erschießungskommando mit dabei war zudem der Slowene Franc Kos, Leutnant und Zugskommandant des 2. Zuges der 10. serbisch-bosnischen Sabotageeinheit. Den Rang von Kos erfahren wir anlässlich einer weiteren Aussage von Erdemović, die er als Kronzeuge gegen General Krstić am 22. Mai 2000 tätigt. Nun ist plötzlich nicht mehr Gojković der Kommandant der Truppe, sondern Kos ihr Offizier.[199] Richter und Ankläger wollen darin keinen Widerspruch erkennen und fragen nicht einmal nach.

Wir haben also einen Kronzeugen Erdemović, der als einfacher Soldat für 120 eigenhändige Erschießungen Befehlsnotstand geltend macht, obwohl sich herausstellt, dass er in derselben Einheit wie sein angeblicher Gruppenführer Gojković, von dem er zum Morden gedrängt wird, Unteroffizier ist. Dann kommt ans Tageslicht, dass auch ein Offizier, Franc Kos vom 2. Zug der 10. Sabotageeinheit, das Massaker begleitet. Der zuständige Kompaniechef Pelemiš liegt im Krankenhaus und dessen Vorgesetzter Salapura kommt in der Erzählung so gut wie gar nicht vor, war offensichtlich auch nicht vor Ort. Dies alles sind gerichtlich beeidete Tatsachen, bis auf das Beharren von Erdemović, er sei degradiert worden. Was soll man von all dem halten? Wie blauäugig muss man sein, um die Geschichte, die mit den Jahren der Kronzeugenschaft immer widersprüchlicher wird, für bare Münze zu nehmen?

Für einen aufmerksamen Beobachter des Jugoslawien-Tribunals wie Germinal Civikov klärt sich die Verwirrung um die Befehlskette am 8. und am 9. Juni 2004 auf. An diesem Tag wird Oberst Petar Salapura, damals schon pensioniert, als Zeuge in einem Verfahren gegen zwei bosnisch-serbische Offiziere einvernommen. Jener Salapura, über den Erdemović ausgesagt hatte: »Niemand könnte uns über Salapura hinweg einen Befehl geben.«[200] Man merke auf: Die Ankläger wollen den obersten Kommandanten der 10. Sabotageeinheit, die 1 200 Muslime exekutiert hat, nicht als Angeklagten befragen, statt dessen trat er als Zeuge in mittlerweile zwei anderen Verfahren auf. Zu den grausigen Vorkommnissen am 16. Juli 1995 weiß Salapura dennoch höchst Interessantes zu berichten. Oberst Salapura gibt zu Protokoll, dass einzig die Wachhabenden an diesem Tag im Camp gewesen seien und alle Soldaten dienstfrei gehabt hätten: »Der Kommandant (Pelemiš, Anm. d. A.) war verwundet und fehlte aus Krankheitsgründen, und der Rest der Truppe bekam

---

198. *Nezavisne Novine* am 21. November 2005, zit. in: Civikov, S. 76
199. www.un.org/icty/transe33/000522it.htm, S. 3116, zit. in: Civikov, S. 75
200. Transkript intervjua sa Draženom Erdemovićem, Zatvor u Scheveningu, Den Haag am 24. April 1996, S. 47/ S. 30, zit. in: Civikov, S. 116

frei. Es blieben nur die Wachposten zurück.«[201] Man muss sich die Augen reiben. Wie? Keiner da? Alle auf Urlaub? Die Massenmörder von Pilica gar nicht im Dienst?

Die 10. Sabotageeinheit war seit dem Morgen des 12. Juli 1995 bis zum 22. Juli dienstfrei gestellt. Die Soldaten hatten nach der Einnahme von Srebrenica am 10. Juli frei bekommen, bis dahin waren sie fünfzehn bis zwanzig Tage im vollen Einsatz gewesen, jetzt sollten sie sich erholen. Dies bestätigt auch der Zeuge Dragan Todorović.[202] Erdemović hat nie etwas von Urlaub gesagt. Der Ankläger an jenem 9. Juni 2004, Peter McCloskey, ist verunsichert. Mehr will er allerdings von Oberst Salapura nicht wissen.

Nimmt man die Aussage von Salapura, die auch von Milorad Pelemiš, dem Kompaniechef, auf Nachfragen einer Zeitung bestätigt wurde,[203] als gegeben, so haben wir es plötzlich nicht mehr mit einer regulären Einheit der bosnisch-serbischen Armee zu tun. Vielmehr steht eine Bande von Söldnern vor uns, die sich möglicher Weise in ihrer Freizeit etwas dazuverdienen wollten. Ein Massaker, das brachte etwas ein. Wer will jetzt noch mit Sicherheit behaupten, dass die Auftraggeber im Dienste der bosnisch-serbischen Armee standen, wenn das mit Erschießungen beauftragte Kommando ein wild zusammen gewürfelter Haufen aus urlaubenden Soldaten gewesen war?

Die »French Connection«

Aufklärung darüber gibt uns Slobodan Milošević. Am 25. August 2003 steht Erdemović, wie schon so oft, als Kronzeuge vor den Richtern in Den Haag. Diesmal soll er den früheren jugoslawischen Präsidenten belasten. Es ist das erste Kreuzverhör, dem sich Erdemović unterziehen muss. Und Milošević ist gut vorbereitet. Beobachter Germinal Civikov sitzt auf der anderen Seite der gläsernen Wand des Gerichtssaals. Er berichtet von dort für verschiedene Medien, darunter den deutschen *Freitag* und die bulgarische Zeitschrift *Kultura*. Civikov hört Erstaunliches. Noch bevor die Befragung durch den Angeklagten, also durch Slobodan Milošević losgeht, überrascht der Ankläger Geoffrey Nice den Kronzeugen Erdemović mit folgender Frage: Ob er davon gehört hätte, dass der französische Geheimdienst in die Massaker von Srebrenica verwickelt gewesen wäre. Nein, antwortet Erdemović, das habe er nicht.[204] Warum stellt der Ankläger eine solche Frage? Bis zu diesem Zeitpunkt kam der französische Geheimdienst im Jugoslawien-Tribunal nicht vor.

---

201. www.un.org/icty/transe60/040609ED.htm, S. 10582, zit. in: Civikov, S. 119
202. Civikov, S. 111
203. *Nezavisne Novine* vom 21. November 2005
204. Civikov, S. 129

Der Ankläger Geoffrey Nice muss geahnt haben, das Slobodan Milošević in seiner Verteidigung auf eine Mittäterschaft des französischen Geheimdienstes hinaus will. Und er wollte ihm mit der plumpen Andeutung die Spitze nehmen. Das ist ihm nicht ganz gelungen.

Worauf gründet die Geschichte, wonach Paris seine Finger im blutigen Spiel um Srebrenica gehabt hätte? Auf serbischen Gerichtsakten. Am 11. November 1999, die NATO-Luftangriffe auf Serbien sind vorüber und ein Friedensvertrag ist unterzeichnet, werden fünf Männer in Belgrad festgenommen. Ihnen wird vorgeworfen, unter dem Tarnnamen „*Pauk*" (»Spinne«) einen Anschlag auf Präsident Milošević vorbereitet zu haben. Außerdem stehen sie im Verdacht, schon seit zehn Jahren im Solde des französischen Geheimdienstes zu stehen und Anschläge gegen Albaner im Kosovo durchgeführt zu haben, um die serbische Seite zu belasten. Einer der fünf trägt den Namen Milorad Pelemiš, der uns als Kommandant der 10. Sabotageeinheit der bosnisch-serbischen Armee bekannt ist.[205]

Der serbische Informationsminister Goran Matić bezeichnet alle fünf Verhafteten auf der Pressekonferenz am 25. November 1999 als Mitglieder dieser 10. Sabotageeinheit, die Kriegsverbrechen in Srebrenica begangen hätten.[206] Einer der fünf Arme dieser »Spinne« namens Jugoslav Petrušić, bekannt auch unter dem *nom de guerre* »Colonel Yugo Dominik«, ist ein ehemaliger Fremdenlegionär mit französischem Pass. Im Auftrag des französischen Geheimdienstes soll er nach dem Ende des Bosnien-Krieges 180 Soldaten als Söldner angeworben haben, um mit ihnen in Zaire auf der Seite von Präsident Mobutu Sese Seko in den Kampf zu ziehen.[207] Von Frankreich wird diese Version, nach der bosnische Söldner vom Geheimdienst DGSE *(Direction générale de la sécurité extérieure)* für Afrika angeworben wurden, nicht bestätigt, aber im Prozess gegen den früheren serbischen Präsidenten, Milan Milutinović, sagt der Zeuge Branko Gajić, ehemaliger Vize der jugoslawischen Gegenspionage, aus, seine Behörde hätte von dem Agentendasein des Jugoslav Petrušić gewusst.[208]

Man mag einwenden: Überall, wo Geheimdienste agieren, häufen sich Gerüchte. Kein Wunder, besteht doch ihr Daseinszweck darin, Aufgaben geheim abzuwickeln. Ebenso wie der blinde Glaube an die Richtigkeit von derlei Angaben kann aber auch das strikte Verwerfen all dieser Informationen falsch sein. Klar ist: Milošević hat ein Interesse daran, die Brutalitäten seiner Sondereinheiten im Kosovo anderen in die Schuhe zu schieben. Also mag die

---

205. Civikov, S. 130
206. *Le Monde* vom 30. November 1999
207. Civikov, S. 131
208. Civikov, S. 131

Geschichte mit dem französischen Geheimdienst frei erfunden sein. Allerdings können wir davon ausgehen, dass verdeckte Operationen nicht nur im bosnischen Bürgerkrieg, sondern auch im Kosovo stattgefunden haben. Mit Grausamkeit lässt sich hervorragend Politik machen. Um ein Beispiel von einem anderen Kriegsschauplatz in Erinnerung zu rufen: Der ganze große Krieg der USA mit ihrer »Koalition der Willigen« gegen den Irak basierte auf einer bewussten Lüge der Angriffsallianz. Washington wollte Saddam Hussein loswerden; die Unterstellung, er würde biologische Waffen gegen die Menschheit produzieren, war nützlich, um die öffentliche Meinung auf kriegsgeil zu schalten. Im balkanischen Morden der 1990er Jahre ist es zumindest möglich, wenn nicht wahrscheinlich, dass jede der Bürgerkriegsseiten vor brutalen Methoden nicht zurückgeschreckt ist, auch solchen, die Menschenleben nur deshalb gefordert haben, um bessere Argumente für den nächsten militärischen Eingriff zu haben. Westlichen Geheimdiensten sind solche Methoden nicht fremd.

Die fünfarmige »Spinne« wurde übrigens eine Woche nach dem Sturz von Slobodan Milošević, am 13. November 2000, von der Anklage der Spionage freigesprochen. Ermittelt wird nur noch wegen zwei Morden im Kosovo.

Der Sold

Richtig aufregend wird die Sache, als Milošević dann doch noch Gelegenheit geboten wird, den Zeugen Erdemović ins Kreuzverhör zu nehmen. Spannend ist es vor allem an jener Stelle, an der es um Geld bzw. um zwölf Kilogramm Gold geht – um den Sold. Milošević will von Erdemović wissen, ob er davon gehört habe, dass die Bluttat in Srebrenica gegen Bezahlung durchgeführt worden sei. »Ja, ich habe davon gehört, dass danach Pelemiš und einzelne Soldaten (...) unter sich irgendein Geld verteilt haben, und dass sie irgendein Gold gefunden haben, aber ob das wahr ist, das weiß ich nicht.« »Gut, dann will ich Sie daran erinnern«, macht Milošević Druck, »dass Sie Vanessa Vasić-Janeković (das ist die ABC-Journalistin, mit der sich Erdemović getroffen hatte, um Kontakt zum Jugoslawien-Tribunal zu bekommen, Anm. d. A.) seinerzeit erklärt haben, dass das Massaker in Pilica für Geld ausgeführt wurde. Sie haben sogar gesagt, dass irgend jemand Pelemiš zwölf Kilogramm Gold für dieses Massaker versprochen hatte.«[209] Milošević zitiert das Gespräch zwischen Eredmović und Vasić-Janeković aus den Unterlagen, die sein Geheimdienst damals der ABC-Journalistin entwendet hatte. In der weiteren Zeugenbefragung erfahren wir, dass Erdemović am 20. Juli 1995 in einer Bar in

---

209. www.un.org/icty/transe54/030825ED.htm, S. 25210; zit. in: Civikov, S. 137

Bijeljina bei einer Schießerei »unter Freunden« schwer verwundet wurde, was dieser auch bestätigt. Warum damals geschossen wurde, will er nicht mehr wissen. Milošević frischt auch hier sein Gedächtnis auf und nennt den Kontrahenten, Stanko Savanović, einen Mittäter des Massakers von Pilica, wo die beiden mit fünf anderen 1 200 Muslime exekutiert hatten. In der Nachtbar von Bijeljina sei man sich über die Verteilung des Solds in die Haare gekommen, besser: in die Schusslinie. Als Milošević dann Erdemović die Aussage von dessen Ehefrau vorliest, wonach diese von der Gattin des Kommandanten Pelemiš erfahren haben will, dass plötzlich viel Geld für teuren Schmuck und teure Autos vorhanden war, verliert der Richter am Jugoslawien-Tribunal das Interesse und drängt Slobodan Milošević, »zur Sache zu sprechen«. Kurz darauf dreht er ihm das Mikrofon ab.[210]

Wir können aus diesem politischen Krimi mehreres lernen. Zum einen, dass der jugoslawische Geheimdienst zu seiner Zeit gute Arbeit geleistet hatte, und dass Milošević diese in seiner Zelle in Den Haag zu nutzen wusste. Außerdem, dass das Tribunal nicht alles wissen wollte, schon gar nicht, was seine Annahme, wonach die serbisch-bosnische Armee bei vollem Bewusstsein Völkermord an den örtlichen Muslimen betrieben hätte, in Zweifel zog. Alle anderen Möglichkeiten, vor allem die Täterschaft aus Geldgier einer bunt zusammengewürfelten Truppe, die womöglich noch von einem westlichen Geheimdienst dafür bezahlt worden ist, tat sie als verschwörerischen Unsinn ab. Freilich: verschwörerisch war der Massenmord von Srebrenica in jedem Fall. Die Glaubwürdigkeit des Tribunals in dieser Frage ist jedenfalls nach den mehrmaligen Einvernahmen von Dražen Erdemović auf dem Tiefpunkt angelangt, was der Wichtigkeit des Kronzeugen für Den Haag keinen Abbruch tut. Bislang kam er in dieser Funktion gegen Radovan Karadžić, Ratko Mladić, Radislav Krstić, Slobodan Milošević und Vujadin Popović zum Einsatz. Mit seiner Geschichte steht und fällt die Beweisführung des Völkermordes.

Der Fall Krstić

Bis zum 19. April 2004 war General Radislav Krstić der einzige Mensch gewesen, der vom Internationalen Strafgerichtshof für das ehemalige Jugoslawien in Den Haag als Völkermörder verurteilt worden war, wohlgemerkt: der einzige für alle Kriege, die zwischen 1991 und 1999 stattfanden. An diesem Tag hob das Gericht seine Strafe von 46 Jahren für »Völkermord« auf und reduzierte den Schuldspruch auf 35 Jahre Haft. Die Berufungsinstanz sah die »völkermörderische Absicht« offensichtlich nicht mehr als erwiesen an. Das letztgültige Urteil

---

210. Civikov, S. 139

lautet auf »Beteiligung am Völkermord«.

Wer ist nun dieser Radislav Krstić, der seine Haft – und wohl auch sein Leben – in einem britischen Gefängnis absitzt? Geboren 1948 in Vlasenica, trat er nach dem Studium in die Jugoslawische Volksarmee ein. Als bosnischer Serbe wechselte er bei Ausbruch des Bürgerkrieges in die Armee der Serbischen Republik in Bosnien und war dort während der Einnahme von Srebrenica stellvertretender Kommandant des Drina-Corps. Das Massaker von Srebrenica passierte unter seiner direkten Verantwortung. Schon zuvor war Krstić schwer verwundet worden, als ihm im Dezember 1994 eine Landmine ein Bein weggerissen hatte.

Am 2. Dezember 1998 wird der erfahrene Krieger von Soldaten der internationalen SFOR-Truppe verhaftet und tags darauf an das Jugoslawien-Tribunal überstellt. Im Gerichtssaal von Scheveningen / Den Haag verteidigt er sich vergleichsweise ungeschickt und mimt den Ahnungslosen. Er sei nicht vor Ort gewesen, als Srebrenica von Einheiten der serbisch-bosnischen Armee überrannt worden wäre und hatte davon erst im Nachhinein Kenntnis bekommen. Von Massakern hätte er überhaupt erst später aus den Medien erfahren. Wie dem auch sei, selbst wenn er nicht am Ort des Geschehens war, was durchaus möglich und glaubhaft sein kann – als oberster Kommandierender der Truppe ist er für ihre Taten verantwortlich.

Auf die Frage des Anklägers im Prozess, ob er den Befehl zur Ermordung von Muslimen gegeben habe, antwortet Krstić mit »nein«. Einen Tonbandmitschnitt, den ihm daraufhin der Ankläger Peter McCloskey vorspielt und auf dem sehr wohl Tötungsbefehle zu vernehmen sind, kommentiert der Angeklagte mit den Worten, dieser sei eine Textmontage, so habe er das nie gesagt. Lesen wir kurz im Tonbandprotokoll nach, das einen Dialog zwischen General Krstić und seinem Stellvertreter Major Obradović wiedergibt. Dem Jugoslawien-Tribunal zufolge fand das offensichtlich abgehörte Telefongespräch am 2. August 1995 statt. Obradović hielt sich in oder um Srebrenica auf, während Krstić an einem anderen Ort gewesen sein dürfte: »Krstić: ›Arbeitet ihr da unten?‹ Darauf Obradović: ›Ja, natürlich. (…) Wir haben noch einige erwischt, mit der Waffe oder auf den Minenfeldern. Darauf Krstić: ›Liquidiert sie alle. (…) Keiner darf am Leben bleiben.‹«[211] Für das Jugoslawien-Tribunal war diese Aufforderung von Krstić ein Aufruf zum Völkermord.

Nehmen wir einmal an, das Gespräch ist keine Montage, wie Krstić in Reaktion darauf gemeint hatte. Nichts spricht gegen seine Authentizität. Für unser Thema, ob in Srebrenica ein Völkermord stattgefunden hat, sind die

---

211. zit. in: Drakulić, S. 98

Details aus diesem mörderischen Dialog zwischen dem General und seinem Major von großem Interesse. Wir hören also in eine Befehlskette hinein, die mitten im Krieg stattgefunden hat. Aber hören wir auch den Beweis, dass das Töten in völkermörderischer Absicht stattgefunden hat? Ein unvoreingenommener Beobachter müsste diese Frage, trotz aller Abscheu vor dem Inhalt des Gespräches mit einem klaren Nein beantworten. Da ist zum ersten das Datum der Aufzeichnung. Ankläger McCloskey fragt den General: »Haben Sie Major Obradović am 2. August 1995 den Befehl gegeben, die an diesem Tag gefangen genommenen Muslime zu töten?«[212] Am 2. August – das sind mehr als zwei Wochen nach den Erschießungen im Gefolge der Einnahme von Srebrenica durch die bosnisch-serbische Armee. Das Grauen von Srebrenica fand zwischen dem 11. und dem 18./19. Juli statt. Die Erschießungen von angeblich 1 200 Muslimen, die Dražen Erdemović zugegeben hat, fanden am 16. Juli statt. Liquidierungen am 2. August korrelieren viel eher mit den Aussagen der serbischen Seite, wonach sich bereits vor dem Einmarsch der Mladić-Truppe in Srebrenica Tausende bewaffnete Muslime aufgemacht hätten, um sich in Richtung Tuzla durchzuschlagen. Tausende versuchten, sich durch die Wälder, über die Minenfelder vor der serbischen Soldateska in Sicherheit zu bringen.

Erinnern wir uns an das Interview von Radovan Karadžić, dem Präsidenten der »Serbischen Republik«, das er am 19. Mai 1997 der Zeitung *Večernje novosti* gegeben hatte. Er sprach von insgesamt vier muslimischen Brigaden, die in Srebrenica stationiert gewesen waren: »Noch drei Wochen später (nach der Einnahme der Stadt Srebrenica, Anm. d. A.) wurde in der Region gekämpft. Sie schlugen sich durch, und unsere Soldaten haben entsprechend reagiert. Das waren erbitterte Gefechte.«[213] Hört man den Krstić belastenden Tonbandmitschnitt, passt dieser Befehl vom 2. August perfekt in das von Karadžić beschriebene Szenario. Die Richter in Den Haag ficht das nicht an. Für sie war auch am 2. August Völkermorden angesagt. Doch nicht nur das Datum, auch die Art und Weise, wie jene gefangen werden, über die Krstić das Todesurteil spricht, macht indirekt deutlich, dass der Begriff »Völkermord« für diese Aktion wohl der falsche ist. Da hetzen muslimische Menschen in Todesangst über Minenfelder, um ihr Leben vor den Schergen des Ratko Mladić und des Radislav Krstić zu retten. Wir vermuten wohl nicht zu unrecht, dass wenige Wochen zuvor einige unter den Flüchtenden dasselbe Handwerk in serbisch besiedelten Dörfern erledigt hatten. Sie wissen also, was ihnen blüht, wenn sie nicht entrinnen können. »Wir haben noch einige erwischt, mit der Waffe oder auf den Minenfeldern«, antwortet der Major seinem General auf die Frage,

---

212. zit. in: Drakulić, S. 99
213. *Vecernje Novosti* vom 19. Mai 1997; zit. in: Dorin, S. 108

ob er noch »arbeiten« würde. Die Anweisung »Liquidiert sie alle!« stellt ein Kriegsverbrechen dar. Ein Völkermord ist damit nicht bewiesen. Fast gegenteilig. Alles sieht nach Kampfhandlung aus; die Flüchtenden sind bewaffnet. Der ganze Bürgerkrieg – wie jeder Bürgerkrieg und jeder Krieg – ist eine irreguläre Auseinandersetzung. Hier den Vorwurf des »Völkermordes« ins Spiel zu bringen, ist politische Absicht, nicht objektiver Befund. Und diese politische Absicht muss man dem »Jugoslawien-Tribunal« nach über fünfzehn Jahren Rechtsprechung unterstellen. Der Fall Krstić zeigt es deutlich, wenn man bereit ist, die Dokumente vorurteilsfrei zu lesen, was zugegeben, angesichts der sich abspielenden Grausamkeiten, keine leichte Sache ist.

Am 10. Juni 2010 wurden zwei Offiziere der serbisch-bosnischen Armee, Vujadin Popović und Ljubiša Beara, wegen Völkermordes zu lebenslanger Haft verurteilt.[214] In der Urteilsbegründung für Popović heißt es: »Er war überall in der Gegend von Zvornik zu finden und an allen Plätzen bis auf einen, an denen getötet wurde, anwesend. Popović wusste, dass es nicht nur darauf ankam, alle zu ermorden, die in die Hände der bosnisch-serbischen Streitkräfte fielen, sondern so viele wie möglich zu ermorden, mit dem Ziel, die Gruppe zu zerstören *(to kill as many as possible with the aim of destroying the group)*.«[215] Ein letztinstanzliches Urteil existiert damit allerdings noch nicht, denn Popović und Beara gingen, wie schon mehrmals zuvor, am 14. April 2011 bzw. am 16. April 2011 in Berufung. Zuvor beendete Richter Patrick Robinson noch einen skurril anmutenden Streit um einen Antrag der beiden, für ihren Einspruch der Komplexität und Schwere des Vorwurfs wegen mehr als 30 000 Worte verwenden zu dürfen. Robinson lehnte das Ansinnen am 17. Januar 2011 ab.[216] Mit dem Anerkennen des Einspruchs liegt auch sechzehn Jahre nach dem Massaker von Srebrenica keine einzige rechtskräftige Verurteilung wegen Völkermordes in Srebrenica vor.

Schweigen als Straftatbestand

Im September 2004 hörte der Autor dieser Zeilen im Zuge einer Recherche im bosnischen Pale, der einstigen Hauptstadt der Serbischen Republik, erstmals von einem äußerst seltsamen Tatbestand. Mehrere führende Köpfe der zweiten bosnischen Entität, der »Serbischen Republik«, gingen wegen »kulturellen Schweigens« von einem Tag auf den anderen ihrer Arbeitsplätze verlustig und wurden ihrer Bürgerrechte beraubt. Es war der »Hohe Repräsentant« (OHR)

---

214. siehe: www.nytimes.com/2010/06/11/world/europe/11hague.html
215. Case Information Sheet "Srebrenica" (IT-05-88) des Jugoslawien-Tribunals vom 20. Juni 2010, S. 13
216. www.icty.org/x/cases/popovic/acdec/eu/110117.pdf

Bosnien-Herzegowinas, zum damaligen Zeitpunkt der britische Baron Jeremy »Paddy« Ashdown, der sich seiner politischen Allmacht bedient hatte und unter anderen meinen Gesprächspartner, den Lehrer und Journalisten Zoran Žuža, mit diesem Bann belegte. Völlig legal, wie Recherchen ergaben.

Seit Dayton 1995 wird Bosnien-Herzegowina als Protektorat der »internationalen Gemeinschaft« regiert. Der von der Europäischen Union nominierte Kolonialverwalter verfügt über sämtliche Vollmachten und steht über dem Parlament und dem Staatspräsidium. Wer immer seiner Meinung nach dem »Geist von Dayton« widerspricht, ob das nun ein Politiker oder ein Medienmensch ist, der wird seines Amtes enthoben, seine Partei oder sein Medium werden geschlossen oder auch, wie im Fall einer kroatischen Bank geschehen, die ihn unterstützende Bank stillgelegt. Der »Geist von Dayton« ist ein politisch instrumentalisierbares Sammelsurium von multikulturellen Wünschen und demokratiepolitischen Reinheitsgeboten, die bald jemand nicht erfüllt oder erfüllen kann, zumal in der Situation nach einem Bürgerkrieg, der auch die gesellschaftlichen Verhältnisse verheert hat. Der ausländische Verwalter greift in diesem Sinne ein, wenn ihm Taten, Äußerungen oder auch Nicht-Äußerungen, also Schweigen, nicht genehm sind.

Am 30. Juni 2004 ist es wieder einmal so weit: OHR-Chef Ashdown entlässt die gesamte Führungsmannschaft der *Republika Srpska*, der »Serbischen Republik«. 59 von ihnen enthebt er mit einem Schlag ihrer Ämter, was gleichbedeutend mit dem Verlust ihrer Bürgerrechte als Wähler oder Gewählte in zukünftigen Urnengängen ist. Der ranghöchste darunter, Parlamentspräsident Dragan Kalinić, ist zugleich Vorsitzender der *Srpska Demokratska Stranka* (SDS, Serbische Demokratische Partei), jener Partei, die von Radovan Karadžić gegründet worden war und seither unter der serbischen Volksgruppe bei jeder Wahl in Bosnien eine absolute Mehrheit an Wählerstimmen einheimst. Debatte über die Absetzungen gibt es keine. Der Akt ist extrapolitisch, ohne Einspruchsmöglichkeit, nimmt sich am guten alten Kolonialismus ein Vorbild. Derlei Eingriffe waren seit der Installierung des neuen bosnisch-herzegowinischen Staates im Jahr 1995 schon oft getätigt worden. Meist hielten die entsprechenden Kommissare, darunter auch der besonders heftig agierende Österreicher Wolfgang Petritsch, den entlassenen Politikern oder geschlossenen Medien »nationalistische Hetze« vor, was als Grund für das Ende der Karriere der entsprechenden Person völlig ausreichte. Es gab mehrere Hundert solcher Eingriffe, die meisten davon in das serbische Personal, aber auch eine Reihe von Kroaten fielen der Allmacht des »Hohen Repräsentanten« zum Opfer. Muslimische Bosnier wurden und werden dagegen kolonialpolitisch eher mit Samthandschuhen angefasst; nur ihre Mitstreiter aus arabischen

Ländern bekamen die harte Knute des europäischen Protektorats zu spüren. Einige von ihnen wurden im Auftrag nach Guantánamo verschleppt, nach dem Motto: Der radikale Muslim hat seine Schuldigkeit getan, jetzt muss er gehen.

Zoran Žuža,[217] mein Gesprächspartner in Pale, ist 1967 geboren, hat in Sarajevo Sprachwissenschaft studiert und ließ sich zum Lehrer ausbilden. Zu Beginn des Bürgerkrieges arbeitet er als Journalist für *Radio Free Europe*, bis er Ende 2003 im Team von Parlamentspräsident Dragan Kalinić seiner Sprachkenntnisse wegen den Posten eines Kabinettchefs für Außenkontakte angeboten bekam. Am 30. Juni 2004 wurde er mit 58 weiteren, allesamt serbischen Kollegen seines Amtes enthoben. Die Begründung dafür ist mehr als seltsam: Ashdown kann ihm – und mehreren seiner Kollegen – offensichtlich nichts vorwerfen. »Nationalistische Hetze« hat er nicht betrieben, auch einzelne Aussagen, die den »Geist von Dayton« konterkarieren würden, sind nicht überliefert oder liegen dem Kolonialverwalter nicht vor. Also griff er zur ganz absurden Keule: »Kulturelles Schweigen«. Zoran Žuža sei, so die Begründung für seine Absetzung, Mitglied eines Schweigeklubs, der sich weigere, zum demokratischen Aufbruch des Landes beizutragen.

Im Original liest sich diese Zumutung folgendermaßen: »In Ausübung der Macht«, so OHR-Chef Ashdown unter dem offiziellem Briefkopf der Protektoratsverwaltung, »die den Hohen Repräsentanten durch Artikel V, Annex 10 des Rahmenabkommens über Frieden für Bosnien-Herzegowina als höchste Autorität *(final authority)* ausweist«, kommt er zu folgendem Beschluss: »Zoran Žuža von seinem Posten als Kabinettssprecher der Nationalversammlung der Serbischen Republik und anderer öffentlicher und Parteipositionen, die er gegenwärtig hält, zu entheben und ihn von allen Wahlgängen oder zu benennenden Positionen in politischen Parteien so lange auszuschließen, bis der Hohe Repräsentant ihn dazu explizit autorisiert.« Als Begründung dafür muss mangels Tatbeständen ein wirres Konstrukt von angeblichen Verfehlungen herhalten. Es heißt dort, Žuža habe das »internationale Gesetz (den »Geist von Dayton«, Anm. d. A.) der Entität behindert.« Und weiter: »... durch sein schändliches Verhalten *(nefarious conduct)*« habe Žuža seine »Verantwortung« nicht wahrgenommen. »Zoran Žuža ist, ob durch seine Aktionen oder durch seine Fehler, die er in einer verantwortlichen Position gemacht hat, ein integraler Bestandteil eines gemeinsamen Ränkeschmiedens *(common scheme)* in der Serbischen Republik, das eine Kultur des Schweigens und Täuschens hegt,

---

217. Siehe Interview in: Hannes Hofbauer: *Mitten in Europa. Politische Reiseberichte aus Bosnien-Herzegowina, Belarus, der Ukraine, Transnistrien/Moldawien und Albanien.* Wien 2006, S. 41f.

wodurch angeklagte Verbrecher vor der Justiz geschützt werden.«[218]

So gut wie textgleiche Bescheide lässt der hohe Repräsentant gegen mehrere andere Offizielle aus der Serbischen Republik verfassen, darunter den Direktor des Straßenbauamtes, Nemanja Vasić, ebenfalls am 1. Juli 2004, und den Sicherheitschef der Stadt Pale, Predrag Jovičić, am 17. Dezember 2004. Ihnen allen wird nichts weiter vorgeworfen, als mit ihrer »Kultur des Schweigens«, im englischen Original *"to foster a culture of silence"* genannt, gesuchte Kriegsverbrecher indirekt vor dem Jugoslawien-Tribunal zu schützen, mithin den Aufgaben der Protektoratsverwaltung im Wege zu stehen. Im Gespräch mit dem Autor wird Zoran Žuža noch konkreter: Wer auf die Frage, ob er beispielsweise Ratko Mladić oder Radovan Karadžić für einen Kriegsverbrecher hält, nicht antwortet, also schweigt, ist damit untragbar und wird, so er oder sie eine Person des öffentlichen Interesses ist, von seinem Posten entfernt bzw. darf zukünftige öffentliche Stellen nicht mehr annehmen. Für Zoran Žuža hatte dies den konkreten negativen Nebeneffekt, dass ihm auch sein angestammter Beruf als Lehrer verbaut bleibt.

Ein Berufungsverfahren gegen einen solchen Ausschluss aus allen Funktionen ist nicht möglich. Als einer der 59 Entlassenen, Milorad Bilbija, ebenfalls wegen »kulturellem Schweigen« gefeuert, es doch versucht, wird ihm folgendes beschieden: »Weder die Bestimmungen des Rahmenabkommens noch das Gesetz sehen vor, dass gegen eine Entscheidung des Hohen Repräsentanten Rechtsmittel eingelegt werden können.«[219] Die Nichtzulassung von Rechtsmitteln trägt zur weiteren Tabuisierung der wichtigsten Themen in Bosnien bei. Der »Kultur des Schweigens« wird man mit derlei Mitteln auch nicht beikommen können. Auf solche Weise Kooperation mit dem fremdherrschaftlichen Protektorat des Hohen Repräsentanten zu erzwingen, ist auch sechzehn Jahre nach Dayton nicht gelungen.

Wer also zur Frage des Völkermordes in Bosnien schweigt, wird – ohne Rekursmöglichkeit – mit einem Bann belegt. Nicht mehr nur der Zweifel an der völkermörderischen Absicht der serbisch-bosnischen Armee in Srebrenica steht hier am Pranger, sondern schon das Nicht-Antworten auf die Frage, ob Ratko Mladić die Muslime als Volksgruppe ausrotten wollte, wird mit Konsequenzen bestraft. Man wandert für dieses Schweigen nicht ins Gefängnis, aber man verliert alle Möglichkeiten, sich gesellschaftlich einzubringen. Rufen wir

---

218. Bescheid des OHR vom 1. Juli 2004, zit. in: Office of the High Representative (HR's Decisions Nr. 279/04): *Decision removing Zoran Zuza from his position als Chief of Cabinet of the Speaker of the RS NA and from other public and party positions he currently holds.* Übers. d. A.
219. Entscheidung des Verfassungsgerichtshofs von Bosnien-Herzegowina zum Einspruch von Milorad Bilbija und andere Nr. AP-953/05 vom 8. Juli 2006, zit. in: www.esiweb.org

uns in Erinnerung: Die damals, im Jahr 2004, wegen Kriegsverbrechen gesuchten Radovan Karadžić und Ratko Mladić waren in Den Haag angeklagt, aber nicht verurteilt. Sie waren beide noch flüchtig. Und bei General Krstić ließ die Anklage gut zwei Monate, bevor Zoran Žuža und andere ihrer Bürgerrechte wegen »kulturellen Schweigens« verlustig gingen, den Vorwurf des willentlich betriebenen Völkermordes fallen und bestrafte ihn wegen Beteiligung.

Vom Bestrafen des Schweigens zur Verfolgung des Leugnens

Die Debatte, ob es sich im Fall von Srebrenica um einen Völkermord gehandelt hat, ist auch in der wissenschaftlichen Auseinandersetzung mit dem Thema sehr umstritten. So listet der im deutschen Sprachraum bekannte Genozidforscher Boris Barth das Massaker von Srebrenica als einen »Fall von Genozidverdacht«[220] und unterscheidet es damit von seiner Meinung nach »eindeutigen Völkermorden« wie jenen der Jungtürken gegen die Armenier 1915, das nationalsozialistische Schreckensregime 1933 bis 1945 oder Ruanda 1994.

Der oberste Repräsentant Bosniens ist von all diesen Zweifeln unbeeindruckt. Er wirft Leute aus ihren Ämtern, weil sie zum Thema nichts sagen, und will der Gesellschaft damit pragmatische »Ja«-Sager aufzwingen, die immer zuerst einen Blick auf die Homepage des Repräsentanten werfen, bevor sie sich öffentlich äußern. Und äußern müssen sie sich, denn bereits das Schweigen ist ihnen durch die bosnische Praxis verboten.

Der bei Redaktionsschluss dieses Buches amtierende Kolonialverwalter, der Österreicher Valentin Inzko, hat am 1. Februar 2011 die seit dem Eingreifen der NATO und der Errichtung von Dayton-Bosnien gültige Marschrichtung wiederholt. Er definiert die Ereignisse in Srebrenica als Völkermord, was sein gutes Recht ist. In der Schlussfolgerung, die er daraus zieht, wird allerdings klar, dass es ihm um das politische Instrument dieses Vorwurfs geht. Anlässlich einer Gedenkfeier zur Erinnerung an die Befreiung von Auschwitz meinte er am 1. Februar 2011: »Wer in Frage stellt, was internationale Gerichte als Völkermord qualifiziert haben, der stellt sich außerhalb jeder zivilisatorischen Standards. Das gilt für die Leugnung des Holocaust ebenso wie für die Leugnung der Verbrechen in Srebrenica.«[221]

Mit zwei Sätzen verwischt Inzko jeden seriösen Ansatz einer historischen Einschätzung. Er verunmöglicht damit bewusst eine Auseinandersetzung mit den Ereignissen von Srebrenica. Da ist einerseits der grobe Klotz des Vergleiches

---

220. Boris Barth: *Genozid. Völkermord im 20. Jahrhundert. Geschichte, Theorien, Kontroversen*. München 2006, S. 163–171
221. http://www.ohr.int/ohr-dept/presso/pressa/default.asp?content_id=45750

der bosnischen Ereignisse 1995 mit dem Nazi-Regime der 1940er Jahre. Wie ein roter Faden zieht sich dieser Vergleich durch die bosnischen Bürgerkriege, immer darauf bedacht, die Eingriffe der »internationalen Gemeinschaft« zu rechtfertigen. Von Josef Fischer über Rudolf Scharping bis William Clinton wurde dieser Vergleich bemüht, und es fanden sich viele Medien, die ihn nachbeteten. Zutreffender ist er damit nicht geworden, wie an anderer Stelle in diesem Buch erläutert wird. Andererseits springt Inzko in seinem Parforceritt durch die Geschichte von Srebrenica mit wenigen Worten vom Zweifel zum Leugnen, vom Fragesteller zum Tatleugner. Auch diese Vermengung zweier doch sehr unterschiedlicher Herangehensweisen an ein umstrittenes historisches Ereignis ist ein beliebter Vorgang, um eine Debatte abzudrehen, um sie zu kriminalisieren. »Wer in Frage stellt, was internationale Gerichte als Völkermord qualifiziert haben«, so seine Botschaft, ist ein Völkermordleugner, und Leugner können, auch in der EU, mit Gefängnis bestraft werden. Mit einer solchen Argumentation tut man niemandem etwas Gutes, im Gegenteil: Sie tabuisiert das Ereignis Srebrenica zum Mythos. Dagegen hilft nur, weiterhin Fragen zu stellen.

Ein Verbrechen, »so alt wie die Menschheit«: Chronologie der Völkermorde. Eine Auswahl

»Bisher hat es keine Gesellschaft gegeben, die durch ihre Struktur davor bewahrt gewesen wäre, ein solches Verbrechen zu begehen«[222], schreibt der französische Philosoph Jean-Paul Sartre resigniert in seinem Aufsatz *Völkermord* und weist zugleich darauf hin, dass die »Sache« – »Völkermord« – erst in zeithistorischer Epoche einen Begriff erhalten hat. Der Jurist Raphael Lemkin hatte den Ausdruck – wie weiter oben beschrieben – nach dem Ersten Weltkrieg geprägt. Genozid oder Völkermord gilt seither als das schwerste Menschheitsverbrechen überhaupt.

Die UN-Völkermordkonvention von 1948 wurde in der Zwischenzeit von fast allen Staaten der Welt auch in nationales Recht transformiert. Von Anfang an war dies jedenfalls keine Selbstverständlichkeit, auch dort nicht, wo man es angesichts der deutschen Kriegsverbrechen, die vom Nürnberger Tribunal – allerdings ohne den Begriff »Völkermord« zu verwenden – verhandelt wurden, am ehesten annehmen hätte können. Ausgerechnet die USA sträubten sich, die UN-Konvention zur Ächtung des schlimmsten kodifizierten Verbrechens anzuerkennen. Es sollte fast vier Jahrzehnte dauern, bis Washington die Genozidkonvention ratifizierte. Erst 1986 wurde unter der Präsidentschaft Ronald Reagans Völkermord als international zu ahndender Straftatbestand akzeptiert.

Das 38-jährige Zögern gibt nicht nur Einblick in die innere Verfasstheit der US-amerikanischen Gesellschaft und der sie repräsentierenden Politik, sondern offenbart uns auch die Instrumentalisierbarkeit des Begriffes. Denn die Volksvertretung in den USA zweifelte an der Objektivierbarkeit von Völkermord. Wir erinnern uns: Die UNO definierte Völkermord als eine Tat, die »in der Absicht begangen wird, eine nationale, ethnische, rassische oder religiöse Gruppe als solche ganz oder teilweise zu zerstören.« In dieser Definition sahen sämtliche Präsidenten und Repräsentantenhäuser der USA und mit ihnen wohl auch die Mehrheit der Bevölkerung über Jahrzehnte hinweg eine Bedrohung der Grundpfeiler US-amerikanischer Identität. Was, wenn

---

222. Jean Paul Sartre: Der Völkermord. In: *Wir alle sind Mörder*. Reinbek bei Hamburg 1988, S. 282

der Gründungsmythos der weißen Siedlergesellschaft als *frontier land*, der die Ausrottung der amerikanischen Urbevölkerung zur Grundlage hatte, dereinst unter die Lupe der UN-Konvention zur Ächtung von Genozid genommen würde? Was, wenn eine wesentliche ökonomische Grundlage zur Urbarmachung dieses *frontier land*, dieser vom Atlantik immer weiter zum Pazifik vorangetriebenen Siedlergrenze, nämlich die erzwungene kostenlose Arbeit von Millionen schwarzer Sklaven, unter den UN-Paragrafen subsumiert würde? Was, wenn die Initialzündung zur Weltmacht unserer Tage, der Abwurf der Atombomben über Hiroshima und Nagasaki mit der Auslöschung jeden Lebens in wenigen Minuten, als Absicht erkannt würde, »eine ethnische, rassische oder religiöse Gruppe als solche ganz oder teilweise zu zerstören«? Es waren ja zu jener Zeit auch sämtliche japanischstämmigen Menschen in den USA als Teil der »japanischen Rasse« in Lagern interniert und ihrer Bürgerrechte beraubt.

Die Ängste der US-Volksvertreter schienen berechtigt. Immerhin war die Welt zwischen 1948 und 1986 – dem Jahr der Ratifizierung – eine bipolare. Es herrschte, wie es am Boulevard hieß, der »Kalte Krieg«, und die Sowjetunion wäre jederzeit in der Lage und oftmals willens gewesen, das US-amerikanische Selbstverständnis, nach dem die ethnische Säuberung Nordamerikas, die Sklaverei und die Atombombenabwürfe allesamt Modernisierungsnotwendigkeiten zum Aufbau einer demokratischen, weißen Gesellschaft gewesen waren, in Frage zu stellen. Die UN-Genozidkonvention hätte Moskau (und freilich auch anderen Staaten) dazu die Möglichkeit gegeben. Allein der Gedanke, sowjetische Gräueltaten an politischen Oppositionellen mit völkermörderischen Anschuldigungen seitens Moskaus in ideologischen Debatten abtauschen zu müssen, war Grund genug für die Weigerung der USA, Völkermord international definieren zu lassen und diese Definition anzuerkennen.

Man mag einwenden, dass die angesprochenen US-Verbrechen bereits lange zurück lagen. Das ist zweifellos richtig. Allerdings stellen sie immer noch – mit der Ausnahme der Einstellung zur Sklavenhaltergesellschaft, die sich geändert hat – konstitutive Elemente US-amerikanischen Selbstverständnisses dar. Man wird auch im Jahr 2011 keinen führenden US-Politiker finden, der die Art der Besiedlung und des Vordringens der Europäer in Nordamerika vom 16. bis zum 20. Jahrhundert als eine von Völkermorden begleitete Aggression sehen will, für die es sich zu entschuldigen gilt.

Aber auch die zeitgenössische US-amerikanische Politik gibt Anlass für den Vorwurf des Völkermordes. Der Einsatz von chemischen Kampfstoffen über Nordvietnam fand zwischen 1962 und 1971 statt. In Tausenden Fliegereinsätzen wurden Tonnen des Entlaubungsmittels *Agent Orange* versprüht.

Völkermörderische Absicht? Um Fragen wie dieser zu entgehen, befand man es in Washington offensichtlich fast vierzig Jahre lang für opportun, die Völkermordkonvention der UNO auf dem Schreibtisch der unerledigten Dinge liegen zu lassen. Erst 1986, als die Schwäche der Sowjetunion unter den Begriffen »*Glasnost*« und »*Perestrojka*« sichtbar wurde, als die Welt von einer bipolaren zu einer unipolaren mutierte, war man sich im Weißen Haus sowie den Häusern der Volksvertreter einigermaßen sicher, etwaige Anschuldigungen das Verbrechen des Völkermordes betreffend zukünftig politisch und medial kontrollieren zu können. Es sollte im Übrigen noch drei weitere Jahre dauern, bis die Konvention im Februar 1989 für die USA bindend wurde.[223]

Die Einschätzung von Ronald Reagan, der nur wenige Jahre zuvor mit dem NATO-Nachrüstungsbeschluss sowie der Aufstellung von Cruise-Missiles und Pershing II in Europa das »Gleichgewicht des Schreckens« in ein Ungleichgewicht zugunsten der USA verwandeln konnte, war richtig gewesen. Der Vorwurf des »Völkermordes« konnte in Zukunft gegen die USA nicht mehr erhoben werden; die Machtverhältnisse auf dem Globus ließen das nicht mehr zu. Umgekehrt sollte es noch eine Weile dauern, bis die USA ihrerseits die Brauchbarkeit dieses Vorwurfs für geopolitische Zwecke erkannt hatten und auch durchsetzen konnten. Seit dem ersten Krieg gegen den Irak im Jahr 1991 gab es wohl keine militärische Intervention des Pentagon bzw. der NATO, die nicht zumindest medial von der »Völkermord-Keule« begleitet worden wäre: Jugoslawien, Afghanistan, nochmals Irak, Libyen … überall mussten Cruise-Missiles und F-16 zum Einsatz kommen, um Menschenrechte durchzusetzen und »Völkermorde« zu verhindern.

Der historische und aktuelle Umgang der USA in Hinblick auf den Begriff und die Kodifizierung von »Völkermord« ist mithin ein Lehrbeispiel für seine instrumentelle Brauchbarkeit im Laufe er Zeit.

Lexikalisches

»*Lexikon der menschengemachten Megatötungen jenseits des Krieges*« hätte der deutsche Soziologe Gunnar Heinsohn sein 1998 erschienenes Buch am liebsten genannt.[224] Schließlich einigte er sich mit dem Verlag auf ein einfaches »*Lexikon der Völkermorde*«. Heinsohns durchaus mit Verve vorgetragenem Einschub, den Begriff durch »menschengemachte Megatötungen jenseits des Krieges« ersetzen zu wollen, liegen wohl unterschiedliche Erkenntnisse und Einschätzungen zu Grunde. Er spricht damit indirekt vor allem die unklare Trennlinie

---

223. Boris Barth: *Genozid. Völkermord im 20. Jahrhundert. Geschichte, Theorien, Kontroversen*. München 2006, S. 16
224. Gunnar Heinsohn: *Lexikon der Völkermorde*. Hamburg 1998, S. 15

zwischen Opfern ethnischer oder religiöser Massentötungen und »normalen« Kriegstoten an; tatsächlich ist eine solche Unterscheidung in vielen, wenn nicht in den allermeisten Fällen, schwer bis unmöglich. Krieg braucht Propaganda an der Heimatfront, und eine solche ist mit der Herstellung eines Feindbildes verbunden. Ethnische, rassische oder religiöse Konstruktionen sind schnell bei der Hand, wenn es gilt, die Vernunft auszuschalten. Im bislang einzigen Lexikon der Völkermorde bedient sich sein Autor unterschiedlicher Wörter zur Beschreibung des Unbeschreiblichen: Mit »Demozid« wählt er unter anderem einen jungen Begriff aus der US-amerikanischen Politikwissenschaft. Er setzt sich – wie Genozid – aus dem griechischen *dēmos* (für »Bevölkerung«) und dem lateinischen *caedere* (für »töten«) zusammen.

Es ist allemal einfacher, einen militärischen Angriff mit Hassgefühlen auf einen ethnisch oder religiös definierten Feind, auf »die Moslems«, »die Serben«, »die Islamisten« oder »die Armenier« zu führen, denen der jeweilige Aggressor Schuld an der alternativlos scheinenden militärischen Operation gibt, als beispielsweise zu behaupten: »Wir brauchen den jugoslawischen Absatzmarkt, billige, mobilisierte Arbeitskräfte, die Kontrolle der Erdölquellen« oder »Wir kämpfen für die Zerschlagung des südslawischen Integrationsraumes um unserer geopolitischen Vorteile willen« oder »Wir können keine fünfte Kolonne des Zaren im kriegsgeschwächten Osmanischen Reich gebrauchen.« Der dumpfe Völkerhass macht kriegsgeil, während die grausige geopolitische oder ökonomische Rationalität außer den direkt an der Aggression Interessierten niemanden in ihren Bann ziehen kann.

Die Nähe von Krieg und Völkermord ist allgegenwärtig, auch in der Diskussion darüber. Dennoch versucht das Lexikon der Völkermorde eine Differenzierung. Gelungen ist das freilich nicht, zumal der Autor auch politisch motivierte Untaten in seinen Katalog aufgenommen hat. Die Lexikalisierung des Begriffes offenbart seine Problematik.

Gunnar Heinsohn wagt den umfassendsten Versuch einer Chronik der Völkermorde. Ihm zufolge sind seit Menschengedenken insgesamt 169 Millionen Menschen [225] einen – wie er es nennt – demozidalen Tod gestorben. Dem stehen interessanter Weise »nur« 34 Millionen Kriegstote gegenüber. Seine Differenzierung in Opfer von »Demokratien, autoritären und totalitären Regimen« sei den Lesenden hier erspart; zu abenteuerlich wird hier die Statistik.

Die Liste der Heinsohn'schen Völkermorde offenbart auch die politische Schlagseite des Autors und letztlich auch die Sinnlosigkeit eines solchen Unterfangens. Ganz oben auf der Liste steht die Sowjetunion, in der während

---

225. Heinsohn, S. 53

der siebzig Jahre ihres Bestehens 61 911 000 Menschen in völkermörderischer Absicht zu Tode gekommen sein sollen. In Klammern: Es könnten auch »nur« 25 Millionen gewesen sein.[226] An den von Heinsohn postulierten demozidalen bzw. genozidalen Wahnsinn unter der Führung der KPdSU kommt kein anderes Menschheitsverbrechen heran. Auf den Rängen zwei und drei der Völkermörderei folgen die Volksrepublik China (35 236 000 Getötete zwischen 1949 und 1987) und die Mongolenzüge (29 927 000 Getötete zur Mitte des 13. Jahrhunderts). Die weiteren Plätze in dieser gleichermaßen schaurigen und skurrilen Statistik belegen Hitlerdeutschland mit 20 946 000, die Indianervernichtung in Nordamerika mit 13 778 000 und die Roten Khmer (zwischen 1975 und 1979) mit 2 035 000 Ermordeten.

Die sonstigen gelisteten »Demozide« kommen meist über eine Million Tote nicht hinaus, sei das der Vormarsch Roms auf Karthago (150 000), die Spanische Inquisition (350 000), die Katastrophen in Ruanda 1994 (800 000) oder in Indonesien 1965 bis 1987 (729 000).

Direkt irrational und weit weg von jeder seriösen historischen Forschung dann die Liste der »persönlichen Demozid-Hauptverantwortlichen«: Stalin führt sie mit 42,7 Millionen Opfern vor Mao (mit 37,8 Millionen), Hitler (20,9 Millionen), Chiang Kai-shek (10,2 Millionen) und Lenin (4 Millionen) an. Das Schlusslicht bildet Milošević mit 150 000, allerdings konnten aus Gründen des Redaktionsschlusses die Folgen des NATO-Krieges im Kosovo 1999 noch nicht mit einberechnet werden.

Das *Lexikon der Völkermorde* dokumentiert eindrücklich die extreme Beliebigkeit, mit der die Debatte um Völkermord geführt wird. Lassen wir einmal die Frage der Opferzahlen beiseite, deren Berechnung in jedem einzelnen Fall aller genannten gigantischen Verbrechen, und um solche handelt es sich dabei durchwegs, schwierig ist. Beschäftigen wir uns nicht damit, wie der Autor zu Angaben kommt, die bei unterstellten Millionenmorden auf die Tausenderstelle exakt angegeben werden. Viel fragwürdiger ist die Definition, die der Statistik zugrunde gelegt ist. Mit der UN-Konvention zum Genozid hat sie nichts zu tun, denn diese schließt politische Motive aus und lässt einzig ethnische, rassische und religiöse Vernichtungsabsichten als völkermörderisch gelten. Dennoch führt das hier besprochene, weit verbreitete und meinungsbildende *Lexikon* offensichtlich alle während der siebzigjährigen sowjetischen Herrschaft aus welchen Gründen immer mit staatlicher Deckung zu Tode Gekommenen als Völkermordopfer an. Bei der Volksrepublik China ist es ähnlich, und auch die von den Nationalsozialisten zu verantwortenden Toten

---

226. Heinsohn, S. 54

waren wohl nicht sämtlich in völkermörderischer Absicht passiert. Die Spanische Inquisition hatte hingegen eindeutig religiöse Motive für ihren Verfolgungswahn, während es bei den Roten Khmer wohl eher um den Versuch einer brutalen Lösung der mangelhaften städtischen Versorgungslage ging als um die Ausrottung eines anderen Volkes. Wir lernen daraus: Eine lexikalische Herangehensweise bringt uns nicht viel weiter.

Hilflosigkeit herrschte die längste Zeit über auch in der Begrifflichkeit selbst. Neben Völkermord waren (und sind teilweise immer noch) Termini wie »kultureller Genozid«, »genozidales Massaker«, »Ethnozid«, »Politizid«, »Ökozid«, »Demozid«, »Femizid«, »Auto-Genozid«, »Memorizid« oder »Ökonomizid« in Verwendung.[227] Die Strafwürdigkeit der Leugnung von Völkermord könnte zur Konkretisierung des Begriffes beitragen, allerdings bei gleichzeitiger Tabuisierung seines kritischen Hinterfragens.

In der Folge wollen wir uns einigen welthistorisch bedeutsamen Massenmorden und Massakern widmen, die in der Literatur immer wieder auch als »Völkermord« bezeichnet werden. Ihnen den Tatbestand zu- oder aberkennen, ist dabei nicht die Absicht. Schon aus den unterschiedlichen, großteils historischen Betrachtungen ergibt sich zwangsläufig oft eine Uneindeutigkeit. Eine Wahrheitsverordnung oder ein Leugnungsverbot, gleich in welche Richtung, kann daran nichts ändern. Allenfalls verschieben sich Debatten, ob denn nun der Erste Kreuzzug, die *Aborigines*-Politik in Australien oder die israelische Siedlungspolitik völkermörderisch gewesen seien, auf andere Begriffsfelder, um staatlichen Vorgaben und juristischen Bedrohungen auszuweichen, woran weder historischer Forschung noch politischer Diskussion gelegen sein kann.

Vollständigkeit kann schon aus Gründen der historischen Unüberschaubarkeit völkermörderischer oder massenmörderischer Taten nicht beansprucht werden.

Kreuzzüge, Mongolensturm und Siedlervormärsche

Historisch betrachtet treffen Eroberungen immer auf eine Bevölkerung vor Ort, die einzig ihrer Anwesenheit wegen als Feind betrachtet wird. Ihren Einfluss zu schmälern und ihre Präsenz zurückzudrängen, um den eigenen Interessen zum Durchbruch zu verhelfen, gilt die Aufmerksamkeit der unterschiedlichen Taktiken, mit denen in fremdes Territorium eingebrochen und anschließend eine Herrschaft der Eindringlinge errichtet werden soll. So war es unzählige Male in der Menschheitsgeschichte, die Feministinnen ob dieser zerstörerischen Struktur und Praxis als »patriarchalisch« bezeichnen. Der Krieg

---

227. Barth, S. 28

als Mittel der Eroberung trägt definitionsgemäß mörderische Züge. Ob diese völkermörderisch sind, darüber lässt sich trefflich streiten.

Im Namen des Herren Jesus Christus

Zwischen 1096 und 1291 trieb die Führung der weströmischen Christenheit Hunderttausende Bauern, Söldner und Edelmänner ins sogenannte »Heilige Land«, um die fruchtbaren Regionen am östlichsten Teil des Mittelmeeres in Besitz zu nehmen. Zuvor war im großen Schisma des Jahres 1054 die Einheit der christlichen Welt zerfallen. Dem Papst in Rom stand und steht bis heute ein Papst in Konstantinopel gegenüber. Dessen Hilferuf war für den römischen Kirchenfürsten Urban II. 1096 Anlass, um zum ersten großen Kreuzzug zu blasen. Es galt, Jerusalem zu erobern und die türkischen Seldschuken aus den als heilig empfundenen Stätten zu vertreiben. In der Folge fielen Muslime, Juden und orthodoxe Christen dem weströmischen Drang nach Osten zum Opfer. Die Propagandasprache jener Jahrhunderte war religiös motiviert. »Christen gegen Ungläubige« lautete die Devise. *Post tragœdiam* könnte dies als ein eindeutiges Indiz für den völkermörderischen Charakter der insgesamt sieben großen Expeditionen gewertet werden. Hinter dem Schlachtruf der römisch-katholischen Gotteskrieger standen freilich auch geopolitische und wirtschaftliche Interessen. Von Beginn des Ersten Kreuzzuges an erhoffte sich Rom die Wiederherstellung eines geeinten Christentums, die Umsetzung des postulierten Universalismus, die Herrschaft über alle christlichen Seelen. Im Vierten Kreuzzug von 1202 bis 1204 kam diese Begehrlichkeit am heftigsten und am zerstörerischsten zum Ausdruck. Die christliche Horde unter der Führung Venedigs machte das byzantinisch regierte Konstantinopel dem Erdboden gleich. Christen metzelten Christen, weströmisch Glaubende fielen über oströmisch Betende her.

Wirtschaftlich schufen und garantierten die Kreuzzüge den freien Handelsverkehr zwischen den italienischen, französischen und auch deutschen Städten und Stadtstaaten mit dem Orient. Sie öffneten vor allem Venedig neue Märkte. So gesehen wäre der Kreuzzugsgedanke mit den aktuellen Kreuzzügen von George Bush gegen den Irak sowie von Nicolas Sarkozy und Barack Obama gegen Libyen vergleichbar, deren wirtschaftliches Interesse vorgeschobene Kriegsgründe wie den angeblichen Wunsch nach Herstellung von Demokratie und Überbringung von Menschenrechten überwiegt. Eine völkermörderische Absicht steckt nicht dahinter.

Gleichwohl merken Historiker wie Arno Mayer an,[228] dass die Idee des

---

228. Arno Mayer: *Der Krieg als Kreuzzug. Das Deutsche Reich, Hitlers Wehrmacht und die »Endlösung«.* Reinbek bei Hamburg 1989, S. 50

Kreuzzuges durchaus eine genozidale ist, ja er sieht in ihnen gar eine Art historische Folie für den Holocaust der 1940er Jahre an den europäischen Juden. Im Hass der Kreuzfahrer des Ersten, auch stark gegen Juden gerichteten Kreuzzuges im Jahre 1096 und dem der Nationalsozialisten ortet Mayer Parallelen.

Die Opferbilanz der zweihundertjährigen Kreuzzugsepoche kann nur geschätzt werden. Manche der sieben Eroberungsfeldzüge forderten über Hunderttausend Tote, die höchste geschätzte Zahl liegt bei 22 Millionen Getöteten. Diese gibt unter anderem Hans Wollschläger in seinem Buch *Die bewaffneten Wallfahrten nach Jerusalem* an.[229] Die Quantität alleine beweist indes keinen Völkermord, und noch ist auch niemand auf die Idee gekommen, die etwaige Leugnung der Kreuzfahrerverbrechen unter Strafe zu stellen. Im Gegenteil: Nur mit Mühe konnte George Bush von seinen Beratern davon überzeugt werden, den Krieg gegen den Irak nicht als »neuen Kreuzzug gegen Terroristen« zu bezeichnen. Auch die Äußerung des italienischen Ministers Roberto Calderoni von der *Lega Nord*, die weltweiten Proteste der Muslime gegen die im Jahr 2005 in Dänemark erschienenen Mohammed-Karikaturen zum Anlass dafür zu nehmen, um den Papst um die Ausrufung eines »neuen Kreuzzuges«[230] zu bitten, zeugen von mangelnder Distanz zum historischen Menschheitsverbrechen. Ob dieses ein völkermörderisches war oder nicht, tut dabei wenig zu Sache.

Brandschatzende Heerscharen aus dem Osten

Das Jahr 1241 steht in der Historiografie der Menschheit für ein völlig anderes Täter- und Opferbild. Im Sommer dieses Jahres erreichten mongolische Reiterscharen die Mitte Europas. Deutsche, polnische und ungarische Heere hatten sie nicht stoppen können. Bereits vier Jahre zuvor hatten die zentralasiatischen Horden, die das Zweistromland und die syrischen Städte verheert hatten, halb Europa in Angst und Schrecken versetzt sowie die Fürstentümer an der Wolga inklusive Moskau und das alte Kiew zerstört, bevor sie über Ungarn nach Böhmen, Schlesien und schließlich bis Brandenburg im Norden und Niederösterreich im Süden vordringen konnten. Pyramiden aus abgeschlagenen Schädeln ihrer Feinde wurden zum Markenzeichen mongolisch-tatarischer Brutalität.

Unter die Definition »Völkermord« ist der Eroberungsfeldzug der Mongolen im 13. Jahrhundert bei manchen Historikern geraten, weil sie die staatliche Komponente bei der Ausrottung ganzer Regionen als Indiz dafür halten. So sieht beispielsweise der französische Physiker und Geschichtspublizist

---

229. zit. in: http://www.kirchenopfer.de/dieopfer/kreuzzuege/index.html
230. zit. in: http://de.wikipedia.org/wiki/Kreuzzug

Yves Ternon beim Vorrücken der Mongolen den Tatbestand des Völkermordes erfüllt, weil er seiner Meinung nach ein Staatsverbrechen einer zentral straff organisierten Militärführung gewesen war. Die Mongolen, so Ternon, hätten bei ihrem Feldzug gegen den Westen mehrere Völkermorde begangen.[231] Über die Opferzahl der mongolischen Verheerungen schweigt die Statistik.

Nordamerika: Der Vormarsch der Siedler im *frontier land*

Historisch jünger, wenngleich um nichts weniger grausam, sind die Eroberungszüge des weißen Europa in aller Welt. Von den beiden Amerikas über Australien bis nach Afrika und Asien hat sich seit dem 17. Jahrhundert ein Typus von ethnischen Säuberungen von teilweise ganzen Kontinenten herausgebildet, der in der kritischen Forschung immer wieder als »Völkermord« tituliert wird. Die Rede ist von den weißen Siedlerkolonien in Nord- und Südamerika, im südlichen Afrika, in Australien, Neuseeland und in Palästina. Der Einschätzung dieses Phänomens in Bezug auf den Tatbestand des Völkermordes wollen wir uns in der Folge widmen.

"When you come, we die." So lautet ein in mehreren indianischen Sprachen gängiges Verständnis des Verhältnisses zwischen den weißen Siedlern und der indianischen Urbevölkerung in beiden amerikanischen Kontinentteilen. Die Geschichte der Besiedlung vor allem Nordamerikas bestätigt diese historische Erkenntnis. In den Jahrhunderten nach der weißen Landnahme ist die Ausrottung der einheimischen Völker zwischen Texas und Alaska nahezu perfekt gelungen. Seit Anfang des 20. Jahrhunderts haben wir es in den USA mit einem indianerfreien Land zu tun.

Wie viele UreinwohnerInnen dem Vormarsch der Weißen zum Opfer gefallen sind, darüber gibt es keine verlässlichen Quellen und Daten. Der deutsche *Brockhaus* gibt eine Schätzung von zwei Millionen Indianern wieder, die vor der Ankunft der Europäer in Nordamerika gelebt hätten. US-amerikanische Forschungen gehen von bis zu zehn Millionen EinwohnerInnen aus, die sich nördlich des Rio Grande unterschiedlichen »roten« Völkern zuordneten, bevor der weiße Mann anlandete.

So unsicher die Bevölkerungszahl im Jahr 1500 war, so sicher ist, dass fast alle indianischen Menschen der europäischen Besiedelung zum Opfer gefallen sind. Die Literatur führt das auf einen Mix aus eingeschleppten Krankheiten und Massentötungen zurück. So hat der Historiker Joseph Dixon errechnet, dass Neuengland im Jahrhundert zwischen 1630 und 1730 80 Prozent seiner eingeborenen Bevölkerung verlor. Allein in Massachusetts wurden im

---

231. Yves Ternon: *Der verbrecherische Staat. Völkermord im 20. Jahrhundert.* Hamburg 1996, S. 227. Zit. in: Barth, S. 32

Jahrfünft zwischen 1615 und 1620 je nach Volk zwischen 75 und 90 Prozent der Indianer ausgerottet, in New Hampshire und Vermont waren es 98 Prozent, welche die Ankunft der Weißen nicht überlebten.[232]

Die von Europäern eingeschleppten Krankheiten, gegen die Indianer keine Resistenz entwickelt hatten, reichten von der Pest über die Pocken und die Masern bis zur Grippe. Weißer Landraub hatte zur Folge, dass vielen indianischen Stämmen ihre Ernährungsgrundlage entzogen und Hunger zum alltäglichen Problem wurde. Der Kampf mit den unbekannten Krankheiten wurde auch aufgrund der daraus entstehenden körperlichen Schwächung allzu leicht verloren. So ist eine Reihe von Fällen bekannt, in denen weiße Siedler indianische »Nachbarn« bewusst in den Hungertod trieben. Die Vernichtung der Kaibab in Teilen von Arizona steht als mahnendes Beispiel. Dort hatten sich in den 1860er- und 1870er Jahren Mormonen des fruchtbaren Landes bemächtigt und die benachbarten Kaibab dem Hungertod ausgesetzt.[233]

Landraub war die entscheidende Voraussetzung für das Überleben der Siedler. Er fand in den nordamerikanischen Weiten vor allem zwischen 1800 und 1900 statt. Während bis zum Jahr 1800 noch circa 80 Prozent des Landes jenseits des Appalachengebirges von den unterschiedlichsten Indianervölkern bewirtschaftet wurde, waren es hundert Jahre später nur mehr 5 Prozent.[234] Damit war die Lebensgrundlage der ursprünglichen, nicht-weißen Bevölkerung zerstört.

Zu Hunger, Seuchen und Landraub kam noch eine Vielzahl von Kriegen, die den Widerstand der indianischen Völker, den sie gegen die Inbesitznahme von Grund und Boden durch die Weißen entwickelten, brechen sollten. Vom Tarrantiner-Krieg Anfang des 17. Jahrhunderts bis zum Massaker von Wounded Knee im Jahr 1890 zogen die Europäer eine blutige Spur der Vernichtung.

Dem obigen Befund wird kaum jemand widersprechen. Doch unsere Frage lautet: War es Völkermord? Dem Einschleppen von Krankheiten und der Verbreitung von Seuchen kann wohl nur dort ein genozidalen Charakter attestiert werden, wo das Wissen darum bei den Weißen vorhanden und eine Hilfestellung dagegen verweigert worden wäre. In den 1860er Jahren wird das für den pazifischen Nordwesten angenommen.[235] Beim Verhungernlassen ist eine

---

232. Joseph Dixon: *The Vanishing Race: The Last Great Indian Council.* New York 1972, S. 222
233. Stephen Cornell: *The Return of the Native. American Indian Political Resurgence.* New York 1988, S. 53
234. Cornell, S. 34. Heute leben Indianer in eigenen Reservaten, die insgesamt 3% der Fläche Nordamerikas ausmachen.
235. vgl. http://de.wikipedia.org/wiki/Indianer

aktive Tat schon eher gegeben, und in manchen Fällen, wie jenem während der Landnahme der Mormonen, auch dokumentiert. Der militärisch ausgefochtene Kampf um jeden Quadratkilometer Grund und Boden war einer zwischen den »Rassen«: den eindringenden »Weißen« auf der einen und den ansässigen »Roten« auf der anderen Seite. In einem aktuellen Diskurs würden ihm völkermörderische Absichten zugestanden bzw. unterstellt und wohl auch bewiesen werden können. Immerhin heißt es im Artikel II der UN-Genozidkonvention aus dem Jahr 1948 eindeutig, dass die »vorsätzliche Auferlegung von Lebensbedingungen für die Gruppe, die geeignet sind, ihre körperliche Zerstörung ganz oder teilweise herbeizuführen«, einen Völkermord darstellt.

Wie stark diese Kriege mit rassistischen Motiven geführt wurden, zeigt der legendär gewordene Stehsatz »Nur ein toter Indianer ist ein guter Indianer«. Er wird einem Gespräch jenseits des Schlachtfeldes zugeschrieben, das zwischen West-Point-General Philip Sheridan und dem Häuptling der Komantschen, Tosowi, 1869 stattgefunden hat. Auf die Ansage des Indianerführers, er sein ein guter Indianer, antwortete Sheridan: »Die einzigen guten Indianer, die ich jemals gesehen habe, waren tote Indianer.« Philip Sheridan war einer der höchsten Militärs im Norden und zum Ende seiner Karriere zum Oberbefehlshaber des Heeres ernannt worden. Ob ein Ausspruch wie der oben zitierte einen Aufruf zum Völkermord darstellt, könnte man freilich heftig diskutieren. Zusammen mit seinen Taten fügt er sich allerdings in ein Bild, das verständlich macht, warum es sich aus indianischer Sicht um Genozid gehandelt hat. Die weiße Mehrheitsmeinung steht dagegen.

In der jüngeren Völkermordforschung hat sich eine Reihe von Historikern zu Wort gemeldet, welche die Ausrottung der Indianer in den Amerikas als Völkermord qualifizieren. So etwa Alexander Hinton, der im Zusammenhang mit den Verbrechen der weißen Siedler von einem »Entwicklungsgenozid« spricht[236] und damit einen direkten Konnex zwischen den Modernisierungsbemühungen der weißen Siedlergesellschaft und den als rückständig und rassisch minderwertig empfundenen roten UreinwohnerInnen zum Ausdruck bringt. Auch der bekannte bulgarischstämmige Wissenschaftler Tzvetan Todorov sieht in der Art und Weise des europäischen Vormarsches in den Amerikas einen Völkermord an den Indianern.[237] Demgegenüber weist z. B. Boris Barth die These vom Völkermord an den amerikanischen UreinwohnerInnen dezidiert zurück, wenn er meint: »Insgesamt bestand das Ziel der Europäer aber darin, die Indianer aus bestimmten Territorien zu verdrängen, ihren Wider-

---

236. Alexander Hinton: The Dark Side of Modernity. Toward an Anthropology of Genocide. In: ders. (Hg.): *Annihilating Difference*. Berkeley 2002, S. 7, zit. in: Barth, S. 30
237. Tzvetan Todorov: *Die Eroberung Amerikas. Das Problem des Anderen*. Hamburg 1985, S. 13f.

stand zu brechen und sie schließlich in Reservate einzuweisen. Eine staatlich initiierte Vernichtungsabsicht ist nicht zu erkennen, modern könnte man aber von ethnischen Säuberungen sprechen.«[238]

Australien: Die Auslöschung der UreinwohnerInnen

Eindeutig völkermörderischer scheint die Absicht im Falle der australischen Besiedlung durch weiße Europäer und deren Umgang mit den schwarzen *Aborigines*. Seit der Ansiedlung von Weißen auf dem Fünften Kontinent, die erst Ende des 18. Jahrhunderts einen Massencharakter annahm, wurde den UreinwohnerInnen – wie in den Amerikas zuvor – ihr Land geraubt und sie selbst der Vernichtung preisgegeben. Laut *Brockhaus* existieren zweihundert Jahre nach der Inbesitznahme Australiens durch das britische Königshaus nur mehr ein Zehntel der schwarzen Bevölkerung. Bei einer Volkszählung im Jahr 1981 bekannten sich noch 28 000 Menschen als reine »Australier«; vor der Ankunft der Weißen waren es geschätzte 300 000 gewesen.

Die Ausrottung der australischen Schwarzen passierte weniger durch Krieg und Verseuchung, sondern mittels kultureller Entfremdung, wirtschaftlicher Enteignung und Zwangsassimilation. Seit dem Ende des 19. Jahrhunderts kam zum Landraub die Zerstörung und Entweihung von schwarzen Kultstätten hinzu, die systematisch vor allem dem nun industriell betriebenen Bergbau zum Opfer fielen. So liegen die wichtigsten Uranerzabbauplätze der Welt direkt an den heiligen Stätten der *Aborigines*. Die Maschinen der großen Bergwerksunternehmen durchbohrten systematisch traditionsreiche sakrale Plätze.

Der modernen Definition von Völkermord entspricht die Jahrzehnte lange Praxis der weißen Siedler, die Kinder der *Aborigines* zwangsmäßig zu assimilieren. Dafür wurden in den einzelnen Territorien eigene Protektorate eingerichtet, denen die Verfügungsgewalt über die Urbevölkerung übertragen wurde. Königin Victoria erließ einen solchen *"Aborigines Protection Act"* im Jahre 1869, New South Wales folgte 1883 und Queensland 1897. Die finanziell gut ausgestatteten Einrichtungen bestimmten über das soziale Leben der UreinwohnerInnen, über ihre Wohn- und Arbeitsrechte, über ihren Bewegungsspielraum, Heiratsmöglichkeiten und vor allem auch über die Kinder der Alt-Australier.[239] In aller Regel wurden Mischlingskinder den schwarzen Frauen weggenommen, um sie in weiße Familien zu integrieren. Der eugenische Gedanke des späten 19. Jahrhunderts stand dieser Art von Zwangsassimilation Pate. Der weiße Siedler sah sich dem schwarzen Ureinwohner rassisch überlegen.

238. Barth, S. 34
239. http://de.wikipedia.org/wiki/Aboriginal_Protection_Board

Wer nun einwendet, die makabre Eugenik wäre wohl spätestens nach dem Zweiten Weltkrieg verschwunden, der irrt, denn die Protektoratsbüros für UreinwohnerInnen wurden z. B. in New South Wales erst 1969 aufgehoben. Bis dahin galt offiziell ein Schwarzer als minderwertig und als Objekt weißer Sorgepflicht.

Bereits zwanzig Jahre zuvor allerdings, im Jahr 1948, hatte die UNO eine Konvention verabschiedet, in der genau diese Praktiken nicht nur als rassistisch, sondern als völkermörderisch definiert worden waren. Es heißt dort in Artikel II sprachlich etwas unbeholfen: Völkermord ist die »gewaltsame Überführung von Kindern der Gruppe in eine andere Gruppe.« Exakt dies wurde ein Jahrhundert lang in Australien betrieben. Die Kontrolle über die Kinder der zur Minderheit gemachten UreinwohnerInnen war so etwas wie eine Geburtshilfe für die weiße Siedlergesellschaft, die sich damit eines Gutteils der Reproduktion der *Aborigines* bemächtigte.

Am Beispiel der Einschätzung des Umgangs der Weißen mit den *Aborigines* in Australien entzweien sich juristisches und historisches Verständnis der Fachleute auf besondere Weise. Während für die einen feststeht, dass es sich dabei eindeutig um Völkermord handelt, weisen andere diese Definition mit ebensolcher Vehemenz zurück. Die Argumente des Für und Wider sind aufschlussreich. So sieht Georg Kreis, Leiter des Europainstitutes der Universität Basel und Professor für Neuere Allgemeingeschichte, es als erwiesen an, dass der Fall der *Aborigines* als Völkermord bezeichnet werden muss:

> In den historischen Fällen kommen indessen auch die Juristen ohne Berufung auf Instanzen aus, da werden – wie die Rechtsbefunde lauten – »ohne Zweifel« die Vernichtung etwa der (…) Inkas und Mayas im 16. Jahrhundert oder der australischen Aborigines (…) sowie der Herero (1904) und natürlich auch der Armenier am Anfang des 20. Jahrhunderts als Völkermorde im Sinne der heutigen völkerrechtlichen Regelungen eingestuft.[240]

Auch der neuseeländische Historiker Tony Barta stellt eindeutig fest: »Die Nation Australien gründet auf Völkermord.«[241]

Gänzlich konträr wiederum der Konstanzer Geschichtsprofessor Boris Barth. Für ihn sind die Maßnahmen der Zwangsassimilation durch die weißen

---

240. Georg Kreis: Zur Strafbarkeit von Genozidleugnung vor dem Hintergrund der Genozide im Ersten und im Zweiten Weltkrieg. In: Hans-Lukas Kieser/Elmar Plozza (Hg.): *Der Völkermord an den Armeniern, die Türkei und Europa.* Zürich 2006, S. 170
241. Tony Barta: Relations of Genocide. In: Walliman/Dobrowski (Hg.): *Genocide and Modern Age. Etiology and case studies of mass death.* New York 1987, S. 237

"Aborigines Protection Acts" keineswegs als völkermörderisch einzustufen. Er argumentiert diese Haltung seltsamer Weise mit dem demokratischen Zustand der weißen australischen Gesellschaft, als ob regelmäßiger Urnengang definitionsgemäß das Böse abwehren würde: »Zu Recht ist eingewandt worden«, so Barth, »daß die Verschleppung von Kindern allein keinen Genozidverdacht auslösen kann, sonst stünde die gefestigte australische Demokratie am Pranger, weil dort die Kinder der Aborigines zwangsweise in Internate und Schulen eingewiesen, bzw. ihren Müttern weggenommen worden sind. (…) Diese Praxis in Australien ist zu Recht scharf kritisiert worden, aber zweifellos handelt es sich nicht um Völkermord.«[242] Barth vollbringt hier einen Zirkelschluss, der dem Dogma folgt, bürgerlicher Parlamentarismus schließe Völkermord per se aus. Indirekt bestätigt er damit auch eine Hauptthese dieses Buches, wonach der Begriff »Völkermord« – und in der Folge den Umgang mit seiner Leugnung – seiner Schwere wegen zur Instrumentalisierung neigt. Völkermord, so Barth, könne sich in »unserer« Gesellschaftsordnung definitionsgemäß gar nicht zutragen.

Palästina: Ethnische Säuberung für ein leeres Land

Aktuell am brisantesten ist die Auseinandersetzung darüber, ob die jüdische Siedlergesellschaft in Palästina völkermörderisch agiert hat. Es geht um das Jahr 1948, das im arabischen kollektiven Gedächtnis als »*Nakba*« – Katastrophe – verblieben ist. Seitdem im Februar 1948 der jüdisch-arabische Krieg um die Herrschaft im britischen Mandatsgebiet ausbrach, wurden Hunderttausende Palästinenser aus ihren Dörfern und Städten vertrieben; der UN-Teilungsplan von 1947 ist zur Makulatur verkommen; die besetzten palästinensischen Gebiete sind territorial und politisch zersplittert; Israel agiert als jüdischer Staat.

Uns interessiert die Frage: Hatte die Ansiedlung der großteils weißen, jedenfalls jüdischen Bevölkerung genozidalen Charakter für die ortsansässigen Araber gleich welcher Religion? Gründet Israel auf Völkermord? Man mag einwenden: Allein das Stellen einer solchen Frage mag sich angesichts der Verfolgung und Vernichtung der Juden in Europa, insbesondere im »Dritten Reich« verbieten, und tatsächlich gilt die Frage weitum genau aus diesem Grund als tabu. Hilfreich sind solche Denkverbote indes nicht, weder für die Entwicklung der historischen Forschung und schon gar nicht für die Entwicklung von Selbst- und Fremdbild der beiden – folgt man ihrer jeweiligen Eigendefinition – nationalen Kontrahenten: Israel und Palästina.

242. Barth, S. 20f.

In den vergangenen Jahren hat die Mauer des Schweigens über die »Schattenseiten« der Entstehung des jüdischen Staates, über die Massaker und Vertreibungen an arabischer Bevölkerung, Brüche bekommen, die gleichwohl von staatlicher Seite mit neuen Gesetzen gekittet werden sollen. Während die palästinensische Seite noch damit beschäftigt ist, Bild- und Tondokumente über das große Trauma des Exodus zu sammeln, sind es vor allem israelische Historiker, die eine neue, auf der Freigabe von Quellen beruhende Durchsicht der Ereignisse von 1948 betreiben. Die Herangehensweisen könnten dabei unterschiedlicher nicht sein. Während der in Tel Aviv lehrende Geschichtswissenschaftler Shlomo Sand den ganz großen historischen Bogen zur Hinterfragung jüdischer Identitätsfindung spannt,[243] arbeitet der im britischen Exeter lehrende Ilan Pappe wiederum an einer Revision der bisher dominanten, »offiziellen« israelischen Geschichtsschreibung.[244] Bereits der Titel seines Buches verrät, worum es ihm geht: *Die ethnische Säuberung Palästinas*. Pappes Werk hat Potenzial zur Veränderung von Wahrnehmung weit über historische Erkenntnisse hinaus. Seine penibel betriebene Aufarbeitung von Hunderten Ereignissen, Massakern, Vertreibungen sowie ihre Einbettung in den jeweilgen historischen Kontext könnten dazu angetan sein, die unhinterfragt positive Einstellung zur zionistischen Selbstwahrnehmung des jüdischen Israel aufzubrechen. Der dritten Generation nach 1948 böte sich die Chance einer Selbstkritik, zumal jeder und jede einzelne von ihnen nicht an den Untaten des Jahres 1948 beteiligt war, wiewohl dazu anzumerken ist, dass sich die Substanz der israelischen Politik in den Jahrzehnten danach bis heute nicht wesentlich geändert hat. Nichtsdestotrotz liegt in Pappes Werk ein möglicher intellektueller Grundstein zur Versöhnung zwischen den seit über sechzig Jahren verfeindeten Positionen. Den Erkenntnissen seines Buches *Die ethnische Säuberung Palästinas* wollen wir uns in der Folge widmen.

Schon auf dem ersten internationalen Zionistenkongress, der 1897 in Basel stattfand, waren sich namhafte Proponenten der Zionistischen Weltorganisation der Tatsache bewusst, dass eine Besiedlung Palästinas notwendiger Weise auf eine dort ansässige Bevölkerung stoßen würde. Der Sozialist Nachman Syrkin erklärte, das Land Palästina »muss für die Juden evakuiert werden«,[245] um eine Heimstätte für das jüdische Volk vorbereiten zu können. Ein in der Lite-

---

243. Shlomo Sand: *Die Erfindung des jüdischen Volkes. Israels Gründungsmythos auf dem Prüfstand*. Berlin 2010
244. Ilan Pappe: *Die ethnische Säuberung Palästinas*. Frankfurt 2007
245. Nahman Syrkin zitiert in Alfred Rudorf: *Israel in Palästina. Wegweiser zur Lösung. Die globalen Lebensgesetze sind stärker als Religionen und Verheißungen*. Zürich 2009, S. 28. Vgl. auch: Pappe, S. 365

ratur als »liberal« geltender Zionist der ersten Stunde, Leo Motzkin, schrieb im Jahre 1917 programmatisch: »Nach unserer Vorstellung muss die Kolonisierung Palästinas in zwei Richtungen erfolgen: Jüdische Ansiedlung in Eretz Israel und Umsiedlung der Araber aus Eretz Israel in Gebiete außerhalb des Landes. Die Umsiedlung so vieler Araber mag zunächst wirtschaftlich unvertretbar erscheinen, ist aber dennoch machbar. Es erfordert nicht allzu viel Geld, ein palästinensisches Dorf auf anderem Land neu anzusiedeln.«[246] In diesem Zitat wird deutlich, wie Araber von Juden als Menschen einer anderen Klasse, als minderwertige Rasse, gesehen wurden, und mit welcher Selbstverständlichkeit. Niemals würde der Autor dieselbe Kategorie der »Wirtschaftlichkeit« als Argument für die Vertreibung von Juden von einem Ort an einen anderen akzeptieren. Palästinenser oder Araber hingegen sind ihm eine verschiebbare Masse von Menschen, die wegen ihrer unterstellten Ärmlichkeit leicht auch anderswo, jenseits des Jordans beispielsweise, leben können. Er billigt ihnen kein Heimatgefühl zu, kein Recht, dort zu leben, wo sie und ihre Vorfahren aufgewachsen sind.

Unterstützung erhielt dieser jüdische Nationalismus, wie er in den Deklarationen der zionistischen Kongresse zum Ausdruck kommt, auch auf internationaler Ebene. Mit dem Zurückweichen des Osmanischen Reiches erhielten die zionistischen Umsiedlungsphantasien neuen Auftrieb und internationale Aufmerksamkeit. Die Kapitulation des Osmanischen Reiches brachte die Briten als *global player* auf die Landkarte des Nahen Ostens. In der *Balfour-Deklaration* von 1917, benannt nach dem damaligen britischen Außenminister Arthur Balfour, wurde das Vorhaben einer jüdischen Besiedlung Palästinas erstmals internationalisiert, indem London den europäischen Juden eine »nationale Heimstätte« versprach. Ähnlich wie in Anatolien, wo kurz zuvor die armenische Bevölkerung grausamen Massakern zum Opfer fiel, besetzten nun Briten die Positionen des zurückweichenden Sultans. Der britische Premier Winston Churchill schrieb damals zur Judenfrage: »Es gibt Juden, denen wir versprochen haben, sie nach Palästina zu bringen, und die selbstverständlich annehmen, dass die heimische Bevölkerung nach ihrem Belieben fortgeschafft wird.«[247] Der Plan einer arabischen Aussiedlung existierte also bereits vor dem Holocaust, und das nicht nur in den Köpfen jüdisch-zionistischer Organisationen. Zumindest das Bewusstsein über die angebliche Notwendigkeit, den europäischen Juden ein leeres Land, ein unbesiedeltes Land anheimzustellen, war auf dem internationalen Parkett präsent.

Im Jahr 1931 ergab die Volkszählung in Palästina nach einigen größeren

---

246. Alexander Bein (Hg.): *The Motzkin Book*. Jerusalem 1939, S, 164; zit. in: Pappe, S. 27
247. Winston Churchill, zit. in: Pappe, S. 366

Siedlungswellen einen jüdischen Bevölkerungsanteil von knapp 17 Prozent. Erste Unruhen, z. B. über Besitz- und Nutzungsrechte an der Klagemauer, forderten Tote auf beiden Seiten. Araber und Juden standen sich zunehmend verfeindet gegenüber. Daran konnte und wollte auch das britische Mandat, das 1923 offiziell angetreten wurde, nichts ändern.

Als dann nach dem Ende des Zweiten Weltkrieges die britische Mandatshoheit über Palästina aufgehoben wurde und die UNO nach fast einem Jahr Beratungen am 29. November 1947 ihren berühmt-berüchtigten Teilungsplan verabschiedete, eskalierten die arabisch-jüdischen Feindseligkeiten im Februar 1948 zum Krieg. Mittlerweile war freilich aus dem zionistischen Projekt »Israel« eine Überlebenshoffnung für Hunderttausende Juden geworden, deren Angehörige zu Millionen in den Konzentrationslagern Nazi-Deutschlands ermordet worden waren. Der Holocaust machte aus dem Siedlungsprojekt des späten 19. Jahrhunderts eine neue Dimension der Zuflucht.

Während die Araber den UNO-Plan von 1947 sofort bekämpften, begannen jüdische Organisationen wie die *Hagana* und der *Irgun (Etzel)* damit, arabische Menschen aus ihren Dörfern zu vertreiben. Im Schatten einer auch militärisch ungleichen Auseinandersetzung fanden, so Pappe, die ersten ethnischen Säuberungen statt:

> Anfang Dezember 1947 begann die ethnische Säuberung Palästinas mit einer Serie jüdischer Angriffe auf palästinensische Dörfer und Stadtviertel als Vergeltung für die bei den palästinensischen Protesten gegen die UN-Resolution in den ersten Tagen nach deren Annahme zerstörten und verwüsteten Busse und Läden.[248]

Schätzungsweise 75 000 palästinensische Araber flohen vor diesen ersten, noch kaum koordinierten Säuberungsaktionen.[249]

Am 9. Januar 1948 marschierten die ersten Freiwilligen aus den arabischen Nachbarstaaten in Palästina ein, um ihren von jüdischen Einheiten bedrängten palästinensischen Brüdern zu Hilfe zu eilen. Der Kampf um Palästina hatte begonnen. Er sollte rasch vorüber sein.

Mitte Mai 1948 ging dann alles Schlag auf Schlag: Zeitgleich mit dem Abzug der Briten erfolgte die Deklaration zur Gründung Israels am 14. Mai 1948, die sowohl von den USA als auch von der Sowjetunion sogleich anerkannt wurde. Einmarschierende ägyptische Truppen bedrohten die Existenz des erst wenige Stunden alten Israel, allerdings hauptsächlich politisch, denn militärisch konnten die palästinensischen Freischärler und ihre ebenso schlecht

---

248. Pappe, S. 68
249. Pappe, S. 68

ausgerüsteten arabischen Helfer gegen die von Anfang an besser organisierte und bewaffnete israelische Armee nichts ausrichten. Vor allem die Sowjetunion und die Tschechoslowakei unterstützten die jüdische Seite mit schwerem militärischem Gerät, während umgekehrt die Briten ihre Waffenlieferungen an die arabischen Länder einstellten.[250]

Ilan Pappe gibt die Truppenstärke der Israelis mit 80 000 Bewaffneten an, während er den Arabern, die in der Hauptsache aus Ägypten kamen, weniger als 50 000 Soldaten unter Waffen attestiert. Die Kriegshandlungen beschränkten sich im Frühjahr 1948 auf wenige Schauplätze und waren bald vorüber.

Parallel dazu konzentrierte sich die Führung des jungen israelischen Staates auf die Umsetzung eines Planes, der die Vertreibung der arabischstämmigen Bevölkerung zum Ziel hatte. Waren es anfänglich noch Vergeltungsschläge gegen einzelne arabische Dörfer oder Stadtteile, mit denen man den palästinensischen Widerstand brechen wollte, so ging man bald zu planmäßigen Säuberungen über.

Bereits am 10. März 1948 hatten sich die wichtigsten Militärs der damals noch vor-israelischen Einheiten unter der Führung von David Ben-Gurion, dem späteren langjährigen Ministerpräsidenten, getroffen, um sich über die Maßnahmen zur Herstellung eines jüdischen Staates, der möglichst frei von arabischer Bevölkerung sein sollte, zu verständigen. Der Plan dazu hieß eigentlich ursprünglich »*Yehoshua-Plan*«, benannt nach dem damals bekanntesten Kommandeur der *Hagana*. Yehoshua Globerman war ein weißrussischer Antikommunist. Als Chef der *Hagana*, einer seit 1920 im britischen Mandatsgebiet tätigen paramilitärischen Untergrundorganisation, zeichnete er für Attentate und Militäraktionen sonder Zahl verantwortlich. Im November 1947 fiel Globerman selbst einem arabischen Anschlag zum Opfer.

Die Literatur nennt den Säuberungsplan für Palästina mit dem Kürzel »Plan D« (hebräisch: *Tochnit Dalet*). Mit ihm stimmte das Oberkommando der *Hagana*-Führung ihre Operationen ab. Es heißt dort:

> Diese Operationen lassen sich folgendermaßen durchführen: entweder durch Zerstörung von Dörfern (indem man sie in Brand setzt, sprengt und die Trümmer vermint) und insbesondere von Wohngebieten, die auf Dauer schwer zu kontrollieren sind, oder durch Durchsuchungs- und Kontrolloperationen nach folgenden Richtlinien: Umstellen und Durchkämmen der Dörfer. Im Fall von

---

250. Pappe, S. 74

Widerstand sind die bewaffneten Kräfte auszuschalten und die Einwohner über die Landesgrenzen zu vertreiben.[251]

Während die offizielle israelische Geschichtsschreibung den »Plan D« als Beweis dafür betrachtet, dass es der jüdischen Seite in den Monaten ab April 1948 gelungen war, der arabischen Bedrohung Herr zu werden und aus der Defensive in die Offensive zu gelangen, legen die Ende der 1990er Jahre freigegebenen Archive eine völlig andere Interpretation nahe. »Einige Tage, nachdem Plan D abgetippt war«, schreibt Ilan Pappe,

> wurde er an die Kommandeure der zwölf Brigaden verteilt, die die *Hagana* nun umfasste. Zu der Liste, die jeder Kommandeur erhielt, gehörte eine detaillierte Beschreibung der Dörfer in seinem Einsatzgebiet und ihres bevorstehenden Schicksals: Besetzung, Zerstörung und Vertreibung. Die israelischen Dokumente aus den IDF-Archiven (Militärarchiven, Anm. d. A.), die Ende der 1990er Jahre freigegeben wurden, belegen eindeutig, dass Plan Dalet ... an die Brigadekommandeure nicht in vagen Leitlinien, sondern in klar umrissenen Einsatzbefehlen weitergegeben wurde.[252]

Sechs Monate nach den im März 1948 beginnenden Operationen gegen arabische Siedlungsgebiete ließ die Bilanz keinen Zweifel am Erfolg der ethnischen Säuberungen: Mehr als die Hälfte der ursprünglich 1,5 Millionen PalästinenserInnen hatte ihre Lebensgrundlage verloren, 531 Dörfer waren zerstört, elf Städte ihrer arabischen Einwohnerschaft beraubt.[253]

Palästina bzw. das ehemalige britische Mandatsgebiet westlich des Jordan war zu Israel geworden. Gelungen war dies durch die Vertreibung der örtlichen Bevölkerung. Heute überrascht die Schamlosigkeit der ethnischen Säuberer; gefährlicher ist aber der fortgesetzte Glaube eines großteils der Gesellschaft an die Rechtmäßigkeit des damaligen zionistischen Treibens und Vertreibens. Von Erkenntnissen, die diesem Bild klar und deutlich widersprechen, will man im offiziellen Tel Aviv nichts hören und nichts wissen, weshalb Historikern wie Ilan Pappe das Leben in Israel so erschwert wurde, dass er aus Sorge um sich und seine Familie das Land verlassen musste, um in England einen neuen Platz zum Forschen zu finden.[254] Doch auch außerhalb Israels soll das historische Gedächtnis eines angeblich unbefleckten Zionismus mit unangenehmen

---

251. Master Plan for the Conquest of Palestine. In: *Journal of Palestine Studies*, 18/69 (1988), S. 4–20. Hier zit. in: Pappe, S. 121
252. Pappe, S. 121f.
253. Pappe, S. 11
254. Auskunft anlässlich einer Podiumsdiskussion am 6. Dezember 2008 in Wien.

Fragen nicht belastet werden. So kommt es in den vergangenen Jahren regelmäßig zu fein orchestrierten Protesten seitens jüdischer oder proisraelischer Organisationen, wenn irgendwo in Deutschland oder Österreich ein Israel-Kritiker auftritt. Historiker wie Norman Finkelstein oder Ilan Pappe zählen zu den beliebtesten Opfern solcher Diskussionsverbote. Regelmäßig fordern dabei jüdische oder proisraelische Gruppen von Veranstaltern oder Raumvermietern die Ausladung der betreffenden Referenten. Als fragwürdiges Argument dient ihnen die Antisemitismuskeule. Ihre simpel gestrickte Drohung operiert mit der Gleichsetzung von Israelkritik und Missachtung des Holocaustgedenkens.[255]

Besonders rabiat agieren Israel-affine Gruppen jedoch überall dort, wo eine offene Debatte konkret über die Vertreibung der Araber im Jahr 1948 geführt werden soll. So traf der Bannstrahl selbstgerechter Wächter über den reinen zionistischen Gründungsmythos in den Jahren 2010/2011 auch eine Wanderausstellung über Flucht und Vertreibung der Palästinenser. Bildtafeln und Texte zur *Nakba* 1948 sollten in Deutschland nicht gezeigt werden dürfen. Dafür wurden, wie die *Neue Zürcher Zeitung* schrieb,

> die Veranstaltung und die kommunalen Behörden von jüdischen und deutsch-israelischen Organisationen unter Druck gesetzt. Ziel ist nicht etwa der Diskurs über dieses fragwürdige Kapitel der Geschichte des Staates Israel. Mit dem Argument, die Ausstellung sei tendenziös, wird deren Verbot gefordert und bisweilen auch durchgesetzt.[256]

Die Argumente der Israel-Aktivisten sind teilweise hanebüchen: So warf z. B. der Vorsitzende der Gesellschaft für Christlich-Jüdische Zusammenarbeit Aachen, Nathan Warszawski, der örtlichen evangelischen Kirche, die Räumlichkeiten für die *Nakba*-Ausstellung zur Verfügung stellen wollte, vor, sich in einer Koalition des Israel-Hasses mit der NDP und den »Freiheit-für-Palästina«-Kämpfern zu befinden.[257] Gedenk- und Denkverbotsaufrufe begleiten nicht nur jede versuchte Kritik am Vorgehen Israels in den besetzten Gebieten, sondern auch an einer anderen als der offiziellen israelischen Sicht auf die Zeitgeschichte des Nahen Ostens. Mit einem eigenen Gesetz zum Verbot öffentlichen Gedenkens an die *Nakba* ist die Partei von Israels Außenminister Avigdor Liebermann 2009 in der Knesset gescheitert; über eine im März 2011 eingebrachte Erweiterung eines Budgetgesetzes sollen in Zukunft alle jene Organisationen, die den israelischen Unabhängigkeitstag mit einem Trauergedenken an die palästinensische Katastrophe begehen, »mit dem Entzug von

---

255. vgl. dazu: Moshe Zuckermann: »*Antisemit!*« *Ein Vorwurf als Herrschaftsinstrument.* Wien 2010
256. *Neue Zürcher Zeitung* vom 29. April 2011
257. *Neue Zürcher Zeitung* vom 29. April 2011

Zuschüssen und drakonischen Strafen rechnen.«[258] Die grausamen Ereignisse, die 1948 zum staatlichen Gründungsmythos stilisiert wurden, werden 63 Jahre später per Erinnerungsgesetz als gültige – und im Fall des Widerspruchs als zu ahndende – Wahrheit festgelegt.

Damals, in den ersten Monaten einer israelischen Staatlichkeit des Jahres 1948, hielt man Vertreibung und ethnische Säuberung für das adäquate Mittel, um Juden Platz zu schaffen und Araber loszuwerden. Ein aus dem jüdisch-nationalen, zionistischen Selbstverständnis gespeister antiarabischer Rassismus, zusammen mit dem Trauma der eigenen Verfolgung in Europa, mag die Position als selbstverständlich erscheinen haben lassen. Ihre Brutalität und Menschenverachtung hätte jedoch auch bereits 1948, zumindest auf internationaler Ebene, Alarm auslösen müssen, denn die Repräsentanten des zionistischen Projektes Israel hielten mit ihrer Meinung nicht hinter dem Berg: »Ich bin für Zwangsumsiedlung. Darin sehe ich nichts Unmoralisches«, erklärte beispielsweise David Ben-Gurion am 12. Juni 1938 auf einer Vorstandssitzung der *Jewish Agency*.[259] Am Vorabend der systematischen Vertreibungen erklärte Ben-Gurion in einer Rede vor Mitgliedern der *Mapai* (Arbeiterpartei) am 3. Dezember 1947, wie er sich die Umsetzung dieser menschenverachtenden Idee konkret vorstellte:

> In den Gebieten, die dem jüdischen Staat (laut UNO-Teilungsplan, Anm. d. A.) zugewiesen sind, gibt es 40 Prozent Nichtjuden. Diese Zusammensetzung ist keine solide Basis für einen jüdischen Staat. Und dieser neuen Realität müssen wir uns in ihrer ganzen Härte stellen. Ein derartiges demografisches Verhältnis stellt unsere Fähigkeit in Frage, jüdische Souveränität zu bewahren (…) Nur ein Staat mit mindestens 80 Prozent Juden ist ein lebensfähiger und stabiler Staat.[260]

Wenige Tage später, am 31. Dezember 1947, vermeldete Joseph Weitz vom Jüdischen Nationalfonds, der für die Landverteilung an die jüdischen Siedler zuständig war: »Ist jetzt nicht der Zeitpunkt gekommen, sie (die Araber, Anm. d. A.) loszuwerden? Warum sollen wir diese Stachel wieder in unserer Mitte dulden, wenn sie eine Gefahr für uns darstellen?« Theoretischer hatte sich Weitz zu dem Thema im Jahre 1940 gegeben: »Transfer dient nicht nur einem Ziel – die arabische Bevölkerung zu reduzieren –, er dient auch einem zweiten, keineswegs unwichtigerem Zweck, nämlich: Land zu räumen, das derzeit

---

258. *Neue Zürcher Zeitung* vom 15. Juli 2010
259. Central Zionist Archives, Sitzungsprotokoll vom 12. Juni 1938, zit. in: Pappe, S. 9
260. Rede gehalten vor Mitgliedern der Arbeiterpartei *(Mapai)* am 3. Dezember 1947; zit. in: Pappe, S. 79

von Arabern bestellt wird, und es frei zu machen für jüdische Besiedelung.«[261]

Die Beschäftigung mit der *Nakba*, der großen palästinensischen Katastrophe, mit dem diese Katastrophe auslösenden »Plan D«, macht einem den zionistischen Charakter des israelischen Staates bewusst: ausgrenzend gegenüber anderen Völkern und Religionen, Raum nehmend, rassistisch. Vom Verständnis der UN-Genozidkonvention aus dem Jahr 1948 könnte man aus heutiger Sicht nicht nur ethnische Säuberung konstatieren, sondern auch Völkermord.

Dennoch braucht es auch bei scheinbar so klaren Offenbarungen den Blick auf den historischen Kontext. Er mag und soll nichts entschuldigen, aber manches erklären helfen. Hunderttausende Überlebende des Holocaust suchten in den Monaten nach dem Zusammenbruch des »Dritten Reiches« einen Platz zum Überleben. Ihre Väter und Mütter, Verwandten und Freunde waren zu Millionen in den Gaskammern des Nazi-Regimes vernichtet worden. Auch an anderen Orten und andere Verfolgte betreffend zeitigte die enthemmte Mordmaschine des Zweiten Weltkrieges in den unmittelbaren Nachkriegsmonaten grauenhafte Folgen. Den systematischen Vertreibungen der arabischen Bevölkerung in Palästina gingen beispielsweise im Europa der Jahren 1945/46 die zwangsweise erfolgten Aussiedlungen der deutschen Bevölkerung aus Polen und der Tschechoslowakei voraus. Diese, von den slawischen Tätern »Abschub« und den deutschen Opfern »Vertreibung« genannten groß angelegten Aktionen, die Millionen von Menschen ihrer Heimat beraubten, waren mit den Potsdamer Verträgen im August 1945 von den Siegermächten international abgesegnet worden. Zugleich bevölkerten Millionen von sogenannten *"displaced persons"*, unter den Nazis ins »Reich« verschleppte Zwangsarbeiter aus dem Osten Europas, die öffentlichen Räume in Deutschland, auf der Suche nach einer Möglichkeit, nach Hause zurückkehren zu können. Die Nachkriegszeit war also nicht nur durch die Zerstörungen des Krieges und die Mühen des beginnenden Wiederaufbaus geprägt, sondern kämpfte ganz generell mit den kulturellen Folgen des vorherrschenden nationalistischen Menschenbildes. Der Zionismus trug zu seiner Überwindung nichts bei, er blieb im alten nationalistischen Paradigma gefangen. Er war (und ist) die Nationalbewegung der Juden.

Die Geschichte der Vertreibung der Araber aus »Eretz Israel« ist die Geschichte grausamer Massaker. Einige wenige seien in der Folge kurz beschrieben. Bereits 1992 ist ein erster Versuch einer Gesamtschau jener Stätten und Plätze erfolgt, die im Zuge des »Planes D« von jüdisch-israelischen Sonderkommandos zerstört worden sind. Der 1925 in Jerusalem geborene

---

261. Yossef Weitz. *My Diary*. Manuskript in den Central Archives, A 246 Bd. 2, S. 181, zit. in: Pappe, S. 96

palästinensische Literaturwissenschaftler und Historiker Walid Khalidi hat in seinem Buch *All That Remains* die Verheerungen des Jahres 1948 aufgelistet, Dorf für Dorf und Stadtteil für Stadtteil genannt, aus dem die Araber gewalttätig verdrängt wurden.[262]

Bei Ilan Pappe erkennt der Lesende die Systematik hinter den Vertreibungen, zum Beispiel im Dorf Deir Yassin. Dort drangen am 9. April 1948, also noch vor der Ausrufung des Staates Israel, jüdische Soldaten ein, »nahmen die Häuser mit Maschinenpistolen unter Dauerfeuer und töteten viele Einwohner. Anschließend trieben sie die übrigen Einwohner an einem Ort zusammen, ermordeten sie, schändeten ihre Leichen und vergewaltigten eine Reihe von Frauen, bevor sie sie töteten.«[263] Insgesamt 93 zivile Opfer vermerkt die offizielle Statistik für Deir Yassin. Auf diese massakrierende Weise marschierten die Soldaten von einem Dorf zum nächsten. Qalunya, Saris, Biddu, Beit Surik, Saffurie, Tantura ... Die Liste umfasst mehr als fünfhundert Ortsnamen.

Am 22. April 1948 sah die Mittelmeerstadt Haifa den größten Exodus in ihrer Geschichte. Tausende Menschen liefen in Panik in Richtung Hafen an den Kai, um den Schergen der Carmel-Brigade über das Wasser zu entkommen. Kurz zuvor, am 18. April, hatte Generalmajor Hugh Stockwell, der Kommandant der letzten noch in Palästina stationierten britischen Einheit, überraschend den Abzug seiner Truppe verkündet, der dann am 20. April stattfand. Unmittelbar darauf griffen die zweitausend Mann der wohl best ausgebildeten jüdischen Sondereinheit, die Carmel-Brigade, ein und stürmten Haus für Haus der 70 000 noch in Haifa lebenden Araber. Die Aktion trug den Namen »*Bi'ur Chametz*«, was soviel wie »Verbrennen des Gesäuerten« heißt und sich auf die religiöse Praxis der Juden bezieht, vor dem Pessach-Fest alle Brotreste aus dem Haus zu entfernen. »Grausam passend begann die Säuberung Haifas von den Palästinensern, die das Mehl und das Brot der Stadt ausmachten, am 21. April, dem Vorabend des Pessachfestes.«[264] Tage später war Haifa araberfrei. Die letzten verbliebenen 3 000 bis 5 000 Palästinenser (von 70 000) wurden im Sommer 1948 in ein ärmliches Ghetto namens Wadi Nisnas übersiedelt. Die Berichte darüber geben ein beklemmendes Zeugnis über die Perfektion dieser Vertreibungsmaschine.[265]

»Alle müssen gehen«, lautete die Devise unter den israelischen Militärkommandanten. Am Ende des »Planes D« waren es 750 000 Araber, die aus ihren

---

262. Walid Khalidi (Hg.): *All that remains. The Palestinian Villages Occupied and Depopulated by Israel in 1948.* Washington 1992
263. Pappe, S. 130
264. Pappe, S. 135
265. vgl. Pappe, S. 273

Häusern und Dörfern vertrieben worden waren. Seither bildet die Debatte um das Rückkehrrecht dieser Menschen und ihrer Kinder und Kindeskinder den Kern jeder Verhandlungen über eine friedliche Beilegung des Nahostkonfliktes. Am 11. Dezember 1948 beschloss die UNO die Resolution 194, die ein solches »bedingungsloses Rückkehrrecht« beinhaltete. Damals waren auch die USA dafür und drohten Israel sogar, ihre bevorzugten Beziehungen einzustellen bzw. einen bereits zugesagten Kredit einzufrieren. Die Losung »Rückkehr für Frieden« verlor sich indes bald aus den Kommuniqués der Washingtoner Politik. Jüdische Organisationen übten erfolgreich Druck auf die Politik aus. Im Mai 1949 nahmen die USA Abstand von der Forderung, dass die Vertreibung der Palästinenser rückgängig gemacht werden müsse, und gerieren sich seither als Garantiemacht der damaligen einschneidenden demografischen Änderung.

In Israel selbst folgte dem »Plan D« die formale Enteignung arabischen Grund und Bodens und seine Überführung in diverse National- und Bodenfonds. Die damit verbundene Verstaatlichung machte die »jüdische Nation« zum neuen Eigentümer, was in Europa fallweise – vor allem unter Linken – zum Missverständnis führte, in Israel existiere so etwas wie eine kollektive, kommunistische Eigentümerstruktur. Die Kibbuzbewegung entstand auf den Ruinen palästinensischer Dörfer. Eindrucksvolle Schilderungen über die dadurch ausgelösten Veränderungen in der Landschaft gibt der in Ramallah lebende Schriftsteller und Rechtsanwalt Raja Shehadeh in seinem Buch *Streifzüge durch Palästina*.[266] Enteignungen und die Zerstörung der Häusern verfolgten einen klaren Zweck: die Rückkehr der vertriebenen Einheimischen zu verunmöglichen. Doch damit nicht genug, betrieb der Staat Israel auch systematisch die Zerstörung nicht-jüdischer Kulturen: Islamische Stiftungen, sogenannte *Waqf*, aber auch christliche Kirchen fielen dem zionistischen Projekt zum Opfer. Was sowohl das Osmanische Reich als auch die britische Mandatsherrschaft anerkannt hatten, die heiligen Stätten der unterschiedlichen religiösen Institutionen – Israel nahm sie in Besitz und überführte sie in das Eigentum jüdischer Organisationen. Als Anwalt hatte Raja Shehadeh sein Leben lang mit genau diesen Fällen von Konfiskation zu tun, gegen die er im Gerichtsaal nichts ausrichten konnte, jedoch schriftstellerisch dagegen auftrat.

»Memorizid« nennt die Genozidforschung die staatlich betriebene Auslöschung einer ansässigen Kultur. In Israel ist ein solcher Gedächtnismord in vielfacher Form passiert. Die Behörden schreckten dabei nicht einmal vor direkten Zerstörungen oder Entweihung von Moscheen und Kirchen zurück. Manch

---

266. Raja Shehadeh: *Streifzüge durch Palästina. Notizen zu einer verschwindenden Landschaft*. Wien 2008

ein besonders romantisches Plätzchen in einem Nationalpark oder einem Restaurantkomplex entstand direkt auf den Gemäuern alter Gotteshäuser.

Vieles hier Beschriebene spricht für die These, dass die zionistische Siedlungspolitik in Palästina einen völkermörderischen Charakter hatte: die Massaker an den Arabern, weil sie Araber und den jüdischen Einwanderern im Weg waren, die Vertreibung Hunderttausender von Palästinensern aus ihren Dörfern und Städten, die Auslöschung muslimischen und christlichen kulturellen Gedächtnisses, verordnetes Vergessen im Umgang mit dem Gedenken an die Katastrophe der Palästinenser im Jahr 1948, die bis in unsere Tage staatlich betrieben wird. Folgt man der offiziellen israelischen Sichtweise, stellt sich die Situation völlig anders war: Dort ist die Rede von einem militärischen Angriff arabischer Staaten auf Israel, der »freiwilligen Flucht« palästinensischer Familien und der Notwendigkeit einer demografischen Harmonisierung für die Existenz des Judenstaates. Auch die Tatsache, dass es – immerhin – noch eine arabische Bevölkerung in Israel gebe, wird als Beleg dafür ins Treffen geführt, dass es sich nicht um einen Völkermord gehandelt haben könne.

Der Ausgangspunkt für unsere Überlegungen ist eine neue gesetzliche Grundlage, die Leugnung von Völkermord unter Strafe stellen zu können. Davon kann in Israel gar keine Rede sein. Wo kein Völkermord, dort schon gar keine Leugnungsmöglichkeit; und in EU-Europa, allen voran in Deutschland oder Österreich, sieht es die Art der Besiedelung Palästinas durch Juden betreffend genauso aus. Kaum jemand findet sich, der dies als Völkermord bezeichnen würde, und überhaupt kein Gericht weit und breit, das eine solche Erkenntnis ausspräche, obwohl zugleich eine Reihe von UN-Resolutionen Israel jedenfalls ethnische Säuberungen vorwerfen. Ob dieser Politik das Etikett »Völkermord« anhaftet oder angeheftet werden soll, ist vor dem Stand der aktuellen Debatte von durchaus geringem Interesse, zumal die Instrumentalisierbarkeit dieses Vorwurfes auch an anderer Stelle kritisiert wurde.

Was allerdings historische Arbeiten wie jene von Ilan Pappe herausarbeiten können, ist ein Gefühl für politische Kräfteverhältnisse und hegemoniale Diskurse. Denn während ethnische Säuberungen in den jugoslawischen Bürgerkriegen – vornehmlich solche, die von serbischer Seite betrieben wurden – ohne viel nachzudenken als »völkermörderisch« bezeichnet werden, wird dies für die Siedlungspolitik der Juden in Palästina nicht einmal in Erwägung gezogen. Massaker und Vertreibungen gab es gleichwohl hie wie dort, und auch die Tatsache, dass die Ereignisse fünfzig Jahre auseinander liegen, dürfte für die inhaltliche Einordnung keine Rolle spielen – und tut es doch. Der Unterschied besteht im gesellschaftlich jeweils dominierenden Feindbild, das jeder objektiven Betrachtung hinderlich ist.

Darfur: Kamelnomaden gegen Subsistenzbauern

Es war das erste Mal in der zugegeben kurzen Geschichte des Internationalen Strafgerichtshofs in Den Haag, dass gegen einen amtierenden Staatspräsidenten Anklage wegen Völkermordes erhoben wurde. Am 12. Juli 2010 stellten die Richter des seit 2002 tätigen Gerichtshofes auf Drängen von Chefankläger Luis Moreno-Ocampo einen Haftbefehl gegen Umar Hassan al-Baschir, den Präsidenten des Sudan, aus.

Anders als beim Jugoslawien-Tribunal, das ebenfalls in Den Haag sitzt, handelt es sich beim Internationalen Strafgerichtshof (IStGH) um keine ad hoc eingerichtete Institution, der man bereits auf Grund undurchsichtiger Finanzstruktur und angesagter Kurzlebigkeit von Weitem ihre politische Instrumentalisierbarkeit ansieht. Der IStGH wurde im Jahr 2002 als Hoffnungsträger auf der internationalen Bühne etabliert und versteht sich als Instrument zur – wie es heißt – Weiterentwicklung des Völkerrechts in Richtung Menschenrecht. Da allerdings Ersteres klar kodifiziert und Zweiteres äußerst schwammig und interpretierbar ist, bewegt er sich auf rechtlich neuem, unsicherem Terrain.

Nach der ersten »Völkermord«-Anklage vom Juli 2010 bzw. nach der Art und Weise, wie diese zustande gekommen ist, müssen Zweifel an einem übergeordneten, unabhängigen Charakter des Gerichts geäußert werden. Die Völkermordanklage gegen al-Baschir steht auf tönernen Füßen und – wie jene gegen Milošević im benachbarten Jugoslawien-Tribunal – im Geruch der Parteilichkeit.

Dies schon deswegen, weil neben Khartum auch eine Vielzahl anderer Konfliktparteien von außen in die Bürgerkriegskämpfe, die mit äußerster Brutalität geführt werden, eingegriffen haben: Neben Truppen aus dem Tschad intervenierten in den vergangenen Jahren Libyen, Frankreich, die Afrikanische Union und die NATO. Die Schuldzuweisung an eine einzige Seite, noch dazu mit dem kräftigsten Anklagepunkt, der zur Verfügung steht – dem Vorwurf des Völkermordes – ist weder hilfreich, um den historisch tief wurzelnden Konflikt zu lösen, noch dazu angetan, seinen Ursachen auf den Grund zu gehen.

Die Geschichte der Völkermord-Anklage gegen al-Baschir zeigt bereits die Unsicherheiten, die über die Jahre viele Akteure beschlichen hatten, bevor der Druck aus den USA es fertig brachte, den Richtern die schwerste Keule aus den Roben zu locken.

Mit der UN-Resolution 1556 vom 30. Juli 2004 wurde der Einsatz einer militärischen Beobachtergruppe unter Führung der Afrikanischen Union in Darfur beschlossen. Ein dreiviertel Jahr später, am 30. März 2005, beauftragte der Sicherheitsrat der Vereinten Nationen in New York mit einer Resolution den Internationalen Strafgerichtshof in Den Haag, mögliche Kriegsverbrechen in der Region Darfur zu untersuchen. Seit 2003 waren dort grauenhafte Massaker an der bäuerlichen Bevölkerung begangen worden, die im Schatten eines ebenso grausam betriebenen Aufstandes gegen die Regierung in Khartum stattfanden.

Die UN-Resolution wurde ohne Gegenstimme angenommen, nachdem sich die USA zusichern lassen hatten, dass US-amerikanische Bürger in jedem Fall von Untersuchungen verschont bleiben würden.[267] In der Folge willigte die sudanesische Regierung im Jahr 2007 ein, eine Delegation aus Vertretern der UNO und der Afrikanischen Union zu empfangen und ihr Zutritt zu der umkämpften Region Darfur zu gewähren. Die daraus entstandene UNAMID (Mission der Afrikanischen Union und der UNO in Darfur) hatte zeitweilig mehr als 10 000 Bewaffnete im Krisengebiet, der Großteil davon Soldaten aus afrikanischen Ländern, Polizisten und militärische Beobachter. Ethnische Säuberungen und Massaker nahmen kein Ende.

In ihrem Bericht an die Generalversammlung kam die UN-Kommission aus dem Jahr 2004 zu dem Schluss, »dass die Regierung des Sudan keine völkermörderische Politik verfolgte« und dass »keine völkermörderische Absicht« bestünde. Weiter heißt es: »Absicht derer, die Angriffe auf Dörfer planten oder durchführten, scheint es gewesen zu sein, die Opfer vorwiegend zu Zwecken der Aufstandsniederschlagung aus ihrem Heimatort zu vertreiben.«[268] Auch der Genozid-Forscher Wolfgang Benz[269] erinnert 2010 an diesen Bericht der UN-Kommission, den die westlichen Medien indes kaum wahrgenommen hatten. Tatsächlich waren die Vorwürfe des Völkermordes anfangs immer nur von einer der beiden Bürgerkriegsparteien erhoben worden. Bereits seit 1989, anlässlich einer sogenannten Versöhnungskonferenz, klagten die Vertreter der Landbesitzer die Nomaden des Völkermordes an.[270] Letztere suchten vor der zunehmenden Dürre Weideplätze für ihr Vieh, die ihnen die großteils auf kargen Böden wirtschaftenden Bauern nicht überlassen wollten.

Die Hintergründe des Konfliktes sowie den Bericht der UN-Kommission negierend trat der Chefankläger des IStGH am 14. Juli 2008 vor die Presse und

---

267. http://de.wikipedia.org/wiki/Darfur
268. Report of the International Commission of Inquiry on Darfur to the United Nations Secretary-General, Pursuant to Security Council Resolution 1564 of September 18, 2004. Zit. in: Mahmood Mamdani: *Blinde Retter. Über Darfur, Geopolitik und den Krieg gegen den Terror.* Hamburg 2010, S. 9
269. Wolfgang Benz (Hg.): *Vorurteil und Genozid. Ideologische Prämissen des Völkermords.* Wien/Köln/Weimar 2010, S. 13
270. Mamdani, S. 8

verkündete, den sudanesischen Präsidenten al-Baschir wegen Völkermordes anklagen zu wollen. Allein das Gericht folgte dem Antrag der Suprastaatsanwaltschaft nicht. UN-Generalsekretär Ban Ki-moon, die Arabische Liga und die Afrikanische Union äußerten dagegen Bedenken; selbst NGOs wie *Human Rights Watch* und *Amnesty International* hatten zuvor den Anklagepunkt »Völkermord« als inadäquat empfunden und dafür plädiert, al-Baschir wegen ethnischer Säuberungen und Kriegsverbrechen zur Verhaftung auszuschreiben.[271] Im März 2009 wurde der Vorwurf des Völkermordes nach zahlreichen Einsprüchen fallengelassen. Erst am 12. Juli 2010 war es dann soweit: Der Internationale Strafgerichtshof erweiterte die Anklage gegen al-Baschir offiziell um den Tatbestand des Völkermordes. Unmittelbare Auswirkungen auf die Politik im Sudan hat dies nicht. Khartum anerkennt den IStGH nicht, im Übrigen ebenso wenig wie die USA, Russland und China.

Dieses zähe Ringen um die Anklage verfolgen wir deshalb mit so großem Interesse, weil sich darin der dahinter liegende politische Charakter des juristischen Schauspiels gut erkennen lässt. Letztlich war es eine der größten NGO-Kampagnen in den USA, die unter dem Namen *"Save Darfur"* Millionen von Menschen mehr desinformiert als informiert hat, die den Gerichtshof zum äußersten Mittel greifen ließ. Und dieses Äußerste beschäftigt uns im Besonderen, weil in EU-Ländern im Falle einer Verurteilung von al-Baschir jeder Zweifel am völkermörderischen Charakter der Kriegshandlungen ebenfalls strafbar wäre. Forschung oder Berichterstattung stünden dann unter rechtlicher Kuratel. Wie diese politisch hergestellt wird, darüber soll das Folgende aufklären.

Der Konflikt und seine historischen Wurzeln

Das »Land der Fur« liegt im Westen des flächenmäßig größten afrikanischen Staates, Sudan. Verwaltungsmäßig umfasst Darfur drei Regionen bzw. Provinzen mit einer Gesamtfläche von 509 000 Quadratkilometern und einer Bevölkerung von knapp fünf Millionen EinwohnerInnen.

2003 stellt eine Zäsur in der jüngeren Geschichte der Region dar. In diesem Jahr ging ein bereits seit Mitte der 1980er Jahre dauernder, immer wieder aufflackernder Bürgerkrieg um die Nutzung von Land und Wasser in eine offene Rebellion gegen die Zentralgewalt in Khartum über. Am 25. Februar 2003 rückte eine militärisch ausgerüstete Kampftruppe der Darfur-Befreiungsfront (DLF), die sich kurz darauf in »Sudanesische Befreiungsarmee« (SLA) umbenannte, in den Ort Gulu in der Region Marra westlich von al-Fashir ein. Einen Tag darauf hatten die schätzungsweise dreihundert Mann das Dorf unter ihre

---

271. http://de.wikipedia.org/wiki/Darfur-Konflikt

Kontrolle gebracht. Es folgten Anschläge auf Polizeistationen und Armeeposten, die im Juni 2003 in der Einnahme der Garnisonsstadt al-Fashir gipfelte. Dabei wurden nach offiziellen sudanesischen Angaben 75 Soldaten der Zentralregierung getötet, Flugzeuge und Helikopter der Armee zerstört und eine große Anzahl von Waffen erbeutet.[272] Die gute Ausrüstung der Rebellen überraschte offensichtlich die Armeeführung, die sich in den fernab der Hauptstadt gelegenen Teilen des Landes einem offenen Aufstand gegenüber sah. Ihre Reaktion: Niederschlagung mit allen Mitteln. Rebellenhochburgen sahen sich Luftangriffen ausgesetzt, am Boden drangen arabische Milizen vor, die sogenannten *Dschandschawid*. Sie wurden von der Zentralregierung mit Waffen versorgt und sollten die Armee entlasten, weil diese im christlich-animistischen Süden des Sudans mit dortigen Aufständen zu tun hatten, die ihrerseits von Frankreich und den USA unterstützt wurden und schließlich im Januar 2011 zu einem Unabhängigkeitsreferendum führten, das eine überwältigende Zustimmung erfuhr.

Die Bevölkerung in den Dörfern der drei umkämpften Provinzen Darfurs geriet zunehmend zwischen die Fronten und war Plünderungen und Vergewaltigungen seitens der Reitermilizen ausgesetzt. Es herrschte Krieg.

Mit dem vor dem UN-Sicherheitsrat ausgehandelten Einsatz der Afrikanischen Union beruhigte sich Ende 2004 die Lage. Am 5. Juli 2005 war es auf politischer Ebene sogar gelungen, eine Grundsatzerklärung zu verabschieden, die von allen Fraktionen der Rebellen sowie von der Regierung in Khartum unterschrieben wurde und einen Weg in Richtung Frieden wies. Der Anthropologe Mahmood Mamdani, dessen erhellendes Buch *Blinde Retter* die ganze Tragik des Konflikts aus unvoreingenommener Sicht beschreibt, sieht das Scheitern dieser Friedensansätze im Unwillen der UNO begründet, die Mission der Afrikanischen Union (AU) mit den entsprechenden Mitteln auszustatten. Zwar war man am UN-Sitz ohne Gegenstimme bereit gewesen, die Schlichtungstruppe mit dem entsprechenden Mandat auszustatten, aber finanziell wurde sie von Anfang an ausgehungert. »Es sieht ganz danach aus, als habe es koordinierte Anstrengungen zur Diskreditierung der AU-Truppenpräsenz gegeben«, schreibt der an der Columbia-Universität in New York lehrende Völkerkundler, »um die afrikanischen Soldaten den Vereinten Nationen zu unterstellen, sie also zu ›Blauhelmen‹ zu machen.«[273] Dann zitiert Mamdani den Generalmajor der AU-Mission, Henry Anjidono: »Die Afrikanische Union hat jetzt seit vier Monaten kein Geld mehr bekommen. Könnte sein, dass die Soldaten bald meutern. Wer war beim Kriegführen je auf die

---

272. *Washington Post*, 27. Juni 2006. Zit. in: http://de.wikipedia.org/wiki/Darfur-Konflikt
273. Mamdani, S. 46

Brieftasche eines anderen angewiesen? Die Geberländer haben das Sagen.« Bereits in der zweiten Jahreshälfte 2005 traten die Befürchtungen des ghanaischen Generals ein. Teile der AU-Truppen wurden selbst zur Kriegspartei. Es gab Fälle von Plünderungen und umgekehrt gerieten Soldaten der Afrikanischen Union in die Fänge von Splittergruppen der Aufständischen. Die kurze Ruhe war vorüber und das Vertreiben und Morden ging weiter. Im Dezember 2005 nahmen Rebellen die Grenzstadt Adré im Osten des Tschad ein; kurz darauf erklärte sich N'Djamena als Kriegspartei. Die Angriffe auf die bäuerliche Dorfbevölkerung weiteten sich auf tschadisches Gebiet aus. Ein Waffenstillstandsabkommen zwischen der sudanesischen Regierung und einer Rebellengruppe wurde von anderen Aufständischen torpediert. Auf ein gemeinsames Ziel zur Einrichtung einer autonomen Region Darfur mit einer politisch weitgehenden Selbstständigkeit konnte man sich nicht einigen.

Während die Kämpfe und Fraktionen immer unübersichtlicher wurden, erhöhten die USA und Frankreich über die UN-Gremien den Druck auf die Regierung in Khartum. Wirtschaftliche und politische Sanktionen wurden ausgesprochen, Reiseverbote erlassen, Konten gesperrt, schwarze Listen für immer mehr Verantwortliche erstellt. Parallel dazu erfolgte die Anklage gegen den Präsidenten: ethnische Säuberungen, Kriegsverbrechen, Verbrechen gegen die Menschlichkeit, Völkermord. Verhandlungen waren offensichtlich nicht mehr erwünscht.

Was sind nun die Hintergründe für den Konflikt, der von den meisten europäischen Medien und Politikern als einer zwischen Gut und Böse dargestellt wird? Da ist zuoberst die sozioökonomische Komponente, die wiederum ohne Grundkenntnis der klimatischen Verhältnisse wenig erklärt. Dschebel Marra, der Berg Marra, teilt Darfur in nord-südlicher Richtung. Das Gebirgsmassiv besteht aus erloschenen Vulkanen, weist eine Fläche von hundert mal fünfzig Kilometern aus und wird bis zu dreitausend Meter hoch. Klimatisch ist Darfur dreigeteilt und reicht vom tropischen Hochland im Süden über die Savanne bis in die Wüste des Nordens. Seit den 1940er Jahren werden die Dürreperioden immer länger, was in den vergangenen vierzig Jahren zu einem Vorrücken der Wüste in den Süden um hundert Kilometer geführt hat. Diese Desertifikation ist der ursächliche Grund für die zunehmende Wanderbewegung der nomadischen, aber auch der bäuerlichen Bevölkerung in Richtung Süden auf der Suche nach Wasser und Überlebensmöglichkeiten. Auch UNO-Generalsekretär Ban Ki-moon hat die geänderten klimatischen Verhältnisse als eine der Ursachen für die Kämpfe in Darfur erkannt.[274]

274. *Spiegel online*, 18. Juni 2007

Historisch war die Region Darfur lange Zeit ein selbstständiges Sultanat, bevor es Ägyptens legendärer Machthaber Muhammad Ali Pasha erobern konnte. Dieser war der Hohen Pforte in Konstantinopel suzerän und abgabenpflichtig. Administrativ wurde Darfur dann der sogenannten ägyptischen *Turkiya* (1821–1885) zugeordnet, bis es im Rahmen des Sudan 1898 – nach der Niederschlagung des Mahdi-Aufstandes – ein anglo-ägyptisches Protektorat und 1916 eine britische Kolonie wurde. In diesem Status verharrte der Sudan bis 1956.

Die Zusammensetzung der Bevölkerung von Darfur ist für europäische Verhältnisse, die seit der Französischen (1789) und der Deutschen Revolution (1848) nationale Homogenisierungen gewohnt sind, unüberschaubar vielfältig. Da sind einmal die namengebenden schwarzafrikanischen Fur, die ein geschätztes Drittel der EinwohnerInnen ausmachen und eher im Süden rund um den Berg Marra leben. Dann gibt es arabischstämmige Volksgruppen wie die Masalit und die Zaghara, die als Rinderzüchter unter der Sammelbezeichnung »Baggara« (»Rindermenschen«) fungieren. Auch die Kamelbeduinen aus dem Norden, auch (Rizeigat-)Abbala genannt, sind arabischen Ursprungs.[275] Die Zuordnungen »schwarz« oder »arabisch« verstehen sich dabei weniger als Ausdruck eines ethnischen Selbstverständnisses denn als sozioökonomische Kategorie. Genau dort, im Sozialen und Ökonomischen, liegen auch die entscheidenden Konflikte: Stämme bzw. Volksgruppen auf der Suche nach Land kämpfen gegen andere, die Land haben. Während Hirsebauern mit den »Rindermenschen« in der Regel ein gutes Auskommen finden, empfinden die Landbesitzer die durch die Verwüstung in den Süden getriebenen Kamelnomaden als Feinde. Anders als Rinder, die sich von Weidegras ernähren, fressen Kamele Blätter von den Bäumen und gefährden bei ihrer Suche nach Nahrung oft alte Kulturbestände an langlebigen Bäumen, was sie und ihre Hirten bei sesshaften Bauern sehr unbeliebt macht.

Vereinfacht gesagt besteht der strukturelle Konflikt in Darfur zwischen einer subsistenzbäuerlichen Dorfbevölkerung, die Hirse und Tabak anbaut sowie mit der Gewinnung von Gummiarabikum[276] aus der Verek-Akazie Einkünfte am Markt erzielt, und nomadisierenden Kamelbeduinen, deren Lebensbedingungen im Norden von Jahr zu Jahr schlechter werden. Erstere sind schwarz, Zweitere arabisch. Die raue Lebensweise der Kamelbeduinen, die ihren Lebens- und Aktionsradius traditionell auf dem Rücken von Pferden verbringen, hat ihnen den Namen »*Dschandschawid*« eingebracht, was auf Arabisch soviel wie »berittene Teufel« bedeutet. Ihre gesellschaft-

---

275. http://de.wikipedia.org/wiki/Darfur-Konflikt
276. Gummiarabikum ist ein seltenes Harz, das als Emulgator für Softdrinks auf dem Weltmarkt von Bedeutung ist. Der Sudan deckt drei Viertel des Bedarfs.

liche Position abseits der sesshaften Araber im Süden des Landes und den schwarzafrikanischen Fur hat sie über die Jahrhunderte marginalisiert.[277] Für den Völkerkundler Mahmood Mamdani, der selbst in Uganda aufgewachsen ist und die Region Darfur oft bereist hat, spielt sich der Konflikt auf zwei unterschiedlichen Ebenen ab. Entlang einer Nord-Süd-Achse kennt er ihn wie den oben vereinfacht beschriebenen als einen Konflikt zwischen »arabischen« und »nichtarabischen« Stämmen; im Süden allerdings sind es auf beiden Seiten »Araber«, die miteinander um Land und seine Nutzung kämpfen. Diese Konfrontation im Süden, die ebenso lang anhaltend und ebenso gewalttätig geführt wird, wurde von den Medien in den USA und Europa ausgeblendet. Erst danach war es möglich, »die Gewalt als einen von den ›arabischen‹ Tätern an ›afrikanischen‹ Opfern verübten Völkermord darstellen zu können.«[278]

So unterschiedlich die Lebensbedingungen der einzelnen Volksgruppen oder Stämme sind, so einheitlich ist ihr Glaube. Alle – ob Bauern, Rindermenschen oder Kamelnomaden – beten in Richtung Mekka. Im unabhängigen Sultanat zur Mitte des 17. Jahrhunderts wurden sie als sunnitische Muslime religiös vereinheitlicht.

Den sozioökonomischen bzw. ethnografischen Differenzen folgen die politischen nur partiell. Die Aufständischen gegen die Zentralregierung in Khartum untergliedern sich in mehrere Fraktionen. Seit 2001 bestimmten zwei große bewaffnete Rebellengruppen das Terrain: die Sudanesische Befreiungsarmee / Befreiungsbewegung (SLA/M), ursprünglich Darfur-Befreiungsfront (DFL) genannt, und die Bewegung für Gerechtigkeit und Gleichheit (JEM). Der Präsident der DLF, der aus dem Volk der Fur stammende Abdelwahid Mohammed al-Nur, führte seine Truppe vom Pariser Exil aus. Ein gutes Dutzend Abspaltungen hat besonders die SLA betroffen, wobei es immer wieder zu Überläufen ins Regierungslager kam. Es ist keine Seltenheit, dass eben noch martialisch auftretende Aufständische kurz darauf Ministerposten in der Zentralregierung bekleiden. Bis auf die JEM, in deren Selbstverständnis der Islam eine größere Rolle spielt, sind die meisten anderen bewaffneten Organisationen in Clanstrukturen verhaftet.[279] Mit den von der Zentralregierung in Khartum bewaffneten nomadischen Reitertruppen der *Dschandschawid* stehen den Aufständischen ebenso irreguläre Einheiten gegenüber.

Beide Seiten zeichnet brutales Vorgehen gegenüber dem Feind aus, dem jeweils auch unbewaffnete zivile Bevölkerung zugeordnet wird. Vertreibungen, Massenexekutionen und Vergewaltigungen scheinen zum Alltag in weiten

277. Mamdani, S. 19
278. Mamdani, S. 21
279. http://de.wikipedia.org/wiki/Darfur-Konflikt

Teilen Darfurs zu gehören. Die Schätzungen der Opferzahlen liegen gleichwohl weit auseinander. Zum Auftakt der US-Kampagne *"Save Darfur"* im Jahre 2004, als sowohl der US-Kongress als auch Präsident George Bush junior die Ereignisse im Westen des Sudan als Völkermord bezeichneten, wurde im Juli 2004 eine Studiengruppe aus Mitarbeitern des *Foreign Office* und der Staats-»NGO« USAID zusammengestellt, um die Opferbilanz zu erheben. Noch im selben Jahr lag ein erstaunlich exaktes Resultat vor. Demnach fielen bis zu diesem Zeitpunkt 396 563 Menschen dem Völkermord zum Opfer.[280] Eine WHO-Studie, die zeitgleich auf 150 000 Todesopfer kam, hatte gegen die wesentlich höher angesetzten US-Angaben medial keine Chance. Bis heute schwankt die veröffentlichte Opferbilanz zwischen diesen beiden Werten, die UNO geht von 300 000 Ermordeten aus. Zusätzlich zu den Getöteten ist davon auszugehen, dass bis zu 2,5 Millionen Menschen, mithin die Hälfte der Bevölkerung von Darfur, aus ihren angestammten Wohngebieten vertrieben wurde. Die miserablen Lebensbedingungen stellen für die Geflohenen Tag für Tag eine existenzielle Bedrohung dar, zumal auch Angriffe auf Flüchtlingslager zum mörderischen Alltag gehören.

Vorwurf: Völkermord

Erstmals tauchte der Begriff »Völkermord« im Zusammenhang mit den blutigen Ereignissen in Darfur auf einer Versöhnungskonferenz im Jahre 1989 auf, erhoben von Vertretern eines landbesitzenden Volksstammes gegenüber Nomaden, die gewaltsam in ihre Dörfer eingedrungen waren. Internationale Medien und Politiker nahmen damals weder von den Grausamkeiten noch von den Schuldzuweisungen Notiz. Erst fünfzehn Jahre später, im Sommer 2004, griffen MenschenrechtsaktivistInnen in den USA die Vorwürfe auf. Die mutmaßlich größte Kampagne in der Geschichte der Nichtregierungsorganisationen nahm ihren Lauf. Die Initialzündung kam von keiner geringeren Organisation als dem *United States Holocaust Memorial Museum* in Washington, dessen Direktorium »Völkermord«-Alarm schrie. Es war das erste Mal in der Geschichte dieser Institution, dass ein solcher Aufruf lanciert wurde.[281] Von da an ging es Schlag auf Schlag: Jerry Fowler vom Holocaustmuseum und Ruth Messinger vom *American Jewish World Service* gründeten die Organisation *"Safe Darfur"*, auf deren erstem Treffen Nobelpreisträger Elie Wiesel eine flammende Rede hielt.[282] Das offizielle Amerika war zum Eingreifen im Sudan aufgefordert.

280. Mamdani, S. 32
281. *Jerusalem Post*, 27. April 2006
282. Mamdani, S. 29

In wenigen Monaten war aus *"Safe Darfur"* ein Netzwerk aus 200 Organisationen mit einer selbst erhobenen und publizierten Reichweite von 130 Millionen Menschen geworden. Die Stoßrichtung war von Anfang an gegen die islamistische Regierung in Khartum gerichtet, der man Völkermord an den »schwarzafrikanischen« Stämmen in Darfur vorwarf. Demokratische und republikanische Kongressabgeordnete waren rasch als Multiplikatoren gewonnen. Bereits am 22. Juli 2004 wurde eine Resolution einstimmig von beiden Kammern der USA verabschiedet, die den Tatbestand des Völkermordes in Darfur erfüllt sahen. Die US-Regierung war zu diesem Zeitpunkt davon noch nicht überzeugt, wie ein Interview des damaligen Außenministers Colin Powell zeigt. Auf die Frage, warum die Administration nicht von Völkermord sprechen will, antwortete Powell der Reporterin Michele Norris während eines Aufenthalts in Khartum: »Nun, warum sollen wir von Völkermord sprechen, wenn doch für den Tatbestand des Völkermords bestimmte rechtliche Bedingungen erfüllt sein müssen? Nach dem, was wir gesehen haben, gibt es zwar den einen oder anderen Indikator, aber mit Sicherheit kein Zusammentreffen aller Indikatoren, die darauf schließen ließen, dass hier im rechtlichen Sinne der Tatbestand des Völkermordes erfüllt ist.«[283] Dem Druck der *"Save-Darfur"*-Kampagne konnte jedoch auch Colin Powell nicht standhalten. Ohne neue Erkenntnisse erklärte er drei Monate später, am 9. September 2004, dass in Darfur »ein Völkermord verübt« würde und dass »die Regierung und die *Dschandschawid* dafür die Verantwortung« trügen.[284]

Ganzseitige Zeitungsinserate, TV-Spots zur besten Sendezeit, Plakate von Alaska bis Texas: die *"Safe-Darfur"*-Kampagne legte sich in den Jahren 2005 bis 2007 mächtig ins Zeug. Eine eigene Arbeitsgruppe, *Sudan Divestment Task Force*,[285] setzte sich zum Ziel, sämtliche Gelder, die von US-Seite im Sudan veranlagt waren, zu de-investieren. Pensionsfonds und private Investoren folgten dem öffentlich aufgebauten Druck und zogen Milliarden Dollar aus dem afrikanischen Land ab. Am Höhepunkt der Kampagne gab es kaum einen Künstler und kaum eine Künstlerin in den USA, die sich nicht öffentlich gegen das »völkermörderische Regime in Khartum« und für einen menschenrechtlichen Einsatz dagegen ausgesprochen hatten. Die Liste der *«Safe-Darfur"*-Unterstützer liest sich wie die die Kontaktliste im Mobiltelefon der wichtigsten Filmproduzenten Hollywoods: Angelina Jolie, Meryl Streep, Brad Pitt, Mia Farrow, Oprah Winfrey, Matt Damon …

Am eifrigsten war George Clooney, den auch deutschsprachige Menschen,

---

283. http://www.state.gov/secretary/former/powell/remarks/34053.htm. Zit. in: Mamdani, S. 30
284. Mamdani, S. 30
285. Mamdani, S. 59

die ihre Abende nicht bei Hollywood-Filmproduktionen verbringen, als Werbeträger für Kaffeekapseln aus dem Fernsehen kennen. Clooney trat am 14. September 2006 auf Einladung der US-Regierung vor dem UN-Sicherheitsrat auf. Es geschieht nicht oft, wenn überhaupt, dass ein populärer Schauspieler vor dem welthöchsten Gremium spricht. Dort verkündete Clooney pathetisch:

> Ich stehe heute vor Ihnen, um Sie im Namen Millionen Todgeweihter – Sie hören richtig: Todgeweihter – darum zu bitten, dass Sie spürbare und wirksame Maßnahmen ergreifen, um diesem Treiben ein Ende zu bereiten. Natürlich ist die Sache kompliziert. Aber wenn Sie sehen, wie ganze Dörfer vergewaltigt und ausgelöscht werden, wie Brunnen vergiftet und dann die Dorfbewohner dort hineingeworfen werden, dann ist das Ganze plötzlich gar nicht mehr so kompliziert, sondern schlicht eine Frage zwischen Recht und Unrecht. (…) Mit dem, was Sie in dieser Angelegenheit tun oder nicht tun, werden Sie in die Geschichte eingehen. Es ist Ihr Ruanda, Ihr Kambodscha, Ihr Auschwitz.[286]

Auschwitz. Wo Colin Powell, Ban Ki-moon, die Afrikanische Union und der Internationale Strafgerichtshof noch darüber nachdachten, wie denn nun die Katastrophe in Darfur einzuschätzen sei, wer für welche Untaten, welche Massaker verantwortlich zeichnet und welche Logik dahinter steckt, warum der Kampf ums Überleben mit solcher Grausamkeit geführt wird – George Clooney hat die Antwort: Auschwitz. Wenn ihr im Rundsaal der Vereinten Nationen, wenn jeder einzelne der die Staatenwelt vertretenden UN-Botschafter, jeder möglicher Weise anwesende Regierungschef der fast zweihundert im höchsten Organ vertretenen Länder, wenn ihr da nichts tut, wenn ihr da nicht eingreift, wenn da nicht bald Bomben für die Menschenrechte fliegen, ja dann, dann muss ich euch sagen: Ihr habt Auschwitz auf dem Gewissen. Und Kambodscha, und Ruanda. Ihr millionenfach Untätigen. Und ich, George Clooney, der ich diese Millionen von Todgeweihten in Darfur, aber gleich auch in Auschwitz, Kambodscha und Ruanda vertrete, bin historischer Zeuge eurer Untätigkeit. Zwar weiß ich, dass »die Sache kompliziert ist«, aber im Angesicht der Verbrechen sage ich euch: Lasst die F-16 fliegen, setzt die Marines per Fallschirm ab … und rettet die guten Menschen vor den bösen, die Schwarzen vor den Arabern, die Afrikaner vor den Islamisten. George Clooney

---

286. George Clooney: United Nations Security Council Address on Darfur. New York, 14. September 2006. Zit. in: www.americanrhetoric.com/speeches/georgeclooneyunitednationsl.htm. Zit. in: Mamdani, S. 61

als Symbol der Freiheit, der Gerechtigkeit, der Menschenrechte, gesandt von der US-Regierung vor die UN-Vollversammlung.

Wer hat, außer den »blinden Rettern«, wie Mahmood Mamdani sie nennt, noch Interesse daran, dass im Sudan interveniert wird? Eine weitere Aktivität von *"Safe Darfur"* gibt indirekt darüber Aufschluss, denn neben den ganzen internen Konflikten um Wasser und Land, um die Macht der Zentralregierung und den Aufstand der Rebellen, sind auch internationale Akteure im größten Flächenstaat Afrikas unterwegs. Einer davon, vorerst ohne militärische Eingriffe, dafür mit umso mehr wirtschaftlichen Interessen: China.

Chinesische Unternehmen haben seit circa einem Jahrzehnt ihre Präsenz in Afrika erhöht. Sie schließen Kooperationen für den Abbau von Rohstoffen und den Aufbau von Infrastrukturprojekten, um die Rohstoffe außer Landes bringen zu können. Ihr Vorgehen erinnert an historische Praktiken der Europäer mit dem Unterschied, dass sie – noch? – ohne militärische Drohgebärden auskommen. Das mag auch daran liegen, dass China im Unterschied zu den USA, Großbritannien oder Frankreich nicht über die notwendige militärische Schlagkraft zur See verfügt, befindet sich doch bislang kein einziger einsatzbereiter Flugzeugträger unter chinesischer Flagge (gegenüber 24 US-amerikanischen Flugzeugträgern).

Im Sudan lagern wichtige Metalle wie Kupfer, Uran, Gold, Eisen, Blei und Antimon. Auch Erdölstätten im Süden machen das Land für Investoren interessant, weswegen ein Zusammenhang zwischen der Unterstützung der Sezessionisten im Süden durch die USA und Frankreich und dem reichlich vorhandenen Öl bestehen dürfte. Ob bereits ausgegebene Erdölkonzessionen für die *China National Petroleum Corporation* wegen der neuen politischen Lage nach der Abspaltung des Südens im Jahr 2011 neu verhandelt werden müssen, stand bei Redaktionsschluss dieses Buches noch nicht fest.

Die guten chinesisch-sudanesischen Beziehungen spielten jedenfalls auch bei der Einschätzung der Gräueltaten durch westliche Medien und Politik eine Rolle. Das lässt eine Aktion vermuten, die der US-amerikanische Regisseur und Produzent Steven Spielberg im Vorfeld der Olympischen Spiele in Peking gesetzt hat. Sie gibt Aufschluss über die enge Verzahnung von menschenrechtlichem Aktivismus und geopolitischen Interessen.

Nachdem die US-Schauspielerin Mia Farrow in ihrer Funktion als UNICEF-Botschafterin für Darfur knapp vor den Olympischen Sommerspielen von 2008 vor die Kameras getreten war, um die Spiele in Beijing als »Völkermord-Olympiade« zu desavouieren, war bald klar, dass damit nicht nur die innerchinesischen Auseinandersetzungen um Tibet gemeint waren, sondern auch die Lage im Sudan. Steven Spielberg, der als künstlerischer Berater für die

Spiele und sein Bankkonto in Beijing weilte, griff die verquere Anregung von Farrow auf und drohte wegen der Sudan-Politik Chinas mit dem Zurücklegen seiner Funktionen. An Staatspräsident Hu Jintao verfasste er folgenden Brief:

> Ich hege keinerlei Zweifel daran, dass die Regierung des Sudan eine Politik betreibt, die man als Völkermord bezeichnen kann. Erst vor kurzem habe ich so richtig verstanden, wie stark China in der Region engagiert ist und dass China eine strategische und unterstützende Beziehung zur sudanesischen Regierung unterhält. Wie viele andere besorgte Menschen in aller Welt bin auch ich der Überzeugung, dass China sich deutlich für ein Eingreifen der Vereinten Nationen zur Beendigung des Völkermords in Darfur aussprechen sollte.[287]

Beijing ließ sich von der Drohung nicht beeindrucken; auch Spielberg blieb konsequent und quittierte den Job.

Die kleine Rangelei um einen Posten als künstlerischer Berater zeigt jedoch deutlich, dass es hinter den Kulissen um wirtschaftliche Einflussnahme geht. Während sich US-Unternehmen im Tschad Bohrkonzessionen für Erdöl gesichert haben, will die Administration in Washington verhindern, dass sich chinesische Firmen im Sudan festsetzen. Die staatliche Gewalt ihrer Gegner, so bringt es der Anthropologe Mahmood Mamdani auf den Punkt, wird von den USA als »Völkermord« gebrandmarkt, die staatliche Gewalt ihrer Verbündeten wird als »notwendige Maßnahmen im Krieg gegen den Terror« entschuldigt.[288]

Der Chefankläger des Internationalen Strafgerichtshofes in Den Haag, Moreno-Ocampo, will sich von derlei Diskussionen nicht ablenken lassen. Für ihn existieren keine externen Interessen, die auch Druck auf das Gericht ausgeübt haben oder ausüben könnten. Auch er schwingt die Auschwitz-Keule. Mit seiner Einschätzung, dass es sich in Darfur um ein »gigantisches Auschwitz« handle, minimiert er gar noch den Holocaust, indem er ihn im Schwung der eigenen Worte kleinredet, ohne dass ihm das freilich bewusst sein dürfte.[289] Wer vor so einer juristischen Drohkulisse noch darüber diskutieren will, ob hinter dem Grauen von Darfur vielleicht Clankämpfe oder Rassenunruhen oder der Kampf ums nackte Überleben angesichts des Fortschreitens der Wüste steckt, mithin keine völkermörderische Absicht gegeben sei, der wird dem Gericht bald selbst als Zweifler oder Leugner verdächtig.

---

287. Zit. in: Mamdani, S. 62
288. Mamdani, S. 62
289. *Frankfurter Allgemeine Zeitung* vom 12. Juli 2010

Hungerpest in der Ukraine:
Vom sozialen Trauma zum nationalen Mythos

Völkermord – ja oder nein? Der Kampf um diese Frage tobt seit Jahren auch in der Ukraine. In ihrem Fall geht um den Winter 1932/33, als eine wohl niemals mehr genau zu bestimmende Anzahl von Menschen Hunger und Krankheiten zum Opfer fiel. »*Holodomor*« bezeichnet die große Tragödie, die von den einen als Folge einer verfehlten Stalin'schen Kollektivierungspolitik, von anderen als bewusster Versuch zur Ausrottung der ukrainischen Nation interpretiert wird.

Seit unter dem »orangen« ukrainischen Präsidenten Wiktor A. Juschtschenko am 28. November 2006 ein Gesetz erlassen wurde, welches das Massensterben des Hungerwinters 1932/33 als gewollten völkermörderischen Akt definiert hat und seine Leugnung unter Strafe stellte, hat die Verrechtlichung einer immanent politisch-historischen Frage auch in Kiew Platz gegriffen. Mit knapper Mehrheit ging besagtes Gesetz durch die *Werchowna Rada*, das ukrainische Parlament. Und es blieb – vorerst – auch nach dem neuerlichen Regierungswechsel unter Präsident Wiktor F. Janukowitsch in Kraft, obwohl er und seine »Partei der Regionen« sich immer wieder dagegen aussprechen.

Die parlamentarische Beschlussfassung über dieses weit reichende Erinnerungsgesetz zum Anlass nehmend, gedachten die Spitzen des ukrainischen Staates am 23. November 2008 mit einer monströs angelegten Feier des 75. Jahrestages der großen Hungerkrise. Gemeinsam mit den Präsidenten von Polen, Litauen und Georgien transformierte Juschtschenko auch auf internationaler Bühne das soziale Trauma zum nationalen Mythos und forderte die Staatenwelt sowie die Vereinten Nationen auf, die Hungersnot als »geplanten Genozid Stalins gegen die ukrainische Nation anzuerkennen.«[290] Das Europäische Parlament verabschiedete zeitgleich eine Resolution »Zum Gedächtnis des *Holodomors*« und bezeichnete ihn als eine »künstlich ausgelöste Hungerkrise«[291] und ein »Verbrechen gegen die Menschheit«, weigerte sich allerdings, die Katastrophe als Völkermord zu definieren. Bei den Vereinten Nationen war schon viel früher, im November 2003, eine gemeinsame Erklärung abgegeben worden, in der 25 Staaten inklusive Russland und den USA die »Gräueltaten und die Politik des totalitären Regimes (der Sowjetunion, Anm. d. A.)« verurteilten und »eingedenk des 70. Jahrestages der ukrainischen Tragödie auch an die Millionen von Russen, Kasachen und Menschen anderer Nationen erinnerten, die an Hunger ... starben.«[292]

290. Zit in: Felix Wemheuer: Das ukrainische Trauma. In: *Jungle World* vom 11. Dezember 2008
291. European Parliament, Presseaussendung vom 23. Oktober 2008
292. Joint Statement on the Great Famine of 1932–1933 in Ukraine (*Holodomor*) on Monday, November 10, 2003 at the United Nations in New York. Zit. in: http://en.wikipedia.org/wiki/Holodomor

Die Einschätzungen könnten unterschiedlicher nicht sein. Während die ukrainisch-nationale Seite mit ihren Galionsfiguren Wiktor A. Juschtschenko und Julija W. Timoschenko den *Holodomor* als eine Attacke gegen die ukrainische Nation interpretieren, streichen die meisten internationalen Stellungnahmen den allgemeinen Charakter der Hungersnot von 1932/33 heraus, der Menschen unterschiedlichster Nationen zum Opfer fielen. Nur die von den national-ukrainischen Kräften betriebene »Nationalisierung« der Katastrophe macht es möglich, von einem Völkermord zu sprechen, wobei selbst in diesem Fall erst der Nachweis erbracht werden müsste, dass der Hunger von Moskau ausschließlich zu dem Zweck gemacht worden ist, um eine Auslöschung der ukrainischen Nation zu bewerkstelligen. Das »orange« Kiew hat für die Durchsetzung dieser Sicht auf die Ereignisse ganze Arbeit geleistet und im Mai 2009 ein Verfahren beim Obersten Gerichtshof eröffnet, das am 21. Januar 2010 zu einem historisch einigermaßen skurril anmutenden Schuldspruch führte: Wegen Völkermordes an den Ukrainern verurteilt wurde niemand geringerer als Josef W. Stalin, zusammen mit dem damaligen Regierungschef Wjatscheslaw M. Molotow, dem prominenten Politbüro-Mitglied Lasar M. Kaganowitsch, dem KP-Chef der Ukraine, Stanislaw W. Kossior, und anderen.[293]

Objektive Forschung kann eine Interpretation, wonach der Wille zur Vernichtung einer Nation hinter einer inszenierten Hungersnot gesteckt hätte, nicht bestätigen. Viel eher dürften es die sozialen und ökonomischen Folgen der Zwangskollektivierung sowie die forcierte Industrialisierung mit ihrer ebenfalls sozioökonomisch erzwungenen Verstädterung gewesen sein, die im Verein mit einem extrem harten Winter Millionen von Menschen das Leben kostete.

Das ukrainische Erinnerungsgesetz mit seiner Strafandrohung bei Leugnung der Völkermord-Absicht ist den Debatten nicht zuträglich. Im Gegenteil: Es verhindert eine notwendige Diskussion nicht nur innerhalb des Landes, sondern auch zwischen ukrainischen und russischen Historikern, Medien und Politikern. So gesehen setzt es – auf andere Weise – die Politik der Sowjetunion zum Umgang mit dem *Holodomor* fort. War es bis in die späten 1980er Jahre wegen drohender politischer Ächtung und Verfolgung nicht möglich, über den Hunger der 1930er Jahre offen zu reden oder zu forschen, so soll nun, geht es nach dem Willen der national-ukrainischen Seite, jede Debatte darüber ebenfalls im Keim erstickt werden. Das Thema bleibt – nun mit umgekehrten Vorzeichen – tabu.

---

293. *Kyiv Post* vom 21. Januar 2010

Die Katastrophe

Der Begriff »*Holodomor*« setzt sich aus den ukrainischen Wortstämmen *holod* (»Hunger«) und *mor* (»Seuche«, »Pest«) zusammen: »Hungerpest«. Erstmals dürfte er in einer Publikation des spätsowjetischen Kiewer Parteisekretärs Oleksij H. Musijenko im Juli 1988 schriftlich Erwähnung gefunden haben.[294] Zuvor war die Begriffszusammensetzung von »Hunger« und »Pest« nur in der ukrainischen Diaspora in Kanada gebräuchlich, wobei der Begriff auch hier erst in den 1980er Jahren vorgekommen sein dürfte.

Über die Opferzahl der Katastrophe gehen die Schätzungen weit auseinander. Sie reichen von 1,5 Millionen bis 12 Millionen und fallweise auch darüber hinaus. Hans-Heinrich Nolte schreibt in seiner *Kleinen Geschichte Rußlands* von geschätzten 4,5 Millionen Toten, die einschließlich der hohen Anzahl totgeborener Kinder direkt der Hungersnot in der Ukraine zuzuschreiben sind. Darüber hinaus zählt er im Winter 1932/33 nochmals 3,5 Millionen Hungertote in Russland und Kasachstan sowie 1,3 Millionen, die in Lagern an Krankheiten und Ernährungsmangel starben.[295] Noltes Historikerkollege Andreas Kappeler geht von »4 bis 6 Millionen Toten«[296] aus, die an Hunger in der Ukraine gestorben sind. Der Genozid-Forscher Gunnar Heinsohn wiederum erhöht die Opferschätzung auf 6 bis 7 Millionen, verlängert aber offensichtlich die Periode historisch nach vorne, indem er von einer »Mischung aus Politizid und Genozid«[297] seit 1929 spricht. Wesentlich weniger Tote hat der französische Demograf Jacques Vallin errechnet, der in seinen Publikationen von insgesamt 2,6 Millionen verhungerten Menschen ausgeht.[298]

Die aus Transnistrien/Moldawien stammende Politikwissenschaftlerin Svetlana Burmistr nennt die Zahl von fünf bis sieben Millionen Hungertoten, allerdings für die gesamte Sowjetunion. Aufschlussreich in ihrer Statistik ist die regionale Verteilung der dem *Holodomor* zum Opfer gefallenen: Demnach starben an »Vernichtung durch Hunger«, wie sie es nennt, 3,5 Millionen Menschen in der Ukraine, 2 Millionen in Kasachstan und 1 Million im Nordkaukasus.[299]

---

294. O. H. Musijenko: Hromadjans'ka pozycija literatury i perebudova (The Civic Position of Literature and Perestroika), *Literaturna Ukraina* vom 18. Februar 1988, S. 7; zit. in: http://en.wikipedia.org/wiki/Holodomor
295. Hans-Heinrich Nolte: *Kleine Geschichte Rußlands*. Stuttgart 2003, S. 230
296. Andreas Kappeler: *Kleine Geschichte der Ukraine*. München 1994, S. 200
297. Gunnar Heinsohn: *Lexikon der Völkermorde*. Hamburg 1998, S. 336
298. vgl. Felix Wemheuer: Das ukrainische Trauma. In: *Jungle World* vom 11. Dezember 2008
299. Svetlana Burmistr: Holodomor – der organisierte Hungertod in der Ukraine 1932–1933. In: Wolfgang Benz (Hg.): *Vorurteil und Genozid. Ideologische Prämissen des Völkermords*. Wien 2010, S. 61

Als wissenschaftlich unseriös gilt die Zahl von 10 Millionen Verhungerten. Sie ist seit der Regierungszeit von Wiktor A. Juschtschenko im Umlauf, der sie konstant bei jedem Anlass wiederholte und sich auch von ihm durchaus freundlich gesinnten Historikern, die ihn mahnten, der Sache mit solchen Übertreibungen eher zu schaden, nicht davon abbringen ließ.

Wie viele auch an Hunger gestorben sein mögen, es war um jede und jeden Einzelnen zu viel. In welcher Weise ganze Landstriche buchstäblich ausgestorben sind, darüber kann sich kein Historiker und keiner, der es nicht mit eigenen Augen gesehen hat, ein wahrhaftiges Bild machen. Aufrufe der Sowjetmacht gegen den grassierenden Kannibalismus mögen die Dimension der Tragödie abstecken helfen: »Seine eigenen Kinder zu essen, ist ein barbarischer Akt«,[300] war da beispielsweise in den wenigen Zeitungen, die damals erschienen, zu lesen. Wo solche Aufrufe kursieren (müssen), ist jedes Leben sinnlos geworden, jedes Überleben ein Todeskampf. Genauso beschreibt auch der bekannte russische Literat Lew S. Kopelew das Grauen, das er in jungen Jahren selbst erlebt hat. Kopelew war Teil der Hungermaschine, ein jungbolschewistischer Aktivist zur Überwachung der Zwangskollektivierung und, wie er zugibt, überzeugt davon, im Sinne der sowjetischen Modernisierungsbemühungen zu handeln. Mit seinen Genossen streifte er von Dorf zu Dorf durch die Ukraine, um Bauern zur Abgabe ihrer – möglicher Weise – letzten Nahrungsmittel anzuhalten. »Im schrecklichen Frühjahr 1933«, schreibt er in seinen Memoiren, »sah ich Menschen Hungers sterben. Ich sah Frauen und Kinder mit aufgedunsenen Bäuchen, sah sie blau werden, noch atmend, aber mit leeren, leblosen Augen. Und Leichen, Leichen in abgerissenen Schafspelzen und billigen Filzstiefeln, Leichen in Bauernhütten.«[301] Kopelews Memoiren sind ein glaubwürdiges Zeitdokument, doch auch sie können das ganze Ausmaß der Tragödie nur in Sätze fassen, sie nicht vollkommen verstehen machen.

Betroffen von der großen Hungersnot war vor allem die Ukraine, oder exakter: die Ukrainische SSR. Darüber hinaus wütete der *Holodomor* allerdings auch in Moldawien, Russland, Weißrussland und Kasachstan. Am schlimmsten hatten die Menschen im Gebiet von Dnjepropetrowsk und in und um Charkow/Charkiw zu leiden. Darüber hinaus starben auch Hunderttausende zwischen Odessa, Donezk und Kiew. Krankheiten wie die Pocken, Typhus und Fieber nutzten die Schwäche der Hungernden. Erst 1934 fand die schrecklichste Not, die Menschen ohne Krieg erleiden können, ein Ende.

---

300. Zit. in: *East European Quarterly*, XLI, No. 2, 2007, Duquesne University
301. Lew Kopelew: *Und schuf mir einen Götzen. Lehrjahre eines Kommunisten*. Göttingen 1996

Politische und ökonomische Hintergründe des »Holodomor«

»National in der Form, sozialistisch im Inhalt«, so lautete einer der gängigsten leninistischen Slogans der 1920er Jahre; und tatsächlich straft die Nationalitätenpolitik der frühen Sowjetunion alle Vorwürfe Lügen, Moskau hätte einen auf ethnischen oder nationalen Kriterien aufgebauten Zentralstaat betrieben. Nicht zuletzt Stalin selbst hat mit seinem einzigen respektablen Schriftstück, dem 1913 geschriebenen Werk *Marxismus und nationale Frage*, einen für damalige Verhältnisse modernen Nationsbegriff geprägt. Unter Nation verstand der spätere Sowjetführer eine Gemeinschaft, die nicht auf Rasse oder Stammeszugehörigkeit beruht, sondern historisch gewachsen ist und Selbstbestimmung für sich in Anspruch nehmen kann. »Recht auf Selbstbestimmung, das heißt«, schreibt er während eines Studienaufenthalts in Wien, »die Nation kann sich nach eigenem Gutdünken einrichten. Sie hat das Recht, ihr Leben nach den Grundsätzen der Autonomie einzurichten. (…) Die Nation ist souverän, und alle Nationen sind gleichberechtigt.«[302] Die Ukraine war nach dieser, nach sowjetischer Lesart, eine Nation. Nur folgerichtig war demgemäß die sowjetische Nationalitätenpolitik in den 1920er Jahren. Eines ihrer Kernstücke bestand in der »*Korenisazija*«, der »Einwurzelung« nationaler politischer Kader in die entsprechenden Sowjetrepubliken und Gebiete. Damit sollten politische Eliten geschaffen werden, die »aus dem Volk« kamen. Heute würde man diese Politik eine »positive nationale Diskriminierung« bei der Bestellung von Kaderposten nennen, die verhindern sollte, dass überall eine dünne Schicht russischer Funktionäre das Sagen hatte. Auch für die Ukraine hatte dieses Konzept seine Gültigkeit. Andreas Kappeler beschreibt die Erfolge dieser »Einwurzelung« und untermauert sie mit statistischem Material. Demnach stieg der Anteil ukrainischer Politiker im Zentralkommittee der Ukrainischen SSR in Kiew zwischen 1923 und 1930 von 16 auf 43 Prozent. Auf Gebietsebene machten ukrainische Kader Anfang der 1930er Jahre bereits 76 Prozent aus – bei einem ukrainischen Bevölkerungsanteil von 80 Prozent.[303]

Sprachförderung und eine Ukrainisierung des Schulwesens ergänzten die sowjetische Politik auf der Ebene der Bildung. Wenn man dazu weiß, dass Analphabetismus nach dem Ersten Weltkrieg noch weit verbreitet war und es bis 1918 keine einzige Schule im Zarenland gegeben hatte, an der Ukrainisch unterrichtet wurde, kann man die Wichtigkeit dieser Maßnahmen im historischen Kontext einschätzen. Wir erwähnen diese Ukrainisierungspolitik

---

302. Josef W. Stalin: Marxismus und nationale Frage. In: ders., *Werke*. Band 2, Berlin 1950, S. 283. Zit. in: Stefan Bollinger (Hg.): *Linke und Nation. Klassische Texte zu einer brisanten Frage*. Wien 2009, S. 93
303. Kappeler, S. 191

vor allem deshalb, weil sie im völligen Widerspruch zum heute in Teilen der postsowjetischen Ukraine herrschenden Urteil steht, dem zu Folge die Sowjetmacht die ukrainische Nation offensiv bekämpft hätte. Das dürfte auch durch den von Stalin verordneten »großen Kurswechsel« des Jahres 1929, der eine »Kollektivierung der Landwirtschaft und eine Ausschaltung der alten Eliten«[304] zum Ziel hatte, nicht der Fall gewesen sein. Der Feind der Stalin'schen Zwangsmodernisierung wurde nicht als ein nationaler, sondern ein sozialer empfunden.

Allerdings – und darin liegt der wahre Hintergrund für die übergroße Anzahl von ukrainischen Opfern während der großen Hungersnot – war die ländliche bäuerliche Bevölkerung fast ausschließlich ukrainisch geprägt, und dieser Teil der Bevölkerung hatte als erstes und wohl auch am schlimmsten unter dem *Holodomor* zu leiden. Die Gründe dafür sind indes nicht in einem nationalen Streit, sondern in politischen und wirtschaftlichen Maßnahmen sowie in einem Klassenkampf zu suchen, den große, Grund besitzende Bauern, sogenannte »Kulaken«, mit der neuen Sowjetmacht führten. Mit dem Begriff »Kulak«, auf Deutsch »Faust«, wurden jene Großbauern und Wucherer abschätzig bezeichnet, die ganze Dörfer »in ihrer Faust« hatten.

Der erste Fünfjahresplan der Sowjetunion, der im April 1929 beschlossen worden war, sah zwei Eckpfeiler für eine neue, postkapitalistische Welt vor, die für die Ukraine von besonderer Bedeutung waren: die Kollektivierung der Landwirtschaft, mithin die Enteignung der Kulaken, und die Industrialisierung des Landes. Beides wurde mit erbarmungslosem Tempo und Zwang angegangen. Dem Aufruf zur »Liquidierung der Kulaken als Klasse«[305] folgten Tausende eifrige Jugendliche wie Kopelew, zogen aufs Land und agitierten. Die Bauern wurden aufgefordert, sich und ihr Land den neuen Kolchosen anzuschließen. Die Zukunft, so war wohl ein Gutteil der jungen Generation überzeugt, gehörte der sozialistischen Gemeinschaft. Private Landwirtschaft hatte darin keinen Platz mehr. Wer sich nicht freiwillig der Moderne anschloss, der wurde dazu gezwungen. Mit welcher Eile diese Zwangskollektivierungen durchgeführt wurden, zeigt die Anzahl der bereits im ersten Jahr des Fünfjahresplans vergemeinschafteten Bauernhöfe: Anfang 1930 befanden sich bereits 63 Prozent aller Landwirtschaften auf fruchtbarem Schwarzerdeboden in kollektivem Besitz, ein Jahr zuvor waren es erst 2,5 Prozent gewesen.[306] Ohne Proteste sind diese Maßnahmen nicht abgelaufen. Die Bauern standen dabei in ihrer Gewaltbereitschaft den meist jugendlichen Politkommissaren in nichts

304. Burmistr, S. 68
305. Kappeler, S. 199
306. Kappeler, S. 199

nach. So mancher Kommissar wurde erschlagen, viele von den Höfen verjagt. Doch der alten Klasse half dies nichts, denn hinter der Modernisierung stand die Sowjetmacht, und diese hatte sich 1929/30 bereits weitgehend konsolidiert.

Parallel zur Kollektivierung der Landwirtschaft ging der Aufbau neuer Industriezentren mit rasend schnellem Tempo vor sich. Neben dem Donez-Becken entstanden neue Musterstädte wie Saporishja/Saporoshje direkt am Dnjepr sowie Kombinate in Charkiw/Charkow und anderswo. Die städtische, proletarische Bevölkerung explodierte geradezu, und sie musste ernährt werden. Dazu erließen die Behörden Aufrufe zur Abgabepflicht agrarischer Güter. Die Requirierungen wurden praktischer Weise von denselben Kommissaren überwacht und durchgeführt, welche die Kollektivierung der Höfe betrieben.

Es war die Schnelligkeit des Wandels und das strukturelle Unvermögen, aus den neuen, per Zwang vergemeinschafteten Gütern in Jahresfrist die auf revolutionären Schreibtischen gemachten Produktionsvorgaben zu erfüllen, die 1931 zu einer extremen Missernte führten. Die Landwirtschaft lag danieder. Doch die Kommissare ließen nicht locker und drangen auf dem Land darauf, die Abgabenquote für die Ernährung der Industriearbeiter in den eben erst aufgebauten Städten zu erfüllen. Argumentativ half ihnen dabei der Boykott der reichen Kulaken, die ganz bewusst Ernteerträge zurückhielten, weil sie den Sozialismus verabscheuten und der modernen Industriestadt sowie den Industriearbeitern feindselig gegenüberstanden.

Diese Schere von Produktionsrückgängen in der Landwirtschaft und steigendem Bedarf an Lebensmitteln in den Städten führte direkt in den *Holodomor*. Anstatt in dieser heiklen Lage auf einen Ausgleich zwischen Land und Stadt zu setzen, erhöhten das Politbüro und die Kommissare die Schlagzahl: Im August 1932 wurde ein Gesetz erlassen, das alle Lebensmittel zu staatlichem Eigentum erklärte, und zwischen November und Dezember stiegen die Strafen bei Nichterfüllung der Abgabenpflicht. Tausende Bauern versuchten zu fliehen, was ihnen durch die allgegenwärtigen Kommissare, die überall auf dem Land Wachtürme zur Kontrolle jeder Bewegung aufgestellt hatten, verunmöglicht wurde. Erst nach mehreren Millionen Toten steckte die sowjetische Führung zurück und ließ 1934 wieder private landwirtschaftliche Parzellen und Bauernmärkte zu.[307]

Auch die Städte blieben von der »Hungerpest« keineswegs verschont. Der Ausfall landwirtschaftlicher Güter ließ auch hier, in den jungen Industriezentren, die Menschen sterben wie die Fliegen, und wie auf dem Lande machte der Tod keinen Unterschied zwischen Ukrainern oder Russen. In der am

---

307. Felix Wemheuer, Der Hunger ist politisch. In: *Jungle World* vom 4. Dezember 2008

Asowschen Meer gelegenen Stadt Berdjansk überlebten die Menschen dank der Fischerei, genauer: dank des Kaulkopf-Fisches, dessen sie heute noch als »Ernährerfisch« gedenken. Sie haben ihm ein übergroßes Denkmal direkt am Kai gesetzt, das der Nachwelt zumindest eines beweist: Wenn die Umstände es erlaubt haben, überlebte eine ganze ukrainische Stadt – Ukrainer, Russen, Deutsche und Juden – den *Holodomor*.

Der Völkermord-Vorwurf verstummt nicht

Es war niemand geringerer als der Erfinder des Begriffs »Genozid«, der als erster die Zuschreibung »Völkermord« für die ukrainische Hungerkatastrophe der 1930er Jahre gebrauchte. Raphael Lemkin, 1900 als polnischer Jude im russischen Zarenreich geboren, war über die Armenier-Frage in jungen Jahren auf das Thema aufmerksam geworden. Später wurde er zu einem der wesentlichen Autoren der UN-Genozidkonvention von 1948. Im Jahr 1953 erklärte er öffentlich, keinen Zweifel über die russische Täterschaft an der Hungersnot zu haben: »Die Zerstörung der ukrainischen Nation ist ein klassisches Beispiel von Völkermord. (…) Es ist nicht bloß ein Massenmord. Es ist der Fall eines Genozids, nicht bloß die Zerstörung von Individuen, sondern die Zerstörung einer ganzen Kultur, einer ganzen Nation«,[308] erklärte er, ohne sich ausreichend über die Hintergründe der Hungerkatastrophe informiert zu haben, wie aus seinen Einschätzungen hervorgeht. Seine ausschweifenden Erläuterungen zum Unterschied von Russen und Ukrainern waren für ein westliches, als ahnungslos angenommenes Publikum gedacht, dem erklärt werden musste, dass sich Ukrainer und Russen in ihrer Kultur, ihrem Temperament, ihrer Sprache und ihrer Religion unterscheiden, und dass es eben eine bewusste Entscheidung der russischen Führung gewesen sei, den ukrainischen Nationalismus zu eliminieren, die ukrainischen Bauern zu opfern. Wohlgemerkt: aus nationalen, nicht aus sozialen Gründen, nicht um der Idee einer neuen klassenlosen Gesellschaft willen. Auch Letzteres wäre verwerflich genug, als Völkermord könnte man es aber Lemkins eigener Definition entsprechend, die in der UN-Konvention Eingang gefunden hat, nicht bezeichnen. Dort, in der Konvention von 1948, die bis heute nichts von ihrer Gültigkeit eingebüßt hat, sind explizit politische und soziale Faktoren zur Erklärung bzw. zur Definition eines Völkermordes ausgeklammert. Nichtsdestotrotz war es Lemkin, der lange vor dem Auftauchen des Begriffes *Holodomor* selbigen als einen »klassischen Völkermord« bezeichnet hat.

Auch die weiteren Zuschreibungen, es handelt sich bei der »Hungerpest«

---

308. *Journal of Genocide Research* 7 (4), London, S. 555–556. Zit. in: http://en.wikipedia.org/wiki/Holodomor

um einen Genozid, kamen von außerhalb der Sowjetunion, von außerhalb der Ukraine. Das verwundert indes nicht, war doch jede Debatte über die große Katastrophe von 1932/33 unter kommunistischer Herrschaft tabu. Ende der 1980er Jahre, als die Schwäche der Sowjetunion deutlich wurde, beauftragte der US-Kongress einen gewissen James Mace mit der Zusammenstellung einer Kommission, die herausfinden sollte, was es mit den Gerüchten um einen willentlichen Akt der Vernichtung der ukrainischen Nation in den 1930er Jahren auf sich hatte. Allein die Beschäftigung mit dem Thema war insofern eine Neuerung auch im US-amerikanischen Diskurs, als dass die Hungersnot fünfzig Jahre zuvor kaum Widerhall in der westlichen Öffentlichkeit gefunden hatte. Der Genozidforscher Gunnar Heinsohn erklärt diese fehlende Wahrnehmung während der Jahre 1932/33 mit »überwiegend links eingestellten westlichen Journalisten«, die mit der Politik zu Anfang der Sowjetzeit sympathisierten und denen es angeblich gelungen war, »die Ungeheuerlichkeiten aus ihren Heimatländern, v. a. aus der *New York Times*, herauszuhalten.«[309]

Im Jahr 1985 galten völlig andere (geo)politische Parameter. US-Präsident Ronald Reagan hatte mit gewaltigen staatlichen Investitionen in die Rüstungsindustrie, aus denen u. a. die Entwicklung der seither weltweit im todbringenden Einsatz befindlichen Cruise-Missiles hervorgegangen ist, die Sowjetunion militärisch in die Knie gezwungen. Ihr ökonomisches Scheitern beschleunigte das Ende der alten kommunistischen Kader. Nun galt es für den Westen, allen voran die USA, politisch neue Verbündete aufzubauen. Nationale Kräfte innerhalb des bereits schwächelnden Vielvölkerstaates schienen mögliche dankbare Partner. Für die Ukrainische SSR bot es sich geradezu an, vermittelt über die starke ukrainische Diaspora in Nordamerika – sowohl in den USA als auch in Kanada –, auf nationalistische Kräfte zu setzen. Ihnen sollte mit adäquaten Forschungsergebnissen in ihrem antisowjetisch angelegten Kampf argumentativ geholfen werden.

Noch während die vom US-Kongress eingesetzte Kommission arbeitete, erregte ein 1987 erschienenes Buch des konservativen britischen Historikers Robert Conquest Aufmerksamkeit: In *Harvest of Sorrow* beschäftigt sich der auch beim britischen Geheimdienst *Information Research Department* (IRD) in Diensten stehende Conquest mit der ukrainischen Hungerkatastrophe. Sein Diktum, wonach es sich dabei um einen »Hungerholocaust« bzw. um einen »Hungerterror«[310] gehandelt habe, fand vor allem in Diaspora-Kreisen

---

309. Heinsohn, S. 336
310. siehe: Felix Wemheuer: Regime Changes of Memory. Creating the Official History of the Ukrainian and Chinese Famines under State Socialism and after the Cold War. In: *Kritika: Explorations in Russian and Eurasian History*. Nr. 10/1 (Winter 2009), S. 45

großen Anklang. Der von ihm gezogene direkte Vergleich des ukrainischen »Hungerterrors« mit Konzentrationslagern der Nationalsozialisten sicherte ihm nicht nur mediale Rezeption, sondern bewirkte auch einen entsprechenden politischen Niederschlag. Der Abschlussbericht der US-Kommission über den ukrainischen Hunger replizierte weitgehend die Einschätzungen von Conquest, wonach Stalin einen Völkermord an der ukrainischen Nation begangen habe.»Joseph Stalin und seine Umgebung begingen 1932/33 Völkermord an den Ukrainern«, lautete die These 16 des Abschlussberichtes an den US-Kongress.[311]

Die Verfallszeit dieser Einschätzung war, was die wissenschaftliche *Community* auch in den USA betraf, relativ kurz. Autoren wie Stephen Wheatcroft, Mark Tauger und Robert Davies[312] widerlegten die Völkermord-Thesen. Politisch hielt indes die Allianz des antisowjetischen Kongresses mit der ukrainischen Diaspora und damit die Erzählung von der willentlich betriebenen Auslöschung der ukrainischen Nation durch das Moskauer Zentrum. Indirekt lebt diese Position bis heute auch in vielen westlichen Medien fort, z. B. wenn sich die vergleichsweise seriöse *Neue Zürcher Zeitung* im November 2008 darüber verwundert, »dass sich Moskau direkt angegriffen fühlt bei einem Thema, das nicht russische, sondern frühere sowjetische Machtpolitik betrifft.«[313] Immerhin ist der von national-ukrainischer Seite erhobene Völkermordvorwurf ja gerade einer, der auf nationalen Argumenten beruht. Nicht die sowjetische Kollektivierungspolitik, sondern der – angebliche – Antiukrainismus wird für die Hungerkatastrophe verantwortlich gemacht. Das erklärt, warum Moskau auch – und gerade – nach dem Ende der Sowjetunion die Völkermordthese zurückweist.

Ukrainisch-russische Differenzen

Vor allem während der »orangen« Periode unter Juschtschenko hat der Disput über die Einschätzung der ukrainischen Hungerkatastrophe auch grobe Differenzen zwischen Kiew und Moskau offenbart. Am 14. November 2008 gipfelten diese in einem Brief des russischen Präsidenten Dmitri A. Medwedew an seinen ukrainischen Kollegen Juschtschenko. Darin begründet Medwedew seine Absage, an der Gedenkfeier zum 75. Jahrestag des *Holodomor* teilzunehmen, mit der einseitigen Interpretation des damaligen Massensterbens durch die ukrainische Seite. Für Medwedew ist die These von dem »›zentral geplanten genozidalen Hunger der Ukrainer‹ schwerwiegend manipulativ« und nur

---

311. Zit. in: Wemheuer 2009, S. 47
312. Stephen Wheatcroft/ Robert Davies, The Years of Hunger: Soviet Agriculture. Hampshire 2004
313. *Neue Zürcher Zeitung* vom 22./23. November 2008

vor dem Hintergrund »ständiger Versuche, das Land in eine NATO-Mitgliedschaft zu führen«, verständlich. Insbesondere empört sich der russische Präsident über die »Kriminalisierung der Leugnung« des »sogenannten ›*Holodomor*‹« und macht auf mögliche Verwicklungen aufmerksam, wenn er schreibt: »Die einseitige Logik macht jeden Bürger der Ukraine zu einem Kriminellen, der als Opfer des Hungertods dieser Periode nicht nur Ukrainer, sondern auch Russen, Kasachen und Weißrussen sieht. (…) Die Verurteilung (der Hungerkatastrophe, Anm. d. A.) als Völkermord an den Ukrainern verkleinert die Tragödie anderer betroffener Völker.«[314]

Medwedew leugnet die »Hungerpest« nicht, er spricht ihr allerdings den nationalen, für die Definition als Völkermord entscheidenden Charakter ab. Die Antwort von Juschtschenko kam über ein Interview, das der ukrainische Präsident wenige Tage später der spanischen Tageszeitung *El País* gab. Darin wertet er die Absage Medwedews, den 75. Jahrestag des *Holodomor* in der Ukraine begehen zu wollen, als eine »Beleidigung von Millionen vernichteter Ukrainer«.[315] Unversöhnliche Positionen. Erst mit dem Ende der kurzen orangen Epoche und der Wahl Janukowitsch' zum ukrainischen Präsidenten im Februar 2010 näherten sich die russisch-ukrainischen Positionen einander wieder an. Kiew rückte geopolitisch nach Osten, was seinen Niederschlag auch in der Analyse historischer Ereignisse zeitigte. Am 26. April 2010 hielt Janukowitsch eine Rede vor der Parlamentarischen Versammlung des Europarates, in der er ausführlich auf die ukrainische Hungerkatastrophe des Winters 1932/33 zu sprechen kam. Er räumte mit dem nationalen Mythos, den sein Vorgänger im Amt aus der Katastrophe geformt hatte, auf. »Der *Holodomor*«, so Janukowitsch, der sich anders als Medwedew dieses Begriffes bediente, »betraf die Ukraine, Russland, Weißrussland und Kasachstan. Er war das Ergebnis von Stalins totalitärem Regime. Aber es wäre falsch und unfair, den *Holodomor* als einen Akt des Völkermordes gegen eine Nation zu bezeichnen.«[316]

Nach Jahrzehnten vollständiger sowjetischer Tabuisierung der »Hungerpest« und Jahren der national-ukrainischen Revanche, die Katastrophe als Völkermord bezeichnen zu müssen, widrigenfalls eine Strafandrohung wegen Leugnung ausgesprochen werden kann, könnte der Ansatz von Wiktor F. Janukowitsch eine offene Debatte über eine der schwersten Epochen in der ukrainischen Geschichte ermöglichen. Ohne Erinnerungsgesetze, ohne verordnete Wahrheit und ohne bestrafte Gesinnung.

---

314. Brief Medwedews an Juschtschenko vom 14. November 2008. Zit. in: www.archive.kremlin.ru/eng/text/docs/209178.shtml
315. siehe: www.promes.org/en/s41/1520.html
316. *Kyiv Post* vom 30. April 2010

Die Gesellschaft wird verrechtlicht

Bis zu diesem Kapitel hat sich der Historiker auf sicherem Terrain bewegt. Seine Osteuropa-Expertise hat ihm geholfen, politische, militärische und juristische Faktoren auch dort miteinander in Beziehung zu setzen, wo sie anscheinend – oder besser: vorgeblich – nichts miteinander zu tun hatten. Vor allem die jahrelange Beobachtung der inneren und äußeren Faktoren des zerfallenden bzw. zerstörten südslawischen Raumes sowie der Fortsetzung des NATO-Krieges mit juristischen Mitteln in einem eigens dafür einberufenen internationalen sogenannten »Jugoslawien-Tribunal« haben zur Erkenntnis beigetragen, wie verflochten menschenrechtliche Argumentation mit einem politischen Schauprozess sein kann und wie instrumentell mit ähnlichen oder sogar gleichen Taten unterschiedlicher Täter umgegangen wird.

Auch der EU-Rahmenbeschluss zur Bestrafung der Leugnung oder Verharmlosung eines einmal als Völkermord judizierten Ereignisses konnte unschwer im größeren Zusammenhang einer Neuordnung zur Durchsetzung imperialer »Wahrheit« erkannt werden. Dabei ist die Perfidie des Rahmenbeschlusses, einen Gesinnungsparagrafen in einem antirassistischen Gesetzeswerk zu verstecken, in gewissem Sinne sogar hilfreich, kommt doch darin die Scham der EU-Kommission zum Ausdruck, ihre Intention, auch Meinung zu bestrafen, verbergen zu wollen. Eine verbale rassistische Attacke auf dieselbe Stufe wie einen Zweifel an einem juristisch für definitiv erklärten historischen Vorgang mit all seinen (geo)politischen Interessen und Implikationen zu stellen, ist zu hanebüchen, als dass man dahinter nicht andere als hehre Absichten vermuten dürfte, wenn nicht kann oder sogar muss.

Die Bedeutung der Einführung von Gesinnungsparagrafen in der Geschichte des Strafrechts und der Jurisdiktion zu erkennen, ist einem Historiker bedeutend fremder, und wirft eine Reihe von Problemen auf, nicht nur wegen der für einen Nicht-Juristen schwer durchschaubaren Differenzen im anglo-amerikanischen und kontinental-europäischen Strafrecht. Diese erklären, soviel ist bald angelernt, einem deutschsprachigen Beobachter die Möglichkeit, warum beispielsweise der Kronzeuge für die Massaker von Srebrenica für eingestandene, persönlich begangene Erschießungen von 120 Gefangenen nach Verbüßung einer dreijährigen Haftstrafe vom Jugoslawien-Tribunal eine neue Identität – und wohl auch finanzielle Mittel erhält –, um weitab vom Ort seiner Untat ein neues Leben beginnen zu können. *Guilty-plea*-Verfahren

(»Schuldbekenntnis«) heißt dazu das Zauberwort, das jeden noch so abgefeimten Massenmörder vor den Richtern mit einem honorigen Verhandlungsmandat ausstattet, solange er ihren Vorgaben entspricht und sich dem Gericht als Kronzeuge zur Verfügung stellt. Vor allem das US-amerikanische und das britische Strafrecht operieren ausgiebig mit dieser Kronzeugenregelung, die in Deutschland und Österreich zwar existiert, jedoch nur selten zum Einsatz kommt. Die auf einem solchen Deal aufgebaute Glaubwürdigkeit eines Gerichtes mag dem Normalsterblichen als sehr gering erscheinen, und sie ist es auch.

Schwieriger wird es, wenn moderne Meinungs- und Erinnerungsparagrafen in einen rechtswissenschaftlichen historischen Kontext gestellt werden sollen. Da fehlt einem Nichtjuristen weitgehend das Handwerkszeug. Trotzdem schien es mir wichtig, den meiner Meinung nach bestehenden Zusammenhang zwischen der juristischen Verfolgung von Gesinnung und der sich umfassend ausweitenden Verrechtlichung von immer mehr Bereichen der Gesellschaft anzusprechen. Dass man dabei schnell auf eine in kritischen Juristenkreisen diskutierte generell feststellbare Verschiebung von Strafrechtsnormen stößt, hat die Sache interessant gemacht und einem Laien die Augen für Zusammenhänge geöffnet, die er hoffentlich auch den LeserInnen näherbringen kann.

Entpolitisierung bei gleichzeitiger politischer Beschlagnahme der Justiz

Zwei Prozesse finden parallel zueinander statt: eine Entpolitisierung weiter Teile gesellschaftlicher Felder und eine Beschlagnahme der Justiz durch die herrschenden Eliten. Fortschreitende parlamentarische Demokratien in Europa – da kann man das Partizip Präsens durchaus auch im Sinne von »von der Demokratie fortschreitend« verstehen – entfernen sich seit den 1980er Jahren vom Gedanken und noch mehr von der Praxis gleicher Partizipation möglichst vieler in der Gesellschaft. Die Europäische Union, vor allem ihre Unionisierung im Anschluss an den *Maastricht-Vertrag* 1992, stellt diesbezüglich eine negative Zäsur dar. Dies insofern, als sie die Durchsetzung der wirtschaftlichen Interessen der größten Kapitalgruppen (gegenüber sozialen, kulturellen und politischen Handlungsträgern) markiert. Mit Maastricht wurden den einzelnen Nationalstaaten wirtschaftspolitische Handlungsspielräume weitgehend genommen, ihre politischen und finanziellen Möglichkeiten wurden eingeschränkt. Stattdessen machen die sogenannten »Maastricht-Kritierien« nationale Parlamente zu Handlangern einer restriktiven Finanz- und Währungspolitik, die anderswo, in Brüssel, bestimmt wird.

Damit nicht genug, hat auch der im Dezember 2009 in Kraft getretene

Lissabon-Vertrag nichts Substanzielles am demokratiepolitischen Geburtsfehler der Brüsseler Union geändert: Eine Volkswahl der EU-Legislative findet nicht statt. Schlimmer noch: Nationale Exekutiven, also Regierungen, die in aller Regel von gewählten Parlamenten – oder im Fall von Präsidialverfassungen von gewählten Präsidenten – zusammengesetzt werden, maßen sich auf suprastaatlicher, auf EU-Ebene an, selbst legislativ zu agieren. Die Rede ist vom EU-Rat. Dieser bestimmt die Geschicke der gesamten Union. Zusammengesetzt wird er im zwischenstaatlichen Postenschacher von den nationalen Regierungschefs, Ministerpräsidenten oder Chefministern. Der Wortstamm »Minister« – lateinisch für »Diener« oder »Gehilfe«, gemeint ist: des Parlaments, des Volkes – wird dabei in sein sinngemäßes Gegenteil verkehrt. Die Grundlage jeder bürgerlich-parlamentarischen Demokratie, die Gewaltenteilung zwischen Exekutive und Legislative, wird an ihrem entscheidenden, an ihrem alles entscheidenden Punkt, in den Gremien der Europäischen Union, aufgehoben. Demokratie im Sinne einer Umsetzung von Volkswillen kann so strukturell nicht stattfinden. Kein Wunder, dass der durch die fehlende Gewaltenteilung entstandene Freiraum von Wirtschaftslobbyisten sonder Zahl okkupiert wird.

Schon diese bürgerliche Kritik – von einer linken muss gar keine Rede sein – zeigt, wie systematisch die EU-europäische Elite an einer Entpolitisierung der Gesellschaft arbeitet. Wenn für immer mehr Menschen sichtbar wird, dass kein Ergebnis eines Wahlvorganges dazu führt, dass sich oben etwas ändert, wird das im medialen Jargon »Politikverdrossenheit« genannt. Eine solche entsteht nicht von ungefähr, sie wird mit Verve und Entschlossenheit betrieben. Auch und vor allem vor jedem Wahlgang wird an ihr gearbeitet, wenn z. B. von den herrschenden Eliten bis zur Boulevardpresse rhythmisch die Meinung vertreten wird, »vor den Wahlen« seien angeblich notwendige Reformen nicht durchsetzbar. Das Volk, so unterstellt diese zu jeder Vorwahlzeit gehörende Standardaussage, könne die – angebliche – Notwendigkeit von Sparmaßnahmen, Privatisierungen, Umverteilungen in die Hände weniger (für nichts anderes steht das Wort »Reform« seit zwanzig Jahren in Verwendung) nicht verstehen. Also müssen die Regierenden warten, bis die Wahlen vorüber sind, um die – für sie – wirklich wichtigen Dinge besprechen und ohne Widerstand durchsetzen zu können. Ein solches Demokratieverständnis hat mit einem bürgerlich-parlamentarischen Anspruch, nach der sich jede Legislative frei am Urnengang bildet, nichts mehr gemein.

Wie hängt diese von oben geförderte Entpolitisierung der Gesellschaft mit unserem Thema zusammen? In mehrerlei Hinsicht. Man könnte das Postulat aufstellen: Verrechtlichung ist Teil der Entpolitisierung; Entpolitisierung wird dabei als Wegrücken gesellschaftlicher Entscheidungen von der Polis, der Versammlung aller Stimmberechtigten einer Gemeinde oder eines Staates, verstanden. Anstatt dieses politischen Prozesses hin zur Erzielung einer gesellschaftlich gültigen, kodifizierten Meinung treffen wir immer öfter auf Feststellungen, die von Gerichten getroffen werden, um danach für alle Gültigkeit zu haben. Gerichte werden längst nicht mehr nur dann angerufen, wenn sich Konflikte zwischen Mitgliedern der Gesellschaft nicht anders lösen lassen, was ihre ureigene Funktion ist. Sie ersetzen zunehmend politische Meinungsbildungsprozesse, mischen sich in entsprechende Debatten ein – freilich immer nach ihrer Einschaltung durch mindestens einen Kontrahenten – und schaffen damit selbst gesellschaftliche Wahrheiten, über die politisch gar nicht oder nicht ausreichend diskutiert wird.

Nehmen wir den ganz und gar »unpolitischen« Fall eines privaten Klägers, der als Wanderer über einen Bach auf einem steinigen Steig in den Tiroler Bergen zwischen die Planken der Brücke und das hölzerne Geländer rutscht und sich dabei den Fuß verletzt. Vor einer halben Generation wäre jedem, der davon gehört hätte, und auch dem Verletzten selbst klar gewesen, dass der bedauernswerte Unfall auf einen Konzentrationsfehler oder eine Fahrlässigkeit des Wanderers eventuell im Verein mit besonderen Wetterumständen, welche die Planken glitschig gemacht hatten, zurückzuführen sei. Im Zuge der allgemeinen Tendenz zur Verrechtlichung von allem und jedem haben solche Unfälle indes in den letzten Jahren Gerichtsprozesse ausgelöst. Der verunfallte Wanderer klagt, der Richter stellt die Schuldfrage abstrakt und das Gericht kommt zu dem Schluss – wie bereits des Öfteren beispielsweise in Österreich geschehen –, dass ein Verschulden des Wegerhalters vorliegt. Damit sind Gemeinden, wenn sie kleiner sind, der Bürgermeister persönlich, oder Wegerhalter wie der Alpenverein oder ein Naturfreundebund, mit einem Schlag in der Verantwortung. Schmerzensgeld, Entschädigungszahlungen, Gerichtskosten ... im vorliegenden Fall führt diese Art einer Verrechtlichung von gemeinschaftlicher Verantwortung hin zu gerichtlichem Spruch konkret dazu, dass Gemeinden und Naturvereinigungen insbesondere in Bergregionen Wanderwege rückbauen oder jeden Waldeingang mit einem Schilderdschungel aufrüsten, der sie einer einklagbaren Verantwortung enthebt. Das gemeinsame Selbstverständnis – wenn man so will: die Politik, die davon ausgeht, dass Wegerhalter und Wanderer gemeinsam und jeder für sich Verantwortung übernehmen – wird durch gerichtliche Erkenntnis ersetzt. Um kein Missverständnis aufkommen zu lassen: Freilich gehören Haftungsfragen bei eindeutigen Versäumnissen von Unternehmen, Gemeinden, Ärzten etc. auch vor Gericht, wenn sich die Betroffenen nicht anders einigen können. Ausufernde

Schadenersatzklagen in immer mehr Bereichen führen jedoch zum Verlust des gesellschaftlich angemessenen Umgangs mit persönlicher Verantwortung.

Auf ähnliche Weise entwickeln sich gesellschaftliche Beziehungen in so gut wie allen Bereichen des täglichen Lebens, vom Gesundheitswesen bis zum Schulbereich. Ein in diesem Sinne entpolitisiertes Leben ist logischer Weise auch entsolidarisierend. Gerechtigkeit wird in mehr und mehr Bereichen durch Rechtsprechung ersetzt, eine gesellschaftliche Auseinandersetzung durch Schuldspruch oder Freispruch.

Umgelegt auf unser Thema bedeutet eine Verrechtlichung von Meinung, Erinnerung und Gesinnung das Außerkraftsetzen von politischer Debatte und wissenschaftlicher Diskussion mittels Anrufung eines Gerichtes, dessen Entscheidung in der Folge alle an die Einhaltung des Schiedsspruches bindet. War es Völkermord, war es ein Verbrechen gegen die Menschheit, ein Massaker, eine ethnische Säuberung? Der Richter beendet die Debatte.

Dieses hier als Entpolitisierung beschriebene Phänomen ist zugleich eine Beschlagnahme des Rechts durch jene, die sich – innerhalb oder außerhalb der Politik – die Definitionshoheit über diskutable Ereignisse aneignen. Das mag in den meisten Fällen eine Allianz aus am Konflikt Beteiligten, von ihnen weitgehend kontrollierten Medien und willfährigen Politikern sein, deren Position – zumindest für einen bestimmten (Kultur)Raum – hegemonial wird. Von denselben Kräften forcierten und – im Fall des Jugoslawien-Tribunals – sogar teilweise bezahlten Strafgerichten mangelt es schon aus diesen strukturellen Defiziten heraus an Objektivität. Nichtsdestotrotz erheben sie – interessanter Weise über den Umweg der UNO – den Anspruch, »Wahrheit« zu sprechen und in weiterer Folge, unser Thema verbotener Leugnung betreffend, auch Zweifel an solch formulierter Wahrheit gerichtlich zu unterbinden.

Die Beschlagnahme von Rechtsprechung scheint vordergründig der These einer Entpolitisierung zu widersprechen. In gewisser Weise tut es sie auch, denn immerhin bedarf es recht umfassender, auch politischer Macht, um gerichtswirksam hegemonial wirken zu können. Insofern ist das Argument von einer allgemein sich durchsetzenden Entpolitisierung – ganz abgesehen von den jeweiligen Kräften, die politisch durchsetzungsfähig sind – zu relativieren. Denn in drei wesentlichen gesellschaftlichen Bereichen wird Politik auch heute von Staaten und Staatengruppen betrieben und ausgiebig finanziert: dem Militär, der Justiz und – zunehmend – der Durchsetzung profitorientierter, liberaler wirtschaftlicher Parameter.

Vom Tatstrafrecht zum Feindstrafrecht

In kritischen Juristenkreisen wird seit Anfang des 21. Jahrhunderts darüber diskutiert, ob und in welchem Ausmaß sich die bürgerliche Rechtsprechung in einer Transformation befindet, indem sie sich in Richtung einer Instanz zur Gefahrenabwehr erweitert. Die alten deutschen und österreichischen Strafgesetzbücher gingen – zumindest theoretisch – von einer für alle grundsätzlich gültigen Gleichheit der Rechtsperson aus, die im Fall einer die festgelegte Norm überschreitenden Tat gerichtlich belangt wurde. Verbrechensvorbereitung war darin nur in Ausnahmefällen ein justiziabler Tatbestand, bis im Nationalsozialismus über die bereits zuvor vorhandenen Paragrafen zur Gefährdung der öffentlichen Sicherheit die mutmaßliche Tatvorbereitung im Strafmaß an die Tat selbst angebunden wurde. Anlassbezogen existierten freilich schon zuvor allerlei Ermächtigungsgesetze zur Bekämpfung innerer Feinde, z. B. der deutschen Sozialdemokraten Ende des 19. Jahrhunderts oder der österreichischen Kommunisten und Sozialdemokraten im Austrofaschismus der 1930er Jahre. Sobald eine politische Gruppe die Fundamente des Staates potenziell ins Wanken bringt, wehrt sich selbiger auch auf der Bühne des Rechtes.

Im Zuge der aktuellen Terrorismusbekämpfung feiern entsprechende Paragrafen zur »Feindbekämpfung« traurige Urständ. »Geplante Taten« werden mit sogenannten »Terrorismusparagrafen« – in Deutschland die § 129 a und § 129 b des Strafgesetzbuches (StGB); in Österreich § 278 a und § 278 b – geahndet. Der bekannte deutsche Rechtswissenschaftler Günther Jakobs beschreibt diese Entwicklung in trockenem Juristendeutsch als einen »Übergang von einem Normgeltung erhaltenden Strafrecht, üblicherweise Schuldstrafrecht genannt, zu einem Strafrecht als Maßnahmenrecht bei drohenden Gefahren.«[317] Jakobs selbst bezeichnet dieses vorsorgliche Maßnahmenrecht auch als Sicherungsrecht, was allgemein unter dem Terminus »Feindstrafrecht« diskutiert wird.

Feindstrafrechtliche Elemente in den Gesetzbüchern reflektieren die herrschende Einschätzung, dass es neben den Rechtspersonen, neben den »Personen im Recht« auch noch andere gibt, Feinde, für die vorsorgende Maßnahmengesetze erlassen werden müssen, nach denen man sie auch bestrafen kann, wenn keinerlei Tat vorliegt. Die Gefahr, die von einer solchen als Feind wahrgenommenen Person oder Gruppe ausgeht, rechtfertigt seine oder ihre juristische Verfolgung im Vorfeld einer möglichen Tat. Mögliche Tat deshalb, weil ja die Verurteilung des Nicht-Täters, des Feindes zu einem Zeitpunkt passieren soll, bevor dieser noch einen Tatbestand im normativen Sinn begangen

---

317. Günther Jakobs: Feindstrafrecht? – Eine Untersuchung zu den Bedingungen von Rechtlichkeit. In: *HRRS* (www.hrr-strafrecht.de), Hamburg, August/September 2006, S. 295

haben kann. Günther Jakobs formuliert das folgendermaßen: »Das insbesondere gegen Terroristen gerichtete Strafrecht hat eher die Aufgabe, Sicherheit zu gewährleisten, als Rechtsgeltung zu erhalten, ablesbar am Strafzweck und an den einschlägigen Tatbeständen. Das Bürgerstrafrecht, Garantie der Rechtsgeltung, wandelt sich in Gefahrenabwehr.«[318]

Die Frage, wer jemanden zum Feind erklärt, gegen den dann die entsprechenden Paragrafen ins Feld geführt werden, bleibt bei Jakobs offen. Kritik an diesem analytischen Versäumnis, wie sie beispielsweise sein Kollege Klaus Malek[319] äußert, ist berechtigt. De jure ist wohl keine diesbezügliche Aussage möglich; de facto oblag die bislang wirkungsvollste Feinderklärung dem US-amerikanischen Präsidenten George Bush junior im Anschluss an die Anschläge auf das World Trade Center in New York und das Pentagon in Washington im September 2001. Der Führer der mächtigsten Militärmacht der Welt nannte in seinem Aufruf zum »Kampf gegen den Terror«, der einem Kreuzzugsaufruf gar nicht so unähnlich war, den »Feind«: den radikalen Muslim.

Für feindstrafrechtliche Paragrafen in nationalen Gesetzbüchern muss eine Tat weder nachgewiesen noch vorhanden sein, um Anklage erheben zu können.[320] In Wien ist dies beispielsweise 2007 geschehen, als ein muslimisches Paar verhaftet wurde, dem die »Bildung und Förderung einer terroristischen Vereinigung« vorgeworfen wurde. Nach § 278 b des österreichischen Strafgesetzbuches wurden beide am 7. März 2008 verurteilt: Mohamed Mahmoud zu vier Jahren, seine Frau Mona Salem Ahmed zu 22 Monaten Haft. Sie hatten Texte von *al-Qa'ida* und anderen radikal-muslimischen Internetseiten ins Deutsche übersetzt und dies auch zugegeben. Zusätzlich wurde Mahmoud noch vorgeworfen, ein »Drohvideo« gegen die Republik Österreich hergestellt zu haben. In der entsprechenden Passage heißt es in dem Video bezogen auf die Stationierung von einer Handvoll Offizieren des österreichischen Bundesheeres in Afghanistan: »Zerstört nicht die Sicherheit eines ganzen Landes wegen fünf Soldaten, die ihr nach Afghanistan geschickt habt.«[321] Ein Satz wie dieser kann auch als Mahnung verstanden werden, allenfalls ist er aus dem Kontext heraus als indirekte Drohung zu interpretieren. Einer terroristischen Tat wurden Mohamed Mahmoud und seine Frau Mona Salem Ahmed nicht angeklagt. Im Gerichtssaal hatte der Richter auf die Nachfrage

318. Günther Jakobs, S. 296
319. Klaus Malek: Feindstrafrecht – Einige Anmerkungen zur Arbeitsgruppe »Feindstrafrecht – Ein Gespenst geht um im Rechtsstaat« auf dem 30. Strafverteidigertag 2006, HRRS August/September 2006, S. 317
320. Im Fall des ganzen Konstruktes um geheime US-Gefangenenlager und das außerterritoriale Lager Guantánamo auf Kuba bedarf es nicht einmal mehr eines Staatsanwaltes.
321. *Die Presse* vom 17. Juni 2011

des Verteidigers Lennart Binder noch offenherzig bestätigt: »Die Gesinnung ist Prozessgegenstand.«[322] Feindliche Gesinnung kann also strafbar sein. Damit schließt sich auch der Kreis zu unserem Thema.

Ein feindstrafrechtlicher Zugang birgt geradezu automatisch die Gefahr in sich, Gesinnung zu bestrafen. Wenn sich Justiz als ein Instrument zur Gefahrenabwehr versteht, dann muss im Vorfeld nicht nur ermittelt, sondern auch angeklagt und verurteilt werden können. Was für das Vorfeld gilt, hat auch für die nachfolgende Aufarbeitung Relevanz. Vor dieser Kulisse rücken historische Einschätzungen ins Visier der Justiz.

Die entscheidende Frage lautet: Wer definiert den Feind? Diese Definitionshoheit, die in letzter Konsequenz auf militärischer Macht beruht, erlaubt die Instrumentalisierung der vor- und nachgereichten Rechtsprechung. An diesem Punkt berühren sich die sogenannten Antiterrorparagrafen mit den EU-europäischen Gesinnungs- und Erinnerungsparagrafen. Während erstere potenzielle Täter oder zumindest Sympathisanten im Visier haben, zielt die Gesinnungsjustiz auf abweichende Meinung, die eine herrschende, hegemoniale Sichtweise untergraben könnte. Beide gemeinsam bilden quasi die Spitze einer allgemeinen Verrechtlichung gesellschaftlicher Interaktionen.

Wider die Totalität

Mit Gesinnungs- und Erinnerungsparagrafen dokumentiert der Staat seinen Anspruch, die Einschätzung von geschichtlichen Ereignissen und politischen Prozessen kontrollieren und Abweichungen von mittels Richtersprüchen dekretierter Wahrheit ahnden zu wollen. Das Grundrecht auf freie Meinungsäußerung bleibt dabei naturgemäß auf der Strecke . Dort, wo sich gegen diese rechtlich verankerte Totalität Widerspruch regt, wird er politisch meist nicht von fortschrittlichen oder rückschrittlichen, sondern von liberalen Kräften getragen. Dazu kommen Proteste von HistorikerInnen, wobei sich auch deren Motivation nicht aus politisch linker oder rechter Gesinnung, sondern eben aus dem Anspruch auf freie Forschung und freie Meinungsäußerung speist.

Eine der ersten prominenten deutschsprachigen Stimmen, die sich gegen oben beschriebene Einschränkungen der Meinungsfreiheit frühzeitig zur Wort gemeldet hatte, war die damalige Justizsprecherin der FDP, Sabine Leutheusser-Schnarrenberger. Anfang 2005 – wohlgemerkt zu einem Zeitpunkt, als die FDP in Opposition zur rot-grünen Koalition stand – gab sie der Online-Zeitung *ngo-online* ein aufschlussreiches Interview.[323] Den ersten Vorstößen ihrer Kollegin von der SPD, Justizministerin Brigitte Zypries, Verbote zur

---

322. Lennart Binder auf einem Vortrag in Wien am 16. Dezember 2008
323. www.ngo-online.de vom 18. Februar 2005

Leugnung von Kriegsverbrechen und Völkermorden zu lancieren, begegnete die FDP-Frontfrau mit dem Hinweis, dies sei »verfassungspolitisch falsch«. Sollten die Vorstöße der SPD in Richtung Gesinnungsparagrafen, so Leutheusser-Schnarrenberger weiter, auch Meinungsäußerungen zum Krieg der NATO gegen Jugoslawien mit Strafen bedrohen, so wäre dies »erschreckend und verheerend«. Auch wies die liberale Politikerin darauf hin, unter welchen Umständen der NATO-Krieg begonnen hatte und dass er ohne UNO-Mandat geführt wurde. »Darüber muss man offen reden und streiten können«, meinte sie. Die Debatte darüber »mit einem Straftatbestand aus der Welt schaffen zu wollen«, sei für sie »unerträglich«. »Wenn man einmal anfängt, demokratische Grundrechte zu beschneiden, dann kann das eine verhängnisvolle Entwicklung nehmen«, meinte die FDP-Frau Anfang 2005. Später, nach dem Koalitionswechsel im Herbst 2009, nahm sie selbst die Funktion der bundesdeutschen Justizministerin ein und musste den von ihrer Vorgängerin EU-weit durchgesetzten Rahmenbeschluss gegen Rassismus und Fremdenfeindlichkeit, in dessen Paragrafendschungel auch missliebige Meinungsäußerungen zum jugoslawischen Bürgerkrieg unter Strafe gestellt wurden, umsetzen.

Auch der Justizsprecher der österreichischen Sozialdemokratischen Partei, Hannes Jarolim, äußerte sich im Gespräch skeptisch,[324] was die Einbettung der Leugnungsparagrafen in die EU-europäische Aufforderung zur Bekämpfung von Rassismus und Fremdenfeindlichkeit betrifft. Bis zum Sommer 2011 ist es im Wiener Parlament jedenfalls nicht gelungen, den von der EU vorgegebenen Rahmenbeschluss in konkrete Gesetzestexte und Paragrafen umzuwandeln. »Die Vorlage des Justizministeriums war zu unbestimmt«, meinte dazu Justizsprecher und SPÖ-Abgeordneter Hannes Jarolim und deutet an, dass in den ersten Papieren die Kriminalisierung von »Hass« zu allgemein formuliert gewesen sei. Angesprochen auf die Strafbarkeit von Völkermordleugnung und Verharmlosung von Verbrechen gegen die Menschlichkeit, wie sie in Absatz c des EU-Rahmenbeschlusses angeführt sind, konkretisierte Jarolim seine Skepsis: »Solche Gesetze sind extrem missbrauchsanfällig, wenn die Mehrheit der Minderheit dekretiert, was ihr Recht ist«, ließ er wissen. Er habe »große Bedenken«, wenn z. B. die Armenierdiskussion mit strafrechtlichen Konsequenzen geführt werden müsse. »Ich stehe dem sehr skeptisch gegenüber und sehe darin eine mögliche Gefährdung der Ziele des EU-Rahmenbeschlusses, er könnte in sein Gegenteil kippen«, meinte Jarolim, machte aber zugleich klar, dass er an eine Umsetzung der Vorgaben nicht glauben könne, »weil die Konsequenz bei der Auslegung (des Gesetzes) gegen das Grundrecht

---

324. Gespräch mit Hannes Jarolim am 15. Juni 2011 in Wien.

der Meinungsfreiheit verstößt.« Um Völkermordleugnung strafrechtlich verfolgen zu können, müsse »die Handlung (also die Leugnung von Völkermord, Verbrechen gegen die Menschlichkeit oder Kriegsverbrechen, Anm. d. A.) in einer Weise begangen wird, die wahrscheinlich zu Gewalt oder Hass (...) aufstachelt.« So jedenfalls ist es im EU-Rahmenbeschluss zu lesen.

Meinungsdelikt und Meinungsfreiheit stehen einander diametral gegenüber. Die Frage ist nur, warum es eines solchen Paragrafen, der Meinung und Erinnerung kriminalisiert, überhaupt geben muss. Immerhin sind aus der strafrechtlichen Verfolgbarkeit von Völkermordleugnung in mehreren osteuropäischen Staaten – auf Basis des EU-Rahmenbeschlusses – Gesetze gegen die Leugnung kommunistischer Verbrechen hervorgegangen, wie in einem eigenen Kapitel erläutert wird. Rechtsprechung als politisches Instrument erlebt also eine regionale und thematische Ausweitung. Die Hoffnung auf das Grundrecht der Meinungsfreiheit zu setzen, ist juristisch ein probates Mittel, um der Bestrafung von Gesinnung entgegenzutreten. Politisch mag es nicht ausreichen, zumal die diesbezüglichen Gesetzgeber ja gerade in die andere Richtung tätig werden. Auch der Verweis auf den Zweck der Leugnung von Völkermord oder kommunistischer Verbrechen, die nur dann strafbar sind, wenn sie in einer Weise begangen werden, die »wahrscheinlich zu Gewalt oder Hass« anstacheln, mag angesichts einer juristischen Praxis im Fall missbräuchlicher Verwendung von sogenannten »Terrorparagrafen« zu hoffnungsfroh erscheinen. Denn was hat in einer EU-Vorschrift das Wort »wahrscheinlich« zu bedeuten? Wie die gesamte Vorgabe öffnet es die Schleusen zu größerem Interpretationsspielraum.

Bis auf wenige weitere Ausnahmen ist die Debatte über die demokratiepolitischen Auswirkungen von per Gesetz staatlich verordneten Wahrheiten in Deutschland und Österreich auf politischer oder medialer Ebene bislang ausgeblieben. Allenfalls einzelne Historiker wie der Münchner Winfried Schulze meldeten sich kritisch zu Wort.[325] Einen gesellschaftlich hörbaren Protest oder einen von Prominenten unterzeichneten Appell gab es nicht. Anders war dies insbesondere in Frankreich, wo im Nachspiel zu den bereits weiter oben beschriebenen « *Lois mémorielles* » – wie z. B. dem *Gayssot-Gesetz* – die wichtigsten Mitglieder der Historiker-Zunft mehrmals laut hörbar aufgeschrieen haben.

Vom *Appell der neunzehn Historiker*, erstmals veröffentlicht am 9. Januar 2006, bis zum *Appell de Blois* vom Oktober 2008 kann man eine klare Linie erkennen, mit der französische Intellektuelle gegen die Idee Front machen,

---

325. Winfried Schulze, Erinnerung per Gesetz oder »Freiheit für die Geschichte«? In: *Geschichte in Wissenschaft und Unterricht* Nr. 7/8/08

Gesinnung und Erinnerung staatlich zu verordnen. Mit einprägsamen Sätzen wie »Die Geschichte ist keine Religion. Der Historiker akzeptiert kein Dogma, kein Verbot, kein Tabu. (...) Die Geschichte ist keine Sklavin der Gegenwart« leiteten neunzehn bekannte HistorikerInnen ihre Stellungnahme gegen staatliche Denkdiktate ein, bevor sie sich konkret gegen die Verrechtlichung von Erinnerung und Gesinnung stellten: »Die Geschichte ist kein Rechtsgegenstand. In einem freien Staat steht es weder dem Parlament noch der Justiz zu, geschichtliche Wahrheit zu definieren.[326]

Mit Pierre Nora, dem Doyen der französischen Geschichtswissenschaft und sogenanntem »Unsterblichen« der *Académie Française*, wussten sie einen der bedeutendsten französischen Intellektuellen in ihren Reihen.

Der *Appell de Blois* vom Oktober 2008, benannt nach der französischen Stadt, in der sich die Initiatoren des Appells das erste Mal trafen, internationalisierte den Vorgänger-Protest. Es heißt darin: »Es ist nicht die Angelegenheit irgendeiner politischen Instanz, geschichtliche Tatsachen festzustellen oder die Freiheit des Historikers durch Strafandrohung einzuschränken.« Am Ende des Appells werden KollegInnen überall in der Welt aufgefordert, sich Gesinnungsgesetzen in den Weg zu stellen und sich dem Aufruf anzuschließen. Die Liste der Erstunterzeichner zeugt dann von der intellektuellen Kraft und der Internationalität dieser Forderung. Zu ihr gehörten Aleida und Jan Assmann (Konstanz/Heidelberg), Elie Barnavi (Tel-Aviv), Luigi Cajani (Rom), Hélène Carrère d'Encausse (Paris), Etienne François (Berlin), Timothy Garton Ash (Oxford), Carlo Ginzburg (Bologna), José Gotovitch (Brüssel), Eric Hobsbawm (London), Jacques Le Goff (Paris), Karol Modzelewski (Warschau), Jean Puissant (Brüssel), Sergio Romano (Milano), Rafael Valls Montés (Valencia) und Henri Wesseling (Den Haag). Ihrem wissenschaftlichen Gewicht zum Trotz verhallte der Ruf ungehört. Den damals angesprochenen französischen Erinnerungsgesetzen haben sich in der Zwischenzeit die Paragrafen gegen die Strafbarkeit der Leugnung von Völkermord, Kriegsverbrechen und Verbrechen gegen die Menschheit hinzugesellt.

Hinter jeder dieser Maßnahme zur Verrechtlichung von Erinnerung und Gesinnung und zur Verordnung von Wahrheit steckt auch die Definitionshoheit über die Begrifflichkeiten. Nehmen wir den Terminus »Völkermord«. Seit Gerichte darüber bestimmen, ob Srebrenica 1995 oder die Armeniermassaker 1915 als »Völkermorde« zu bezeichnen sind, mehr noch: Seit Richter den Zweifel und/ oder die Leugnung desselbigen unter Strafe stellen können, droht der Begriff als Ganzes für die Debatte unbrauchbar zu werden. Zum

---

326. zit. in *Blätter für deutsche und internationale Politik* Nr. 2/2006, S. 246

einen deshalb, weil sich kein Forscher, Journalist oder Politiker dem Verdacht aussetzen will, durch kritisches Nachfragen zum »Völkermordleugner« und damit zum Kriminellen zu werden. Zum anderen aber auch, weil der Vorwurf, eine Untat könnte völkermörderischen Charakter haben, nicht nur für die Tat an sich, sondern auch für jede Bemerkung darüber schweres Gewicht in sich birgt.

Was haben wir nicht alles an inflationärem Gebrauch des Völkermord-Vorwurfs in den vergangenen Jahren gehört. Bald jeder Anschlag wird von den Opfern als ein völkermörderischer bezeichnet. Muslime in Bosnien, Albaner im Kosovo, Albaner in Makedonien, Oppositionelle im libyschen Bengasi, Schiiten in Bahrain, Christen im Süden des Sudan, Schwarzafrikaner im Nordwesten des Sudan … wer Gehör bei westlichen Hilfsorganisationen, der NATO oder EU-Institutionen finden will, zieht die »Völkermord«-Karte. Die Drohung mit dem Leugnungsverbot macht eine offene Debatte unmöglich. Der Vorwurf des Völkermords wird zum Instrument politischer Propaganda.

Angeklagt

Bis die von der Europäischen Union fabrizierten Fangkörbe der Justiz in den einzelnen Nationalstaaten ausgelegt sind, können Jahre vergehen. Zwischenzeitlich wird an den Paragrafen der Strafgesetzbücher getüftelt. Es gilt, die Verfolgung von Antirassismus mit der Gesinnungsjustiz abzugleichen, den Tatbestand einer Skinhead-Attacke auf einen Schwarzen mit jenem der Leugnung oder Verharmlosung beispielsweise der armenischen Tragödie als Völkermord in Einklang zu bringen. Keine leichte Aufgabe, doch die Vorgaben aus Brüssel machen eine solche Vorgangsweise unumgänglich. Bekämpfung des Rassismus und Durchsetzung historischer Wahrheiten sind in ein- und demselben Paragrafendschungel unterzubringen.

In Deutschland bieten sich § 130 (Volksverhetzung) und § 189 (Verunglimpfung des Andenkens Verstorbener) des Strafgesetzbuches dafür an, um der Gesinnungsjustiz rechtlichen Raum zu verschaffen. Bis zur dekretierten Verfolgung von Völkermordleugnung und Verbrechen gegen die Menschheit diente der § 130 ausschließlich der Verfolgung rassistischer und nationalsozialistisch motivierter Straftaten und Verleumdungen. In Punkt 1 heißt es demgemäß:

> Wer in einer Weise, die geeignet ist, den öffentlichen Frieden zu stören, gegen eine nationale, rassische, religiöse oder durch ihre ethnische Herkunft bestimmte Gruppe, gegen Teile der Bevölkerung oder gegen einen Einzelnen wegen seiner Zugehörigkeit zu einer

vorbezeichneten Gruppe oder zu einem Teil der Bevölkerung zum Hass aufstachelt, zu Gewalt- oder Willkürmaßnahmen auffordert oder die Menschenwürde anderer dadurch angreift, dass er eine vorbezeichnete Gruppe, Teile der Bevölkerung oder einen Einzelnen wegen seiner Zugehörigkeit zu einer vorbezeichneten Gruppe oder zu einem Teil der Bevölkerung beschimpft, böswillig verächtlich macht oder verleumdet, wird mit Freiheitsstrafe von drei Monaten bis zu fünf Jahren bestraft.

Punkt 3 führt Leugnung als Tatbestand ein, allerdings beschränkt auf Verbrechen des Nationalsozialismus, was sich folgendermaßen liest:

Mit Freiheitsstrafe bis zu fünf Jahren oder mit Geldstrafe wird bestraft, wer eine unter der Herrschaft des Nationalsozialismus begangene Handlung der in § 6 Abs. 1 des Völkerstrafgesetzbuches bezeichneten Art in einer Weise, die geeignet ist, den öffentlichen Frieden zu stören, öffentlich oder in einer Versammlung billigt, leugnet oder verharmlost.

Die Leugnung und Verharmlosung nationalsozialistischer Verbrechen bietet nun das Einfallstor für weitere Gesinnungsjustiz. Wie im Kapitel über den EU-Rahmenbeschluss weiter oben beschrieben, haben sich namhafte Polizeijuristen mit den Folgen dieser juristischen Erweiterung auseinandergesetzt. Sie sind zur Auffassung gelangt, dass der § 130 StGB ein geeignetes Mittel für die Verfolgung von Verharmlosern und Leugnern anderer als Völkermorde qualifizierte Verbrechen ist. Auch mit dem § 189 des deutschen Strafgesetzbuches kann missliebiger Gesinnung juristisch zu Leibe gerückt werden. Er umfasst nur einen Satz: »Wer das Andenken eines Verstorbenen verunglimpft, wird mit Freiheitsstrafe bis zu zwei Jahren bestraft.« Sein Interpretationsspielraum kann indes bis zur Völkermordleugnung reichen, weil – so die Auffassung des Gesetzgebers – damit dem Andenken Verstorbener – auch als Gruppe oder Volk – Schaden zugefügt wird.

Der § 189 StGB ist es auch, der bis zu Redaktionsschluss dieses Buches als einziger in Deutschland zum Einsatz gekommen ist, um rechtmäßige Gesinnung einzufordern. Am 17. März 2005, also noch vor der Umsetzung des EU-Rahmenbeschlusses, der auch die Völkermordleugnung inkludiert, erließ das Oberverwaltungsgericht Berlin-Brandenburg als Antwort auf eine Anfechtung eines Demonstrationsverbotes die gesetzliche Vorgabe, den Schriftzug »Völkermord-Lüge« während einer geplanten Manifestation türkischer Nationalisten am Jahrestag der Ermordung von Talât Paşa nicht zu verwenden, weil dieser einem Straftatbestand gleichkäme. Ausdrücklich wurde in dem Beschluss auf den § 189 hingewiesen.³²⁷ Die Leugnung des armenischen Völkermordes von 1915, so der Gesetzgeber, würde die Nachfahren der Armenier verunglimpfen, was strafbar wäre. Soweit bekannt, hielten sich die Demonstranten an die gerichtlichen Vorgaben. De facto wurde damit erstmals in Deutschland jenseits der nationalsozialistischen Verbrechen Leugnung als Straftatbestand aktenkundig. Dies ist nicht nur wegen des dafür verwendeten § 189 interessant, der auf den ersten Blick wenig prädestiniert erscheint, um Gesinnung zu regulieren, sondern vor allem auch deswegen, weil die Massaker an den Armeniern in Deutschland bislang offiziell nicht als Völkermord bezeichnet werden; der Wunsch nach guten Beziehungen mit der Türkei hat solches bisher verhindert.

Der Kampf um die geschichtliche Wahrheit rund um die massenhaften Vertreibungen der Armenier im Kriegsjahr 1915, darum, ob es sich hierbei um einen Völkermord, also eine willentliche Ausrottungspolitik der jungtürkischen osmanischen Regierung gehandelt hat, ist jedenfalls auch in den europäischen Gerichtssälen angekommen. In der Türkei ist es nach Artikel 301 des Strafgesetzbuches strafbar, die Massaker an den Armeniern als Völkermord zu bezeichnen. Das musste z. B. der weit über die Grenzen seiner Heimat hinaus bekannte türkische Schriftsteller Orhan Pamuk am eigenen Leib erfahren. Nachdem er vom Völkermord an den Armeniern gesprochen hatte, wurde er nach Artikel 301 wegen »öffentlicher Herabsetzung des Türkentums« angeklagt. Die Niederschlagung des Verfahrens im Januar 2006 war nicht der Einsicht in die Unsinnigkeit des Gesinnungsparagrafen geschuldet, sondern ausländischem Druck. Offensichtlich wegen der internationalen Reputation von Pamuk wollten sich die politischen Entscheidungsträger einen Prozess nicht leisten.³²⁸

Weniger glimpflich ist ein Landmann von Orhan Pamuk davongekommen: Doğu Perinçek. Für seine Stellungnahme zur Armenierfrage wurde er rechtskräftig verurteilt, und zwar nicht in der Türkei, sondern in der Schweiz, und nicht für die Bezeichnung des Massakers an den Armeniern als Völkermord, sondern für seine Leugnung. Doğu Perinçek stammt aus einer politisch traditionell sehr engagierten Familie. Sein Vater hat sich als jahrelang tätiger Abgeordneter der Demokratischen Partei einen Namen gemacht. Er selbst war immer in der Linken aktiv und in den 1970er Jahren Mitbegründer

---

327. Oberverwaltungsgericht Berlin Brandenburg vom 17. März 2005
328. Jakob Tanner: Der Historiker und der Richter. Der Genozid an den Armeniern und die Genozidforschung aus rechtlicher und geschichtswissenschaftlicher Sicht. In: Hans-Lukas Kieser / Elmar Plozza (Hg.): *Der Völkermord an den Armeniern, die Türkei und Europa*. Zürich 2006, S. 182

der maoistischen *Türkiye İhtilalci İşçi Köylü Partisi* (TİİKP, »Revolutionäre Arbeiter- und Bauernpartei«). Seit dem Militärputsch vom 12. März 1980 hat Perinçek viele Jahre hinter türkischen Gefängnismauern verbracht, wandte sich in den 1990er Jahren vom Maoismus ab und versuchte eine Allianz mit der kurdischen PKK. Seine Treffen mit deren Führer Abdullah Öcalan Anfang der 1990er Jahre in der libanesischen Bekaa-Ebene haben ihn auch international berühmt gemacht. Anlässlich eines Aufenthalts in der Schweiz sprach Perinçek am 24. Juli 2005 vor türkischen Genossen in Lausanne und bezeichnete die Formel vom Genozid an den Armeniern als imperialistische Propagandalüge. Ein daraufhin eröffnetes Gerichtsverfahren endete am 9. März 2007 mit einem Schuldspruch.[329] Perinçek wurde zur Zahlung einer Geldstrafe verurteilt. Er ist damit der erste Mensch in der Schweiz, der wegen der »Leugnung eines Völkermordes« rechtskräftig abgeurteilt worden ist.

In der Schweiz kann der Artikel 261bis des Strafgesetzbuches für die Verfolgung von Gesinnung herangezogen werden. Auch hier ist dieser Straftatbestand in eine antirassistische Rechtspflege eingebettet, die sogenannte »Antirassismus-Strafnorm«. In Juristendeutsch lautet der Paragraf:

> Wer öffentlich gegen eine Person oder eine Gruppe von Personen wegen ihrer Rasse, Ethnie oder Religion zu Hass oder Diskriminierung aufruft, wer öffentlich Ideologien verbreitet, die auf die systematische Herabsetzung oder Verleumdung der Angehörigen einer Rasse, Ethnie oder Religion gerichtet sind, wer mit dem gleichen Ziel Propagandaaktionen organisiert, fördert oder daran teilnimmt, wer öffentlich durch Wort, Schrift, Bild, Gebärden, Tätlichkeiten oder in anderer Weise eine Person oder eine Gruppe von Personen wegen ihrer Rasse, Ethnie oder Religion in einer gegen die Menschenwürde verstossenden Weise herabsetzt oder diskriminiert oder aus einem dieser Gründe Völkermord oder andere Verbrechen gegen die Menschlichkeit leugnet, gröblich verharmlost oder zu rechtfertigen sucht, wer eine von ihm angebotene Leistung, die für die Allgemeinheit bestimmt ist, einer Person oder einer Gruppe von Personen wegen ihrer Rasse, Ethnie oder Religion verweigert, wird mit Freiheitsstrafe bis zu drei Jahren oder Geldstrafe bestraft.

Hier sind also bereits explizit Leugnen, gröbliches Verharmlosen oder Rechtfertigen von Völkermord oder anderen Verbrechen gegen die Menschlichkeit als Straftatbestände aufgeführt. Insofern ist der Schweizer Gesetzgeber

---

329. *Neue Zürcher Zeitung* vom 9.3.2007

restriktiver als der deutsche, was die staatlich verordnete Wahrheit betrifft. Das kommt in vergleichsweise zahlreichen Strafverfahren zum Ausdruck.

So hat auch der türkische Historiker Yusuf Halaçoğlu, dessen Bücher unter anderem auf Deutsch erschienen sind, mit diesem Schweizer Rechtsverständnis Bekanntschaft gemacht. Weil er im Mai 2004 einen Vortrag in Winterthur gehalten hatte, auf dem er sich gegen die These vom Völkermord an den Armeniern ausgesprochen hatte, eröffnete die Staatsanwalt im Frühjahr 2005 ein Verfahren gegen in. Die »Antirassismus-Strafnorm« diente dabei als juristisches Instrument. Seither stockt das Verfahren, weil der Angeklagte für die Schweizer Behörden nicht greifbar ist. »Wir können das Verfahren nicht weiterführen, da Halaçoğlu nicht mehr in der Schweiz war und deshalb noch nicht einvernommen werden konnte«, meinte der zuständige Staatsanwalt Andrej Gnehm, und setzte hinzu: »Wir können nichts anderes machen, als warten, bis er in die Schweiz einreist.«[330] Ein Auslieferungsbegehren an die Türkei hat diese erwartungsgemäß abschlägig beschieden, gilt doch dort die genau gegenteilige Rechtsprechung.

Nicht nur der Völkermord des Jahres 1915 an den Armeniern bzw. die Debatte darüber, ob es ein solcher war, wird in der Schweiz juristisch mit Argusaugen beobachtet, sondern auch die Massaker an bosnischen Muslimen im Juli 1995 befinden sich im Visier richterlicher Anklagen. Am 19. April 2010 erfolgte – wiederum im westschweizerischen Lausanne – eine Strafanzeige wegen Leugnung des Völkermordes in Srebrenica. Angeklagt wurden zwei Journalisten der Zeitschrift *La Nation* sowie der Herausgeber. Die beiden Journalisten, Nicolas de Araujo und Denis Ramelet, hatten zwei Jahre zuvor, am 11. April 2008 aus Anlass der einseitigen Unabhängigkeitserklärung des Kosovo eine mehrteilige Serie mit dem Titel *Le lynchage médiatique des Serbes* (»Das mediale Lynchen der Serben«) veröffentlicht. Unter der Überschrift »Das Pseudo-Massaker von Srebrenica« äußerten sie heftige Zweifel an der offiziell kolportierten Opferzahl von achttausend Muslimen und zitierten die Agenturmeldung der AFP vom 13. Juli 1995, in der weder von einem Massaker noch gar von einem Völkermord die Rede gewesen war, sondern von einer »Einnahme der Stadt Srebrenica, im Zuge derer General Ratko Mladić die Evakuierung von Zivilisten, Frauen, Kindern und Alten sowie die Gefangennahme aller Männer im Kampfesalter angeordnet hatte.«[331] Weiters nahmen sie auf die Rolle des Muslim-Führers Naser Orić Bezug, die auch in diesem Buch im Kapitel über Srebrenica ausführlich dargestellt wird. Mit einem Satz:

---

330. *Tagesanzeiger* vom 6. September 2007
331. *Agence France Presse* vom 13. Juli 1995, zit. in: Nicolas de Araujo / Denis Ramelet: Le lynchage médiatique des Serbes – I. La guerre de Bosnie. In: *La Nation* vom 11. April 2008

Ihre Zweifel an der als unumstößlich geltenden Wahrheit, wie sie in den meisten Ländern der EU über das Massaker von Srebrenica verbreitet wird, fußten auf ausgewählter Literatur und bewegten sich im Rahmen einer Debatte, die auch anderswo geführt wird. Einzig die Zwischenüberschrift »Das Pseudo-Massaker von Srebrenica« entbehrt jeder Seriosität und journalistischen Sorgfaltspflicht, wird doch sogar im Beitrag selbst die Ermordung von Tausenden Muslimen angesprochen. Und was anderes als ein Massaker stellt denn die Erschießung von Menschen dar? Doch auch einer solchen unappetitlichen, die Untaten grob verharmlosenden Überschrift sollte man anders als mit juristischen Mitteln begegnen.

In einem Kommuniqué verwehrt sich der Chefredakteur von *La Nation*, Jean-Blaise Rochat, am 19. April 2010 gegen den Vorwurf der Völkermordleugnung, weist darauf hin, dass die Zeitschrift unmittelbar nach dem Erscheinen des inkriminierten Artikels Raum für Gegenpositionen zur Verfügung stellte, und entschuldigt sich indirekt für die »inadäquate und polemische« Zwischenüberschrift.[332] Aus dem Schreiben des Chefredakteurs ist die Verwunderung, wegen einer zeithistorischen Analyse zum Jugoslawienkonflikt ins Fadenkreuz der Justiz geraten zu sein, direkt spürbar. Tatsächlich hat *La Nation*, die zweiwöchentlich in Lausanne erscheint, mit den Wirren auf dem Balkan nicht sonderlich viel zu tun. Sie versteht sich als Sprachrohr der *Ligue vaudoise*, einer 1931 gegründeten, rechtskonservativen politischen Bewegung, die mehr Eigenständigkeit für den Kanton Waadt fordert.

In einem kurzen Verfahren nach § 261bis wurde festgestellt, dass die beiden Redakteure die Antirassismusstrafnorm in vier Punkten verletzt hätten, und zwar indem sie den »Völkermord in Srebrenica«, die »Gräuel in den Konzentrationslagern«, die »Massenvergewaltigungen an muslimischen Frauen« und zwei serbische Granatangriffe in Sarajevo bestritten hätten. Die Kläger argumentierten mit einem Urteil des Internationalen Gerichtshofes in Den Haag sowie mit drei Urteilen des Jugoslawien-Tribunals gegen Radislav Krstić, Vidoje Blagojević und Stanislav Galić, in denen zum einen Völkermord als Tatbestand aufschien und zum anderen zwei Granatenangriffe auf Sarajevo serbischen Tätern zugeordnet wurden.[333] Dass der Wahrheitsgehalt aller vier Anklagepunkte bis heute umstritten ist, hat das Gericht nicht beeindruckt. Stand hinter dem Massaker von Srebrenica die Absicht, die Muslime zu vernichten? Ist es redlich, die Kriegsgefangenenlager im serbischen Teil Bosniens

---

332. Communiqué de presse suite à la plainte déposée contre deux rédacteurs de *La Nation* vom 19. April 2010. Siehe: www.ligue-vaudoise.ch/site_09/index.php?id=80
333. Mediendossier der Gesellschaft für bedrohte Völker: *Schweizer leugnen Völkermord in Srebrenica – Erste Strafanzeige*. O.O., 19. April 2010

als »Konzentrationslager« zu bezeichnen? Fanden von oben geplante, systematische Vergewaltigungen an muslimischen Frauen statt? Waren die zwei Attentate vom 5. Februar 1994 und vom 28. August 1994 im Zentrum von Sarajevo tatsächlich von serbischer Seite ausgeführt worden, oder stand nicht dahinter das teuflische Kalkül einer muslimischen Einheit, durch die mediale Verbreitung von zwei schrecklichen Massakern die europäische und amerikanische Öffentlichkeit für sich zu gewinnen? Keine dieser Fragen wurde im Gerichtssaal von Lausanne gestellt, keine war erlaubt. Weil Gerichte in Den Haag für alle diese Fragen Wahrheiten bereits verordnet hatten, konnte es in Lausanne um inhaltliche Fragen gar nicht mehr gehen.

Staatsanwalt Jean Treccani versuchte trotzdem einen Spagat zwischen festgeschriebener Wahrheit und zu bestrafender Gesinnung. Er stellte im März 2011 das Verfahren mit dem Hinweis ein, dass er bei den Angeklagten »keine subjektive rassistische Absicht«[334] erkennen könne. Allerdings sah er den Tatbestand der Verletzung der Antirassismus-Strafnorm als erfüllt an, belastete die Angeklagten mit den Verfahrenskosten und ermöglichte im Übrigen die Eröffnung eines weiteren Verfahrens gegen die beiden Autoren. Dies ergab sich aus dem Automatismus, dass die Verletzung des § 261bis, auch wenn keine »subjektive rassistische Absicht« dahinter steckte, in der Schweiz ein Offizialdelikt darstellt und verfolgt werden muss. Eine Erklärung für diese juristische Spitzfindigkeit war dem Autor nicht zugänglich.

Strafanzeige gegen die beiden Redakteure von *La Nation* hatten die Schweizer Sektion der Gesellschaft für bedrohte Völker sowie der Verein *Track Impunity Always* eingereicht. Erstere ist auch in anderen Fällen gesinnungswächterisch unterwegs. So lancierte die Gesellschaft für bedrohte Völker anlässlich der Leipziger Buchmesse 2011 einen Aufruf mit dem Ziel, ihr missliebige Diskussionsveranstaltungen zum Thema Srebrenica von der Messeleitung verbieten zu lassen. »Leugnern des Genozids in Bosnien kein Podium bieten« titelte der Appell und entwickelte in der Folge eine am EU-Rahmenbeschluss zur Bekämpfung von Rassismus und Fremdenfeindlichkeit, unter dessen Absatz c) auch die Kriminalisierung von Völkermordleugnung und Leugnung von Kriegsverbrechen zu finden ist, eine perfide Argumentationslinie:

> In Deutschland werden Holocaustleugner vor Gericht gestellt und zu Gefängnisstrafen verurteilt. Doch leider dürfen bis heute andere Völkermordverbrechen, wie der an den bosnischen Muslimen und den mit ihnen lebenden Angehörigen anderer bosnischer Gemeinschaften begangene Genozid, der im Herzen Europas stattfand (…)

334. http://bildundwort.wordpress.com (23.3.2011)

bis heute verharmlost und verleugnet werden. (…) Für jeden, der Massenmord, Massenvertreibung und Massenvergewaltigung zu bekämpfen sucht, ist es unerträglich, dass die Buchmesse gleich vier Mal Autoren zu Wort kommen lässt, die die furchtbaren Verbrechen des Bosnienkrieges verharmlosen oder verleugnen. (…) Unsere Menschenrechtsorganisation hat auch im Namen ihrer bosnischen Sektion, der serbisch-orthodoxe, katholische, jüdische und Roma-Bosnier angehören wie namhafte Persönlichkeiten der muslimischen Bosniaken, appellieren wir an den Direktor der Buchmesse, Herrn Oliver Zille, die vier Lesungen durch ein Forum mit Vertretern der bosnischen Opfer und Genozidexperten zu ersetzen oder diese ganz zu streichen.[335]

Die grammatikalisch eher wirre Konstruktion des letzen Satzes kann die Absicht nicht verdecken: Die Gesellschaft für bedrohte Völker will Debatten über Srebrenica verbieten lassen, wenn bei diesen nicht garantiert ist, dass die Völkermord-Version unwidersprochen bleibt. Sie maßt sich die Definitionsgewalt darüber an, wie die Ereignisse in Srebrenica im Juli 1995 historisch und politisch einzuschätzen sind. Jede Abweichung davon soll nicht debattiert werden dürfen. Konkret genannt wurden die Buchpräsentationen von Germinal Civikov, der zwei Bücher über das Jugoslawien-Tribunal in Den Haag verfasst hat, nämlich *Der Milošević-Prozess. Bericht eines Beobachters* und *Srebrenica. Der Kronzeuge*, sowie ein Buch von Alexander Dorin und Zoran Jovanović mit dem Titel *Srebrenica – wie es wirklich war*. Die beiden erstgenannten Bücher sind dem Autor dieser Zeilen bestens vertraut. Es geht darin überhaupt nicht um eine Einschätzung der Massaker von Srebrenica. Germinal Civikov setzt sich kritisch mit dem Jugoslawien-Tribunal in Den Haag auseinander und kritisiert den Schauprozess-Charakter eines Ad-hoc-Gerichtes, dessen Autorität auch unter Juristen umstritten ist. Zu Srebrenica fordert er die Ankläger in Den Haag auf, die ihnen namentlich bekannten Mittäter an den Massenmorden von Srebrenica einzuvernehmen, was diese nicht tun. Gerade die Weigerung, sämtliche bekannten Täter des Massakers vorzuladen, nährt die Zweifel an der offiziellen Version eines von serbischer Seite geplanten Völkermordes. Schon mit dem geringsten Zweifel an der Befehlskette des Massenmordes, nicht mit einer Leugnung der schrecklichen Ereignisse, kratzt Civikov am bosnischen Opfermythos. Insofern ist die Intervention der Gesellschaft für bedrohte Völker in Wahrheit gar keine, die eine Leugnung im Visier hat, wofür die ganz große Keule der Gleichstellung mit der Holocaustleugnung

---

335. www.gfbv.de/inhaltsDok.php?id=2165

geschwungen wird. Den »Menschenrechtlern« geht es um bosnische Politik und Erinnerungspflege. Dafür wollten sie die Messeleitung einspannen, um ihnen missliebige Diskussionen zu unterbinden. Der Direktor der Leipziger Buchmesse, Oliver Zille, ließ sich indes vom Vorstoß der Gesellschaft für bedrohte Völker nicht überrumpeln. In einer Antwort wies er darauf hin, dass polizeilich gegen die Veranstaltungen der entsprechenden Verlage nichts vorläge und im Übrigen in Deutschland die Meinungsfreiheit gelte. Die Gesellschaft für bedrohe Völker vermerkte daraufhin auf ihrer Homepage pikiert, sie werde sich überlegen, in welch anderer Form sie sich dazu auf der Buchmesse zu äußern gedenke. Sie tat es mit von ihr als Informationsarbeit verstandener »Aufklärung«, indem sie Flugblätter mit der Überschrift »*Völkermord in Bosnien – posthumer Sieg für Hitler*« (wer immer das verstehen mochte) verteilte. Damit war – für dieses Mal – die Kriminalisierung einer Meinung im Vorfeld gescheitert. Wie das Schweizer Beispiel gezeigt hat, ist die Gesellschaft für bedrohte Völker allerdings jederzeit bereit, Gerichte als politisches Instrument für ihre Position einzuspannen.

Die Gesellschaft für bedrohte Völker wurde 1970 von Tilman Zülch und Klaus Guerke, zwei Aktivisten der deutschen Biafra-Hilfe aus dem Jahr 1968, gegründet. Unter dem Label »NGO« – Nichtregierungsorganisation – setzt sie sich seither für ethnische und religiöse Minderheiten ein und hat sich in letzter Zeit auch auf die Verfolgung sogenannter »Völkermordleugner« – vor allem in den Fällen Srebrenica, Armenien und Darfur – spezialisiert. Sie versucht den EU-Rahmenbeschluss, in dem die Leugnung als Straftatbestand aufgeführt ist, politisch zu nutzen. Die durchaus ehrenwerte Grundorientierung dieser Menschenrechtsorganisation wird allerdings durch ihre politische Einseitigkeit desavouiert. Ihre Kampagnen vermeiden grundsätzlich jeden potenziellen Konflikt mit der US-Außenpolitik und den Zielen der NATO. So lesen sich ihre Initiativen wie ein menschenrechtlich motivierter Flankenschutz der westlichen Werte- und Militärgemeinschaft. Das Engagement für verfolgte Muslime im Bosnien der 1990er Jahre passt hierzu ebenso wie jenes für christliche Minderheiten im Iran oder für Anhänger von *Falungong* in China. Der Einsatz der Gesellschaft für bedrohte Völker ist überall mit den geopolitischen und wirtschaftlichen Interessen des Westens kompatibel oder steht diesen wenigstens nicht entgegen. Das erklärt z. B. auch die offensichtliche Abwesenheit einer Menschenrechtskampagne für die von Israel drangsalierten Palästinenser und die Unterstützung des NATO-Luftkrieges gegen Jugoslawien im März 1999. Der in Tilman Zülchs Stasi-Akte gefundene Hinweis auf eine Kooperation mit dem britischen Geheimdienst lässt für die Zeit vor 1989 auf gemeinsame Interessen im Kampf gegen den Kommunismus schließen.

Die durch den EU-Rahmenbeschluss ermöglichte Strafbarkeit eines von internationalen Gerichten definierten Völkermordes oder Verbrechens gegen die Menschheit wirkt sich, wie man im Fall der Gesellschaft für bedrohte Völker sieht, auch auf die Arbeit von Nichtregierungsorganisationen aus. Gesinnungs- und Meinungsjustiz erreicht auf diesem Weg auch Menschenrechtsgruppen. Die Verlockung, sich in ausgewählten Fällen dem herrschaftlichen Diskurs anzuschließen und verordnete Wahrheiten für die eigene politische Arbeit zu instrumentalisieren, ist groß, auch wenn dies auf Kosten einer freien politischen oder historischen Debatte geht.

Leugnung kommunistischer Verbrechen ist strafbar

Angesichts des Heroismus, mit dem die Rote Armee und das russische Volk die Nazi-Invasion bekämpfen, erscheint unser Urteil über die Sowjetunion in mancher Hinsicht revisionsbedürftig. Gewisse Tendenzen und Aspekte der Kreml-Politik, an denen wir Anstoß zu nehmen pflegten, werden erst jetzt verständlich. Wie steht es etwa, im Licht der heutigen Ereignisse, um jene berüchtigten Prozesse von 1937? Die summarisch-rigorose Liquidierung der militärischen und »trotzkistischen« Opposition wurde damals in liberalen Kreisen als unerträglicher Skandal empfunden. Ohne die Prozesse von 1937 gäbe es heute, 1942, vielleicht keinen russischen Widerstand.[336]

Der dies am 14. Januar 1942 in sein Tagebuch schrieb, war niemand geringerer als Klaus Mann. Der älteste Sohn von Thomas Mann galt Zeit seines Lebens, das er sich 1949 viel zu früh genommen hat, als kritischer Geist. Einen Linken oder gar Kommunisten konnte man ihn jedoch nicht nennen. Seine Einschätzung aus dem Jahr 1942 war von überzeugtem Antifaschismus geprägt. Er befürchtete, dass Hitler ohne Rote Armee die nationalsozialistischen Weltherrschaftspläne umsetzen hätte können. Heute ist die Sichtweise von Klaus Mann in so manchem Staat der Europäischen Union kriminalisiert. »Leugnung kommunistischer Verbrechen« steht nicht nur an der Weichsel und an der Donau unter Strafe.

Freilich, was ein »kommunistisches Verbrechen« ist und wer es als solches definiert, bleibt bis zum Richterspruch unklar. Mit den Leugnungsverboten kommunistischer (Un)Taten hat EU-Europa einen weiteren Schritt in Richtung Gesinnungsjustiz getan.

War Stalin ein Völkermörder? Dienten die Schauprozesse der 1930er Jahre auch der inneren Konsolidierung einer von außen stark unter Druck stehenden Sowjetunion? Gäbe es keine Erinnerungsgesetze und keine Leugnungsverbote, gäbe es nicht die Kriminalisierungsdrohung einer zunehmend »politischen Rechtsprechung«, würde der Autor dieser Zeilen spontan die erste Frage verneinen und die zweite in dieser Form zurückweisen, weil sie entschuldigenden,

---

336. Klaus Mann: *Der Wendepunkt*. Reinbek 1984, S. 600

rechtfertigenden Charakter für die Ausrottung sämtlicher politischer Opposition unter Stalin in sich birgt. Doch darum geht es nicht. Denn seit in mittlerweile mindestens vier Ländern der Europäischen Union die Leugnung kommunistischer Verbrechen bestraft wird, muss für eine offene Debatte eingetreten werden und gegen die Unkultur der Diskussionsverbote. Infragestellen – und dies schließt Leugnen ein – darf nicht vor dem Richterstuhl enden.

Der Hintergrund für die antikommunistischen Leugnungsverbote liegt auf der Hand. Es sind die gesellschaftlichen Erfahrungen der neuen politischen Eliten mit den undemokratischen KP-Regimes nach dem Zweiten Weltkrieg, die bislang ausschließlich osteuropäische Länder zur juristischen Keule haben greifen lassen, um der früheren kommunistischen Politik den Stempel des Verbrechens aufzudrücken. Diese Vorgangsweise mag auch als Rechtfertigung für die sozialen Verwerfungen und wirtschaftliche Mühsal der Transformationszeit dienen.

»Wer vom kommunistischen System begangenen Völkermord oder andere Verbrechen gegen die Menschlichkeit leugnet, in Zweifel zieht oder in ihrer Bedeutung herabmindert, wird mit einer Freiheitsstrafe von bis zu drei Jahren belegt.« So steht es beispielsweise in Paragraf 269/C des ungarischen Strafgesetzbuches. Sinngemäß bis wortgleich lauten entsprechend formulierte Gesetze in Polen und Litauen. Tschechien bestraft die »Rechtfertigung des kommunistischen Genozids«, was auch immer unter diesem Begriffspaar verstanden werden soll.

Vorreiter einer rechtlich verordneten Wahrheitsfindung war das Ungarn des liberal-konservativen Viktor Orbán. Seine mit absoluter Mehrheit regierende *Fidesz* (Jungdemokraten) beschloss am 8. Juni 2010 im Parlament das oben zitierte restriktive Erinnerungsgesetz. Dies geschah in Reaktion bzw. »Ergänzung« eines im Februar desselben Jahres von der sozial-liberalen Vorgängerregierung verabschiedeten Gesetzes zur Holocaustleugnung, das auf Druck Israels zustande gekommen war. Zur Kriminalisierung der Holocaustleugnung enthielten sich die 144 Abgeordneten von *Fidesz* – damals in Opposition – noch der Stimme, nutzen aber kurz darauf als Regierungspartei die rechtliche Vorlage für die Erweiterung der Strafbarkeit im Falle von Zweifeln an kommunistischen Verbrechen. Liberale Medien und einzelne Intellektuelle kritisierten bereits das erste Erinnerungsgesetz in Hinblick auf dessen Ausbaufähigkeit: »Man stelle sich vor«, ätzte beispielsweise der *Pester Lloyd* in seiner Ausgabe vom 23. Februar 2010, »was eine rechte oder noch rechtere Regierung auf Basis dieses Gesetzes als ›außerhalb der Meinungsfreiheit‹ definiert und unter Strafe stellt. Dabei kann sie sich dann einfach auf den ›Holocaustparagrafen‹ beziehen und per Komma einfügen, was ihr politisch gerade nicht in den Kram passt, sei es die Leugnung Gottes, der Zigeunerkriminalität oder der Herrlichkeit der magyarischen Urväter.«[337] Tatsächlich mündete der Präzedenzfall der Strafwürdigkeit der Holocaustleugnung wenig später in die juristische Verfolgung jener, die im Kommunismus mehr als nur ein Verbrechen sehen bzw. den verbrecherischen Charakter kommunistischer Politik bezweifeln.

Fast folgerichtig traf es dann als ersten Gesinnungstäter in der neueren, postkommunistischen ungarischen Geschichte keinen bekennenden Nazi, der die Existenz von Gaskammern im »Deutschen Reich« abgestritten hätte, sondern einen Kommunisten. Unmittelbar nach Erweiterung des Meinungsparagrafen um die Leugnung kommunistischer Untaten (wer immer diese als solche beurteilen mag) fand sich der frühere Innenminister Béla Biszku vor dem Kadi wieder. Der mittlerweile 89jährige ehemalige Parteigänger der *Magyar Szocialista Munkáspárt* (MSZMP, Ungarische Sozialistische Arbeiterpartei) hatte am 4. August 2010 in einer Talkshow des ungarischen Fernsehens die Niederschlagung des Aufstandes von 1956 als rechtmäßig bezeichnet und behauptet, dass es sich bei den Aufständischen nicht um Revolutionäre gehandelt hätte.[338] Biszku war im März 1957 zum Innenminister ernannt worden und hatte nie ein Hehl daraus gemacht, dass er die Niederschlagung des Aufstandes im Herbst 1956 für richtig und die anschließend unter seiner Führung ausgesprochenen Todesurteile gegen Führer der Revolte für notwendig betrachtet habe. Man mag – und soll – diese Position kritisieren, ja verachten, jedoch im politischen Diskurs und nicht mit der Gefängniskeule im Gerichtssaal bedrohen. Der politische Missbrauch rechtlicher Einrichtungen wird beim Fall Biszku überdeutlich, denn es war ausgerechnet ein Parlamentsangehöriger der rechtsradikalen Partei *Jobbik* (Bewegung für ein besseres Ungarn), György Szilágyi, der Strafanzeige gegen den alten Stalinisten gestellt hatte. Anfang November 2010 wurde das Verfahren gegen Ex-Minister Biszku eingestellt, und zwar nicht deshalb, weil seine Meinungsäußerungen zu den Ereignissen von 1956 keine Straftat nach dem neuen Gesetz gewesen wären, sondern weil zum Zeitpunkt dieser Äußerungen (am 4. August 2010) das im Juni 2010 im Parlament beschlossene Gesetz noch nicht in Kraft getreten war. Ausdrücklich gab der Richter zu Protokoll, dass Béla Biszku »ein Verbrechen des kommunistischen Regimes geleugnet«[339] hätte und dies nach dem erweiterten Holocaustparagrafen 269/C strafbar wäre, die Wortmeldung des früheren Ministers allerdings für eine solche Bestrafung zu früh gekommen war. Eine künftig geäußerte ähnliche Meinung würde unweigerlich zu einer Geld- oder Gefängnisstrafe führen.

337. *Pester Lloyd* vom 23. Februar 2010
338. *Pester Lloyd* vom 14. August 2010
339. *Pester Lloyd* vom 4. November 2010

Auch in Tschechien wurde mit der Gleichsetzung von nationalsozialistischer und kommunistischer Diktatur ein Meinungsdelikt geschaffen. Dort heißt es im entsprechenden Paragrafen 261a unter dem sperrigen Titel »*Gesetz gegen die Unterstützung und Förderung von Bewegungen, die Menschenrechte und Menschenfreiheiten unterdrücken*«: »Wer den Nazi- oder kommunistischen Genozid öffentlich verneint, in Zweifel zieht, billigt oder zu rechtfertigen versucht« oder andere Verbrechen der Nazis und Kommunisten, »ist mit einer Freiheitsstrafe zwischen sechs Monaten und drei Jahren zu bestrafen.«[340]

Der polnische Gesetzgeber wiederum operiert seit dem Jahr 1998 hochoffiziell mit dem Begriff des »kommunistischen Verbrechens« *(zbrodnia komunistyczna)*. Darunter fällt alles, was irgendein Gericht als »unterdrückende Aktion eines Funktionärs eines kommunistischen Staates«[341] ansieht, wenn eine solche zwischen dem 17. September 1939 – als die Rote Armee in Polen einrückte – und dem 31. Dezember 1989 – dem Datum des offiziellen Endes der Herrschaft der Kommune – vorgefallen ist. Der Interpretationsspielraum könnte größer nicht sein. Und obwohl es sich bei diesem Gesetz im engeren Sinn nicht um die Verfolgung von Meinung handelt, bietet die Formulierung ausufernde juristische Möglichkeiten gegenüber »Tätern«. Am 14. Juni 2010 wurde dann auch allgemein – kommunistische – Meinung zu einer strafrechtlich verfolgbaren »Tat«, indem das polnische Strafgesetzbuch auch die »Propaganda des Kommunismus«[342] unter Strafe stellte. Darunter kann vielerlei zu verstehen sein. Wer z. B. die Ideologie des Kommunismus lobpreist, wird mit Freiheitsstrafe bedroht. Auch die öffentliche Zurschaustellung kommunistischer Symbole ist in Polen – wie auch in Ungarn,[343] Lettland, Litauen, Georgien und anderen osteuropäischen Ländern – strafbar. Unmittelbar von gerichtlicher Verfolgung betroffen sind vor allem Hunderte, wenn nicht Tausende von Gemeinden, in denen auch 21 Jahre nach dem Ende der kommunistischen Ära noch rote Sterne, kommunistische Ährenkränze oder Hammer und Sichel auf Hausfassaden oder Denkmälern zu sehen sind. Diese Tatsache vor Augen protestierte auch die oppositionelle sozialdemokratische *Sojusz Lewicy Demokratycznej* (SLD, Bund der Demokratischen Linken) des Aleksan-

---

340. zit. in: *Der Tagesspiegel* vom 16. Juni 2010
341. zitiert in: http://de.wikipedia.org/wiki/Zbrodnia_komunistyczna
342. *Polskaweb* vom 16. Juni 2010
343. Im Juli 2008 hob der Europäische Gerichtshof für Menschenrechte ein Urteil gegen den stellvertretenden Vorsitzenden der Ungarischen Arbeiterpartei, Attila Vajnai, auf. Vajnai war fünf Jahre zuvor wegen Tragens eines roten Sternes festgenommen und später schuldig gesprochen worden. Der Europäische Gerichtshof für Menschenrechte folgte dem Einspruch des Verurteilten argumentativ und sah einen Eingriff in dessen Recht auf freie Meinungsäußerung als gegeben an.

der Kwaśniewski gegen die Verschärfung antikommunistischer Gesetze. Von einer offiziellen österreichischen Protestnote war hingegen nichts zu hören, obwohl die Alpen- und Donaurepublik auch vom Verbot der linken Symbole betroffen sein müsste, ziert doch das österreichische Staatswappen das Arbeiter- und Bauernemblem: Hammer und Sichel neben einer gesprengten Kette.

Litauens verrechtlichter Antikommunismus

Besonders drastische Meinungsparagrafen hat die kleine baltische Republik Litauen eingeführt. Zwischen Vilnius und Klaipėda wird seit 15. Juni 2010 unter Artikel 170/2 jedes »Unterstützen, Gutheißen oder Verharmlosen von Verbrechen der Sowjetzeit oder Nazideutschlands gegen die Republik Litauen mit bis zu zwei Jahren Gefängnis geahndet«[344]. Dazu kommt noch die Leugnung, Verharmlosung oder Unterstützung der »sowjetischen Aggression der Jahre 1990/91«, als Litauen sich selbst nach der Sezession bereits als unabhängigen Staat sah, völkerrechtlich jedoch noch Teil der UdSSR war. Die damaligen militärischen Auseinandersetzungen dürfen heute bei Strafandrohung nur litauisch-national argumentiert werden. Kurzfristig meldeten sich einige litauische Historiker zu Wort, die in dieser Art von Erinnerungsgesetzen eine Bedrohung ihrer Disziplin sahen, bis von oberer wissenschaftlicher Stelle beruhigende Worte kamen, die die Einführung von Meinungsdelikten rechtfertigten. So meinte etwa die stellvertretende Direktorin des *Lietuvos istorijos institutas* (Litauischen Historischen Institutes), Zita Medišauskienė, in einer Aussendung am 17. Juni 2010, dass »die Formulierungen des Gesetzes (für Historiker, Anm. d. A.) nicht bedrohlich« seien. Dies vor allem deshalb, weil »es schwer vorstellbar ist, dass ein seriöser wissenschaftlicher Text Informationen in missbräuchlicher Form veröffentlicht. Das Gesetz fordert Verantwortung für die Gültigkeit und Wahrhaftigkeit jeder wissenschaftlichen Forschung und ein Verstehen des öffentlichen Kontextes«, schwadronierte die litauische Geschichtswissenschaftlerin. In anderen Worten: Wer zu anderen Forschungsergebnissen als den offiziellen kommt, wer die Sowjetunion nicht als Hort des Bösen, als Verbrechen an der baltisch-litauischen Sache analysiert, dessen Ergebnisse sind »unseriös« und führen den Autor in der Folge hinter Gitter. Selbst schuld, denn der Autor oder die Autorin hätte ja auch »seriöse« Ergebnisse liefern können.

Entworfen wurden die antikommunistischen litauischen Meinungsparagrafen übrigens in enger Übereinstimmung mit den Vorgaben des EU-Rahmenbeschlusses zur Bekämpfung von Rassismus und Fremdenfeindlichkeit, in

---

344. www.holocaustinthebaltics.com/2010June17HistoriansOnSeimasLawBNS.pdf. Zit. in: »Standard« vom 16. Juni 2010

dessen Unterpunkt auch die Leugnung von Völkermord, Verbrechen gegen die Menschlichkeit und Kriegsverbrechen als strafbar vermerkt ist. Eine der wesentlichen Initiatorinnen der restriktiven Erinnerungsgesetze, die rechte, national-konservative Abgeordnete der *Tėvynės Sąjunga* (Vaterlandsbund), Vilija Aleknaitė-Abramikienė, rechtfertigt die Unterstrafestellung nichtgenehmer Meinung mit folgenden Worten: »Es gibt Fälle in Litauen, in denen alle möglichen Desinformationen ausgestreut werden, welche die sowjetische Aggression gegen Litauen, speziell jene vom 13. Januar 1991, leugnen. Da waren auch Versuche dabei, diese Aggression zu rechtfertigen, oder Verbrechen, die bei dieser Aggression oder beim Holocaust passiert sind, zu verharmlosen.« Der Vorteil einer solchen Gesetzgebung, so Aleknaitė-Abramikienė weiter, bestehe auch darin, »negativen öffentlichen Einfluss von Organisationen und Personen, die antidemokratische Ideen und Desinformation ausstreuen, reduzieren zu können.«[345]

Die Argumentation der rechtskonservativen Langzeitabgeordneten, die seit 1992 im litauischen *Seimas* sitzt, offenbart die Zusammenhänge von dekretierter Wahrheitsfindung und repressivem Umgang mit dem Zweifel daran in geradezu paradigmatischer Weise, und sie zeigt auch erschreckend klar die Instrumentalisierung des Holocausts für aktuelle politische Zwecke. Allein die Gleichsetzung des Umgangs mit den Ereignissen vom 13. Januar 1991 in Vilnius mit der jahrelangen Ausrottungspolitik der Juden Europas durch die Nazis ist wissenschaftlich untragbar und politisch unerträglich. Am 13. Januar 1991 traten Spezialtruppen des sowjetischen Innenministeriums in Vilnius der litauischen Sezessionsbewegung entgegen, besetzten in einem kurzen Kampf die TV-Zentrale und schlugen ansonsten wie wild um sich, sodass am sogenannten »Blutsonntag von Vilnius« vierzehn Menschen tot in den Straßen der Hauptstadt zurückblieben. Die staatliche Repression war von Staats- und Parteichef Michail Gorbatschow angeordnet worden. Das brutale Vorgehen der *Omon*-Truppe schockte die Welt. Dies jedoch in einem Atemzug mit dem Holocaust zu nennen, lässt jede Relation außer Acht und verfolgt offensichtlich nur einen Zweck: das Vergehen der Sowjetführung und ihrer Kommandanten 1991 mit den Hitler-Schergen der Jahre 1939 bis 1945 vergleichen zu können. Warum? Um die Abscheu vor einem der schwersten Verbrechen in der Geschichte der Menschheit, der Vernichtung der Juden in Europa, auf die – letztlich erfolglose – Niederschlagung des Unabhängigkeitskampfes der Litauer am Ende der sowjetischen Periode übertragen zu können. Die Instrumentalisierung des Holocaust für den nationalen Befreiungskampf stößt dabei

345. zit. in: www.holocaustinthebaltics.com/2010June17HistoriansOnSeimasLawBNS.pdf

in der litauischen Gesellschaft auf keinerlei Unbehagen. Anderswo in EU-Europa wird sie nicht oder kaum wahrgenommen.

Doch den litauischen Nationalen geht es um mehr: Sie wollen den Holocaust für die Verfolgung ihrer politischen Gegner gebrauchen, missbrauchen. Und sie tun dies erfolgreich, denn die Verfolgung der Holocaustleugner dient ihnen als Vorbild und Folie für die Verfolgung jener, die den »Blutsonntag von Vilnius« trivialisieren. Wer gar eine Rechtmäßigkeit in der Gorbatschow'schen Politik vom Januar 1991 erkennen würde, weil Litauen damals Teil der Sowjetunion war und die einseitige Abtrennung einer Republik eben mit – wesentlich überzogenen – polizeistaatlichen Maßnahmen verhindert werden sollte, der kommt sogleich in den Geruch, ähnlich wie ein Holocaustleugner zu argumentieren. Die gesellschaftliche oder wissenschaftliche Ächtung einer solchen Position könnte man in Litauen verstehen, aber die Legislative will sich damit nicht zufrieden geben: Sie will die Leugner und Verharmloser hinter Gittern sehen. Aleknaitė-Abramikienė legt die Motive für ihren Kampf um Meinungsgesetze offen: Er dient ihr dazu, »negativen öffentlichen Einfluss von Organisationen und Personen, die antidemokratische Ideen und Desinformation ausstreuen, reduzieren zu können.« Somit wurde die Justiz, dem EU-Rahmengesetz zur Bekämpfung alles Schlechten sei Dank, in eine politisch brauchbare Position gebracht.

Als erster bekam dies ein linker Politiker zu spüren, der Präsident der *Socialistinis liaudies frontas* (Sozialistische Volksfront) Algirdas Peleckis. Er wurde wegen »öffentlicher Infragestellung« der gültigen Version des »Blutsonntags von Vilnius« angezeigt. In einer Radiosendung meinte er nichts weiter, als dass es »unsere eigenen Leute waren, die unter dem Fernsehturm auf die Einheimischen geschossen haben«[346] und rief damit eine Version der Ereignisse in Erinnerung, die litauische *Agents provocateurs* für die tödlichen Schüsse auf Demonstranten verantwortlich macht. Die offizielle Version hält eisern an den »russischen Tätern« fest und will sich den nationalen Gedenktag nicht durch »litauische Verräter« vermiesen lassen. Wie der Ablauf des turbulenten Geschehens am 13. Januar 1991 auch immer gewesen sein mag, eine Debatte darüber sollte nicht per Gerichtsentscheid entschieden werden. Algirdas Peleckis wird dennoch der Prozess gemacht. Weder in Litauen selbst noch im übrigen EU-Europa hat diese eindeutig politische Anklage indes viel Staub aufgewirbelt. Einzig die griechischen Kommunisten von der KKE führten eine Kampagne für Peleckis. Am 7. Juni 2011 überreichte eine Delegation der *Kommounistikó Kómma Elládas* (KKE, Kommunistische Partei Griechenlands) in der

---

346. Presseaussendung der *Socialistinis liaudies frontas* vom 5. Mai 2011

litauischen Botschaft zu Athen dem dortigen Geschäftsträger eine Protestnote, in der auf den politischen Charakter der juristischen Anklage gegen den linken Litauer hingewiesen wird.[347] Oppositionelle Meinung wird mittels Erinnerungsgesetz bekämpft.

Was ist ein kommunistisches Verbrechen?

Einzig in der polnischen Gesetzgebung wird versucht, den Terminus »kommunistisches Verbrechen« als Straftatbestand zu definieren. Artikel 2.1 des polnischen *Dziennik Ustaw* (Gesetzblatt) vom 18. Dezember 1998 sieht ein Verbrechen als ein kommunistisches an, wenn es zwischen dem 17. September 1939 und dem 31. Dezember 1989 als »politische Repression« oder »direkte Menschenrechtsverletzung« stattgefunden hat.[348] Diese äußerst vage und nach Interpretationen gierende Definition haben sich andere osteuropäische Länder erspart. Tschechische, ungarische und litauische Gesetzeswerke sprechen ohne weitere Spezifizierung von »kommunistischem Völkermord« oder »kommunistischen Verbrechen gegen die Menschlichkeit«. Dabei ist direkt greifbar, dass die Vorlagen für derlei Gesetzeswerke aus den juristischen Amtsstuben der Europäischen Union stammen, insbesondere aus deutscher Feder.

Kennzeichnend für die neuen antikommunistischen Erinnerungsgesetze ist die vollständige Gleichsetzung der nationalsozialistischen mit der stalinistischen Diktatur. Diese wurde auf hoher politischer Ebene seit dem Zusammenbruch der Sowjetunion und des Rates für gegenseitige Wirtschaftshilfe im Jahr 1991 systematisch betrieben. Mit der Gleichsetzung von Hitler und Stalin, von »Tausendjährigem Reich« und Sowjetunion ging ein Umschreiben der Geschichte einher, insbesondere der Geschichte des Zweiten Weltkrieges. War bis dahin die Aggression Nazi-Deutschlands mit ihren Überfällen auf Polen (1. September 1939), auf die Benelux-Staaten und Frankreich (10. Mai bis 25. Juni 1940) sowie auf die Sowjetunion (22. Juni 1941) der unstrittige Auslöser für das größte menschheitsgeschichtliche Völkerschlachten – außer in rechtsradikalen Kreisen –, so rückte mit der antikommunistischen Stoßrichtung der osteuropäischen politischen Akteure der Hitler-Stalin-Pakt vom 24. August 1939 als eigentliches Menetekel der Epoche ins Zentrum der Argumentation; einer Argumentation, die letztlich auch dazu diente, die deutsche Schuld am Ausbruch des Zweiten Weltkrieges zu relativieren. Einzig die Bezugnahme auf den – sicherlich kritikwürdigen – deutsch-sowjetischen Nichtangriffspakt erlaubte es den Geschichtsrevisionisten aus den osteuropäischen Ländern, die antikommunistische Karte zu spielen und damit die

---

347. http://inter.kke.gr/News/news2011/2011-06-08-lithuania vom 7. Juni 2011
348. http://en.wikipedia.org/wiki/Communist_crimes_(legal_concept)

Gleichsetzung des sowjetischen mit dem deutschen Regime ins Bewusstsein zu rücken. Würde man sich z. B. auf ein geopolitisch nicht unähnliches Abkommen, das nicht Polen, sondern die Tschechoslowakei betraf, das Münchner Abkommen von 30. September 1938, beziehen, dann wären die Feindbilder gänzlich andere: Dazumal waren es Frankreich, Großbritannien und Italien, die dem Druck Hitlers gewichen sind und die Tschechoslowakei seinem Expansionsdrang opferten. Ein Jahr später, am 24. August 1939, unterzeichneten die Außenminister Joachim von Ribbentrop und Wjatscheslaw M. Molotow den deutsch-sowjetischen Nichtangriffsvertrag, den Molotow auch dazu nutzen wollte, um sowjetischen Interessen im Baltikum, Bessarabien und Polen zum Durchbruch zu verhelfen, was schließlich mit der (Teil)Besetzung dieser Länder auch geschah.[349] Doch es sollte anders kommen: Der Pakt hielt dem Berliner Expansionsdrang nicht statt. Es war Hitler, der die Sowjetunion angriff. Mit dem Theorem der Gleichsetzung beider Regime wird diese unzweideutige historische Abfolge und Schuld mehrdeutig.

Den bisherigen politischen Höhepunkt dieses antisowjetischen Revisionismus stellte die sogenannte »*Prager Deklaration*« dar. Sie wurde am 3. Juni 2008 auf Betreiben des vormaligen tschechischen Präsidenten Václav Havel angestoßen und forderte die Weltöffentlichkeit auf, kommunistische Verbrechen genau wie jene der Nationalsozialisten zu begreifen, zu ächten und zu ahnden. In Punkt eins heißt es anfangs noch ein wenig vorsichtig:

> Wir brauchen ein übergreifendes europäisches Verständnis der totalitären Regime des Nationalsozialismus und des Kommunismus, die jedes für sich wegen ihrer eigenen fürchterlichen zerstörerischen Taten, ihrer systematischen Form des Terrors, der Unterdrückung aller zivilen und menschlichen Freiheiten, dem Anzetteln von Aggressionskriegen (...) verurteilt gehören. (...) Sie müssen als Hauptkatastrophen des 20. Jahrhunderts angesehen werden.

Im Punkt zwei wird es dann schon etwas konkreter:

> Wir fordern, dass viele Verbrechen, die im Namen des Kommunismus begangen wurden, als Verbrechen gegen die Menschheit anerkannt werden, (...) in der selben Weise, wie Nazi-Verbrechen auf dem Nürnberger Tribunal behandelt wurden.[350]

---

349. Auch Frankreich hatte 1935 einen militärischen Pakt (Beistandspakt) mit der Sowjetunion abgeschlossen.
350. http://en.wikipedia.org/wiki/Prague_Declaration_on_European_Conscience_and_Communism

Abschließend wird dann noch eine konkrete, europaweit gültige Gesetzgebung eingefordert, die kommunistische Verbrechen bestrafen und die Opfer des Kommunismus entschädigen soll.

Zu den Unterstützern dieser *Prager Deklaration*, die wohlgemerkt kommunistische Verbrechen wie solche der Nationalsozialisten verfolgt sehen will und nicht die Forderung nach einem Leugnungsverbot erhebt, gehören eine Reihe einflussreicher Politiker und Personen des rechtskonservativen und rechtsliberalen Lagers. Als Erstunterzeichner fungierten neben Václav Havel der deutsche Theologe und Publizist Joachim Gauck, der »Vater der litauischen Unabhängigkeit« Vytautas Landsbergis, der schwedische Konservative Göran Lindblad, der estnische Historiker und Politiker Tunne Kelam, der tschechische Hardliner Martin Mejstřík und eine Reihe anderer, großteils in ihren osteuropäischen Heimatländern bekannte Persönlichkeiten. Aufmunternde Briefe an die Konferenz, die zur Prager Deklaration führte, kamen vom französischen Staatspräsidenten Nicolas Sarkozy, der eisernen Margaret Thatcher und dem US-amerikanischen antikommunistischen Urgestein mit polnischen Wurzeln, Zbigniew Brzeziński.[351]

Bei der Gleichsetzung von Nationalsozialismus und Sowjetkommunismus wird darüber hinaus noch auf einer anderen, zahlentechnischen Ebene argumentiert. Unter Stalin, so die Ansage, seien mehr Menschen aus politischen Gründen zu Tode gekommen als unter Hitler. Wer die Opfer waren und aus welchen Gründen sie verfolgt, gepeinigt und ermordet wurden, darüber kommt man nicht lange ins Grübeln, sonst müsste man zwischen den unterschiedlichen Absichten, die hinter den Verfolgungen standen, differenzieren. Während in Hitler-Deutschland rassistische und politische Motive die Schergen des Staatsapparates gleichermaßen antrieben, überwog in Stalins Sowjetunion eindeutig die politische Verfolgung. Auch der Angriff Hitler-Deutschlands auf die Sowjetunion passt nicht ins Bild einer Gleichsetzung, weshalb von den aggressiven Absichten der Nationalsozialisten ebenso wenig in den Gesetzestexten zu den osteuropäischen Leugnungsverboten zu lesen ist wie von rassistisch argumentierter Ausrottungspolitik im »Deutschen Reich«. Würde darüber eine Debatte geführt, müsste man die Untaten Stalins ihrer Struktur nach von jenen Hitlers unterscheiden. Da belässt man es der einfacheren, praktischeren Handhabbarkeit antikommunistischer Gesinnungsparagrafen wegen bei der ganz groben Keule der vollständigen Gleichsetzung. Das Konzentrationslager Buchenwald bzw. die Leugnung dieses nationalsozialistischen Horrors kann damit in eins gesetzt werden mit der Niederschlagung

---

351. siehe: http://en.wikipedia.org/wiki/Prague_Declaration_on_European_Conscience_and_Communism

des Ungarnaufstandes 1956 bzw. der Verharmlosung derselben oder mit den Schauprozessen Stalin'scher Prägung in den 1930er Jahren bzw. ihrer Billigung. Die relative Beliebigkeit, etwas als »kommunistisches Verbrechen« brandmarken zu können, folgt dabei aktuellen, fast tagespolitischen Agenden. Bestrafte – kommunistische – Gesinnung wird als politisches Instrument vor allem von rechtskonservativen Regierungen eingesetzt. Dass dieses Instrument, in umgekehrter politischer Richtung, gerade in den osteuropäischen Ländern eine sechzigjährige Tradition kennt, fällt einem Beobachter von außen als Ironie auf; in den jeweiligen Gesellschaften wird die Debatte darüber weitgehend verdrängt und tabuisiert.

Ein erster, zaghaft agierender Ausläufer antikommunistischer Meinungsjustiz hat das deutsche Bundesland Thüringen erreicht. Dort meldete sich die Landesbeauftragte für die Stasi-Unterlagen, Hildigund Neubert, Anfang 2009 zu Wort und forderte die Unterstrafestellung der Leugnung kommunistischer Verbrechen. Aufhänger dafür war eine Schmieraktion am sogenannten Arnstädter Denkmal (in der Nähe von Erfurt) für die »Opfer kommunistischer Gewalt 1945–1989«, das mit den Parolen »Das war nicht der Kommunismus« und »Gegen Geschichtsrevisionismus« besprüht worden war. Die rechte Junge Freiheit machte dafür indirekt die Linksfraktion im Stadtrat verantwortlich, die vor allem den Standort des Denkmals vor der ehemaligen Kommandantur der Roten Armee kritisiert hatte.[352] Den Vorstoß aus den Reihen der thüringischen CDU, der Neubert angehört, griffen die anderen Fraktionen nicht auf.

Moskau schlägt zurück

Gesinnungsjustiz auch auf der anderen Seite der früheren Front. In der Russländischen Föderation wurde Anfang Mai 2009 ein Gesetzesentwurf in der *Duma* eingebracht, der die Leugnung der Verdienste des Großen Vaterländischen Krieges mit Haftstrafen bis zu drei Jahren bestrafen soll. Parallel dazu hatte Staatspräsident Dmitri A. Medwedew eine Historikerkommission ins Leben gerufen, die die Aufgabe hat, »Bestrebungen zur Verfälschung der Geschichte zum Nachteil der Interessen der Russländischen Föderation« entgegenzuwirken. Das »*Gesetz gegen das Infragestellen der entscheidenden Rolle der Sowjetunion im Zweiten Weltkrieg*«[353] ist ein typisches Erinnerungsgesetz. Schon seine Entstehungsgeschichte zeigt seinen (geo)politischen Charakter. Seit der Demontage des sowjetischen Befreiungsdenkmals in der estnischen Hauptstadt am 27. April 2007 hat Moskau den Umgang mit der Erinnerung

---

352. *Junge Freiheit* vom 6. August 2008. Zit. in: http://de.altermedia.info vom 9. Januar 2009
353. Kristiane Janeke, Angst vor Geschichtsfälschung – Geschichtspolitik in Russland. In: *ad-hoc international*. Berlin o. J., S. 22

an den Zweiten Weltkrieg zu einem seiner kulturpolitischen Schwerpunkte gemacht. In jener Aprilnacht des Jahres 2007 war in Tallinn der »bronzene Soldat«, der seit 1947 die Befreiung Estlands vom Faschismus symbolisiert, abgebaut worden. Dabei kam es zu Auseinandersetzungen mit großteils russischstämmigen Demonstranten, die sich gegen die Demontage zur Wehr setzten. Mit über tausend Festnahmen griff die estnische Polizei hart durch. Das russländische Gesetz zum Verbot der Leugnung der Heldentaten im Zweiten Weltkrieg soll, so die *Duma*-Abgeordnete Irina Jarowa, »die Erosion des kollektiven Gedächtnisses stoppen«.[354] Auf der internationalen Bühne stellt es eine fragwürdige Antwort auf die ebenso fragwürdigen antikommunistischen Gesetze im Baltikum dar. So hatte kurz vor dem Abbau des sowjetischen Befreiungsdenkmals in Tallinn das estnische Parlament ein *»Gesetz gegen verbotene Denkmäler«* verabschiedet, das jedoch vom Präsidenten wegen Verfassungsmängeln nicht unterzeichnet wurde.

Die Art und Weise, wie Moskau historische Wahrheit festschreiben will, gleicht strukturell dem Umgang mit Erinnerungsgesetzen in der Europäischen Union. Inhaltlich steht sie freilich konträr dazu, denn während in den osteuropäischen Ländern nationalsozialistische Gräuel mit kommunistischen Untaten gleichgesetzt werden, um daraus Meinungsgesetze in Form von Leugnungs- oder Verharmlosungsverboten zu formen, ist es in der Russländischen Föderation völlig anders. Hier wird mit Hilfe von staatlich verordneter historischer Wahrheit gerade die Frontstellung im Zweiten Weltkrieg betont und der deutsche Aggressor vom sowjetischen Verteidiger unterschieden. Obwohl diese Sicht dem historischen Ablauf entspricht, kann die in Moskau gedrechselte juristische Keule – ebenso wenig wie Erinnerungsgesetze anderswo – eine politische Diskussion nicht ersetzen, sie würgt sie schlicht ab.

Die Initiative der Sechs

Der bislang weitest gehende Vorstoß eines antikommunistischen Erinnerungsgesetzes wurde von gleich sechs osteuropäischen Außenministern geführt. Am 14. Dezember 2010 richteten sie einen gemeinsam verfassten Brief an EU-Justizkommissarin Viviane Reding. Er enthielt die Aufforderung, »öffentliche Billigung, Leugnung und Verharmlosung von totalitären Verbrechen« in der gesamten Europäischen Union unter Strafe zu stellen. Ausgangspunkt war auch hier die Gleichsetzung von Nationalsozialismus und Sowjetkommunismus. Weil die Holocaustleugnung jedoch in den meisten Ländern ohnedies strafbar ist, zielt die »Initiative der Sechs« auf den Umgang mit der

---

354. *Neues Deutschland* vom 9./10. Mai 2009

kommunistischen Vergangenheit. Wie in einzelnen osteuropäischen Staaten bereits üblich, sollte die Leugnung von »kommunistischen Verbrechen«, wer solche auch immer definieren mag, vor der Richterbank enden. Unterzeichnet war der Brief an EU-Kommissarin Reding von den Außenministern Litauens, Lettlands, Tschechiens, Ungarns, Bulgariens und Rumäniens.

Der Initiator dieses Schreibens, der litauische Außenminister Audronius Ažubalis, fügte dem Ansinnen noch hinzu: »Jeder kennt die Verbrechen des Nationalsozialismus, aber nur ein Teil Europas ist sich der Verbrechen des Kommunismus bewusst.«[355] Auch der rumänische Historiker und ehemalige Präsident des staatlichen Instituts zur Untersuchung kommunistischer Verbrechen, Marius Oprea, schlug in dieselbe Kerbe, als er meinte: »Wir fordern, dass die kommunistischen Verbrechen wie der Holocaust behandelt werden (…) Was unterscheidet sie von den Nazis? Nichts!«[356] Und der tschechische Außenminister Karel Schwarzenberg offenbarte sein Verständnis von Totalitarismus in Brüssel anlässlich einer Pressekonferenz: »Es geht um die grundsätzliche Angelegenheit, dass wir totalitäre Systeme mit demselben Maß zu messen haben.« Auf den Vergleich Hitler–Stalin angesprochen, antwortete der altösterreichische Blaublütler: »Beide waren Massenmörder.«[357] Gegenüber der Nachrichtenagentur ČTK exemplifizierte Schwarzenberg seine Wahrnehmung der beiden historischen Figuren dann nochmals: »Um die Wahrheit zu sagen: Stalin war in der Lage, noch mehr Menschen umzubringen.«[358]

Die Absicht hinter dieser Art von Argumentation gleicht jener in den einzelnen Nationalstaaten, wie sie oben beschrieben wurde. Zuerst wird die aggressive, rassistische, Politik Hitler-Deutschlands, welche die Welt mit dem verheerendsten Krieg überzog, mit dem repressiven Sowjetsystem unter Stalin gleichgesetzt. In einem zweiten Schritt geht es dann nicht mehr um die Verbrechen der beiden Systeme, sondern um die Leugnung von Taten bzw. Untaten, und damit wird Meinung, vom Gericht als falsch definierte Meinung, zur Straftat.

Nach vierwöchiger Prüfung des Ansinnens der sechs osteuropäischen Außenminister kam die EU-Kommission zum Schluss, die Leugnung kommunistischer Verbrechen nicht EU-weit kriminalisieren zu wollen. Zumindest vorläufig wurde damit ein Versuch zurückgewiesen, der Erinnerung an die kommunistische Epoche eine verordnete Wahrheit vorzusetzen, deren Nichtrespektierung eine Strafe nach sich zöge. Diesmal hatten sich in fast allen

---

355. *Baltische Rundschau* vom 15. Dezember 2010
356. www.dw-world.de vom 16. Dezember 2010
357. www.dw-world.de vom 16. Dezember 2010
358. zit. in: www.jungefreiheit.de/Single-News-Display-mi-Komm.154+M504a4e387b6.0.htm

EU-Ländern linke, meist kommunistische Parteien, gegen die Kriminalisierung eines Geschichtsbildes aufgelehnt und in einem offenen Brief die EU-Kommission aufgefordert, die »antikommunistischen Angriffe« zu stoppen. Die Berliner Tageszeitung *junge Welt* befürchtete zudem nicht zu unrecht, dass ein Verbot der Leugnung von irgendwo als kommunistische Verbrechen deklarierten Taten dazu führen würde, »mit der Kriminalisierung der kommunistischen Vergangenheit künftig Systemalternativen zum Kapitalismus gesinnungspolizeilich zu untersagen.«[359] Die EU-Seite argumentierte ihre Zurückweisung der »Initiative der Sechs« lediglich mit den Worten,

> die rechtlichen Praxen in den EU-Staaten (seien) unterschiedlich und bislang (habe) kein europäisches Gericht Strafen wegen Leugnung der Verbrechen, die von totalitären Regimes in Osteuropa während des Kalten Krieges begangen worden waren, verhängt.[360]

Mit dem Fortschreiten der Umsetzung des EU-Rahmenbeschlusses, der auch die Leugnung von Völkermord und Verbrechen gegen die Menschlichkeit in sämtliche nationale Gesetzeswerke zwingt, ist die Frage der antikommunistischen Gesinnungsjustiz freilich nicht vom Tisch, sie scheint nur aufgeschoben. In den einzelnen Erinnerungs- und Meinungsgesetzen steckt – wie das in Ungarn vorgeführt wurde – das juristische Potenzial, selbige auf alle möglichen »historischen Wahrheiten« zu erweitern, deren Bezweifeln oder Verleugnen strafrechtliche Konsequenzen nach sich ziehen könnte.

---

359. *junge Welt* vom 31. Dezember 2010
360. zit. in: Nachrichtenagentur RIA: http://de.rian.ru/politics/20101223/257961786.html

Literaturliste

Bücher und Buchbeiträge

Taner Akçam: *Armenien und der Völkermord. Die Istanbuler Prozesse und die türkische Nationalbewegung.* Hamburg 2004.
Richard Albrecht: »Wer redet heute noch von der Vernichtung der Armenier?« Kommentierte Wiederveröffentlichung der Erstpublikation von Adolf Hitlers Geheimrede am 22. August 1939. In: *Zeitschrift für Weltgeschichte*, Jg. 9, Heft 2, München 2008.
Nicolas de Araujo / Denis Ramelet: Le lynchage médiatique des Serbes – I. La guerre de Bosnie. In: *La Nation*, 11. April 2008.
İnanç Atılgan: *Österreichs Dilemma 1915. Türken oder Armenier?* Klagenfurt 2008.
Tony Barta: Relations of Genocide. In: Walliman/Dobrowski (Hg.): *Genocide and Modern Age. Etiology and case studies of mass death.* New York 1987.
Boris Barth: *Genozid. Völkermord im 20. Jahrhundert. Geschichte, Theorien, Kontroversen.* München 2006.
Mira Beham: *Kriegstrommeln. Medien, Krieg und Politik.* München 1996.
Alexander Bein (Hg.): *The Mozkin Book.* Jerusalem 1939.
Wolfgang Benz: *Ausgrenzung. Vertreibung. Völkermord. Genozid im 20. Jahrhundert.* München 2006.
Wolfgang Benz (Hg.): *Vorurteil und Genozid. Ideologische Prämissen des Völkermords.* Wien/Köln/Weimar 2010.
Laura Birkenstock: Die Umsetzung der Vorgaben des Rahmenbeschlusses 2008/913/JI vom 28. 11. 2008 zur strafrechtlichen Bekämpfung bestimmter Formen und Ausdrucksweisen von Rassismus und Fremdenfeindlichkeit. In: *Zeitschrift für Internationale Strafrechtsdogmatik* Nr. 12/2010.
Julija Bogoeva / Caroline Fetscher: *Srebrenica – Ein Prozess. Dokumente aus dem Verfahren gegen General Radislav Krstić vor dem Internationalen Strafgerichtshof für das ehemalige Jugoslawien in Den Haag.* Frankfurt/M. 2002.
Stefan Bollinger (Hg.): Linke und Nation. Klassische Texte zu einer brisanten Frage. Wien 2009.

Micha Brumlik: Der Auftakt zum Jahrhundert des Völkermordes und die Würde des Menschen. In: Hans-Lukas Kieser / Elmar Plozza (Hg.): *Der Völkermord an den Armeniern, die Türkei und Europa*. Zürich 2006.

Svetlana Burmistr: Holodomor – der organisierte Hungertod in der Ukraine 1932–1933. In: Wolfgang Benz (Hg.): *Vorurteil und Genozid. Ideologische Prämissen des Völkermords*. Wien 2010.

Frank Chalk: Redefining Genocide. In: George Andreopoulos (Hg.): *Genocide*. Philadelphia 1994.

Germinal Civikov: *Srebrenica. Der Kronzeuge*. Wien 2009.

Stephen Cornell: *The Return of the Native. American Indian Political Resurgence*. New York 1988.

Vahakn Dadrian: *Documentation of the Armenien Genocide in Turkish Sources*. London / New York 1991.

Joseph Dixon: *The Vanishing Race: The Last Great Indian Council*. New York 1972.

Alexander Dorin: *Srebrenica. Die Geschichte eines salonfähigen Rassismus*. Berlin 2010.

Slavenka Drakulić: *Keiner war dabei. Kriegsverbrechen auf dem Balkan vor Gericht*. Wien 2004.

Halige Edip: *The Turkish Ordeal*. London 1916.

Jürgen Elsässer: *Kriegslügen. Vom Kosovokonflikt zum Milošević-Prozess*. Berlin 2004.

Helen Fein: *Genocide Watch*. Yale 1992.

Harald Gardos: *Österreich-Ungarn und die Türkei im Kriegsjahr 1915*. Wien 1968.

Misha Glenny: *Jugoslawien. Der Krieg, der nach Europa kam*. München 1993.

Nejat Göyünç: Türk-Ermeni İlişkileri ve Ermeni Soykırımı İddiaları (Die türkisch-armenischen Beziehungen und armenischen Behauptungen bezüglich des Völkermordes). In: *Ermeni Sorunu ve Bursa Ermenileri*. Bursa 2000.

Hermann Graml: Auschwitz-Lüge und Leuchter-Bericht. In: Heiner Lichtenstein / Otto Romberg (Hg.): *Täter, Opfer, Folgen. Der Holocaust in Geschichte und Gegenwart*. Bonn 1995.

Yusuf Halaçoğlu: *Die Armenierfrage*. Klagenfurt 2006.

Gunnar Heinsohn: *Lexikon der Völkermorde*. Hamburg 1998.

Edward S. Herman: Die Politik des Srebrenica-Massakers *(Z-net)*, zit. in: www.zmag.de/artikel/Die-Politik-des-Srebrenica-Massakers.

Alexander Hinton: The Dark Side of Modernity. Toward an Anthropology of Genocide. In: ders. (Hg.): *Annihilating Difference*. Berkeley 2002.

Hannes Hofbauer: *Balkankrieg. Zehn Jahre Zerstörung Jugoslawiens.* Wien 2001.
Hannes Hofbauer: *EU-Osterweiterung. Historische Basis – ökonomische Triebkräfte – soziale Folgen.* Wien 2007.
Hannes Hofbauer: *Mitten in Europa. Politische Reiseberichte aus Bosnien-Herzegowina, Belarus, der Ukraine, Transnistrien/Moldawien und Albanien.* Wien 2006.
Tessa Hofmann: Smyrna, September 1922. Hintergründe und Zusammenhänge. In: Dora Sakayan (Hg.): *Smyrna 1922. Das Tagebuch des Garabed Hatscherian.* Klagenfurt 2006.
Tessa Hofmann: *Der Völkermord an den Armeniern vor Gericht – der Prozess Talaat Pascha.* Göttingen 1980.
Richard Holbrooke: *Meine Mission. Vom Krieg zum Frieden in Bosnien.* München 1998.
Max Horkheimer: *Gesammelte Schriften*, Bd. 6, Frankfurt/Main 1991.
Alija Izetbegović: *Islamska deklaracija.* Sarajevo 1990.
Günther Jakobs: Feindstrafrecht? Eine Untersuchung zu den Bedingungen von Rechtlichkeit. In: *HRRS*, Hamburg, August/September 2006.
Kristiane Janeke: Angst vor Geschichtsfälschung – Geschichtspolitik in Russland. In: *ad-hoc international.* Berlin o. J.
Andreas Kappeler: *Kleine Geschichte der Ukraine.* München 1994.
Walid Khalidi (Hg.): *All That Remains. The Palestinian Villages Occupied and Depopulated by Israel in 1948.* Washington 1992.
Hans-Lukas Kieser / Elmar Plozza (Hg.): *Der Völkermord an den Armeniern, die Türkei und Europa.* Zürich 2006.
Hans-Lukas Kieser / Dominik Schaller: Völkermord im historischen Raum 1895–1945. in: dies. (Hg.): *Der Völkermord an den Armeniern und die Shoah.* Zürich 2002.
Eugen Kogon: *Ideologie und Praxis der Unsterblichkeit.* Weinheim 1995.
Lew Kopelew: *Und schuf mir einen Götzen. Lehrjahre eines Kommunisten.* Göttingen 1996.
Georg Kreis: Zur Strafbarkeit von Genozidleugnung vor dem Hintergrund der Genozide im Ersten und im Zweiten Weltkrieg. In: Hans-Lukas Kieser / Elmar Plozza (Hg.): *Der Völkermord an den Armeniern, die Türkei und Europa.* Zürich 2006.
Raphael Lemkin: *Axis Rule in Occupied Europe. Laws of Occupation, Analysis of Government, Proposals for Redress.* Washington 1944.

Lenckern/Sternberg-Lieben, in: Schönke/Schröder, Strafgesetzbuch. Kommentar. O.O. 2010. Zit. in: Council of the European Union: *Interinstitutional File 2001/0270* (Brussels, 27 May 2005).

Heiner Lichtenstein / Otto Romberg (Hg.): *Täter, Opfer, Folgen. Der Holocaust in Geschichte und Gegenwart.* Bonn 1995.

Klaus Malek: Feindstrafrecht – Einige Anmerkungen zur Arbeitsgruppe »Feindstrafrecht – Ein Gespenst geht um im Rechtsstaat« auf dem 30. Strafverteidigertag 2006, *HRRS* August/September 2006.

Mahmood Mamdani: *Blinde Retter. Über Darfur, Geopolitik und den Krieg gegen den Terror.* Hamburg 2010.

André Mandelstam: *Das armenische Problem im Lichte des Völker- und Menschenrechts.* Berlin 1931.

Klaus Mann: *Der Wendepunkt.* Reinbek 1984.

Arno Mayer: *Der Krieg als Kreuzzug. Das Deutsche Reich, Hitlers Wehrmacht und die »Endlösung«.* Reinbek bei Hamburg 1989.

O. H. Musijenko: Hromadjans'ka pozycija literatury i perebudova (The Civic Position of Literature and Perestroika). In: *Literaturna Ukraina*, 18. Februar 1988.

Robert McNamara: *In Retrospect. The Tragedy and Lessons of Vietnam.* New York 1995.

Hans-Heinrich Nolte: *Kleine Geschichte Rußlands.* Stuttgart 2003.

Ilan Pappe: *Die ethnische Säuberung Palästinas.* Frankfurt 2007.

Olivier Pétré-Grenouilleau: *Nantes au temps de la traite des noirs.* Paris 1998.

Karl Ploetz: *Geschichte des Zweiten Weltkrieges.* Bielefeld 1951.

Reinhard Pohl: *Völkermord. Türkei, Deutschland und die Armenier.* Schriftenreihe »BRD und die 3. Welt«, Bd. 69, Kiel 2008.

Joseph Pomiankowski: *Zusammenbruch des Ottomanischen Reiches. Erinnerung an die Türkei aus der Zeit des Weltkrieges.* Wien 1928.

Alfred Rudorf: *Israel in Palästina. Wegweiser zur Lösung. Die globalen Lebensgesetze sind stärker als Religionen und Verheißungen.* Zürich 2009.

Dora Sakayan (Hg.): *Smyrna 1922. Das Tagebuch des Garabed Hatscherian.* Klagenfurt 2006.

Shlomo Sand: *Die Erfindung des jüdischen Volkes. Israels Gründungsmythos auf dem Prüfstand.* Berlin 2010.

Jean Paul Sartre: Der Völkermord. In: *Wir alle sind Mörder.* Reinbek bei Hamburg 1988.

Werner Sauer: Srebrenica und das Video. Auf: www.labournetaustria.at/archiv41.htm.

William Schabas: *Genozid im Völkerrecht.* Hamburg 2003.

Winfried Schulze: Erinnerung per Gesetz oder »Freiheit für die Geschichte«? In: *Geschichte in Wissenschaft und Unterricht* Nr. 7/8/2008.
Martin Shaw: *War & Genocide. Organized Killing in Modern Society*. Cambridge 2003.
Raja Shehadeh: *Streifzüge durch Palästina. Notizen zu einer verschwindenden Landschaft*. Wien 2008.
Boris W. Sokolow: *Vtoraja mirovaja. Fakty i versii* [Der Zweite Weltkrieg. Fakten und Versionen]. Moskau, o. J.
John Spray: *Selling the Bosnian Myth to America: Buyer Beware. Foreign Military Studies*. Fort Leavenworth, Kansas 1995. Zit. in: Edward S. Herman: Die Politik des Srebrenica-Massakers, *Z-net* vom 7. Juli 2005. In: http://www.balkanforum.info/f16/westen-kriegs-gruende-fuer-balkan-erfand-4609/.
Srebrenica and the Politics of War Crimes. Findings of the Srebrenica Research Group. O.O. 1995.
Josef W. Stalin: Marxismus und nationale Frage. In: ders.: *Werke*, Band 2, Berlin 1950.
Jakob Tanner: Der Historiker und der Richter. Der Genozid an den Armeniern und die Genozidforschung aus rechtlicher und geschichtswissenschaftlicher Sicht. In: Hans-Lukas Kieser / Elmar Plozza (Hg.): *Der Völkermord an den Armeniern, die Türkei und Europa*. Zürich 2006.
Yves Ternon: *Der verbrecherische Staat. Völkermord im 20. Jahrhundert*. Hamburg 1996.
Tzvetan Todorov: *Die Eroberung Amerikas. Das Problem des Anderen*. Hamburg 1985.
Stephen Wheatcroft / Robert Davies: *The Years of Hunger: Soviet Agriculture*. Hampshire 2004.
Yossef Weitz: *My Diary*. Manuskript in den Central Archives, A 246 Bd. 2.
Felix Wemheuer: Der Hunger ist politisch. In: *Jungle World*, 4. Dezember 2008.
Felix Wemheuer: Regime Changes of Memory. Creating the Official History of the Ukrainian and Chinese Famines under State Socialism and after the Cold War. In: *Kritika: Explorations in Russian and Eurasian History*. Nr. 10/1 (Winter 2009).
Felix Wemheuer: Das ukrainische Trauma. In: *Jungle World*, 11. Dezember 2008.
James Willis: *Prologue to Nuremberg: The Politics and Diplomacy of Punishing War Criminals of the First World War*. London 1982.
Moshe Zuckermann: *»Antisemit!« Ein Vorwurf als Herrschaftsinstrument*. Wien 2010.

Zeitschriften/Zeitungen

Agence France Presse, Paris
ARD-Talkshow *Christiansen*, Mainz
Baltische Rundschau, Vilnius
BBC, London
Blätter für deutsche und internationale Politik, Berlin
Daily Telegraph, London
Dani, Sarajevo
Deutsche Allgemeine Zeitung, Berlin
East European Quarterly, Pittsburgh
Frankfurter Allgemeine Zeitung, Frankfurt/Main
Frankfurter Rundschau, Frankfurt/Main
Geschichte in Wissenschaft und Unterricht, Seelze
De Groene Amsterdammer, Amsterdam
Jerusalem Post, Jerusalem
Junge Freiheit, Berlin
junge Welt, Berlin
Jungle World, Berlin
Journal of Genocide Research, London
Journal of Palestine Studies, Washington
Kritika: Explorations in Russian and Eurasian History, Bloomington
Kyiv Post, Kiew
Le Monde, Paris
Libération, Paris
Montenegro Monitor Newspaper, Podgorica
La Nation, Lausanne
Neues Deutschland, Berlin
Neue Zürcher Zeitung, Zürich
New York Times, New York
Nezavisne Novine, Banja Luka
NRC-Handelsblad, Rotterdam
Pester Lloyd, Budapest
Die Presse, Wien
Slobodna Bosna, Sarajevo
Der Spiegel, Hamburg
Der Standard, Wien
Südosteuropa, München
Tagesanzeiger, Zürich
Der Tagesspiegel, Berlin

Večernje novosti, Belgrad
Washington Post, Washington
Die Welt, Berlin
Zeitschrift für Internationale Strafrechtsdogmatik, Augsburg
Zeitschrift für Weltgeschichte, Barsinghausen-München

Internet

http://bildundwort.wordpress.com
http://cvuh.free.fr
http://de.altermedia.info
http://de.rian.ru
http://de.wikipedia.org
http://dipbt.bundestag.de
http://dw-world.de
http://en.wikipedia.org
http://hrr.strafrecht.de
http://inter.kke.gr
http://polskaweb.eu
http://www.academie-francaise.fr
http://www.admin.ch
http://www.aga-online.org
http://www.americanrhetoric.com
http://www.archive.kremlin.ru
http://www.armenier-berlin.org
http://www.artikel5.de
http://www.assemblee-nationale.fr
http://www.balkanforum.info
http://www.balkanpeace.org
http://www.bmj.bund.de
http://www.boeckler.de
http://www.dradio.de
http://www.esiweb.org
http://www.gfbv.de
http://www.hagalil.com
http://www.holocaustdenialontrial.org
http://www.holocaustinthebaltics.com
http://www.hrweb.org
http://www.instituteforgenocide.ca
http://www.jungefreiheit.de
http://www.kirchenopfer.de
http://www.konvent.gv.at
http://www.labournetaustria.at
http://www.legifrance.gouv.fr
http://www.ligue-vaudoise.ch
http://www.ngo-online.de
http://www.nytimes.com
http://www.ohchr.org
http://www.ohr.int
http://www.politik.de
http://www.promes.org
http://www.schattenblick.de
http://www.srpska-mreza.com
http://www.st.gallen.ch
http://www.state.gov
http://www.statewatch.org
http://www.storicamente.org
http://www.tagesschau.de
http://www.un.org
http://www.zeit.de
http://www.zeithistorische-forschungen.de

Nachwort

Als ich Anfang 2007 das erste Mal davon Kenntnis erhielt, dass in der Europäischen Union an konkreten Gesetzen zur Einschränkung der Meinungsfreiheit gearbeitet wird, begann ich langsam damit, Material über die bedenklichen Vorgänge zu sammeln. Im November 2008 wurde der EU-Rahmenbeschluss zur Kriminalisierung von Rassismus und Fremdenfeindlichkeit ein Rechtsakt. Er enthält auch die Strafbarkeit der Leugnung von Völkermord, Verbrechen gegen die Menschheit und Kriegsverbrechen. Die einzelnen EU-Nationalstaaten hatten dann bis Dezember 2010 Zeit, die Vorgaben in nationale Gesetzeswerke einfließen zu lassen. Seither steht die politische Debatte darüber unter einem juristischen Damoklesschwert.

Erst nach und nach erfasste ich die Dimension die Thematik und stellte u. a. fest, dass vor allem in Frankreich versucht wird, mit staatlich verordneten Wahrheiten Politik zu machen. Deutschland und Österreich wiederum bedienten sich für die neue Form der Gesinnungsjustiz argumentativ bereits bestehender Paragrafen, welche die Leugnung nationalsozialistischer Verbrechen unter Strafe stellen. Diese ganze, in sehr unterschiedlichen Strängen und politisch gegensätzlich verlaufenden Debatten zusammenzuführen, schien mir eine Weile zu waghalsig, um eine Publikation daraus machen zu können – bis ich mir sicher war, dass die Kriminalisierung von Meinung, in welche Richtung diese auch immer gehen mochte, Teil einer durchaus gewollten restriktiven Kulturpolitik ist, und zwar einer Kulturpolitik, die einer zunehmend jeder demokratischen Kontrolle entzogenen imperialistischen Militär- und kapitalistischen Wirtschaftsmaschine zur Seite steht. Sie hat sich gesellschaftliche Konsensbildung zur Aufgabe gemacht, so weit dies in mehr und mehr entpolitisierten Verhältnissen überhaupt noch notwendig ist. Deshalb verstecken sich die neuen Meinungsparagrafen hinter Beschlüssen zur Bekämpfung von Rassismus und Fremdenfeindlichkeit, um nach allgemeiner Akzeptanz zu heischen. Wer will schon in die Nähe eines Rassisten und Ausländerfeindes gestellt werden? Oder noch schlimmer: Wer kann es sich erlauben, mit Holocaustleugnern in einem Atemzug genannt werden? Die kulturpolitischen Strategen der Europäischen Union rechnen damit, dass die Rassismus- und Antisemitismus-Keulen schwergewichtig genug sind, um Fragen nach der Sinnhaftigkeit von Erinnerungs- und Meinungsgesetzen hintanzuhalten. Doch genau ein solches Nachfragen tut Not.

Leugnungsverbote haben mittlerweile in Europa einen weiteren Kreis gezogen. Von den französischen Erinnerungsgesetzen über eine in der gesamten EU gerichtlich reglementierte Einschätzung von Völkermorden und Kriegsverbrechen, ähnlich gelagerten Paragrafen in der Schweiz, Delikten zum staatlich verordneten Gedenken an den *Holodomor* in der Ukraine und an die Vertreibung der Armenier in der Türkei reicht der Bogen bis zur Kriminalisierung der Leugnung sogenannter »kommunistischer Verbrechen« in Osteuropa.

An diesem Punkt kommt ein wichtiges Moment ins Spiel, das mit entscheidend für meine Beschäftigung mit dem Thema war. Schon bei Völkermord ist die Frage offen, wer – vor welchem (geo)politischen Hintergrund – entscheidet, was als ein solcher einzuschätzen ist. Umso schwieriger ist das beim Terminus des »kommunistischen Verbrechens«, dessen Nichtanerkennen in vier EU-Ländern strafbar ist. Wer maßt sich den Richterspruch über historische Ereignisse an, der zu einem Leugnungsverbot mit Aussicht auf Gefängnisstrafe führt? Der von der ungarischen *Fidesz*-Regierung eingesetzte Verfassungsgerichtshof? Der Internationale Gerichtshof in Den Haag? Der polnische Sejm in seiner jeweils aktuellen Zusammensetzung? Die deutsche Justizministerin?

Die durchsichtige Instrumentalisierbarkeit dieser Gesetzeswerke beginnt bereits bei der Definition des Verbrechens, das nicht geleugnet oder verharmlost werden darf. War es Völkermord? War es ein »kommunistischer Genozid«? Die Rechtsprechung ist auf hohem, auf höchstem EU-Niveau zu einem politischen Instrument geworden. Diese Erkenntnis hat mich dazu angetrieben, das vorliegende Buch zu schreiben.

Der Zugang ist also ein durchaus liberaler. Zwar kommt meine Kritik an den kulturpolitischen Hintergründen der Gesinnungsjustiz, die sich als Flankenschutz einer imperialen Politik versteht, von links, doch linke Argumente bräuchte es streng genommen für mein Hauptanliegen nicht einmal, denn die Empörung beginnt bei der Beschneidung der Meinungsfreiheit, die ein zutiefst bürgerliches Gut darstellt. Entsprechende Proteste vor allem aus französischen und italienischen Historikerkreisen sind hier dokumentiert.

Die in Leugnungsverbote verpackten Gesinnungsparagrafen wären ohne die politisch und medial verbreitete Antiterror-Hysterie nicht denkbar. Über den dabei entstandenen Verlust von Bürgerrechten ist viel geschrieben worden. Die Kriminalisierung von Meinung, mit der sich das vorliegende Buch beschäftigt, geht einen Schritt weiter: Sie bedroht politische Debatten und wissenschaftliche Forschung, hegemonisiert kollektive Erinnerung, verrechtlicht historische Ereignisse und tabuisiert Begrifflichkeiten (z. B. »Völkermord«). Die hier analysierte Gesinnungsjustiz ist Teil einer umfassender betriebenen repressiven Politik, mit der die politischen Eliten der Europäischen Union ihre Verluste an gesellschaftlicher Akzeptanz kompensieren wollen. Dass dies mit Verboten und Reglementierungen gelingt, darf bezweifelt werden. Der Strafandrohung bei »falscher« Gesinnung kommt in diesem System die Funktion eines kleinen, aber wichtigen Rädchens zu, zielt sie doch auf den intellektuellen Diskurs.

»Falsche« Meinung kann in diesem Zusammenhang leicht als Aufstachelung zu einer Straftat interpretiert werden. Um einer solchen zuvorzukommen, so das hier dokumentierte Rechtsverständnis in der EU, muss präventiv eingegriffen und bestraft werden. In diesem Selbstverständnis liegt die eigentliche Gefahr, Grundfreiheiten auszuhebeln. Ich hoffe, dass es mir mit dem vorliegenden Buch gelungen ist, eine Sensibilisierung für die hier beschriebenen Zusammenhänge zu schaffen.